作者采访行迹图

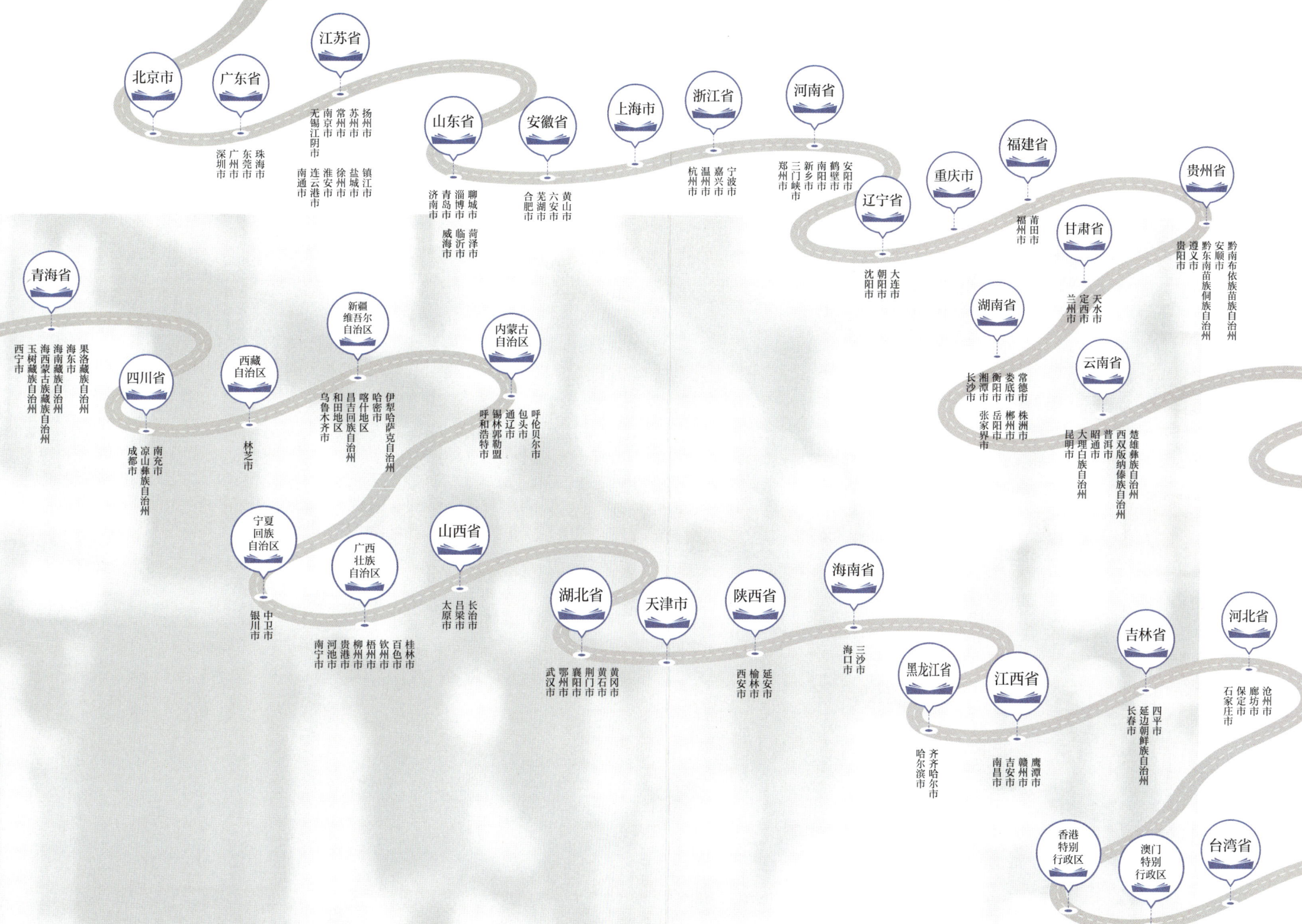

有书香的地方

中国全民阅读纪事

聂震宁 著

中宣部主题出版重点出版物
中国作家协会重点扶持作品

时代出版传媒股份有限公司
安徽教育出版社

图书在版编目（CIP）数据

有书香的地方：中国全民阅读纪事 / 聂震宁著
.—合肥：安徽教育出版社，2024.3(2025.11重印)
 ISBN 978-7-5748-0236-0

Ⅰ.①有… Ⅱ.①聂… Ⅲ.①读书活动—研究—中国
Ⅳ.①G252.17

中国国家版本馆 CIP 数据核字(2024)第 058021 号

有书香的地方：中国全民阅读纪事
YOU SHUXIANG DE DIFANG:ZHONGGUO QUANMIN YUEDU JISHI

出 版 人	王能玉
策划编辑	费世平　姚　莉　何　客
责任编辑	何换生　姚　莉　文　乾　黄晓宇　赵佩娟
责任校对	汪　攀　吴春芳
装帧设计	张鑫坤
责任印制	陈善军

出版发行：安徽教育出版社
地　　址：合肥市经开区繁华大道西路 398 号　邮编：230601
网　　址：http://www.ahep.com.cn
营销电话：(0551)63683012,63683013
排　　版：安徽时代华印出版服务有限责任公司
印　　刷：安徽联众印刷有限公司

开　本	710mm×1010mm　1/16
印　张	26.25
字　数	360 千字
版　次	2024 年 3 月第 1 版
印　次	2025 年 11 月第 7 次印刷
定　价	68.00 元

（如发现印装质量问题，影响阅读，请与本社营销部联系调换）

目 录

序　章　"书香中国"进行时 / 001

一　中华书香源远流长 / 003
二　应对社会阅读危机：世界各国在行动 / 007
三　应对社会阅读危机的中国模式 / 014
四　中国全民阅读：倡导·开展·深化 / 017

第一章　让城市因热爱读书而受人尊重 / 027

一　小　引 / 029
二　广东深圳："先行先试"的典范 / 031
三　北京：创献"北京标准" / 044
四　江苏江阴：满城都是读书人 / 056

第二章　城市书房：且把书房当天堂 / 075

一　小　引 / 077
二　山东济南：山色·泉水·书香 / 079

三　安徽合肥：书房之名尽显诗情画意 / 086

四　上海嘉定："我嘉书房"——我家的书房 / 091

五　江苏扬州：古运河边上的城市书房 / 099

六　浙江温州：城市书房成就书房之城 / 107

第三章　农家书屋：我的书屋·我的梦 / 115

一　小　引 / 117

二　志愿者们的故事：河南、辽宁、重庆、福建、贵州 / 121

三　甘肃榆中：一个回乡女大学生的农家书屋 / 130

四　湖南临澧：农家书屋宋老师是作家 / 136

五　浙江嘉兴：图书馆催开农家书屋之花 / 143

第四章　民族地区阅读：铸牢中华民族共同体意识 / 155

一　小　引 / 157

二　西藏：书香高原盛开格桑花 / 164

三　新疆：天山南北的爱书人 / 180

四　内蒙古：草原深处有书屋 / 191

五　宁夏：贺兰山下的阅读空间 / 201

六　广西：刘三姐家乡有书声 / 213

第五章　青少年阅读：书香社会从这里做起 / 225

一　小　引 / 227

二　亲子阅读：用亲情培育阅读的种子 / 231

三　云南宾川：脱贫攻坚中的"书香校园"建设 / 241

四　山西柳林：学生阅读如柳成林 / 251

五　湖南双峰："耕读双峰"进校园 / 258

六　大学之道：书香激扬青春 / 267

第六章　竭诚为读者服务：出版业的务本 / 283

一　小　引 / 285

二　出版社"破圈"：是营销，更是公益 / 291

三　名社名案例：品牌出版助力品牌阅读 / 295

四　新华书店：红色品牌的新时代之光 / 310

五　民营书店：用"美"重新将读者唤回 / 316

六　香港：东方之珠飘来清新书香 / 327

第七章　书香社会：阅读无处不在 / 335

一　小　引 / 337

二　职工书屋：提素平台与精神家园 / 338

三　书香军营：我们的队伍向太阳 / 349

四　银龄读书：快乐的老年书友们 / 363

五　"我是你的眼"：爱心超越身体残障 / 374

六　高墙传书声：好书相伴向新生 / 387

七　媒体联盟万里行：把书香传遍四面八方 / 397

展　望　全民阅读在深化 / 405

后　记 / 411

序　章　『书香中国』进行时

一　中华书香源远流长
二　应对社会阅读危机：世界各国在行动
三　应对社会阅读危机的中国模式
四　中国全民阅读：倡导·开展·深化

首届全民阅读大会开幕式现场（李雪昆/摄）

中国国家版本馆文瀚阁

一

中华书香源远流长

1 为什么把书名拟定为《有书香的地方》呢?

首先是因为《中华人民共和国国民经济和社会发展第十四个五年规划和2035年远景目标纲要》提出了建设"书香中国"的目标,"书香中国"建设目前正在进行中,虽然任重而道远,却也陆续涌现出"有书香的地方"。还因为,中华民族在世界上最早提出"书香"这个词语,中国开展全民阅读,就是要让华夏大地处处成为"有书香的地方"。

"书香",一个多么富有诗意、美得沁人心脾而又令人向往的词语!

那么,何谓书香呢?

书香首先是一种植物的香气。古人为防止蠹鱼咬食书籍,遂于书中放置芸香草,用其散发的幽幽清香驱虫。宋人梅尧臣即有"请君架上添芸草,莫遣中间有蠹鱼"之句,著名藏书楼天一阁也曾以其作为阁中藏书防蠹的主要药物。因书页常染上芸香草的香气,"书香"之名便由此而得。

芸香草,又名芸草、七里香、灵香草等,为禾本科多年生草本植物,丛生,秆细,花金黄色,叶片狭条形,嚼之辛辣有麻凉感。多产于我国西部山川之地。芸香草不仅可用来驱虫,而且还是一种可贵的药材。它的叶、茎香气浓郁,可入药,有止咳平喘、散寒胜湿的功效。芸香草留香能力强,气味久存不散,可保持数十年之久。

"书香"一词在我国古代藏书事业中被广泛引申使用。大凡与图书典籍有关的事物多以芸香草冠名,如"芸帙""芸编",都喻指书卷。"芸签"原指书签，后来词义也衍变为图书。"芸香吏"则指校书郎，唐代诗人白居易就曾做过这个官。

  "书香"一词早已成为我国延续至今赞誉读书的美好词语。随着词语的活用，在我们的社会里，普遍把爱书人家称为书香人家，把崇学重教的城市称为书香之城，把人们认真读书的行为称为品味书香。书香并不单指袭人的芸草香，还指书籍自有的纸张和油墨的气味，及其与芸香草、樟脑丸等各种防虫的芳香物混合而成爱书人喜爱的香气。人们从阅读中品味出来的书香，更多源自书籍传递的感动，是淳善的世间人情，是美好的道德情操，是悠久的文化传承，是壮丽的大好河山……读书之人神与书交，气与书合，掩卷长叹，口存余香，物我两忘，这便是书香绕心，书人合一。古代读书兴盛，吟咏书香的诗词并不罕见。元代诗人萨都剌《寄良常伯雨》"隔屋书香开酒瓮，卷帘树色入茶瓯"，元末明初诗人陈谟《题朱雪岩小影图文公之后居南雄者》"考亭云谷高风在，长有书香付后来"，明代诗人庞嵩《又次唐山韵二首》"况有书香传万卷，乐随诗酒对年华"，明代诗人祁顺《题何氏西溪书屋》"书香一脉如溪水，今古滔滔不尽流"，无不抒发着书香人生的感动。

2 斗转星移，陵迁谷变，石烂海枯，中华大地的书香却氤氲不变。现代普通人家，为书籍防蠹，早已改用樟脑丸、檀香片乃至各种化学防虫制剂。然书之有香，我更愿意认为这是指书中的内容和书籍承载的精气神，而不仅仅是书籍纸张、油墨以及装帧中掺进的有形成分。书香，更多时候是指在书卷里所蕴藏、散发、萦绕的一种不尽的历史记忆与个人缅想。书香是对书籍的赞美，书香是对读书人的褒奖，书香是对文化的赓续与弘扬。作家梁实秋说"书香是与铜臭相对立的"，可谓一语中的。千年以来，对于"书香""铜臭"，人们有着截然不同的褒贬好恶——"钟鸣鼎食之家"若不是"诗书簪缨之族"，则多了土豪气；稼穑之户若能"诗书继世"，门户方能贴上"耕读人家"的横额。历代无数读书人家不绝如缕的书香，簇成了滋养中华文化参天大树的浓密根须，即便有遮天蔽日的战火将无数典籍化作焦蝶，也仍有数不尽的家庭和读书人将书香与生命相融，乃至与血脉共存续，使得"礼失而求诸野"成为可能，中华文化源远流长成为事实。

阅读能让人们与智者对话，听圣贤指点，于静夜闻书香，以慢生活酝酿思想，在无边书海里陶情冶趣，开阔胸襟。读书如品茗，滋味在其中，读以致知，读以致用，读以修为，读以致乐。书香，正在成为人民群众对美好生活的向往的重要内容。

3 在当代，我国首倡"书香"的省份是新时期改革开放前沿地区的广东。1993年12月19日，首届南国书香节在广州举办，这是中华人民共和国成立以来第一个以"书香"命名的书展，主办方为它撰下一句响亮而新颖的宣传语，即"东西南北中，南国书香浓"。宣传语中既有天下情怀，也有优雅书香。此后不久，2000年11月首届深圳读书月举行，提出"营造书香社会，共创美好未来"的口号，"书香"作为人们对美好未来的向往再被提出。

2006年，中宣部和原新闻出版总署等部门决定开展"书香中国"活动。自2007年起，"书香河北""书香龙江""书香天山""书香高原""书香陇原""书香赣鄱""书香江苏""书香浙江""书香安徽""书香八闽""书香三湘""书香八桂"……各省（区、市）迅速开展"书香工程"建设。"书香"很快成为社会热词。

2021年第十三届全国人民代表大会第四次会议审议通过的《中华人民共和国国民经济和社会发展第十四个五年规划和2035年远景目标纲要》中提出了"深入推进全民阅读，建设'书香中国'"，"书香中国"自此成为国家中长期发展规划的目标之一。

社会的发展和改变往往从阅读开始。社会转型期通常是阅读繁盛时期。改变，伴随着阅读的推进。中国的新时代，必然是阅读的繁盛期。

中国正在开启社会主义现代化强国建设的新征程,"书香中国"建设,已经明确列入现代化强国建设的重要议程,行进在新时代新征程上。

二

应对社会阅读危机：世界各国在行动

1 联合国教科文组织自20世纪70年代起，每隔10年就要为开展阅读发出号召。

联合国教科文组织1972年向全世界发出"走向阅读社会"的号召，并且把1972年定为"国际读书年"，提出的行动口号是"书为人人"；1982年，又一次提出口号"走向阅读的社会——八十年代的目标"；1995年，决定把每年的4月23日定为"世界读书日"并发表宣言。宣言将开展社会阅读的意义表述为："希望散居在全球各地的人们，无论你是年老还是年轻，无论你是贫穷还是富有，无论你是患病还是健康，都能享受阅读带来的乐趣。"

面对全球性的阅读危机，联合国教科文组织不断用年度阅读主题宣示阅读的意义和作用，试图让人们注意到社会阅读危机的存在。2009年至2020年，联合国教科文组织每年的阅读主题都很具特色：2009年主题是"让我们在阅读中一起成长"，2010年主题是"让我们一起走向阅读社会"，2011年主题是"让阅读成为习惯"，2012年主题是"阅读，让我们的世界更丰富"，2013年主题是"拥抱春天，追逐梦想"，2014年主题是"地球与我"，2015年主题是"为了一切的图书"，2016年主题是"让阅读成为习惯，让思考伴随人生"，2017年主题是"发现阅读的乐趣"，2018年主题是"阅读，我的权利"，2019年主题是"世界读书日·你读我听"，2020年主题是"城市普及阅读，城市充满关爱"。

2 联合国教科文组织大力提倡阅读，乃是针对世界各国相继出现的程度不同的社会阅读危机。

2002年4月在欧盟委员会的要求下，欧洲民意调查中心发布了关于欧洲人参与文化活动的报告。报告的第三部分显示了如下结果：图书阅读率降低。

2004年，美国人口普查局发表2003年普查数据，公布了研究报告《阅读危机》，引起美国社会大哗。报告表明，美国人正在逐渐远离书籍，而接近电视和电子媒体。2007年9月美国又发表了《读还是不读》的报告。报告指出：美国人读书的时间越来越少了，青少年是读书最少的人群；和过去的20年相比，美国家庭用于买书的费用减少了，人们阅读理解的能力正在退化。

新加坡图书馆管理局《2003年新加坡人阅读与学习方式调查报告书》显示：大部分受访者承认，所阅读的书籍只限于工作或学业方面的有关材料；多数人不阅读的原因是"没时间"和"太累了"。即使是有阅读习惯的公众，多数也只阅读与学业或工作相关的书籍。他们选择读物时倾向于励志书籍，往往忽略文学艺术类书籍，也无法享受阅读乐趣。

阅读危机在欠发达地区国家表现得尤为明显。2004年8月，国际阅读组织发布的关于非洲加纳东、西部及沃尔特地区文化素养进展和教师教育协助项目的评估报告称，在加纳，有超过90％的小学六年级学生不能或不完全能掌握该年级所要求的阅读能力。

阅读是地球上唯有人类才具备的文明行为和社会现象。阅读是人类认知最重要的方式，是文化保存、继承和传播最根本的途径。人们通过阅读探索未知，理解世界，展望前程。无论出版技术如何发展，载体形式如何变化，人类终究离不开阅读。重视社会阅读，应对社会阅读危机，成为世界上许多国家的主流文化行动。

3 曾经发生过阅读革命的法国，将每年 3 月确定为全国性的"图书与阅读月"，并在 1989 年首次举办了"法国图书节"。此后，每年 10 月 14 日至 16 日，作为国家所倡导的"阅读狂欢节"，法国鼓励读者通过阅读与别人的思想相遇，分享书籍之美和阅读之趣，以及文字书写与文学创作之乐，并吸引平时因种种原因疏远了书本的人重建对书籍和阅读的兴趣。其中最受民众欢迎的是，在首都巴黎和外省大都市里举行的以文学与美食为主题的"书宴"。其中一个有趣的节目是，在各地的室内菜场或露天集市中，安排职业演员吟诵阿皮修斯、拉伯雷、科莱特等名家作品中描写美食佳肴的选段。

15 世纪发明古登堡印刷术推动了欧洲大陆的阅读进而推动了文艺复兴和新教革命的德国，是大声喊出"读一本好书，就是同许多高尚的人谈话"这一金句的文豪歌德的家乡，这里一直具有培养儿童阅读习惯的优秀教育传统。1984 年的一天，著名作家萧乾参观德国一家市立图书馆时，惊讶地发现，在一间馆室里，竟然全是三五岁的娃娃们在乱翻着各式各样的图画书。年轻的母亲们把自己的孩子送到馆里来，就是为了"早早地就培养起孩子们对书的爱好"。在世纪之交，德国涌现了 200 多个促进阅读的社团组织，其中成立于 1988 年的"德国促进阅读基金会"，其历任名誉主席都由德国总统担任。自 2006 年起，德国一些地区的孩子一出生，就会得到当地公共图书馆赠送的"阅读礼包"，内装以塑料、木料乃至布料为质地的"玩具书"，以开发和陶冶婴儿的"书籍情意"。

曾经发生过大众化阅读革命的英国，其大规模的社会阅读推广活动始于 20 世纪 80 年代末。英国政府选择以颁布系列纲领性文件的方式倡导社会阅读。英国文化、媒体与体育部，英国博物馆、图书馆及档案馆理事会等机构颁布了《未来的架构：下一世纪的图书馆、学习与资讯》《卓越的蓝图：公共图书馆 2008—2011：将人们与知识和灵感相连》等一系列阶段性纲领文件，指导社会团体开展具体的阅读推广活动。为解儿童阅读能力日渐退化之忧，英国提出了"举国皆为读书人"的目标，并确立1998年9月到次年8月为"英国阅读年"。2000—2002年，由英国博物馆、图书馆等机构陆续推动了16项读者发展计划。英国为"阅读起跑线"项目设立"图书信托基金会"，国家通过立法或制定专项政策来保障、推动、支持社会阅读的开展。英国高度重视公共图书馆的行业规范，早在1850年就颁布了《公共图书馆法》，鼓励地方设立免费的公共图书馆，方便大众对信息和阅读资料的免费获取。2001年英国又制定了全国性的《英国公共图书馆服务标准》，并将其中一些指标纳入地方政府考核指标——《最佳价值绩效指标》。

早在1920年就颁布了《公共图书馆法》的丹麦，分别于1987年、1994年对该法律作了修订。2000年5月24日，丹麦议会又通过了《图书馆服务法》，规定公共图书馆应通过向公众提供图书、期刊、有声读物、视频资源和其他材料来推动丹麦信息、教育和文化活动的发展。规定城市之间可通过协议形式提供图书馆共享服务，应努力通过建立分馆或服务点等形式，尽可能提供图书馆服务；公共图书馆必须努力通过参与普通馆际互借服务，为用户提供本馆缺乏而他馆拥有的资料；市公共图书馆必须与公立学校图书馆建立合作关系。规定部分类型图书馆有开展有偿服务的权利。

俄罗斯素有家庭藏书的古老传统。据说，其家庭书房的藏书总量曾经超过公共图书馆藏书总量的10倍以上，户均藏书近300册。可是，随着时代变迁，俄罗斯人的家庭藏书意识和读书习惯正在不断减退。为遏止这种"人文灾难"的蔓延，俄罗斯2006年制定并颁布《国家支持和发展阅读纲要》，从2007年开始召开每年一届的"《国家支持和发展阅读纲要》全国会议"，与会者来自政府、出版商、学校、图书馆等机构，他们对该文件的实施效果展开讨论，提出次年规划。

美国国会图书馆图书中心将1987年确立为"读者年"。美国在1997年成立国家阅读小组，《卓越阅读法案》于1998年10月在国会通过。自1996年起，每年4月开展全美"诗歌月"文化创意活动（源于著名诗人T. S.艾略特的诗句"四月是最残忍的一个月")。美国于1996年开始实施"美国阅读项目",在社区中开展鼓励孩子及成人读书的活动。该项目的目标是让所有孩子到三年级时能掌握基本的独立阅读技能。公共图书馆是实施"美国阅读项目"的重要场所,因此公共图书馆的读书会都要围绕着培育阅读兴趣、提高阅读水平而展开。1997年美国提出"美国阅读挑战计划",当年末开展了"阅读挑战行动",并建立一支由百万公民自愿组织的辅导队伍。2001年美国提出《不让一个孩子落后法案》,法案内容主要包括保证每一个孩子都能阅读、提高教师质量等。2002年美国正式实施《不让一个孩子落后法案》,2008年又修订了这一法案,并于2009年颁布《复苏与再投资法案》,为儿童早期阅读教育投入50亿美元。美国还通过立法对公共图书馆的服务标准提出要求,如《图书馆服务与建设法案》和《图书馆服务与技术法案》等。法案着眼于公共图书馆的建设和服务,对阅读资源的获取、阅读场所服务标准等做出了详细规定。

4 亚洲。

具有良好阅读传统的以色列,2000年,其教育部与文学教学监督组推出面向小学生和初中生的"阅读之乐"计划,目的是激发学生的阅读动力和乐趣,将学校转变为阅读社区。2001年,以色列推行"五年基础教育改革计划",把阅读放在教育改革计划的核心地位。目前,以色列已经形成各年龄段侧重点各异的阅读课程。高中以下学段的阅读活动多种多样,旨在培养学生阅读兴趣。此外,以色列教育部推出面向中小学生的"图书巡游"计划,要求学校教师和图书管理员组织各类体验式阅读活动,鼓励儿童和青少年学生参与。2010年以色列推出"读书月"计划,计划实施期间各大城市举办大量的诗人、作家、艺术家与读者见面交流的活动,有数十万市民参与其中。

日本在20世纪末开展"图书节""读书周""图书馆周"与"儿童读

书周"等种种活动,并把 2000 年定为"儿童阅读年"。为了推动青少年阅读活动,日本政府出台了多部法律。1997 年日本修正了《学校图书馆法》,规定学校规模只要超过 12 个班级,必须配备专职的图书馆员,并且拨出特定经费,用以充实学校图书馆藏书和改善设备。为了扭转大部分学生读书时间减少的倾向,2001 年,日本文部科学省出台并实施了《儿童阅读推进法》,规定各级政府有责任和义务为儿童自主读书活动创造环境。2002 年,日本又制定了《关于推进儿童阅读活动的基本计划》,政府决定投入 650 亿日元给学校,用于购买图书,改善晨读环境。从 20 世纪 90 年代起,日本政府开始积极推广儿童阅读活动,每天早上学生正式上课前先安排 10 至 15 分钟时间阅读图书。据日本晨读推进协议会统计,2005 年暑期,日本全国晨读实践学校达到 20005 所,总实施率约为 51%。

韩国 1994 年制定《图书馆及读书振兴法》,2006 年制定《读书文化振兴法》,成立读书振兴委员会,隶属文化体育观光部,并由该部门负责制定阅读推广 5 年基本计划,增加现有机构的职能。

新加坡国家图书馆管理局于 2005 年首次举办了"读吧!新加坡"活动,多方面鼓励国人多看书,享受阅读乐趣。2007 年 1 月,新加坡还推出了旨在提高小学生的阅读兴趣和能力的"小学生阅读计划"。主办者推出了一本适合本地小学生阅读的定期刊物,并且设立了一个配合刊物的学习网站。教师还鼓励学生在课外到图书馆借阅图书,并根据学生借阅的图书数量颁发"阅读学士""阅读硕士"和"阅读博士"等奖状。

印度的基层文化运动致力于帮助印度贫困儿童。由基层文化运动组织与印度州政府共同领导的"阅读吧,印度"计划,主要针对 5 岁到 13 岁的儿童,该计划旨在显著改善印度少年儿童的受教育水平。该计划在各校开展"学会阅读活动"并为教师提供阅读和学习材料,被认为是打破印度贫困儿童与家庭文盲状况恶性循环的低成本方法。

为了应对社会阅读危机,许多国家采取了各种促进社会阅读的举措,其中有些做法值得我们学习和借鉴,主要是:各种社会团体开展阅读活动,倡导和促进社会阅读;在国民教育中加大青少年阅读量,不断强化阅读的重要性;通过立法促进社会阅读,以明确开展社会阅读的政府机构和社会团体的责任,确定支持社会阅读的资金保障和社会阅读的主要项目。

三

应对社会阅读危机的中国模式

1 在中国，第一次正式发出社会阅读危机警报的是中国新闻出版研究院（当时称为中国出版科学研究所）。自1999年起，该机构开始发布"全国国民阅读年度调查报告"，起初为两年发布一次，后出于各方面的需要，尤其是社会上普遍感到的阅读危机，从2007年起调查改为一年一次，一直持续至今。2023年4月23日发布了第20次调查报告。

中国新闻出版研究院发布的首次全国国民阅读调查结果显示，1998年18岁以上成年国民图书阅读率为60.4%。所谓国民图书阅读率，即指调查人群中每一年度接触过一本书并能说出该书书名的人数占比——显然，能说出书名未必就阅读过那本书。这项指标一开始并没有引起足够的关注，可是，这项指标在2001年下降到54.2%，2003年继续下降到51.7%，2005年更是下降到48.7%，于是媒体一片惊呼：我国国民阅读率跌破50%，有一半人一年365天没有接触过一本书！尤其是，调查中表示没有阅读习惯的国民多达95%，也就是说，只有5%的国民具有阅读习惯——不少人开始反省自己是否还算得上是5%里面的读书人。

2 进入新世纪，我国各地相继开展全民阅读；进入新时代，全民阅读则成为一项国家发展战略。

本书在介绍世界各国促进阅读方面的内容时，采用了"社会阅读"这一概念而没有使用我国惯用的"全民阅读"这一提法，理由是，据考察，"全民阅读"这一概念乃是我国特有。我国权威的《中国大百科全书》将"全民阅读"英文译作"Nationwide reading",直译即为"全国范围的阅读"。而到目前为止,笔者所知的世界各国尤其是为阅读立法的许多国家,其法规文件的名称均没有使用"Nationwide reading",而只是用"Reading"(阅读);联合国教科文组织在提倡社会阅读时也只是表述为"Books for All"(人人读书),而 Nationwide 是特指"全国范围的"。如果我们依照自己的习惯将他国的"阅读"称作"全民阅读",似有不妥。

我国是把"阅读"和"全民阅读"两个概念的内涵、外延区分得比较清晰的。"阅读"是泛指人们通常的阅读,是古往今来的各种阅读;而"全民阅读",则是指改革开放新时期特别是新时代以来所提倡的全民的阅读,亦即英文意译的"全国范围的阅读"。其实,在我国的权威媒体上,早在2000年就已经出现了"全民阅读"这一提法。"全民阅读"最早出现的中央部门文件是于2006年4月中宣部等11部门联合发出的《关于开展全民阅读活动的倡议书》,而后又见于2011年10月中国共产党第十七届中央委员会第六次全体会议通过的《中共中央关于深化文化体制改革、推动社会主义文化大发展大繁荣若干重大问题的决定》(下文简称《决定》)。《决定》第一次要求"深入开展全民阅读、全民健身活动"。

3 我国的全民阅读活动虽然与许多国家开展的阅读活动有不少相似之处,在一些方面我国还借鉴了人家的一些做法,但更具有基于自己国情的中国特色。"全民阅读"理念的提出,反映了人类社会阅读发展与变迁的过程。从古至今,阅读是从"少数人的特权"向"所有人的权利"发展的过程,阅读是现代社会必须保护的公共文化权益。同时,"全民阅读"理念是建构在中国特色社会主义道路、理论、制度和文化之上的,凸显了中国特色社会主义的文化根基、文化本质和文化理想,标志着我国对中国特色社会主义有着更加明确而开阔的文化建构,鲜明体现了中华文明具有突出的连续性、创新性和统一性。"全民阅读"理念突出强调了中国特色社会主义的价值立场，即始终坚持站在广大人民群众的立场上；努力发挥了中国特色社会主义的制度优势，即坚持党中央集中统一领导，全面、系统、整体落实党的领导；明确体现了中国特色社会主义的根本目的，即始终坚持解放和发展生产力，努力实现共同富裕和人的全面发展。经过十多年来的实践，基本形成了全民阅读"中国模式"。相信读者诸君可以在接下来的一节和全书讲述的一个又一个"有书香的地方"中慢慢体会到全民阅读"中国模式"的存在及其价值和意义。

四

中国全民阅读：倡导·开展·深化

为了研究全民阅读，为了帮助读者了解我国全民阅读的前世今生，也为了梳理我国全民阅读的发展脉络，我对 2006 到 2024 年全民阅读 18 年间的重要事件做了一个不尽完善的记录，就教于各位专家和读者。

1 在 2006 年 4 月中宣部等 11 部门联合发出《关于开展全民阅读活动的倡议书》之前，系全民阅读萌芽和滥觞时期。

1982 年——上海发起"振兴中华"读书活动，这项活动如火如荼地开展了多年。"团结起来，振兴中华"乃是 20 世纪 80 年代新一辈国人呼喊出的时代最强音。"振兴中华"读书活动是在时代最强音号召下开展的阅读活动，强烈体现了改革开放新时期的时代精神。

1995 年——江苏省一个颇富历史文化盛名的县级市——江阴市，全市发起"一二三家庭读书工程"，即要求全市每一户人家要朝着有一个书架、两份报刊、三百册图书的目标去做努力；要求这项工程重点在农村，把农家"一二三家庭读书工程"确定为建成小康社会的目标之一；要求到 2000 年全市 70% 左右家庭达到这一工程的目标。1996 年江苏省委宣传部等部门在江阴召开"一二三家庭读书工程"现场会，在全省推广江阴"一二三家庭读书工程"经验。《人民日报》为此于 1996 年 1 月 3 日发表了题为《小康农家缺什么？》的评论文章给予赞誉。

1997 年 1 月——中宣部、文化部等 9 部门发出了《关于在全国组织实施"知识工程"的通知》。三年后，全国"知识工程"领导小组把每年的 12 月确定为"全民读书月"。2004 年，又将"全民读书月"活动交由中国图书馆学会负责承办。全国各地组织举办的"知识工程"不无创新出彩之处。可是，"全民读书"应该是出于各种目的、爱好的读书，这里只是将其置于"知识工程"的一个目的之下，也就难以成为广泛的全民阅读活动。

2000 年 11 月——深圳创办深圳读书月。改革开放之初，深圳人的铿锵口号"时间就是金钱，效率就是生命"一度传播很广。首届深圳读书月却推出了一个颇具新意的主题："营造书香社会，共创美好未来"。深圳人开始以书香社会的理念来展示一座中国式现代化城市的风貌和文明气质。

2003 年 3 月——第十届全国政协第一次会议举行，全国政协委员朱永新提出《关于设立国家读书节或读书日的建议》提案，希望各级政府和全社会更加重视全民阅读。

2005 年——江苏苏州市决定设立一年一度的苏州阅读节，这是一项"政府倡导、专家指导、社会支持、群众参与"的大型综合性群众阅读文化活动。苏州阅读节自 2006 年举办以来，每年都吸引了数百万新老苏州人参与，在江苏全省甚至全国产生了很大影响。

2 2006 年 4 月——在世界读书日前夕，中宣部等 11 部门联合发出《关于开展全民阅读活动的倡议书》，倡议全国各地、各有关部门要开展丰富多彩的读书推广活动，为全民阅读营造良好的读书环境。"全民阅读"这一概念首次出现在中央部门的文件中。此后，"开展全民阅读活动"正式列入国家新闻出版行政主管部门每年的工作计划。

2006 年——中宣部和原新闻出版总署等部门对开展"书香中国"建设活动做出部署，书香社区、书香校园、书香家庭、书香机关、书香企业、书香农村、书香军营建设次第开展。全国各省（区、市）都相继开展以本省（区、市）命名的书香活动。

2006年9月——中共中央办公厅、国务院办公厅印发《国家"十一五"时期文化发展规划纲要》，提出："县（市）图书馆逐步实行分馆制，丰富藏书量，形成统一采购、统一编目的图书配送体系，充分发挥县图书馆对乡镇、村图书室的辐射作用，促进县、乡图书文献共享。"

2007年3月——在第十届全国人大第五次会议上的《政府工作报告》正式提出抓好农家书屋工程。农家书屋工程写进《政府工作报告》，标志着农家书屋工程成为国家重点文化工程。这次会议期间，原新闻出版总署、中央文明办、国家发展改革委、财政部等8部委联合下发《"农家书屋"工程实施意见》。此后，农家书屋工程迅速在全国广大农村全面展开。

2007年3月——在第十届全国政协第五次会议上，31位全国政协委员联署提出《关于开展全国全民阅读活动的建议》提案。提案特别强调要在全国范围内开展全民阅读活动。由于众多媒体聚焦全国"两会"，尤其是政协委员的提案比较容易引起社会的讨论，一时间这一提案引起线上线下社会各界的热议，"全民阅读"进一步成为社会热词。

2007年4月——中宣部等17部门联合发出以"同享知识，共建和谐"为主题的全民阅读活动倡议，倡议推进"农家书屋""万家社区图书室""育才图书室""第一本课外书""带一本好书回家""流动图书车"等阅读活动，具体而丰富。

2008年——中宣部、中央文明办、原新闻出版总署等成立全民阅读活动组织协调办公室。作为一项全国性的文化活动，全民阅读首先做到了"组织落实"。

2008年4月——中国移动、中国联通首次向全国范围的手机用户发送以"一本好书，一生财富，今天您读了吗"为内容的全民阅读公益短信，《人民日报》、《光明日报》、中央电视台等中央媒体同期刊载、播发这一公益广告，迅速营造起浓厚的读书氛围。

2009年11月——由中宣部、中央文明办、原新闻出版总署联合主办的"全国全民阅读活动经验交流会"在深圳召开。会议对近年来表现突出的全民阅读活动先进单位和优秀项目以及农家书屋征文的获奖者进行表彰。会议总结全国各地在全民阅读活动中的好做法、好经验，有力推动了全民阅读活动广泛、持续地开展。该交流会对深圳读书月的持续深入开展起到了重要的鼓舞和促进作用。

2011年4月——《新闻出版业"十二五"时期发展规划》（以下简称《规划》）发布，首次将"全民阅读工程"列入新闻出版公共服务建设工程。《规划》提出要逐步整合各地区各部门的阅读活动资源，逐步建立全民阅读工程建设长效机制，面向基层开展全民阅读"七进"工作，分别是"进农村（牧区）、进社区、进校园、进军营、进企业、进机关、进家庭"。

2011年10月——中国共产党第十七届中央委员会第六次全体会议通过的《中共中央关于深化文化体制改革、推动社会主义文化大发展大繁荣若干重大问题的决定》要求"深入开展全民阅读、全民健身活动"。这是党的中央全会决议中首次出现"全民阅读活动"并对这项活动提出了要求。

3 2012年11月——中国共产党第十八次全国代表大会的报告中提出"开展全民阅读活动"。这是党的代表大会首次部署开展全民阅读活动。全民阅读作为一项国家发展战略首次在党的代表大会上正式提出。

2013年3月——在第十二届全国政协第一次会议上，邬书林等115位全国政协委员联署提出《关于制定实施国家全民阅读战略的建议》提案，建议通过立法保障全民阅读，设立专门机构推动全民阅读。提案引起媒体和社会各界广泛关注。3月底，全民阅读立法即列入2013年国务院立法工作计划，《全民阅读促进条例》开展起草工作。

2013年4月——国家新闻出版总署发布《关于开展首届全国"书香

之家"推荐活动的通知》。同年 12 月中下旬，各地推荐并经过专业评选的 996 个候选家庭名单在国家新闻出版总署网站和《中国新闻出版广电报》上进行了为期 7 天的公示，许多媒体对此进行了积极报道。

2013 年 4 月起——由中宣部指导，中国图书评论学会主办的"中国好书"月度、年度好书评选，通过好书推介传递正能量，推动和引导全民阅读，为加强全民阅读优秀读物供给做出了很大贡献。我国出版业长期以来开展的"中国出版政府奖"优秀图书评选、精神文明建设"五个一工程"优秀图书评选和"中华优秀出版物奖"优秀图书评选以及文学界开展的"茅盾文学奖""鲁迅文学奖"等优秀文学作品评选，为全民阅读推送了大量优秀读物。此外，一直广泛开展的"农家书屋重点出版物推荐目录"评选，曾经开展过多年的"年度受大众欢迎的 50 本好书"评选以及全国主要媒体发布的月度、年度分类好书的排行榜，都受到全民阅读活动广泛的欢迎。

2014 年 3 月——在第十二届全国人民代表大会第二次会议上，国务院《政府工作报告》提出"倡导全民阅读"。这是《政府工作报告》首次部署全民阅读活动。与会人大代表、政协委员普遍表示赞成。到 2024 年，《政府工作报告》已经连续 11 年对全民阅读做出部署。在 2024 年第十四届全国人民代表大会第二次会议上的《政府工作报告》提出"深化全民阅读活动"。

2015 年 1 月——《江苏省人民代表大会常务委员会关于促进全民阅读的决定》在江苏省正式实施。这是我国第一部全民阅读的地方性法规。全民阅读立法工作首先在江苏实现突破，其他地方全民阅读立法工作也陆续开展起来。到 2023 年，已有 12 个省（区、市）对开展全民阅读制定了地方性法规。

2016 年 2 月——原国家新闻出版广电总局根据国务院立法工作计划起草的《全民阅读促进条例（征求意见稿）》向社会发布。

2016 年 12 月——文化部等 5 部委联合发布《关于推进县级文化馆

图书馆总分馆制建设的指导意见》。21世纪以来我国公共图书馆总分馆建设，加快了公共图书馆服务的均等化进程，其发展历程分为三个阶段：第一阶段（2000—2006年），力图解决政府主导、通借通还、技术支撑、统一管理等问题；第二阶段（2007—2010年），部分总分馆通过专业化改造，规模扩大，效益显著，在理论研究上揭示了总分馆建设的客观规律；第三阶段（2011年至今），在全国广泛展开，实践上参与"创建国家公共文化服务体系示范区"活动，学术研究围绕总分馆可持续发展的各项因素展开，并直接推动了《关于推进县级文化馆图书馆总分馆制建设的指导意见》的出台。

2016年12月——原国家新闻出版广电总局发布《全民阅读"十三五"时期发展规划》。这是我国首个国家级全民阅读规划。这一规划结合国家"十三五"规划纲要等要求，明确"十三五"时期全民阅读的重点任务及时间表、路线图等，旨在推动全民阅读工作常态化、规范化，共同建设书香社会。规划提出了举办重大全民阅读活动、加强优质阅读内容供给等10项主要任务，确定了28个全民阅读重点工程和项目。

2017年3月——第十二届全国人民代表大会常务委员会第二十五次会议通过的《中华人民共和国公共文化服务保障法》正式实施。该法共6章65条，其中明确要求各级人民政府应当充分利用公共文化设施，促进优秀公共文化产品的提供和传播，支持开展全民阅读。"全民阅读"第一次被国家法律正式纳入，具有了国家法律地位。

2017年9月——中宣部等5部门组织实施的"盲人数字阅读推广工程"（以下简称"工程"）推动盲人共享新时代文明成果。"工程"构建了盲人视听服务"互联网＋"新模式，为全国400家设有盲人阅览室的公共图书馆配置20万台基于互联网的智能听书机，免费向盲人读者借出；为全国100所盲人教育机构配置1000台盲文电脑和盲文电子显示器，免费向盲生出借。"工程"借助盲人读物融合出版与传播平台，协同开展持续性阅读推广和知识文化服务，受到热烈欢迎和好评。350余家公共图书馆已面向盲人读者开展借阅服务。我国盲人读物出版科技创新能力明显提升。

2018年1月——由第十二届全国人民代表大会常务委员会第三十次会议通过的《中华人民共和国公共图书馆法》正式施行。该法共6章55条，对公共图书馆的设立、运行、服务以及相关法律责任等分别做了详细规定，其中对公共图书馆为全民阅读提供服务提出了明确要求。

2019年8月——习近平总书记在甘肃省读者出版集团有限公司考察时发表重要讲话，指出："要提倡多读书，建设书香社会，不断提升人民思想境界、增强人民精神力量，中华民族的精神世界就能更加厚重深邃。"这一重要讲话首次提出了建设书香社会的目标要求，将全民阅读的意义上升到了中华民族精神传承和弘扬的高度。

2019年11月——由中宣部主办的"全国全民阅读工作经验交流会"在深圳召开。会上公布了"2019年全民阅读优秀项目"名单并颁发了奖牌。10年前，即2009年11月由中宣部、中央文明办、原新闻出版总署联合主办的"全国全民阅读活动经验交流会"在深圳召开；10年后，"全国全民阅读工作经验交流会"再次在深圳召开，这是对深圳读书月和深圳全民阅读推广工作的充分肯定。

2020年5月——中央宣传部办公厅、农业农村部办公厅联合下发《关于开展2020"新时代乡村阅读季"活动的通知》，在全国范围内组织开展"新时代乡村阅读季"活动。活动内容包括主题出版物阅读活动、"农民喜爱的百种图书"推荐活动、"我爱阅读100天"读书打卡活动、"小康年　读书乐"视频分享活动、"健康理念　文明生活"阅读推广活动、"携手奔小康"图书捐赠活动、优秀农耕文化体验活动等。活动坚持"热"在基层、"热"在群众，营造全国活动引领、地方活动各显特色、社会团体积极参与、多种媒体广泛传播、阅读活动遍布乡村的生动局面。"新时代乡村阅读季"活动通过发掘乡村阅读推广典型人物和先进事迹，评选表彰"乡村阅读榜样"来带动更多农民开展阅读。

2020年10月——中宣部印发《关于促进全民阅读工作的意见》（以下简称《意见》），全面部署促进全民阅读的工作。《意见》明确，到2025年，通过大力推动全民阅读工作，基本形成覆盖城乡的全民阅读推广服务体系，优质阅读内容供给能力显著增强，基础设施建设更加完善，工作体制机制更加健全，法治化建设取得重要进展，国民综合阅读率显著提升。《意见》提出全民阅读工作的重点任务主要是加大阅读内容引领、组织开展重点阅读活动、加强优质阅读内容供给、完善全民阅读基础设施和服务体系、积极推动青少年阅读和家庭亲子阅读、保障特殊群体基本阅读权益、提高数字化阅读质量和水平、组织引导社会各方力量共同参与和加强全民阅读宣传推广等。《意见》成为各级党委、政府推进全民阅读工作的重要指导性文件。全民阅读成为各级党委、政府的一项工作，也就成为新时代治国理政的一项任务。它事关国家发展和社会民生，应该依照法规部署、执行、评估、督导、检查，确保全民阅读落到实处。

2021年3月——《中华人民共和国国民经济和社会发展第十四个五年规划和2035年远景目标纲要》（以下简称《纲要》）正式发布，《纲要》第十篇第三十五章第二节"完善公共文化服务体系"部分明确提出，深入推进全民阅读，建设"书香中国"。《纲要》要求，广泛开展全民阅读活动，将推动、引导、服务全民阅读作为公共图书馆的重要任务，不断丰富以阅读为核心的综合性文化服务，建设书香社会。围绕世界读书日、图书馆服务宣传周、全民读书月以及重大节庆活动，深入开展系列阅读推广活动。高度重视未成年人阅读习惯培养，实施青少年阅读素养提升计划。主动适应公众阅读习惯和媒介传播方式变化，通过新媒体广泛开展在线阅读推广活动，吸引更多群众特别是年轻人参与。依托公共图书馆汇聚、培育一批领读者、阅读推广人、阅读社群。《纲要》表现出对全民阅读的高度重视和深入推进的更大力度。

2021年10月——第十三届全国人大常委会第三十一次会议表决通

过了全国人大常委会关于批准《关于为盲人、视力障碍者或其他印刷品阅读障碍者获得已出版作品提供便利的马拉喀什条约》（简称《马拉喀什条约》）的决定。该条约是世界上第一部，也是迄今为止唯一一部版权领域的人权条约，进一步保障了阅读障碍者平等获取文化和教育的权利。我国加入该条约，标志着全民阅读为盲人等特殊群体的服务上升到一个新的高度。

2022年4月23日——首届全民阅读大会在北京举行。习近平总书记向大会发来贺信，热烈祝贺大会成功举办。贺信深刻指出，阅读是人类获取知识、启智增慧、培养道德的重要途径，可以让人得到思想启发，树立崇高理想，涵养浩然之气。中华民族自古提倡阅读，讲究格物致知、诚意正心，传承中华民族生生不息的精神，塑造中国人民自信自强的品格；并对全民阅读活动提出了希望，"希望广大党员、干部带头读书学习，修身养志，增长才干；希望孩子们养成阅读习惯，快乐阅读，健康成长；希望全社会都参与到阅读中来，形成爱读书、读好书、善读书的浓厚氛围"。

4 2022年10月——中国共产党第二十次全国代表大会的报告提出"深化全民阅读活动"。10年前，党的十八大报告号召"开展全民阅读活动"，党的二十大报告则提出了"深化全民阅读活动"的更高要求。

2023年3月——教育部、中宣部等8部门印发《全国青少年学生读书行动实施方案》，就全国青少年学生开展读书行动的指导思想、基本原则、工作目标等总体要求以及丰富学生读书内容、创新读书行动载体、健全读书长效机制、认真做好组织实施等具体要求做出了全面部署。这是全民阅读活动中的一个基础性部署，也是我国深化教育改革的一项重要举措。

2023年4月23日——第二届全民阅读大会在浙江杭州开幕。中共中央政治局委员、中宣部部长李书磊出席开幕式并讲话。李书磊指出，推进强国建设、民族复兴，离不开读书学习，要把阅读作为最基本的文化建设，大力倡导读书之风，充分发挥阅读在传播思想文化、提升国民素养、传承民族精神、涵育文明风尚等方面的重要作用；要坚持为人民出好书，着力提高出版品质，打造更多新时代新经典，用精品出版物激发阅读兴趣、提升阅读品位；要着力满足人民的阅读需求，加快构建覆盖城乡的全民阅读推广服务体系，提供处处可读、时时可读、人人可读的文化条件，推动读书习惯的养成；要大力倡导全民阅读、终身学习的理念，在全社会营造浓厚阅读氛围。与会许多专家认为，"处处可读、时时可读、人人可读"，就是对未来书香社会的生动描绘。

2024年3月——在第十四届全国人民代表大会第二次会议上，国务院《政府工作报告》中提出"深化全民阅读"，这是国务院《政府工作报告》第11次部署全民阅读。

2024年4月23日——第三届全民阅读大会将于云南昆明举行。

人类社会的阅读永无止境。开展全民阅读乃是一个静水流深的过程。中国的全民阅读活动正行进在开展与深化的路上。为了深刻认识社会阅读危机从而居危思变，为了回望来时路从而振奋精神，更为了在深入推进全民阅读中树立信心、推广经验，安徽教育出版社盛情邀约我合作，在新时代新征程开启之时，一起努力，做一部纪实文学作品《中国全民阅读纪事》，向广大读者讲述我们生活中"有书香的地方"。我知道自己已年逾古稀，恐力不能逮，然而由于多年来投身于全民阅读已不能自拔，对这一选题一直牵记不舍。终于，2023年阳春时节，我把亲友们的担忧与劝阻轻轻放下，开启了自己的"书香中国万里行"——迈开自己已经不再强健的双腿，去往祖国的天南海北、高山大川、城镇乡村，去寻访全民阅读活动中点点滴滴的故事，在华夏大地上寻找一个又一个"有书香的地方"。

第一章 让城市因热爱读书而受人尊重

一 小引

二 广东深圳:『先行先试』的典范

三 北京:创献『北京标准』

四 江苏江阴:满城都是读书人

由一本本"书"垒起来的深圳大运会火炬塔是"全球全民阅读典范城市"深圳的一个标志

第十三届书香中国·北京阅读季"书香社区"颁奖典礼(来源:《北京青年报》)

一

小　引

十多年来，我到过我国许多大中小城市参加全民阅读活动，每个省（区、市）至少去过一个城市和城市周边的城镇乡村，有的城市甚至去过多次。那些城市的领导重视全民阅读的程度令我由衷钦佩，那些城市的全民阅读空间建设令人感动，书店、图书馆敞开大门，甚至可以24小时阅读，社区书屋总有热心的志愿者在打理，各种读书会有如城市最活跃的细胞活动在街头巷尾。我到杭州参加读书会活动，看到"一湖书香四明客，千秋古阁甬城风"的名句，心里不禁感动不已。我到福州参加第八届"书香八闽"全民读书月开幕式，听到有当地领导说出"三坊七巷状元第，巷头巷尾读书声"的名言，心下觉得亲切而振奋。我国的全民阅读活动，大都是从各省（区）的省会或首府城市启动，在各中心城市推动，才有了各地各方面活动的相继开展。在我国全民阅读中，书香城市的建设至为重要。正如刘易斯·芒福德在《城市发展史：起源、演变和前景》一书中指出的："人类发展史上创造的两个工具，一个是文字，另一个就是城市。人类正是通过这两大工具一步步提高自己，创造了无限丰富而美丽的物质文化和精神文化，实现了人类社会的一次次飞跃。文字（阅读）和城市这两件人类史上极其重要的事，在很早以前就联系在了一起。"城市的产生意味着文字的连接，文字的连接催生了市民的共同阅读。城市全民阅读的开展就是要形成城市全体市民的共读，从而建造全体市民共同的精神家园，形成共同的核心价值。

我曾经有一个设想，待条件成熟，写一本"全民阅读双城记"。

现在这部书起首第一章，写的却是"全民阅读三城记"。这三座城市就是广东深圳市、北京市、江苏江阴市。人们见到过各种作者写"双城记"，恐怕较少见过"三城记"。

是的，就在此书最初构思时，我确是准备在第一章里写"双城记"的。因为从 2000 年启动的"深圳读书月"，使得深圳市被认为是我国全民阅读最先启动的城市，同时它还获得了联合国教科文组织授予的"全球全民阅读典范城市"殊荣；也因为北京的全民阅读虽然不如深圳开展得早，可是，自 2014 年起，经国家出版行政主管部门批准，"北京阅读季"正式称为"书香中国·北京阅读季"。就全民阅读而言，北京市是第一个被冠以"书香中国"的城市。还有，《人民日报》2017 年 12 月 5 日发文指出创献全民阅读的"北京标准"，说明北京的全民阅读模式在更广的范围内可复制、可推广。

然而，经过采访和讨论，我们决定把江苏江阴市纳入第一章，与深圳市、北京市一起写入"全民阅读三城记"。

江阴市是江苏无锡市下辖的一个县级市，尽管它连续 20 多年被列为"全国百强县"头名，可是，将它跟北京市、深圳市等一线城市并列，除非事出有因，否则显然不合惯例。

当然是事出有因。——我们在江苏采访，惊奇地发现，早在 1995 年的春天，江阴市全市就设计启动了"一二三家庭读书工程"，即要求到 2000 年，全市 70％左右的家庭都拥有"一二三"——一个书架、两份报刊、三百册图书。在全国这当然是首创。让我们尤为钦佩的是，江阴市自从 1995 年启动"一二三家庭读书工程"以来，就没有停止过推动全民阅读的步伐，其全民阅读的各项指标在江苏省高质量创新发展考核中都位列全省县级城市前茅。一个县级市能很早启动全民阅读而且毫不犹豫地坚持下来，不用说，这是一个书香浓厚的地方，值得读者们前往探胜。

以上便是"全民阅读三城记"采写设计的由来。其实，我国书香城市，何止三城！即便说是三十城也不为多。可是，第一章的主题是我国全民阅读之滥觞，我们就从这三座城市写起。

二

广东深圳:"先行先试"的典范

1 写全民阅读,我认为第一时间就应该奔赴深圳。被誉为我国改革开放"先行先试"地区的深圳,在短短40多年时间里,将自己塑造成中国南部最具吸引力的超级都市的同时,也获得了联合国教科文组织授予的"全球全民阅读典范城市"殊荣。迄今为止,深圳还是全球唯一获得这一殊荣的城市。启动于2000年的深圳读书月,让深圳被认为是我国全民阅读"先行先试"的城市。

20多年来,深圳读书月累计举办各类阅读文化活动近1万项,捐赠爱心图书价值3000余万元,邀请王蒙、金庸、谢冕、莫言、饶宗颐、周国平、白岩松等100余位大家名家开坛演讲,打造了"深圳读书论坛""经典诗文朗诵会""年度十大好书""年度十大童书"等数十项具有全国影响力的阅读品牌,孕育出100余家民间阅读组织,吸引约1.5亿人次以书会友,被高票选为"市民喜爱的十大文化品牌活动"和"深圳十大文化名片"。超过98.4%的深圳居民认可阅读对人生的重要性,深圳人均年阅读纸质图书7.23本、电子图书11.21本。平均每天大约有51场阅读文化活动在深圳各处开展。

深圳读书月注重深化载体创新,推出QQ阅读、全民阅读App等一系列"互联网+读书"平台,以及"手机阅读""扫码听书"等形式多样的"互联网+读书"活动。深圳连续3年获评"中国十佳数字阅读城市",数字化阅读率居全国之首。深圳大力推动全民阅读常态化、专业化发展,率先开展阅读推广人培训和阅读专业组织培育,成立全国第一个民间阅读组织——深圳市阅读联合会，成立全国第一个全民阅读研究机构——深圳市全民阅读研究与推广中心。早在2010年，深圳市委就印发文件对全民阅读进行系统部署。2016年，深圳出台国内阅读推广领域第一部条例形式的城市法规《深圳经济特区全民阅读促进条例》，进一步推动了全民阅读制度化、规范化、常态化。

2 "改革开放'先行先试'是深圳，全民阅读'先行先试'为什么还是深圳？"还没到深圳，可我已经想好，到深圳我要向国务院参事、深圳读书月总顾问、老朋友王京生，向他请教这个问题。

王京生曾经担任中共深圳市委常委、宣传部部长。2000年，他当时是深圳市文广新局局长，深圳读书月就是由他领导的市文广新局启动和主办起来的。

我与王京生的交情已有多年。2015年4月23日，他邀约我和时任全国政协委员、中国出版协会常务副理事长、中国图书评论学会会长邬书林等在深圳图书馆举办的主题为"第一等好事还是读书"对话会上同台讨论全民阅读。此后，在深圳读书月期间我们多次同台演讲、交流。2019年11月30日，为了纪念深圳读书月举办20周年，海天出版社出版"全民阅读丛书·名家系列"3部新书，即时任国务院参事、深圳读书月总顾问王京生的《让城市因热爱读书而受人尊重：阅读与城市发展》，时任全国政协副秘书长、民进中央专职副主席朱永新的《造就中国人：阅读与国民教育》，我的《改变，从阅读开始：阅读与时代变革》。我们3人曾在深圳图书馆举办的深圳读书月"历史的天空"论坛上为3本新书的面世同台演讲、交流。

2023年3月14日上午，我和王京生在深圳中心书城典雅的尚书吧再次见面。老朋友久别重逢，格外开心。我首先祝贺他获得联合国教科文组织颁发的"孔子奖章"，成为国家文化艺术智库特聘专家。他的表情因谦逊而羞赧，微笑着表示，他本人获得联合国教科文组织颁发的"孔子奖章"远不如深圳获得联合国教科文组织授予的"全球全民阅读典范城市"这个荣誉重要,而且迄今为止深圳仍是全球唯一获此荣誉的城市,这是深圳的光荣,是中国的骄傲。

我深信王京生所言乃发自肺腑。因为深圳读书月自2000年首届举办起,就一直是他和同事们首推这项事业。2000年王京生是深圳市文广新局局长,读书月活动最先就是由他带领市文广新局主办的;后来他升任深圳市委常委、宣传部部长,市委宣传部更是组织全市相关政府部门、企事业单位共襄这一文化盛举。2003年,从第四届读书月开始,由原先政府主办改变为政府委托承办制,企业成为读书月的承办方。2004年起,深圳出版集团接过读书月的总承办权,市委、市政府有关部门,社会团体,新闻媒体,企事业单位等30多家机构共同承办,形成了"政府倡导、专家指导、社会参与、企业运作、媒体支持"的成熟运作机制。前些年王京生退离领导岗位后,他以深圳读书月总顾问的身份继续为读书月做贡献。

3 王京生把我们共同的老朋友胡洪侠约了来。胡洪侠是深圳《晶报》总编辑兼深圳报业集团出版社社长,在深圳内外文人圈子里人称"胡大侠"。大侠谈锋很健,思维敏捷,给人一股侠气扑面而来的感觉。王京生约他前来,想必是为了让我采访到更多资料。

我告诉他们二位,我即将写作的纪实文学作品《有书香的地方》,第一章打算借用王京生的书名《让城市因热爱读书而受人尊重》。

王京生朴实的面庞上漾过一丝微笑。他说,这不是他的专利,而是深圳人的创造。2010年8月,于深圳经济特区建立30周年之际,深圳举办了"深圳最有影响力十大观念"评选活动,引起了全社会的广泛关注。经过两个月严格认真的筛选,"时间就是金钱,效率就是生命""空谈误国,实干兴邦""敢为天下先""改革创新是深圳的根,深圳的魂""让城市因热爱读书而受人尊重""鼓励创新,宽容失败""实现市民文化权利""送人玫瑰，手有余香""深圳，与世界没有距离""来了，就是深圳人"等入选"深圳十大观念"。"深圳十大观念"的评选，充分尊重和体现了市民意愿，反映了民间呼声与市民追求。"让城市因热爱读书而受人尊重"应该是深圳人民的共同创造，充分说明了读书在深圳人心目中的地位。

胡洪侠快人快语，他说，其实，"让城市因热爱读书而受人尊重"这句话的发明权还是王京生同志，2004年《深圳特区报》发表过王京生同志的署名文章，文章题目就是这句话。"深圳最有影响力十大观念"评选活动是2010年，王京生同志的这句话随着深圳读书月的持续举办已经深入深圳人的记忆里。

王京生同志不置可否地笑笑，说那是深圳读书月形成的共识吧。

4 我向王京生提出了一个问题：我们都知道深圳是经济特区，而且2000年正是国家经济高增长期，为什么在全国范围里最先提出全民阅读的城市是深圳？

大侠在一旁补充道，在那之前可能国内有些地方也开展过一些读书活动，可是还没有搞读书月的，用长达月余的时间来倡导读书，即便在我们这个诗书之邦似乎都不曾有过。深圳市是第一个！

我说，是的，深圳到底是深圳，一上来就是很大的格局，很高的境界。为什么？

5 王京生的回答显然深思熟虑过。他说，深圳自从成为特区以来，深圳速度已经名满天下，可是，财富的积累不等于文化的积累，为此深圳也背负起了"文化沙漠"的恶名。作为一个人口流动性极强的移民城市，深圳一直没能形成与经济地位匹配的稳定而良好的城市文化。深圳始终面临着严重的文化认同危机，迫切需要建立属于自己的城市文化价值观。有哲人指出：人类的进化史本质上是文化的进化。"文化沙漠"社会的经济发展肯定是不可持续的。深圳是一个寻梦的地方，人们来到深圳，都希望在这里找到令自己满足的生活方式，不仅是挣到更多的钱，也希望城市的各方面都发展得好，特别是希望城市的文化能建设好。

王京生的神情显得有点凝重。

他语重心长道：其实，大多数到深圳来的人，对文明的追求，对读书、知识的追求都是共同的，社会需要通过阅读创造一种高尚的城市文明样式，阅读也就成了城市发展的基本战略和共同价值追求。2000 年，首届深圳读书月就有 170 万人参加了 50 项活动。10 年后，读书月的活动增加到 372 项，已经有 900 万人参加，此后每一届的参加人数都在 1000 万上下。现在全市已经建成 7 座书城，实现了一区一书城，并已有 700 多家实体书店，社会阅读组织也已超过 130 个。深圳积极建设"图书馆之城"，全市各类公共图书馆（含自助图书馆）合计 1012 个，实现每 1.5 万人口拥有一个图书馆服务点，全市实现了"10 分钟阅读圈"。

我当然是频频点头，赞叹这是一座现代化城市文化发展的基本规律和应有成效。可是，我追问道：为什么在全国是深圳最先举办读书月而且一出手就成功？

6 趁着王京生抿茶润嗓的间隙，大侠向我介绍，说深圳人爱读书是有事实依据的。1996 年 11 月，第七届全国书市在新落成的深圳书城（现罗湖书城）举办。令许多人大吃一惊的是，一度被其他城市看作"亏本赚吆喝"的全国书市，在深圳却受到了空前欢迎。书市第一天，前来深圳书城参观、购书的市民就达到 10 万人次之多。为了安全起见，书店不得不卖起了门票，5 元一张的门票被炒到 80 元。书市办了 10 天，书城就实现了 2177 万元的店堂销售额，一举创造了全国书市购书量最多、订货金额最大等多项纪录。这个深圳文化发展史上甚至是中华人民共和国出版史上的重要史实，给了深圳后来创办读书月重要启示。自建市至今，深圳一直是全国人口最年轻的城市，也是一个人群来源极广、极富于梦想的移民城市。众多年轻的市民和鲜活多元的移民文化，成为全市上上下下都赞成用深圳最凉爽的金秋 11 月来倡导读书的重要原因。

7 王京生不慌不忙提醒我道："深圳十大观念"里面特别强调效率，强调"空谈误国，实干兴邦""敢为天下先""改革创新是深圳的根，深圳的魂"；在全民阅读方面，深圳同样体现了"敢为天下先"的改革勇气、在读书上"先行先试"的创新精神和"先知先觉"的文化自觉，还有就是在文化上也一样坚持"实干兴邦"，强调效率。他给我列举深圳在全民阅读方面创造的若干全国"第一"：国内第一个建造大面积书城的城市，第一个推广"全民阅读"、开展"读书月"的城市，第一个建设"24 小时书吧"的城市，第一个提出"文化立市"战略的城市，第一个提出并实施"图书馆之城"建设的城市，第一个成立阅读联合组织的城市，第一个提出建设"一区一书城、一街道一书吧"的城市，第一个为阅读立法的城市……成为世界上唯一的"全球全民阅读典范城市"。这一连串的"第一"和"唯一"的背后，是由深圳市民和党委、政府对阅读的一系列认识所支撑：一是深刻认识到"城市是文化的容器"的本质，认识到城市之间的竞争已经从过去的拼经济、拼管理，进入到拼文化的阶段，将文化发展定为城市发展主题；二是以阅读涵养城市文化，形成了"文化深圳，从阅读开始"的文化自觉；三是坚持"以人民为中心"的发展理念，高度重视实现市民文化权利。从创办读书月那一天起，主办方就希望，深圳民间蕴藏的巨大读书热情可以通过读书月得到充分释放，市民的读书权利可以通过读书月得到充分满足，城市的想象力和创造力被读书月持续点燃。

8 我认为深圳读书月形成的"政府倡导、专家指导、社会参与、企业运作、媒体支持"的成功做法是各省（区、市）开展全民阅读活动可以借鉴的经验。我表示接下来要跟深圳出版集团新、老董事长请教企业运作的经验，同时，对于媒体支持，我认为这是题中应有的事情。我说，全民阅读是宣传系统一项重要工作，媒体岂敢怠慢！

大侠哈哈笑道：深圳媒体支持读书月的力度跟很多地方可不一样。我问支持到什么程度。他说：支持到什么程度？支持到内地的报纸，无论是中央大报还是地方报、省（区、市）报，看到深圳媒体给深圳读书月的版面都很吃惊。比如说一般一个省会城市，哪怕就是经济发达、文化悠久的省份，搞一个全省的全民阅读活动开幕，报纸头版给你上就是表示重视了，可是头版给你上一个"豆腐块"的可能性极大，好一点的是大"豆腐块"，大"豆腐块"无非是到两级标题，最多到三级标题，报道活动开幕，把主题词一讲，下面是什么主要人物参与，参与活动的人有多少，对！然后概述一下哪些出版单位带来了哪些好书，后续还有哪些重要节目，整个活动从什么时候开始到什么时候结束，就是报新闻。

大侠一番绘声绘色的讲说，逗得我忍不住笑起来。

对此我深有感触。深圳读书月期间，报纸上大照片不断，活动场面总是劲爆得很，使得读者觉得不去参加都不行。

大侠说：如果有外地大专家甚至只是中等专家来参加活动，报纸都会给大头像，都给他隆重介绍，使得专家们都愿意再来。他提醒我道：聂总你记得吗？2017年你在深圳读书月"历史的天空"论坛，我们安排你跟年轻的阅读推广人魏小河对话，结束后第二天《晶报》给的就是大幅图片报道。

这事我记得。当时我在商务印书馆新出了一本随笔集《舍不得读完的书》，深圳读书月就邀请我在读书月跟读者做交流，后来看到报纸把照片发得那么大，真有受宠若惊的感觉。

大侠接着说：深圳当地的媒体不仅版面、时段给足，另外每个单位都会主动去承办一些活动，主动策划一些活动。很多活动读书月组委会都不用策划，因为每个媒体都有自己的资源，都能策划，而且都有自己的圈子，都会把自己圈子里的人在那个时候集中吸引到深圳来。

9 我感叹，深圳建市43年，深圳读书月就连续举办了23年，而且不断有许多创新之处，影响力持续提升，为此一些权威媒体发出感叹，赞誉深圳读书月是"高贵的坚持"。曾经在媒体上看到一段颇为煽情的讲述：在深圳中心书城，有一家"24小时书吧"。从2006年11月第一天亮灯起，主办人就对它有一个期许："即使整个城市都沉入了黑夜，这盏灯也为你亮着。"灯光不灭，星光闪烁，一如我们对深圳读书月的期许："全民阅读，既然高贵，就要坚持！"

我问道：其实，"高贵的坚持"并非易事。那么，深圳究竟是怎样坚持下来的呢？

10 说到"高贵的坚持"，大侠立刻答道，无非需要这么几个主要条件：一是群众热爱，二是领导重视，三是时代需要。

一说到群众热爱。大侠眉飞色舞道：许多外来人初到深圳，看到早上在图书馆门前排长队等候入馆的读者，在书城里看到熙熙攘攘、老老少少的顾客，都能被感动到。他说：深圳许多报刊发表过大量的深圳人在街头各种场景陶醉于阅读的照片，那都是抓拍的真实景象。我在报社当专栏主编，后来当总编辑，始终坚持一条，抓拍的就用，摆拍的不要。哈哈！在深圳，让许多外来人感慨佩服的是这座城市的阅读不是被号召来的，不管有没有读书月，这座城市的人都是那么沉醉于阅读。

我当然深有同感。我说：看来，心怀梦想的深圳人明白，要实现自己的梦想，必须保持良好的竞争力；而阅读和学习，是让自己拥有竞争力的必经之路，这是这座蓬勃向上的年轻城市大多数市民的基本生存逻辑。

大侠告诉我：2011年，时任联合国教科文组织总干事的博科娃女士第一次来深圳，居然一天里两次逛书城，被这座城市的阅读氛围所深深感染。博科娃说,她走过很多地方,去过很多城市,没有一个城市、一个地方像深圳那样,那么多家庭、那么多孩子聚集在书城尽享读书之乐。这快乐温馨的场面,她永远都会记得。两年后,她在北京为深圳颁发"全球全民阅读典范城市"大奖时再次感叹:深圳推广全民阅读,已为世界树立了一个范例。

大侠接着说:二是领导重视。深圳市委、市政府一直坚定不移地支持举办读书月,而且要求越办越好。市委、市政府领导深刻认识到阅读在城市文化建设中的重要地位,为了确保这项活动能长期开展下去,深圳市人大常委会会议通过《深圳经济特区全民阅读促进条例》,2016年4月实施,将深圳读书月法定化。

11 王京生想了想,说还有一个条件也很重要,那就是专家指导。20多年来,很多专家大家都给了各种支持。北京大学谢冕教授就是我们读书月的顾问。谢冕教授不顾年迈体弱,多次专程前来参加读书月。他以诗人的豪气大声赞誉深圳读书月是读书人的"狂欢节"。饶宗颐先生、金庸先生虽然是香港人,却也愿意为深圳读书月当阅读顾问。2004年,金庸先生来参加读书月论坛,主办方安排他住五洲宾馆,他一直说这里太高级了,住商务酒店就可以。后来他还是抢着自己付了房费。组委会给他讲课费,他分文不收。逛书城时,他坚持自己掏钱买书,幽默地说:"我应该为深圳文化做贡献。"

王京生感叹道:金庸先生特别喜欢深圳读书月。金庸先生说深圳这样一个年轻的城市,有如此欣欣向荣的读书尚学风气,是他没有意料到的。金庸先生对深圳读书月有着很高评价,这对我们是一个很大鼓舞。对于一座城市的认同,往往开始于也着眼于对这座城市的文化认同。深圳因为读书月树立了自己全新的文化形象和城市形象,使得众多文化名人对深圳刮目相看,这也是支持我们"高贵的坚持"的文化力量。

12 王京生伸出一个手指，语气变得很重。他说有一个更重要的条件，那就是中央有关部门态度鲜明地支持深圳读书月。他回忆道：记得是 2005 年，我跟原新闻出版总署的领导反映过，我们深圳读书月要持续开展下去，特别需要中央相关部门态度鲜明的支持。2006 年 4 月，中宣部、原新闻出版总署等 11 部门联合发出《关于开展全民阅读活动的倡议书》。2006 年中宣部、原新闻出版总署等部门开始部署"书香中国"建设工程，这让我们认识到深圳读书月做对了。特别是 2009 年深圳读书月期间，中宣部等部门在深圳联合召开"全国全民阅读活动经验交流会"，让我们受到很大鼓舞；2019 年又是深圳读书月期间，中宣部在深圳召开"全国全民阅读工作经验交流会"——我插话道：时隔 10 年，会议名称有一个明显的变化，"全民阅读活动"变成了"全民阅读工作"——王京生激动地回应道：这是一个很大的变化，说明开展全民阅读已经成为一项国家发展战略，成为各级党委、政府的一项工作。

大侠敏捷地接话道：这就是改革开放的时代需要，更是新时代、新征程的需要，全民阅读终于成为国家发展战略。深圳读书月从一开始就是顺应了时代发展的需要！

13 在深圳，我用两天时间分别与深圳出版集团前、后两任董事长做了深谈，对集团正在实施的书吧建设作了实地考察。

深圳出版集团是深圳读书月的总承办方。一座大型城市的全民阅读活动交给这座城市的一家出版发行企业总承办，还不曾听说过。深圳出版集团在深圳读书月乃至全市全民阅读上做出了大量公益性的付出，集团的总体经营状况在全国出版业同类出版企业中也是领先的，其中的经验自然是值得做一番调查研究的。

深圳出版集团卸任不久的董事长尹昌龙是北京大学文学博士出身，现任董事长唐汉隆是华中科技大学工商管理硕士，两位董事长，教育背景一文一商，可是，跟我谈到企业总承办深圳读书月以及对全市全民阅读的投入，态度一致到让我暗暗惊讶。其中有一点两人特别一致。以往在别的地方与出版企业负责人谈到企业为全民阅读做贡献时，往往会谈到如何做好出版业的公益性和经营性的结合，如何实现出版企业社会效益和经济效益的相协调，可他们两人却不约而同是一个态度，那就是：只要是全市全民阅读总体方案，尤其是读书月定下的事情，作为总承办方的出版集团，从来不在这件事上考虑盈亏。抑或说，在他们的思维里，只要读书月需要投入的就一定投入，企业的盈亏最后去看大盘——看全年全市图书市场的景气状况。我当然明白，这个大盘状况，正需要出版企业全力做好阅读推广。如果是在商言商，换一种说法，这就是企业培育市场。可是他们不说。让我感到震撼的是，在全民阅读面前，他们所带领的深圳出版集团义无反顾地投入自己的力量，自觉为城市全民阅读肩负起一个城市出版发行企业无可推卸的使命。他们的自觉态度甚至让我产生了一点错觉，我面前的两位董事长不太像是市场里的企业领导，而更像是某个社会公益组织的理事长。社会公益组织是只问奉献不求回报、只问耕耘不问收获的。作为企业集团的董事长，为什么能如此义无反顾地奉献？

14

我专程去参观坐落在美丽的深圳湾公园的白鹭坡简阅书吧。

在书香深圳的建设方案里，提出了深圳市民阅读的基本模式，即通过图书馆和书城、书吧的高密度布局，构建"图书馆＋大书城＋小书吧"10分钟阅读文化生活圈，用星罗棋布的公共书吧来倡导"简单生活、自在阅读"，希望书吧成为城市里的"文化绿荫"，以其优雅的环境、丰富的功能、美好的气息，融入城市、融入生活、融入文化、融入未来，放缓城市的节奏，提升文化生活质量，让人们的内心更加安静。

目前，深圳出版集团在既往十多年的简阅书吧建设基础上，正在重点布局公园书吧、机场书吧建设。而白鹭坡简阅书吧是早两年建成的，深圳书友建议我去实地看看。

15

我有些疑惑，建在海湾公园里的书吧究竟只是一处风景宜人的阅读空间，还是一家风景宜人却能养活自己的经营场所？

每一个企业都必须有自己的活法——必须有能让自己活下去的方法。

白鹭坡简阅书吧坐落在深圳湾公园一处绿草如茵、地势平缓的坡地上，离海不远，书吧周边都是草地。跟我此前见到过的深圳几家书吧一样，建筑和装饰风格都是极简的现代风格，灰白调子，四面都有宽阔明亮的玻璃窗，提醒人们要过上"简单生活、自在阅读"的阅读生活。书吧光线很好，三三两两坐着些读书的人，既可埋头看书，又可以举目观海，拥有一种简约自由的审美趣味。快速度、高效率是深圳留给人们的主要印象。可是，在水天一色的深圳湾，白鹭坡简阅书吧每天却在接待着到这里慢节奏、简单生活、自在读书的人们。其实，深圳是立体的，正如深圳精神需要用"十大观念"来表述一样，"简单生活、自在阅读"也应该是深圳立体生活中可贵的一面。

书吧负责人是一位年纪不大而衣着却比较质朴的女性。初一见面，我就跟她说：对于深圳读书人来说，这家书吧的好处太多了，简直就是一种享受；可是，看样子来这里读书的人不会多，更不一定买书，你们怎么挣钱？

说到挣钱，她朴实端庄的面庞漾过一丝微带歉意的笑意。她说：一开始确实很难，我们只是想少亏一点就好，集团也不要求我们马上挣钱，只是要求做好，强调要坚持。我们也相信只要坚持下来就会好起来。到了寒假、暑假，到了新学期开学，孩子们都要买点书的。还有，公园里外地游客多，路过这里看见有新书也会买。特别是孩子买书，家长都不会嫌书贵，也不大好意思坚持回家上网买打折书。这年头只要小孩子愿意买书大人都买。她说她们想的就是先把书吧做出名气来，最好做成网红打卡地，做成跟读书相关联的网红打卡地。

我问做成了吗？

她说：成了。2022年深圳读书月"年度十大好书"发布活动就由这家书吧承办。那是一个周五的下午,在书吧外的草地上举行,也是20多年来读书月"年度十大好书"第一次在户外的草坪上举行。她说,在草坪上搞读书活动有点像举办海边婚礼一样,很梦幻。自那以后,有人就慕名而来。打卡的人越来越多,然后也进来看看书,在里面继续打卡,有的还直播介绍书籍。到了读书月,这里的活动也不少。前年、去年,深圳市总工会的读书会、启动仪式之类的活动都在这里举行。办活动应当有的收益都会有。最重要的还是集团要求我们只要完成好重点任务,吸引到更多读者,得到更多好评就好。她说她负责的龙华、光明、南山几个区一共16个书屋,大大小小加起来去年就有400多场阅读活动,受到集团领导的表扬。

从集团董事长对企业投入全民阅读的态度,到最基层的书吧负责人的经营逻辑,深圳出版集团上上下下的经营管理者在服务全民阅读方面都成了出版业内的明白人。他们都明白,企业的收获在耕耘之后的秋天,出版企业的收获在城市的读书热情持续上升之后。从1989年以来,深圳人均购书量连续数十年位居全国第一。市场并没有亏待尽到社会责任的企业,至少在深圳这座"全球全民阅读典范城市"里是这样的。

16 在深圳湾畔,面朝大海,有一座高26米的大运会火炬塔,那塔身是由一本本"书"状建筑垒起来的。这既是大运会的火炬塔,也可以看成是深圳这座"全球全民阅读典范城市"的一个标志,寓意着阅读是不断地累积,累积成炬才能点燃知识的火焰,照亮前行的道路。那么,深圳读书月之所以能实现"高贵的坚持",首先就是因为深圳这座年轻城市把读书月置于城市的精神高地,志在给城市带来文化与知识的恒久力量,给人民带来更美好的生活,让他们能够永远徜徉在知识的霞光里,漫步在阅读的星空下,诗意地栖居在因为热爱读书而赢得世界尊重的城市中。

三

北京：创献"北京标准"

1 我们给深圳冠以全民阅读"'先行先试'的典范"的标题，是因为联合国教科文组织授予深圳"全球全民阅读典范城市"荣誉；给北京冠以"创献'北京标准'"的标题，则是因为中央权威媒体《人民日报》的专访文章对北京全民阅读的评价。

《人民日报》2017年12月5日发表的记者访谈录《把北京打造成"阅读之都"》一文指出：推动全民阅读，不是盲目的、被动的，而是系统性的、科学化的，要着力开展阅读学相关课题研究，制定和建立全民阅读"北京标准"，使北京的全民阅读模式在更广的范围内可复制、可推广⋯⋯

自2014年起，经国家出版行政主管部门批准，"北京阅读季"正式称为"书香中国·北京阅读季"。就全民阅读而言，北京市是第一个冠以"书香中国"的城市。

北京，中华人民共和国的首都，是全国文化中心，成为"阅读之都"是顺理成章的任务。全国文化中心，对外展示国家文明形象，对内增强文化自信，对全国文化建设起着引领示范作用。推动全民阅读，就是为构建全国文化中心奠定基础和做出表率。这决定了北京在全民阅读活动中要有这样一种高度、这样一种气质、这样一种颜色。

2 在2011年4月12日北京市首届"北京阅读季"启动仪式举行之前，仅就全民阅读活动而言，我这个生活在北京城区街道的出版人兼阅读推广人，已经觉得比较满意了。我落户在东城区，这里不仅能够享受到三联韬奋书店、商务印书馆涵芬楼这些特色书店开展的周末读者服务活动，还能在东城区图书馆的作家专题讲座上"书海听涛"。特色书店不断有读者服务活动的信息发到我手机上，"书海听涛"作家讲座全年有近百场的通知发出。其中有些读者服务活动和一些作家的讲座我觉得很值得一听，可是临到时候发现根本应付不过来，只好一次次地放弃，从而让我心生愧意，像是一个患拖延症的学生一次又一次缺课。我个人体会，在这样的城区生活，阅读资源和阅读服务是不缺乏的。即便是北京较偏僻的远郊地区，在书香北京建设中，市民们的阅读活动也逐步有了安排。2010 年，北京市在全国率先实现了农家书屋（即益民书屋）在农村的全覆盖。2010 年北京国民综合阅读率达到 85.5%，居全国前列。

2011 年 4 月 12 日，首届"北京阅读季"启动，开展了"悦读好书，共享精品"大众有奖荐书活动、"诵经典忆光辉历程，赞幸福迎红色华诞"红色经典诵读活动、纪念建党 90 周年红色知识竞赛、"百姓读书大讲堂"、"读书益民杯"有奖征文活动、"悦·读"读书风景摄影作品展等一系列群众性读书活动，构成了书香北京一道道亮丽的风景。

3 也许因为我在担任全国政协委员期间较早提出过开展全民阅读活动的提案；也许因为我在中国出版集团公司领导岗位上时比较注意为全民阅读发声；也许，还因为我家住北京，得地利之便，"北京阅读季"从一开始就邀请我参加若干项目的评选工作，后来我还多次应邀出席每一年度隆重举行的"北京阅读季"的阅读盛典，以至于迄今为止，每一届或多或少我都参加了其中的活动。

我参加过很多届"北京阅读季·年度好书推荐书目"的评选工作。我当时就意识到这个评选与深圳读书月"年度十大好书"评选不大一样。当时深圳读书月"年度十大好书"评选高度吸引学界、文学艺术界、出版界和阅读界的注意，因为一年全国只有 10 部好书入选，那是何等的

"高大上"、凤毛麟角，而所选书籍的文化价值、学术品位乃至书籍制作品相都堪称上乘，与其说是为全民阅读选书不如说是为提高全民阅读水平推荐好书。而"北京阅读季"则基本不一样。"北京阅读季·年度好书推荐书目"评选，一开始就明确推荐"大众喜爱的十大好书"，突出了"大众喜爱"。后来，入选的书目增加到百部之多。评选书目覆盖大众出版各个门类，参考业内具有相当公信力的图书市场调查公司——开卷公司的市场调查数据。从这一点就看出"北京阅读季"高度重视图书在市场上的受欢迎程度，其目的就是为全民阅读开书单，重在向普通大众推荐易读好懂的书籍，照顾到社会各个层次的读者。出于提升推荐书目整体水平的考虑，我在评选工作中有意识地把注意力放在推荐那些专业性强且受到好评的图书——当然，太高深的专业图书一般来说就不好到全民阅读推荐书目中挤占位置了，全民阅读书目应该具有全民阅读的特色。

"北京阅读季·年度好书推荐书目"的评选工作一直注意创新推荐主题和思路。2017年，面向社会公众推出首批百部主题图书，为以青少年群体为主的广大读者学习和感知北京历史文化提供指导。"北京阅读季"相关负责人回答记者采访时特别清晰地表达了此次年度推荐图书的思路。她说，书目推荐给社会公众，读者根据自己的需求进行选择；而在家庭阅读中，以家长为主的成人阅读和以孩子为主的少儿阅读，能够更好地形成呼应，营造家庭阅读的氛围。

2017年度"北京阅读季·年度好书推荐书目"更多关注不同读者的不同选择。全部书目主要由两部分组成，分别面向成年读者和少儿读者，每部分均有5个模块。面向成人读者的推荐书目共计35本，5个模块分别是：格局变迁，以北京城市格局的形成与变迁为主，如胡同与四合院等；历史演变，以北京地域社会发展历史为主，如图书《北京历史》等；民俗文化，以展示北京特色风貌为主，如京剧等；文学经典，主要是以北京为创作主题的文学作品；时代主题，推荐以北京中轴线及三个文化带（即大运河文化带、长城文化带、西山永定河文化带）为主要展示内容的作品。面向少儿读者的推荐书目共计 65 本，5 个模块分别是：课本名作，以中小学课本中出现的与北京相关的图书为主；亲子共读，以亲子共同阅读的绘本类图书为主；小学阶段，配合小学阶段认知和学习水平的图书；初中阶段，配合初中阶段认知和学习水平的图书；高中阶段，配合高中阶段认知和学习水平的图书。

2023 年，"北京阅读季·年度好书推荐书目"又做了重要改变，从以往的年度推荐改成分期推荐，名称改为"京华好书"，每期推荐 10 种到 15 种。当年 10 月初推荐第五期，每期荐书品种覆盖主题图书、人文社科图书、文学艺术图书、科技图书和少儿图书等阅读门类，进一步朝着全民化、多样化、精细化做努力。

全民阅读，重在全民！

4 如同"北京阅读季·年度好书推荐书目"的评选工作一样，"北京阅读季"许多活动的设计，都特别注意活动的全民阅读特色。

首都图书馆、北京市图书馆协会、北京市各区图书馆联合举办的"阅读北京——首都市民阅读系列文化活动"，在全市范围内开展多维多元多彩的全民阅读推广活动。这项活动每年固定开展诵读大赛、"十佳优读空间——百姓身边的基层图书室"推优活动、"最美书评"征集评选活动和"阅读伴我成长"四大主题活动。其中，诵读大赛由北京市各区图书馆自行组织灵活多样的初赛，推选胜出的个人组和集体组选手到首都图书馆参与决赛，自下而上发动市民参与诵读和阅读。由于从各区组织初赛，自下而上，发动面顿时扩大许多，氛围很浓，使得活动成为人们日常生活的一个兴奋点。

"阅读北京——首都市民阅读系列文化活动"以图书阅读为基底，让书香遍洒京城。阅读活动走下基层、走上"云端"，形式更加多样化：在线下，图书馆把讲座、诵读、答题、掌上阅读、短书评带到学校、社区、企业、公园；在线上，从掌上阅读出发，到专家漫步导读，再到读者线上共读,"阅读北京"在线上会场,打造集直播互动、名家讲坛、全市联动、资源荟萃等功能为一体的"云阅读"。

"阅读北京"阅读推广活动不仅面向北京市民,还坚持将书香传播到广大乡村等欠发达地区,设法广泛联合社会力量,联合阿里巴巴公益基金会、担当者行动共同发起的夸克"益起读"线上线下阅读助学公益活动,吸引了全国各行业、不同年龄的读者近 17 万人参与,并在河北省张家口市宣化区赵川小学、李家堡小学、小村小学建立起 36 个班级图书角、1 间图书室,捐献书籍共计 1299 册。"我的书屋·我的梦"农村少年儿童阅读实践活动共收到通州、大兴、平谷、昌平、怀柔、海淀、房山、顺义、延庆、密云、门头沟 11 个区报送的 134 篇作品,显示出快乐阅读在农村青少年中蔚然成风。

5 在首都北京举办全民阅读活动,最不缺乏的就是名人资源。著名作家、艺术家、科学家、学者以及各类社会名人应有尽有。这是首都北京的人才优势,更是书香北京建设得天独厚的条件。通常在人们看来,具备如此得天独厚的条件,全民阅读"北京模式"可能就难以参照了。

其实不然。

"北京阅读季"活动的负责人提醒我,北京可不仅仅是东城区、西城区、海淀区啊,也不仅仅是朝阳区、丰台区,还有门头沟、石景山区、房山区、通州区、顺义区、昌平区、大兴区、怀柔区、平谷区、延庆区、密云区等一共 16 个市辖区,有着 2100 多万人口。既然是全民阅读,究竟怎样才能让阅读覆盖到更多的人口,这是"北京阅读季"绕不过去的难题。

"北京阅读季"一开始就要求把主要活动下沉到 16 个区,要使得各个区参与到书香北京系列评选中来,通过评选来推动活动,通过评选来检查工作。"北京阅读季"组织开展一系列的评选活动,其中直接下沉到各区的评选有"阅读示范社区""书香家庭""金牌阅读推广人""全民阅读优秀项目""全民阅读优秀案例"等。2016年"阅读示范社区"评选，既有文化行业从业人员比较集中的西城区什刹海街道柳荫街社区、海淀区清华园街道荷清苑社区入选，也有远郊密云区果园街道果园新里北区社区、延庆区香水园街道新兴西社区上榜。2016年评选出来的"书香家庭"竟然有著名文化学者、北京大学中文系教授张颐武家庭和著名女作家顾保孜家庭，前者是海淀区申报，后者是朝阳区申报。我之所以说"竟然"，是因为他们两位算得上文化精英人士。据我所知，通常这样的人士会谢绝全民阅读授予的各种称号，可是他们不仅接受了，而且在申报材料上有着二位颇具修养的签名，令我不禁受到感动。而评选出来的"金牌阅读推广人"有中央人民广播电台节目主持人贺超，他来自西城区；著名儿童文学作家安武林，他来自昌平区。而早两年，前中央电视台节目主持人樊登也获得过"北京阅读季·金牌阅读推广人"称号，那时他创立"樊登读书会"不久，影响力见长。在2016年"北京阅读季"盛典上，"北京阅读季·金牌阅读推广人"代表樊登以传承历史、联结现代、拓展未来为主题，围绕全民阅读这一话题发表了精彩的演讲。

"北京阅读季"发挥"阅读示范社区""书香家庭""金牌阅读推广人""全民阅读优秀项目""全民阅读优秀案例"等典型的带动作用，以点带面、以评促建，有力提升阅读感召力和群众参与度，全面促进了16个区的全民阅读持续开展。

6 因为我参与了"北京阅读季"的多项评选工作，直接接触到许多基层阅读典型的材料，常常为一些事迹所感动。此前我就把一些事迹写进了拙著《阅读力》一书中。

为了反映北京市基层地区的书香社区建设，我选择海淀区诚品建筑社区、朝阳区东坝乡的"绿孩子亲子阅读会"、朝阳区百子湾金都杭城社区的全职妈妈读书会、平谷区雕窝村社区阅读等典型做比较详细的介绍。

诚品建筑社区位于海淀区曙光街道，社区建设之初提出了"学者的生活、生活的学者"的文化概念，专门建设了诚品建筑图书馆。图书馆建筑面积386平方米，共有阅览席88位，分布于图书展示区、借阅区、阅览区以及读者交流区。图书馆内书香伴着咖啡的香味，环境清新优雅。图书馆3万余册的藏书中，名家及社区居民推荐并赠送图书近3000册，海淀图书馆赠书3000册，馆内所有的图书居民均可以随意翻阅。诚品建筑社区以图书馆为固定的活动场所，坚持定期举办文化活动，作为整个社区的长期文化消费品。自2004年起，这个社区图书馆共举办了100余次"名家讲堂""读书会""文化沙龙""书友会"等各种形式的文化示范和阅读活动。诚品建筑社区把社区阅读的目标定为"书香社区"，每月至少举办两次公益性文化活动。坐落在社区中心地带的社区阅读中心，无疑已经成为社区最具人气的场所，可以称得上是"处处飘书香，人人有书香"。

如果说诚品建筑社区的阅读活动具有比较接近于"高大上"的条件，通常让人感觉到不可复制，那么，位于东五环外的北京市朝阳区东坝乡则会给我们新的启示。这里是外来务工人员的主要聚居地之一，有1300多户家庭，82%为外来务工人员。东坝社区中心为打工子弟创办的"绿孩子亲子阅读会"，就具有较高的示范推广价值。2009年10月，这里成立了一个"绿孩子儿童阅读研究中心"，专注于儿童阅读理念、规律、文本和方法的收集与研究。这是完全由一批"80后"年轻人主动创办起来的公益阅读推广机构，这个机构组织成立了"绿孩子亲子阅读会"。"绿孩子亲子阅读会"自2012年3月第一周起，招募首都图书馆培训的"种子故事人"作为项目义工，这些义工在社区中心的2—4岁宝宝的家庭中开展亲子阅读。义工通过示范、解答和交流，帮助东坝社区家庭学习、实践亲子阅读的理念和方法。邀请专业人士来社区中心开设家庭教育的工作坊、读书会，促进城市社区家庭和进城务工人员社区家庭的相互了解、学习，用家庭去影响家庭。每周二定期开展以绘本阅读为核心的活动，活动内容有5项：好书推荐、大声朗读示范、自由亲子阅读、答疑解惑、妈妈读书会。每次活动由义工讲师推荐5本图画书，分析推荐理由，并且大声朗读其中的两本，进行答疑解惑，以及开展妈妈读书会；义工围绕亲子阅读和家庭教育，每周一个主题，介绍相关的方法和案例。活动中大半时间留给所有家庭提问，由讲师结合自身的经验，进行回答和分享。可以说，在全民阅读活动中，像"绿孩子亲子阅读会"这样关注弱势群体、关注科学的阅读推广方法、注重效果评估的社区阅读组织正在逐渐增多。这对国民阅读力的提高发挥了明显的推动作用。

在社区阅读活动中，应当努力形成一种常态化的快乐阅读模式，如此方可能使得阅读成为社区居民日常生活的一部分。北京朝阳区百子湾金都杭城社区是知名的全职妈妈读书会——"妙妈悦读"的活动基地。这个读书会拥有"70后""80后"全职妈妈近250位，她们大多拥有良好的教育和工作背景。这个读书会通过嘉宾主持、好书分享、亲子互动、大群讨论等方式，以每周一次的频率推广阅读。读书会把社区的全职妈妈们团结起来，丰富了她们的业余生活，提升了子女的教育品质。

像全职妈妈读书会——"妙妈悦读"这样的社区阅读组织越来越受到关注和欢迎。现在越来越多的家庭意识到，阅读是儿童成长过程当中不可或缺的重要一环，而亲子阅读是家庭教育极其重要的方式。亲子阅读不仅是孩子心理需求的满足方式，也是对孩子进行启蒙教育的绝佳方式。社区阅读活动中，亲子阅读也必将成为今后的主要内容。社区阅读中亲子阅读内容日趋丰富，特点日趋突出，对成年人的阅读也会相应地提出注意发挥表率示范作用的要求，从而对社区阅读活动中价值观、思想道德、语言艺术、文化底蕴、审美情趣等都会产生很好的引导作用。

现在，农村社区同样也在努力形成快乐阅读的模式。在风景优美的北京远郊平谷区黄松峪乡，有一个仅有50余户人家的雕窝村。虽然人少，但村里不仅开有书店，建有益民书屋，还有社区图书馆、网络阅览室、绘本馆读书会、读书沙龙等，长期开展好书推荐、书评笔会、诗歌朗诵会、知识讲座等活动。尤其具有可持续发展条件的是，村里还将阅读与农家院旅游相结合，在每个农家院设立书架放置图书，供村民和游客翻阅。这样，农家院旅游不仅有鸟语花香，还有琅琅书声和幽幽书香，为旅游者的身心健康营造了一片绿色而友好的环境。

事实上，雕窝村社区阅读模式，可以给社区农家带来快乐，不仅在于阅读本身使人快乐，还在于其模式的可持续性。雕窝村社区阅读模式具有目前政府所倡导的PPP（公共私营合作制）性质，即政府与私人组织合作开展公共服务新模式。以政府组织建设的益民书屋为主干的社区阅读活动，与这里的农家院旅游结合，形成既有公共服务内涵，又有经营性收益的模式，更好地释放个体、企业参与公益事业的热情与能量，从而以更高效率、更低成本推动全民阅读持续发展。据悉，现在不少城市的社区阅读活动就正在吸引各种文化经营公司参与其间，由此形成更有生机和活力的阅读活动模式。

7 为介绍书香家庭，我在《阅读力》一书里写到两户书香人家。这两户人家不仅都是爱书之家，而且也是读有所得的人家。

一家是北京市昌平区徐先生家庭。徐先生家庭从女儿1岁时开始亲子阅读，他和妻子领着女儿读《小猫钓鱼》《白雪公主》，一直到小学三年级，女儿都是在童话故事声中进入梦乡的。女儿四年级时还迷上了《豌豆》。她也读各种文学作品，在小学、中学作文比赛中多次获奖，有多篇作文发表。一家三口常常各自捧着一本书，在书墨香气中穿梭。不同的书带给人们不同的美的享受。读书将各种有益的信念注入家人的脑海，使家庭"气候"风和日丽、和风细雨，家人和谐相处、和睦交流。尽管他们对书籍各有所好，但说起自己的主张总能和颜悦色。现在这个女儿已经22岁，很多人感觉和她聊天是一种享受。他们觉得是在和一个小品演员对话，常会笑得前仰后合。父亲喜欢《资治通鉴》，认为这部古代经典流畅自然、富有节奏感，让人有一种想要开口朗读起来的冲动。

母亲推崇《老人与海》，认为从中可以懂得外在的肉体能够接受生活的折磨，但内在的意志不可动摇。女儿现在最喜爱《时尚美人馆——我最喜欢的化妆书》，该书从底妆、眼妆等细节出发，结合服饰搭配等，演绎美丽变奏曲。这户人家的阅读基本是一种兴趣混搭，却能和而不同。全家每天平均读书时间都在两小时以上，说这样的家庭是书香之家，真正是名副其实的了。

另一家是北京市海淀区橡树湾社区李先生家庭。李先生是一位社区公益阅读达人，他创办的"第二书房"在北京市全民阅读活动中是一个知名品牌。然而，当对他有了进一步的了解后，我认为，他最具有典范意义的事迹主要不在于他的公益阅读活动——当然，为办好"第二书房"他已经付出巨大的热情，他本人也因此获得了"北京阅读季·金牌阅读推广人"称号——而在于他的家庭阅读。李先生的妻子是一位心理咨询师，夫妇俩有一个可爱的女儿，他们用心带着女儿开展家庭阅读。女儿的学业一路成功，这与从小打下的阅读根底关系重大。李先生的妻子根据记录的家庭阅读的心路历程，撰写了三部带有自述性质的书籍：《陪孩子走过小学六年》《陪孩子走过初中三年》《陪孩子走过高中三年》。三部书都成为畅销书，至今还在热销中。李先生的女儿如愿以偿地考上了北京大学中文系。她大二时写了一本书——《一认真你就赢了》，非常贴近青少年的心智成长，也成了一部畅销书。于是，顺理成章，李先生的家庭也就评上了"北京阅读季"的"书香家庭"，后来还评上了全国的"书香之家"。

8 "北京阅读季"把全民阅读活动的重心尽力下沉到各个区，给我留下相当深刻印象。中宣部表彰的"2021年全民阅读优秀项目"中就有"北京阅读季"的"北京'阅读驿站'"。"北京'阅读驿站'"选取北京市房山区、平谷区、延庆区、门头沟区等阅读资源和服务相对稀缺的地区，开展线下阅读推广活动。举办流动读书节，以流动书车为载体，挑选红色主题为主的优质书籍，在益民书屋和村活动室等地点，开展书籍阅览、阅读推广等活动。活动中有"让阅读走进乡村"系列阅读讲座活动，邀请著名学者、编辑走进延庆区、房山区、门头沟区、密云区以及平谷区的乡村及小学，围绕革命故事、建党历史、传统文化等主题，在乡村开展知识讲座、有奖答题，激发村民和学生参与阅读的积极性。"阅读驿站"志愿者主动与村民深入互动，开展"共读一本好书"活动，将好书介绍给村民，将知识分享给村民。"阅读驿站"特别重视走进乡村学校，用内容丰富的图书激发乡村中小学生的阅读兴趣。"阅读驿站"努力发动当地村民建立各种读书组织，积极服务于女性阅读社群、老年人阅读社群、盲人阅读群体、亲子阅读、戏剧阅读等，阅读内容涉及历史、民俗、艺术、建筑、设计、茶道、生活方式等方面。

9 2016年"北京阅读季"承办单位邀请我作为讲评嘉宾，连续3天讲评北京16个区的文委负责人的汇报。各区文委负责人在汇报本区全民阅读情况时，很明显，都已经把本区的全民阅读当作一项日常工作做汇报，而不像我见过的其他一些地方，只是把全民阅读当作一项群众性的活动，比较多地偏重于活动趣味。北京各区文委对全民阅读工作有计划，有布置，有落实，有检查，有效果。这就是"北京模式"！2016年，把全民阅读作为各级地方党委、政府一项工作来开展的"北京模式"，已经实施多年，距离2019年中宣部在深圳召开"全国全民阅读工作经验交流会"和2020年中宣部《关于促进全民阅读工作的意见》提出要做好全民阅读工作，要早很多年。

10 北京各区开展全民阅读工作在全面开展宣传和吸引群众参与，着力开展书香社区、书香家庭创建活动的同时，都特别重视本区内阅读空间的建设，努力挖掘北京这座城市的内涵、精髓。东城区开发了角楼图书馆，西城区创建了红楼图书馆，海淀区优化了田村路街道图书馆，等等，各区都有相当作为。全市还探寻"最北京"实体书店的成功经验和行业创新发展思路，设计了"书香之城：阅读空间，城市之光"主题，探讨阅读空间应该如何利用才具有更良性、开放、可持续的可能，尤其把重点放在扶持实体书店发展上，每年度都要评选特色书店，评上的特色书店都能获得财政资金的扶持。2020 年北京市文化创意产业发展专项资金用于扶持实体书店的经费超过 1 亿元，基本上都用在评选、奖励特色书店上。

2023 年，阔别了地坛公园 10 年的"北京书市"重返典雅幽静的地坛公园。为了隆重庆祝这一时刻，"北京阅读季"用散文名篇《我与地坛》定义 2023 年地坛公园"北京书市"的主题，用以纪念北京已故优秀作家史铁生，唤起广大市民阅读的热情。作为文学中人，我为北京人如此重视已故优秀作家而深受感动。同时，在书市启动仪式上，市领导宣布全市拥有的实体书店已经超过 2000 家，"一区一书城"成为各区标配，而且每一万人拥有一间实体书店，此外，还有大量的各区图书馆总分馆建设，我心中益发受到感动。这就是全民阅读的"北京模式"啊！

自 2016 年以来，"北京阅读季"委托第三方调查公司对本市年度国民阅读状况进行调查。调查结果显示，北京市的综合阅读率、纸质阅读率和数字阅读率三大指标均高于全国平均水平，充分展示了北京市作为全国文化中心的示范引领作用，体现了北京全民阅读工作的群众基础、品牌影响力和阅读推广的效果。

四

江苏江阴：满城都是读书人

1 2018年9月29日，央广网有一篇颇为引人注目的通讯报道。它以《不是巧合！中国"最富的县"，满城都是读书人》为题，长文报道江阴市全民阅读盛况，文中写道："雄踞全国县域经济发展领头羊的江阴——这座拥有1737年建置史的古城，如同一个全民阅读的露天公共图书馆，浓郁的书香气息几乎无处不在……"这篇报道从题目到内容都引起我极大兴趣。

称赞江阴是"最富的县"，是言之有据的。江阴连续20多年蝉联"全国百强县"之首，成为"苏南模式"发祥地之一。这里有9家企业进入中国企业500强榜单，14家企业列入中国民营企业500强榜单，12家企业跻身中国制造业500强，6家企业成为中国服务业企业500强成员，有61家上市公司……江阴还被评为"中国十佳幸福县市"第一名、"中国十佳营商环境示范县市"第一名。不过，说这个"最富的县""满城都是读书人"，则不免让人心生疑窦。人们在现实生活里，早已经看过形形色色的越富越不爱读书的人和地方。"最富的县"都是读书人，恐有言过其实的成分。

其实，江阴并非一夜暴富。它不只是我国改革开放得风气之先、最先富起来的名县，还是一座人文积淀深厚的历史文化名城。作为泰伯化育之邦、季子躬耕之邑，这里有"延陵古邑""春申旧封""芙蓉城""忠义之邦"之称，这里有千年文庙、千年紫藤、千年红豆树、兴国塔、乾明广福禅寺以及良渚晚期文化中心的石庄高城墩。从明万历至清光绪，江苏学政建署江阴，有292年之久。自宋至清，江阴出进士415名、武进士14名。江阴先后涌现了南宋名臣葛邲、地理学家徐霞客、"清代三大词人"之一蒋春霖、清末藏书家金武祥（名句"桂林山水甲天下"就出自其笔下）、"中国近代图书馆之父"缪荃孙、"刘氏三杰"（现代文学家刘半农、民族音乐家刘天华、作曲家刘北茂）、社会学家吴文藻、电影表演艺术家上官云珠、"中国机器人之父"蒋新松、中国新农村建设带头人吴仁宝等一大批杰出人物。现代江阴诞生了近200名大学校长、40多位共和国将军、60多名两院院士和学科带头人。自2017年起陆续播出的系列文史纪录片《江阴骄子》真实记录了30位当今各领域江阴籍名人大家和专家学者，其中就有我有幸熟识的著名书法家沈鹏先生和著名教育家顾明远先生。不用说，数千年文化积淀的古城，必成英才荟萃之地。可是，今天生活在古城的人们是否就一定当得上"满城都是读书人"的夸赞呢？

央广网的新闻稿说江阴"满城都是读书人"，吸引我前往这座历史文化名城做一番考察。

2 考察中我有一个惊奇发现，江阴是我国最早开展全民阅读活动的城市——那是1995年的春天。

当时江阴的全民阅读活动还没有称为"全民阅读"，而是名为江阴市"一二三家庭读书工程"——因为"家是最小国"，从家庭启动的读书活动很容易发展成为全社会的读书热潮。

江阴市的"一二三家庭读书工程"，说来很便于记忆，就是要求到2000年，全市70%左右的家庭都拥有"一二三"——一个书架、两份报刊、三百册图书。

在全国，这当然是首创。而这个首创也是发生在江阴市人均各项指标已经达到小康标准，江阴市被评为"全国农民收入先进县市"之后。

当时，江阴市委在调查中发现，群众的物质生活水平明显提高，不少市民有了漂亮的楼房，家中衣橱、沙发、电器设备一应俱全，可是大多数家庭却很少有书籍，很少订报订刊。不少人不是玩在舞池，就是泡在麻将桌上。

"富口袋还要富脑袋，富脑袋更能富口袋。"江阴人把"一二三家庭读书工程"当作本地区经济持续高速发展的一个重要动力源泉。江阴市委认为，要保持江阴强劲的发展势头，保持江阴在全国的领先地位，在政策稳定的情况下，就要大力培养高素质的劳动者。"一二三家庭读书工程"正是为了使人们获得更多的政治、经济、科技、文化等各方面的信息、理论和知识，并把它们运用到生产实践中，服务于经济建设，培育经济发展新的增长点。

《人民日报》1996年1月3日发表了题为《小康农家缺什么?》的评论文章，赞誉江阴首创"一二三家庭读书工程"，是一项功德无量、造福子孙的工程。

3 屈指算来，江阴市"一二三家庭读书工程"已经是28年前的事情了。2023年的夏天，在新时代全民阅读的热潮中，为写作《有书香的地方》我来到江阴。江阴书友们还是自然而然地要说起28年前的读书活动，那神情，仿佛许多事发生在昨日。

江阴市委宣传部程部长告诉我，当时的市委领导对开展"一二三家庭读书工程"决心真大，专门召开动员大会，市委书记到会讲意义、提要求。市领导还到"一二三家庭读书工程"先进单位开现场会。全市形成了全民动员的格局。市妇联、团市委、市直机关党委分别在《江阴日报》发出倡议书。文化部门在元旦、春节期间组织举行了"一二三家庭读书工程"专场文艺晚会，用群众喜闻乐见的形式宣传在建设"一二三家庭读书工程"过程中涌现的新人。

江阴书友告诉我，那时候读书氛围造得真足。影剧院等娱乐场所在影前反复播放宣传"一二三家庭读书工程"。《江阴日报》、江阴电视台、江阴人民广播电台按照市委指示和要求，开设"一二三家庭读书工程"专栏，创编专题节目，除了及时报道"一二三家庭读书工程"活动消息外，还联合有关单位共同举办"一二三家庭读书工程"有奖征文活动等。长泾镇当时有86个读书小组，连年开展读书活动，每年收到读书体会文章1000多篇。市精神文明建设指导委员会在全市开展评选"十佳藏书之家"和"优秀藏书之家"的活动，在各镇推荐的基础上，评出"十佳藏书之家"10户、"优秀藏书之家"45户。这些藏书之家，上到市长，下到普通群众，有干部、作家、教师、学生，也有工人、农民、个体户。不少读书达人自觉为周边群众阅读做贡献。要塞镇的沈永兴藏书7000册，无偿向社会开放阅读；横塘村任连保的光芒书斋免费供村民借阅，而那时，以"农家书屋"为标志的乡村阅读还远未开始。

程部长告诉我，江阴的"一二三家庭读书工程"一直都抓得真实。当时"一二三家庭读书工程"成了江阴各级党委、各政府单位的一项工作，通过"抓头带民、抓点带面、抓小带大"，促使各个家庭自觉参与。"抓头带民"就是抓干部、带群众，发挥广大党员干部在"一二三家庭读书工程"中的表率示范作用；"抓点带面"就是各镇党委抓好一场一村的先进典型，以典型示范带动面上工作；"抓小带大"就是抓学生带家长。江阴市当时在校学生共有22万多名，直接关联着全市的18万个家庭，占全市总户数的60%左右。发动22万余名学生，也就意味着发动了18万户家庭。加上学生积极性高，便于统一部署、统一规划、统一行动，高效促进了家长们对"一二三家庭读书工程"的关注。其实，最直接的效果是极大地鼓舞了学生们的读书热情。当时江阴市山观中心小学开展了红领巾小书房星级达标活动，该校674名学生共建有家庭小书房470多个。彼时社会上还没有"亲子阅读"这一概念，可是这些家庭小书房中就有许多家长与孩子共读的模式了。

江阴书友告诉我，富起来的市民们十分踊跃购书读书，在全市形成了崇尚知识、崇尚学习的良好风气。买书、藏书、读书、用书成为江阴的一道文明风景线。市图书馆专门举办基层图书馆管理员培训班，组织开展各种读书活动，在其后全国图书馆系统开展的"知识工程"读书活动中，江阴市图书馆的声势效果都十分突出。到 2000 年，江阴全市 70％以上家庭拥有一个书架、两份报刊和三百册图书，在全国创学习型社会建设之先河。

1996 年春，江苏省委宣传部在江阴市召开"一二三家庭读书工程"现场会，在全省推广江阴"一二三家庭读书工程"经验，推动了江苏各地的全民阅读。《人民日报》、中央电视台等国内 30 多家新闻媒体及中宣部《宣传工作》简报相继报道了江阴市"一二三家庭读书工程"的情况。

如此看来，称江阴市是"'最富的县'，满城都是读书人"，此言不虚！

4 一个人，读书很重要，可最重要的还是养成习惯——终身读书；一个城市，举办每一次读书活动都很重要，可最重要的还是读书蔚然成风，时时处处洋溢书香。称江阴是"'最富的县'，满城都是读书人"，不是仅凭其率先启动"一二三家庭读书工程"这件曾轰动一时的举措就能断言的。看人看长久，看一个城市何尝不是如此！

江阴市"一二三家庭读书工程"先是由点到面延伸辐射，后又拓展为"一二三文明创建示范点建设工程"，即各镇建成一条以上文明示范商业街，培育两个以上文明示范小区，树立起三个以上文明示范村。继而，为了使读书在全市成为常态，江阴市文明委做出决定，在全市做好"办一节、创两点"工作。"办一节"就是办好"书香江阴"读书节，"创两点"就是创建学习型社区示范点和学习型单位示范点。

当下，提到举办省、市、县的读书节，已经是稀松平常的事情。可是，1997 年 5 月，江阴市创立读书节，在全国却是一件新鲜事。江阴书友告诉我——颇为自豪且不无得意地告诉我，"书香江阴"读书节，是中华人民共和国省、市、县设立的第一个读书节！1997 年"书香江阴"读书节是否是我国省、市、县的"第一个",我没有做过考据,不敢妄下结论。然而,毋庸置疑,1997年中国有一个县级市确实设立了一个读书节——"书香江阴"读书节!

首届"书香江阴"读书节提出的主题是"学知识、学科学、学技术、学法律",2023年第27届"书香江阴"读书节的主题是"阅见美好,共向未来",具体内容不一样,各具时代特点,然而,都高扬着时代的精神。其实读书节的主题各具其美,号召读书是永恒的主题。有了读书节,城市就有了提醒所有人读书的闹钟,社会就有了服务读书的机制,将重复唤起人们对书籍的热爱,唤起人们和志同道合的人阅读同一本书的愉悦,提醒人们应该把看似平淡的每一天都当成读书的节日。

2023年,江阴市举办第27个读书节。江阴书友用故作惊人而不无幽默的口气告诉我,联合国教科文组织设立的世界读书日也才是第28个,也只不过比小小的江阴早一年啊!

5 进入新时代,江阴市的全民阅读在既往十多年持续推进的基础上,有了全面的发展。

作为"最富的县",检验这里是不是"满城都是读书人",可以先看这里的农家书屋做得好不好——因为,既然钱不是问题,剩下的就是爱不爱读书了。

20年前,江阴市开展的是"一二三家庭读书工程";20年后,江阴市开展的是农家书屋"一二三提升工程"。还是人们熟悉的那个"一二三",内容却直指农家书屋。2020年江阴市安排财政专项经费,每年给每个农家书屋增加100册优秀图书,每年定期流转图书两次,基本达到各镇(街)辖区内各农家书屋图书书目不重复。每年全市为每个农家书屋配送100本新书,这就是"一";每年全市239家农家书屋举办阅读活动2000场以上,平均每个书屋每月至少1场阅读活动,这就是"二";每年全市重点培育表彰30家示范农家书屋,这就是"三"。到了2022

年,从实际出发,江阴市农家书屋"一二三提升工程"调整了一些内容,100本新书照送不误,为了从严要求,示范农家书屋名额改为20家,而每年开展的阅读活动却增加到3000场。江阴书友告诉我,农家书屋只要有活动,总能引起农家读者的阅读兴趣。为了使农家书屋引来更多农家读者,江阴市还要求各村农家书屋实施"下楼工程"和"亮灯工程"——农家书屋要建在最方便读者出入的地方,要改变少数农家书屋建在村委会办公室的楼上,普通群众不便去书屋看书的情况,要让群众自由自在出入书屋;要求所有书屋夜间要亮灯,召唤读者来看书。

百闻不如一见。我选择去江阴高新区锦隆社区的农家书屋"锦绣书房"参观。

"锦绣书房"位于高新区锦隆一村居民小区里。周边都是居民的家,书屋是真的建到了农民家门口。书屋里挂着一些奖牌,有2020年无锡市第一届"微幸福"民生工程金奖,2021—2022年度江苏省五星级示范农家书屋,而最突出的就是2023年第二届全民阅读大会"最美农家书屋"的奖证。

既然是"最美农家书屋",它的选址肯定是便民的,装修应该是美观的,又因为地处江南,内在装潢布设自然是简约优雅的。书屋大约200平方米,投影、电视、音响、监控等设备一应俱全,配置有头戴式降噪耳机、舒适座椅、阅读台灯、咖啡机和饮水机等设施,纸笔、明信片、放大镜等便民用品摆放整齐。书屋的管理员带我去看藏书、阅读、分享、扫码听书四个区域,其中分享区可以开展60人的阅读活动。书屋管理员告诉我,书屋积极打造"红领学堂"阅读品牌,开展"书房公开课"、"书画中的党史"情景教学、"悦读悦美"红色经典亲子传诵等阅读活动,一年将近80场。书屋共有藏书11000册,喜马拉雅有声图书6000余册。

为我做介绍的书屋管理员是一位年轻女士,约莫30岁出头的样子,很知性,对她所管理的书屋如数家珍,言谈举止干练,很有江阴女性性格直爽、清净纯粹、实实在在的特点。

我问管理员，这里的绘本量尤其多，绘本的定价比较高，书屋怎么舍得花钱添置？她很痛快地告诉我，村里还是舍得投入购书经费的。在这里，我还有一个相当意外的发现，书架上整整齐齐地摆放着人民文学出版社新版的"外国文学名著丛书"，也就是广受书友赞誉的"网格本"。

"网格本"！我有点惊奇地脱口而出，顺手从书架上取下一本，一看，是丰子恺翻译的俄国作家屠格涅夫的名著《猎人笔记》。

"外国文学名著丛书"由人民文学出版社和上海译文出版社于 1958 年至 2000 年联合出版，共计出版 150 种，译者大都是当时我国的一流翻译家，编校质量上乘，约一半的品种配有精致插图，封面为网格状，故藏书者又昵称之为"网格本"。我在人民文学出版社担任社长兼总编辑时，对这套品牌书推崇备至，大凡谈到出版社的品牌书，必定首推这套丛书。人民文学出版社自 2019 年起，把这套丛书分辑重组出版，突出了"网格本"的装帧设计风格，引起爱书人的广泛赞誉。

我有些好奇，这样一套堪称文学出版中阳春白雪的丛书，居然出现在农家书屋的书架上！我问管理员，怎么会想到去买网格本？

管理员告诉我，书屋除了根据农家书屋工程推送的书目选书进书外，还把添置新书的权利交给村里的居民，很多少儿绘本就是小孩和家长提出建议才添置的。这套网格本就是居民提出来的，我们看这套书在媒体上有很高评价，而且也适合文学爱好者阅读，就从新华书店买了一套。

我还是不无疑惑：这种书放在农家书屋有人读吗？

管理员笑了，爽朗地告诉我，不仅有，而且经常有，特别是寒假、暑假期间，不少中学生以及放假回来的大学生都喜欢来借阅。

管理员那微笑的神情似乎认为我有点少见多怪。

我不由感叹：江阴这个地方，就是农民人家也一样有不少爱书懂书的人。

我环顾书屋，图书琳琅满目，屋里采光极好，桌椅、板凳摆放齐整。书屋里三三两两散坐着一些中小学生，有的在看书，有的在做作业。我在书屋里走来走去，东问问西问问，当然对他们会产生干扰，可他们也不怎么在意，依旧用功读书做作业。有一位女孩明显年纪要稍大一些，在埋头读一本大部头。我走到近前，轻声问她是高中生吗？她嫣然一笑，说是大二学生，回家来过暑假。我问她在看什么书，她不作答，只把书合起来让我看封面，竟是中国青年出版社出版的纪实文学《流风》。这是一本记述江阴"刘氏三杰"人生历程、卓越成就的好书。我为这本好书做过评论。这时我只能轻声称好，不敢再打扰孩子们专心读书。

我问管理员，就你一个人负责管理吗？她说：社区安排我专职管理。我问她管得过来吗，她淡然笑道：必须管得过来的呀。一旁的社区书记说：她还兼职村里的文化辅导员，负责管理文化设施、艺术培训、文体活动、社会教育，她是社区党总支委员、居委会副主任。我很惊讶，哪里管得过来这么多事？她说，最需要经常管理的就是农家书屋了，早上八点半开门，晚上八点半关门，一天都不能少。我说，晚上八点半才下班，那怎么行！她说，晚上书屋就交给志愿者来管，志愿者都是村里的群众，他们晚上排班值守。我问有没有志愿者不够接不上来的问题。她惊讶地看着我，好像认为我提的问题有点简单，然后嫣然一笑，说，不会的，书屋已经形成自治管理、共建共享的管理模式，社区居民近百人报名做书屋志愿者，参与轮流值班。自己的书屋自己管理，大家像爱护自己的家一样爱护书屋、管理书屋。有些志愿者没有轮到值班，晚上也经常来。书屋这里有空调，一些家长喜欢陪孩子到这里来看书做作业，四面都是书，孩子比较容易集中注意力。家长一边陪孩子一边也能看看书，一举两得。

不能不承认，这样的农家书屋确实离不开"最富的县"提供的必要的财力、物力支持。可是，倘若这里的人们并不爱读书，而是只爱打麻将、陶醉于喝酒划拳，书屋的条件再好那又如何？说到底，"最富的县"要做到"满城都是读书人"，还是离不开此地众多爱读书的人！

6 一直以来，出版业同人有一个观点，即一个城市的人们爱读书的程度，与这个城市书店的图书销售状况成正比。事实上，实体书店已经被越来越普遍的电商图书销售所取代，而电商销售漫无边际，无法就一个城市的图书销售做出统计。然而，毕竟实体书店还在运营，在一定程度上还能管窥一座城市的购书趋势。

江阴市的新华书店在全国县级新华书店系统中走在前列。市店在全民阅读中及时做好图书采购供应服务工作。市区中心门市部书源由原来的 1.3 万种迅速扩大到 1.5 万种，并且在全市城乡设立销售网点，常年组织送书小分队，利用双休日和节假日进村下乡、走街串巷，送书上门。江阴市新华书店业绩增长率连年达到两位数，2006 年以来连续 14 年销售额超亿元，2020 年销售额达 2.08 亿元，在全国县级新华书店中名列前茅。

当市民们舍得从自己的钱袋子里掏钱买书时，你不能不承认他们需要读书；当一个城市的图书销售状况一直良好时，你不能不承认这个城市的人们爱读书。

7 江阴在"富口袋"之后不仅重视"富脑袋"，还为爱读书的人们提供了相宜的阅读空间。

我们都知道，进入新时代，为了更好地服务全民阅读，服务读者，我国图书馆系统普遍开展总分馆制建设。江阴市图书馆在全市 17 个乡镇街道建设分馆的基础上，先后在村（社区）、部队、园林景区、企业、咖啡店等投建"艺风书房"自助分馆 8 家，投建"艺风微书房"14 家（"艺风"一名取自江阴历史文化名人、"中国近代图书馆之父"缪荃孙的晚号"艺风老人"）。目前，以"艺风"命名的书房在全市已形成 24 小时自助图书馆服务体系。此外，市图书馆还与中国邮政江阴市分公司合作推出"滴答借书"服务项目，方便读者通过手机"借书"，享受"送书到家"的服务。

一个县级市图书馆能做到上面种种，已是难能可贵。市图书馆馆长更为得意的却是，他们还创立了"图书馆＋咖啡馆"的合作方式。这在全国图书馆界属于首创。2014年市图书馆创建"三味书咖"城市阅读联盟。联盟鼓励社会力量建设更多的阅读空间，制定了准入标准、建设标准、服务标准、评估标准、交流机制等5个规范，鼓励社会力量通过申报加入、达成合作、辅导考核、信息公开等相关手续，与市图书馆合作建立"全民阅读PPP模式"，被誉为"全民阅读社会化发展的江阴模式"。市图书馆根据实际情况提供一定量的图书资源，定期流转和管理，咖啡馆、茶馆提供场所和服务。合作双方各自提供的资源原有产权不变。市政府根据具体社会效益考核情况确定给予一定的扶持补助。2016年，国家公共文化服务体系建设专家委员会来江阴进行专题调研，对江阴市图书馆总分馆制建设中全国首创"三味书咖"城市阅读联盟的创新举措给予了高度评价。

在江阴街头漫步，走不了多久就能遇到"三味书咖"阅读空间。在咖啡厅、鲜花店、茶楼等公共场所，随手挑选一本自己喜欢的书，悠闲而安静地阅读。爱不释手也没关系，这些书不但可以免费借阅，而且全市通借通还。

江阴市延陵路有一家名为"假如我有一个花店"的鲜花店，它已经成为"三味书咖"城市阅读联盟分馆，还挂上了"江阴市图书馆分馆"的牌匾。这是一座两层小楼，二楼做成了小小图书室。店里色彩缤纷，设置典雅，花香与书香交融。顾客进到店里，买花、赏花、读书、借书，各取所需，而且凭江阴市图书馆借阅证，买花还享受优惠折扣。有的人因爱书而见花买花，有的人因爱花买花而与书结缘。我问女店主，有了图书借阅，会不会影响花店生意？女店主摆摆手说，不可能，正因为多了些看书的人，鲜花卖得更好了。据说，联盟成员年度绩效考核中，这家藏书量为3213册的鲜花店，借阅率多年排名第一。

江阴市最繁华的步行街东侧有一家"漫步咖啡"。这家咖啡馆也已经加入"三味书咖"城市阅读联盟。江阴书友陪我来到漫步咖啡馆，咖啡馆门前的招牌优雅而厚重，然而，这愈发显得"江阴图书馆城中社区分馆"和"最美阅读驿站"两块牌匾庄重与亮眼。同样庄重的女店长接待了我。咖啡馆内色调温暖，光线明暗有致。浓酽的咖啡香气和烤面包的醇香充溢于阅读空间。店长告诉我，店里设有100多个阅览座位，有各类图书3300多册，年借阅量超过3500册。

我注意到每张咖啡桌上，都摆着一个"阅读有礼"的桌牌广告，上面注明"每周一凭江阴市图书馆借阅证，在漫步咖啡·城中社区分馆借书超过3本，即可获得免费咖啡一杯"。桌牌广告还公布"月度借阅有奖"的奖励事项。我问店长为什么只有周一借书才能获得免费咖啡一杯呢？店长告诉我其中奥秘，因为每逢周一市图书馆总馆闭馆整理，她这里的分馆就借此机会吸引读者来读书借书。她说每周一店里顾客就会多上二三十个。我说你的生意经不错。她得意地笑了笑说，生不生意无所谓，只要客人来，都可以坐下来看书、借书、喝咖啡，就是"三味书咖"的成功、咖啡馆的成功。

店长说，她的第二家门店"漫步澜庭"咖啡馆开业后，也与市图书馆合作建了分馆，称为"漫步澜庭咖啡馆·良晟广场分馆"。她说她开咖啡馆一直就有一个愿望，希望咖啡馆有文化氛围，可是无论怎么装饰、放音乐都难以吸引到顾客，倒是做成"三味书咖"后才发现这就是自己想要的厚重而温馨的咖啡馆文化。

与其说店长找到了厚重而温馨的咖啡馆文化，毋宁说是图书馆的书香文化使得咖啡馆氛围变得厚重而温馨。正如江阴市全民阅读的主题口号所宣示的："爱阅读，爱生活，爱江阴。"这正是当代江阴人向往的厚重而温馨的文化品质。

要使得"最富的县"里"满城都是读书人"，自然离不开众多爱书的人。"三味书咖"的合作者们让我们看到了爱书的江阴人。

8 　一家要凭一己之力"让一座城变成一间书房"的民营书屋，愈发让我们看到了爱书的江阴人！

这就是江阴市香山书屋。

提到"香山"，人们会想到北京的"香山红叶"，其实，全国至少有 31 个香山，山山都是好风光。江阴市也有一座香山。江阴跟全民阅读有关的香山书屋，是坐落在江阴高新区的一间民营小书屋，因为书屋门前是一条种满了月季花的香山路，书屋创始人季丰从书香想到花香，便为书屋取名"香山书屋"。

我们从南京出发，驱车经高速公路进入无锡市的江阴地界，江阴书友直接把我接到新桥镇公共文化空间。他们告诉我，这个文化空间由镇政府建好后，日常运营交由香山书屋管理。

这个文化空间场地相当宽阔，以致看上去有点空旷。而壮观的联排书柜和舒适优雅的阅读座位，使得采光极好而略显空洞的场地有了厚重扎实的内容。

江阴书友给我看一份资料：一直以"让一座城变成一间书房"为宗旨的香山书屋，通过自建、众筹、联建、托管等方式已经形成一定的规模。2022 年各站点开展活动的统计数字惊人：全年总计开设常规公益文化课程 527 场，涵盖阅读、诗词、合唱、礼仪、心理、摄影等 14 项内容；举办群众性主题宣传教育活动 149 场，内容涵盖志愿服务、我们的节日、强国复兴有我、主题教育等；服务企业单位及职工活动 211 场，内容涵盖职工子女夏令营冬令营、企业读书会、企业培训等；服务机关部门及接待参观 562 场；提供线上持续性文化服务 60 场；免费提供咖啡约 15500 杯，承接高标准会务接待 300 场，价值约 30 万元；累计服务企业职工、居民群众近 16 万人次。

这些数据激发了我对香山书屋的强烈兴趣。

香山书屋创建于 2011 年，其前身其实是创始人季丰为自己原先一家商贸公司建的一个读书角。当时为了营造企业的学习氛围，公司每月给每个员工200元购书款，让各人凭着自己的兴趣去买书，书看过了就放在读书角的书架上，让大家传看。几年下来，读书角积累了七八千册图书，季丰先生就欢迎员工的亲属、朋友来公司看书、交流、讨论问题，有点沙龙的意思。有不少员工还把家里的书送给读书角。后来，书多了，来的人多了，公司的读书角宣布对外开放，欢迎更多的人进来读书交流。再后来，爱书的季先生宣布自己的写字楼不再做商贸公司。2011年，他把"香山书屋"的牌匾挂在了原先商贸公司的大门口。

香山书屋的注册身份就是从事阅读推广事业的民间非政府社会组织（以下简称"民非社会组织"）。起初，香山书屋的活动内容与许多城市从事阅读推广事业的民非社会组织并没有太大的差异，可是，渐渐地，随着香山书屋阅读推广事业的开展，人们发现这里有许多不同：香山书屋组织开展阅读志愿者活动，10年下来书屋已经拥有由11216名阅读志愿者组成的56支公益团队；香山书屋创新开展公园书箱漂流活动，现在已经有58个漂流书箱点，遍布江阴市区的公园、绿地、步道；香山书屋在7个社区建立24小时社区阅读驿站，而且还在拓展……特别不同的是，香山书屋宣称要"让一座城变成一间书房"。

而今，香山路香山书屋、高新区新时代文明实践中心香山书屋、新桥镇公共文化空间香山书屋、香山书屋青阳文化体验空间、香山书屋江上清风驿站、南门商圈党群服务中心香山书屋、香山书屋城市阳光书房（24小时开放）、香山书屋苏龙苑君子书吧、香山书屋"灿烂梦工坊"（残疾人书吧）等一批香山书屋相继建起，其中自主运行实体书屋4家，托管政府文化设施6个，与社区、学校、企业、部队共建阅读点十余个……

2014年4月，江苏省全民阅读活动领导小组授予香山书屋"江苏省十佳全民阅读推广社团"称号。2021年12月经中宣部评审，江苏省江阴市"'让一座城变成一间书房'香山书屋阅读推广项目"入选"2021年全民阅读优秀项目"。紧接着，首届全民阅读大会全民阅读研究论坛邀请季丰先生在论坛上介绍香山书屋的理念和经验。

"最富的县"要做到"满城都是读书人",无论如何离不开这座城市众多爱书的人。香山书屋,这家要"让一座城变成一间书房"的民营读书组织让我们又一次看到了爱书的江阴人。

9 2019年12月1日,我在江阴参加中国青年出版社主办的"文脉永流传——《流风》创作出版座谈会"。《流风》是一部关于江阴"刘氏三杰"的纪实文学作品。我在会场上跟一位江阴文友交谈,说到江阴文脉,他提到菁存阁,说那是一家数十年来以民间之力收藏乡哲先贤珍贵文物、各类乡邦文献的藏书楼,共收藏各类书籍近6万册,颇具江阴历史文化特色,建议我去看看。可是当时我行色匆匆,未能成行。时隔4年,再次来到江阴,江阴书友给我的行程建议中又一次出现菁存阁。

说实话,4年前,江阴书友跟我说有机会要去藏书楼菁存阁看看,当时我并没有往全民阅读上想。依我彼时的理解,藏书楼古已有之,自有其文化价值;今人建藏书楼,若非政府项目,则大略只是一种民间个人爱好,显现更多的是一种文化趣味。4年后江阴书友安排我前往参观菁存阁,自然有他们的深意,因为他们明白我此行目的是来考察全民阅读。

菁存阁是一座3层小楼,安安静静地伫立于定波路北侧枝叶茂密的梧桐树下。小楼门头肃穆而庄重,散发着厚重的文化气息,让人肃然起敬。走进菁存阁,我不由得被阁内古朴安静的氛围打动。菁存阁,取"菁华存于阁"之意。菁存阁的创办人是顾铁林、顾青父子,父亲外出,"少阁主"顾青接待我们一行。

江苏省藏书家顾铁林、顾青父子创办的菁存阁,被誉为"江苏省十大藏书之家"。有人著文称菁存阁的藏书"撑起了江阴书香文化建设的亮丽星空",此言不虚。然而,听了顾青的一番介绍后,我想说,撑起江阴书香文化建设亮丽星空的,不仅仅有菁存阁的藏书,更有在小小藏书阁里的阅读活动。

顾青告诉我们，菁存阁是免费向市民开放的，除了每年举办数十场公益性阅读沙龙、讲座外，菁存阁还推出了"江上清风——我身边的党史故事"等系列讲座、"行走霞客故里 共读美丽江阴"等系列研学活动、"澄江旧话——菁存阁藏江阴乡贤史料展"等系列文献展，开发了"江上芸香"江阴本土文创系列产品，传承乡邦文化，讲述江阴故事，传扬城市文明。2022年新春，菁存阁打造了一场书香盛宴。书友们聚集于此，有稔熟者也有陌生者，都选择来菁存阁与书香做伴，一派喜气洋洋。江阴市作家协会主席陆文勤应邀前来与书友们共享书香，畅谈阅读心得。参加活动的一位中学生说："春节期间，相比重复的聚餐和走亲访友，我更喜欢来参加这样的文学活动。"壬寅虎年，菁存阁还举办了"虎年说虎，江阴与虎的故事""藏在传统经典中的元宵诗词""拉美文学与音乐沙龙"等新春活动，书友们一同制花灯，写春联，讲虎年故事，乐在其中。

顾青四十出头，中等身材，结实精干，笑容朴实矜持。听说他曾是一名优秀的导游。他的文化内涵使其导游工作干得优秀，让游客们愈发喜爱无锡市的江阴。因为导游工作，顾青行遍天下，利用外出带团的机会，探幽访古，深入接触各地文史同人，广泛搜罗与江阴有关的文献古籍和典章文物。渐渐地，收藏界都知道江阴有个"顾阁主"。之后，凡是与江阴有关联的物件，不管这关联是直接的还是间接的，也不管是古籍善本还是孤件档案，拥有者往往就会与顾青联系。很快，菁存阁的收藏便在顾青手里推陈出新，蔚为大观。

有人称赞顾青是个"喜欢与历史相处"的藏书家，我看到的，却也是一位"喜欢与生活相融"的普通人。这位藏书家就所藏珍品作了一番讲述之后，把一直安静地站在一侧的他的妻子介绍给我们，说菁存阁事业如果没有妻子的理解和支持，不是全家省吃俭用，就没法办下去，家里的财政常常为藏书和开展活动而吃紧。顾青一番温馨的介绍加上他妻子那温婉而略带羞赧的微笑，让我确认这是一位与历史和生活都能相处相融的江阴男子！

尽管家风淳朴、妻子贤惠，可真要把一座公益性的藏书楼和阅读空间支撑下来绝非易事。为了事业的可持续，菁存阁通过创意类的文化产品来获取市场，以文养文。现在菁存阁已经开发了若干系列文创产品，有"教我如何不想她""家在三十三山半""天开文运""风华江阴美如画"等四大类数十个品种，囊括了案头清供、茶器灯具、手账巾包等多种门类，其中河豚造型的系列杯盏产品，人见人爱、供不应求。目前，菁存阁已与市博物馆合作，以"江上芸香"的名义强化创新，进行深度开发。

我一再称赞菁存阁的事业，顾青却特别认真地把悬挂在菁存阁底楼阅览室墙上的缪荃孙、金武祥、祝丹卿、谢鼎镕等几位江阴历史文化名人肖像照片指给我看。我一一表示了敬意，然后向他提了一个问题。我问他，藏书楼天然是高雅的，全民阅读注定是通俗的，有没有担心这两者间并不相融？顾青坦言，菁存阁并不担心自己的藏书文化与市民通俗文化生活发生矛盾。在他看来，文化的精神内核必定来源于每一个百姓自身的独特性和天赋情感，出自人们对家庭和故乡的热爱，出自人们对美好生活的主动追求，出自包含这些美好追求的意义和价值体系。最后他说，江阴市全民阅读搞得好，跟江阴文脉永流传是分不开的。

10 "最富的县"要做到"满城都是读书人"，不仅离不开这座城市众多爱书的人，还离不开这座城市的管理者。

程部长说，1995年江阴市启动"一二三家庭读书工程"，1997年决定举办首届"书香江阴"读书节，是当时的江阴市委、市政府的正确决策。2006年起，江阴市启动农家书屋建设工程，历届市委、市政府持续高度重视，市、镇、村三级持续坚定投入，这才使得江阴市2008年在全省率先实现行政村（居）农家书屋全覆盖，2012年所有农家书屋空间面积、基本设施全部达标。新时代新征程，江阴市委、市政府于 2019 年完成农家书屋新一轮提档升级，为每家农家书屋增添电脑和扫描设备，安装扫码借阅系统，对图书进行统一编目，并将农家书屋纳入市公共图书馆管理体系。2021 年全面实施农家书屋"一二三提升工程"，全市 239 家村（社区）农家书屋，因地制宜、分类分批实施全面提升，焕然一新。2023 年获评第二届全民阅读大会"最美农家书屋"的锦隆社区"锦绣书房"就是其中的代表。

我对程部长介绍的这些业绩表示叹服。我问江阴的经验。程部长不紧不慢地介绍，从江阴市全民阅读取得的成效来看，市委、市政府完善的工作机制是根本保障。主要经验就是市委、市政府重点做到"四个纳入"，第一个是纳入目标任务，第二个是纳入组织领导，第三个是纳入经费预算，第四个是纳入目标考核。程部长说，市考核办公室对居民阅读指数的"四个纳入"保证了全民阅读工作常态长效，采取阶段性检查和年度综合考评相结合的方法考核排名，形成"干有目标、学有标杆"的良好工作局面。

我想，"最富的县"要真正做到"满城都是读书人"，至少要具备三个方面的条件：首先，这个城市要拥有众多爱书的市民，这是不可缺少的基础；其次，还要拥有一大批有理想、爱读书、善作为的领读者和社会各界热心人士，这是其重要支撑；而关键条件还在于要有高度重视、认真落实全民阅读的党委、政府。在社会主义现代化建设进程中，要真正"让一座城变成一间书房"，断然离不开这座城市各级党委、政府在全民阅读上的重视和作为。江苏省江阴市正是如此才成为这样一个"满城都是读书人"的阅读典范城市。

我国城镇化建设正进入高质量发展阶段。阅读可以激发城市的活力、潜力和创新力，因而推动城市发展必须大力推动全民阅读。我国县级以上城镇都在开展全民阅读，也就意味着全民阅读正在为我国城镇化建设提供着核心价值观的引导和精神文化的支撑。

　　本书限于篇幅，关于城市全民阅读的正面介绍，我们只写了"先行先试"的深圳、奉献"标准"的北京和先富起来又率先开展全民阅读的江阴三个典型。关于全民阅读活动，许多城市都开展得有声有色，体现了文化多样性，有着许多精彩表现，都足以写成专题进行全面深入的介绍，可要在这部纪实文学作品里一一去写几乎是不可能的。这是我深感遗憾的事情。

　　好在，接下来我们还要书写许多城市的城市书房和各行各业的阅读活动。读者们能看到各种阅读活动传承着不同城市的历史文脉，彰显着各自城市的鲜明文化特色和独特风格品位；也可以欣赏到许多城市浓郁的特色书香和优美形象。

第二章 城市书房：且把书房当天堂

一 小引

二 山东济南：山色·泉水·书香

三 安徽合肥：书房之名尽显诗情画意

四 上海嘉定：『我嘉书房』——我家的书房

五 江苏扬州：古运河边上的城市书房

六 浙江温州：城市书房成就书房之城

江苏省扬州市三湾城市书房（来源：扬州市图书馆）

浙江省温州市南塘街城市书房（瞿明华/摄）

一

小 引

1 　城市书房是新时代全民阅读的新景象。中宣部表彰的 2021 年、2022—2023 年"全民阅读优秀项目"共有 30 个,其中 5 个是城市书房项目。城市书房建设,基本上产生于城市图书馆总分馆制建设。

　　根据国际图书馆联盟在 20 世纪 70 年代颁布的公共图书馆标准,要求每 5 万人拥有一所公共图书馆,我国公共图书馆的数量远远达不到这个要求。为了解决这个问题,从我国国情实际出发,于是产生了城市图书馆总分馆制模式。城市图书馆总分馆制从 2000 年起开始逐步探索,到 2006 年被确立为国家文化发展政策。2016 年,在经过十多个年头全国各地实践的经验基础上,在行业协会的普及推广下,在学术界围绕总分馆可持续发展各项因素学术研究的支持下,文化部等 5 部委正式发布《关于推进县级文化馆图书馆总分馆制建设的指导意见》。在国家文化发展方针政策指引下,城市图书馆总分馆制在全国迅速兴起并得到全面推广。

　　城市图书馆总分馆制在全国迅速兴起并得到全面推广,意味着在很多城市图书馆以"高大上"的宏伟建筑令许多上班族因忙于工作而"虽不能至,然心向往之"之后,终于迎来了建在居民小区的图书馆分馆。许多城市为了让读者的阅读更为便利,让他们因心生亲切感而更加爱上阅读,将分馆建设成了城市书房。

2 　城市书房,多么优雅、亲切、轻松、自在的名称!我不由得想起我国古代传说中的"琅嬛",那是神话传说中天帝藏书的地方,后泛指珍藏书籍之所在。接着我又想起了著名的"天堂应该是图书馆的模样"的说法。这一说法来自具有世界性影响的阿根廷诗人、作家豪尔赫·路易斯·博尔赫斯的名言。

　　1955 年，著名诗人、作家博尔赫斯荣任阿根廷国立图书馆馆长。可与此同时，他迎来了人生最恐怖的灾难：双目失明！为此，他悲怆地自嘲道："命运赐予我 80 万册书，由我掌管，同时却又给了我黑暗。"然而，失明并没有夺去博尔赫斯的艺术生命，他以无穷的毅力继续阅读和创作，在许多著名大学讲学，成为更受尊崇的文学大家。有人说，上帝蒙上了博尔赫斯的眼睛，却让他致力于内心世界的开拓。博尔赫斯在一首《关于天赐的诗》里这样写道："我心里一直都在暗暗设想，天堂应该是图书馆的模样。"博尔赫斯这句名言深得全世界众多爱书人的喜爱。

　　既然"天堂应该是图书馆的模样"，那么，从图书馆延伸出来的城市书房，它们让读者的阅读更为便利，让他们因心生亲切感而更加爱上阅读，我们是不是也可以把它们称为爱书人的天堂呢？

　　我想，这是顺理成章的。其实，由于这些精致美丽的阅读空间坐落在城市的街头巷尾，明亮的灯光照亮了城市居民的生活，我更愿意把它们称为"人间天堂"。

3

中宣部先后于 2022 年首届全民阅读大会和 2023 年第二届全民阅读大会上表彰"2021 年全民阅读优秀项目""2022—2023 年全民阅读优秀项目"各 15 个。受到表彰的项目里有 5 个是城市书房项目，分别是山东济南市的"构建新时代'泉民悦读'新体系"、安徽合肥市的"合肥市城市阅读空间建设"、江苏江阴市的"'让一座城变成一间书房'香山书屋阅读推广项目"、上海嘉定区的"我嘉书房"、江苏扬州市的"扬州市城市书房建设"。其中江苏江阴市的"香山书屋"项目在本书第一章里已经作了介绍，其他几个项目，是 2023 年我急于前往造访的全民阅读的"人间天堂"。

二

山东济南：山色·泉水·书香

1 我早就对山东济南市的城市书房有着浓烈兴趣。泉城济南为自己的城市书房起了一个亲切的名字：泉城书房。据说这个名称传递着济南市在书香城市建设中的诗情画意："看得见一城山色，听得见泉水叮咚，闻得见满城书香。"

我对济南的泉城书房产生浓烈兴趣，首先是因为"构建新时代'泉民悦读'新体系"入选了中宣部"2021年全民阅读优秀项目"。济南除了建设泉城书房，还推出了"书香地铁""爱阅巴士"，市民们乘坐公交车或者地铁，扫描二维码就可免费畅读济南市图书馆海量优质阅读资源，离开车厢后也能通借通还；再就是我对申报材料里的一个情况尤其感兴趣。材料介绍道，济南市图书馆在国际上刚刚获得大奖，即"泉城书房——'快递小哥'阅读驿站"荣获国际图书馆协会联合会（IFLA）授予的国际营销奖，是迄今为止全国城市书房项目唯一一个获得国际大奖的。该奖于2002年颁布第一届。2012年清华大学图书馆的"爱上图书馆视频及排架游戏"项目获得IFLA国际营销奖的第一名，进而鼓励了更多的中国图书馆关注并申请该奖项。2020年佛山市图书馆、宁波图书馆和武汉大学图书馆同时成功入围了该奖项的前十名。2021年有来自国际图书馆联盟140余个成员国的公共图书馆、高校图书馆，共几百个项目报名参评，中国入围前十名的有济南市图书馆、上海图书馆、温州市图书馆3家，最后济南市图书馆"泉城书房——'快递小哥'阅读驿站"项目脱颖而出，成功获得第二名。

看材料时我就有了一个夙愿，去泉城——山东济南看城市书房，尤其重要的是参观"泉城书房——'快递小哥'阅读驿站"。

2 2023年7月在济南举办的第三十一届全国图书交易博览会给了我机会。济南市图书馆新馆距离会展中心不远，开幕后的第二天下午，我驱车匆匆赶过去。济南市图书馆新馆真值得鉴赏一番！崭新而富丽的建筑外观，像一本翻开的书，整体色调是海蓝色。我猜想，如果把外观形象比作大海，有翻滚的浪花和翱翔的海鸥，象征着读者们在知识的海洋里一往无前。跟这些年时不时观赏到许多新落成的大中型图书馆新馆的感觉一样，我最直接的感受首先是我国图书馆事业发展迅速，总有心向往之的冲动。

进到图书馆，信步游览几个阅览室。阅览室里的读者似乎没有午饭时间的意识，都还在伏案看书或安静地走动，工作人员缓步巡游，显得与读者一样专心致志——其实，他们的视线一直在轻轻地来回扫视。我是一个不速之客，午饭时间实在不宜去打扰馆里的负责人。我只好退回到图书馆大厅，就便找到一位工作人员——是一位身材高挑的年轻姑娘。我向姑娘说明自己的身份，姑娘马上友善地问我跟图书馆办公室是不是有过预约，我说临时过来的，没有预约，只想了解一下"'快递小哥'阅读驿站"。我问她知不知道"'快递小哥'阅读驿站"。姑娘友善地微笑，说：老师，我当然知道"'快递小哥'阅读驿站"，泉城书房里都有"'快递小哥'阅读驿站"。

在图书馆工作的姑娘当然晓得在大厅里也不好大声说话，她示意我跟她走到图书馆门外。

我再次问她：你知不知道"'快递小哥'阅读驿站"？

她说：当然知道，这是我们图书馆在国际上获得大奖的项目。

接着，她简略地告诉我，那是2019年，有一间泉城书房的工作人员偶然看见一个快递小哥拿着一本图书坐在书房门外自己的电瓶车上阅览，就邀请小哥进到书房来,坐在舒适的座椅上慢慢看,小哥很高兴。后来就有一些快递小哥一起来书房看书。快递小哥们随时接单就随时放下书籍出发去送快递,送完快递又回到书房看书。馆领导听了汇报,很重视,就要求各泉城书房要关注快递小哥的阅读需求,为快递小哥提供集阅读、学习、休息为一体的驿站,因而推出了"泉城书房——'快递小哥'阅读驿站"。

我对姑娘很具专业水准的介绍连声称谢。姑娘受到鼓舞,又接着告诉我,图书馆联合市里的顺丰、邮政、美团这些相关企业又成立了"小哥读书会",定期对快递、外卖从业人员及其子女开展特色阅读推广活动,包括读书会、读者沙龙、亲子讲堂、技能培训等,快递、外卖从业人员的子女也会优先被安排到图书馆和泉城书房参加社会实践。后来,图书馆在泉城书房为快递小哥设置绿色借还通道、推荐图书专架和专属阅览座席,定期为快递小哥赠送数字资源阅读卡和畅销纸质图书。

3 我在下午的论坛上发言后,还在琢磨着下面的时间怎样去参观泉城书房。忽然,我发现坐在身旁的是济南市委宣传部的一位领导。我侧身问他:济南的城市书房整体情况还好吗?他立刻纠正道:泉城书房。他接着告诉我,泉城书房已经建好46家,2023年要达到52家,市委书记特批从2024年到2025年再建18家,总数要达到70家。他说,他们还想要再继续建,泉城书房已经入选了中宣部"2021年全民阅读优秀项目"。我说是的,就因为评上优秀项目,我特别想去看看,可是中午有一点空闲只看了一下市图书馆,泉城书房还没来得及去,明天又要去青岛,怕是来不及了。他当即就回应我,等一下散了会他陪我去。我抱憾地告诉他接下来还有一个活动,要四五十分钟时间。他说:咱们加个微信,您几时有空,通知我,我陪您去看。我当然连声称谢。

说山东人豪迈、山东人好客也行,说这里的干部作风务实高效也好,总之,论坛结束,过了半个多小时,我还在另一个活动上,这位领导的微信就发过来了，约我四点半左右到济南市高新区泉城书房参观指导，表示"届时在那里恭候"。接着他还发来定位：历城区舜华南路，华皓汉峪小区（高新区）东北侧约40米。

4 济南7月的天气阵雨比较频繁，说来就来，说停就停。我们刚离开会展中心，暴雨立刻铺天盖地而来，汽车在天昏地暗的暴雨中行驶近半个小时，到济南高新区泉城书房时，恰好骤雨初歇。

这家泉城书房临街而设。雨后天色晴朗，书房映射出来的灯火愈发通明。我对市委宣传部领导说，书房建在大街边上，灯光明晃晃的，不仅吸引眼球，还让过路的行人看得见书房里那么多书，尤其是书房就在一楼，方便读者出入，实在是为全民阅读服务了。

泉城书房由济南市文化和旅游局公共服务处直接管理，属于济南市图书馆总分馆制建设的主要项目。在书房门前迎候的市文旅局吴处长迎上来告诉我，泉城书房建设的基本要求，首先是一楼，其次是要朝向行人密集的地方。他说：为什么要放到沿街的一楼呢？就是方便过路的行人一眼就能看到，抬腿就能进。虽然书房放到二楼、三楼、四楼、五楼也可以，也许还显得安静些，可是不方便，效果就差很远。我们都晓得一楼的位置比较贵，可书房毕竟是便民阅读的书房，还是要把便民放在第一位。

接着吴处长给我讲了一个事例：

济南市图书馆跟浙商银行合作共建一家泉城书房，浙商银行原本要把一楼的房屋租出去，一年四五十万元的租金，后来听说济南市开展泉城书房建设，行长又特别崇尚文化，银行就把一楼的房屋拿出来，无偿给图书馆做了一家泉城书房，24小时无人值守，效果非常好。

5 走进高新区这家泉城书房，吴处长给我讲解，他们结合济南泉城特色，进门顶部就设计了泉眼的造型，结合大屏幕播放的济南72

名泉，将济南泉城的特点充分展示给读者。正门里设计了一个圆形拱顶，象征着知识的殿堂，行人从马路上望进来，神秘又吸引人。这里还将高新区LOGO（标识）的形状做成了展台，突出高新区的特色，强化记忆，使得书房具有专属性。

书房正面悬挂着几幅国画作品和书法作品，画的是宋代著名词人李清照和辛弃疾，书法作品则是两位词人的诗词名篇。李清照，号易安居士；辛弃疾，字幼安，号稼轩。两人都是济南人，因字号中都有"安"字，故被济南人合称为"济南二安"。我说：一个是婉约派的代表，一个是豪放派的代表，山东人的性格既有豪放也有婉约，后人合称为"济南二安"再妙不过了。吴处长说，泉城书房都会展示"济南二安"的诗词作品。我说：这个好！每个城市都应该展示自己传统文化中的特色元素，这对城市文化建设尤其是阅读引导有很大好处。

吴处长请陪在一旁的书房负责人于总给我作具体讲解。

于总是一位年轻女性，长相漂亮，打扮端庄，举止文雅得体，说话字正腔圆，有点像电视节目主持人。她向我介绍，这间书房是济南市第44家开业的泉城书房，从开业到现在，人气指数一直居高不下。

我问：运营团队是图书馆派来的吗？

她说：不是，我们是第三方运营。

接着她向我介绍，现在是她带领山东广播电视台大型活动中心派出来的运营团队承包了这间书房。她在台里原来是做主持人和导演。市文化和旅游局之所以选择她们这个团队来运营这家泉城书房，就是想把广电的一些优质资源和专业策划能力，更好地运用到为读者服务上。这也就成了这个书房的一个特色，就是以活动拉动阅读主题的书房特色。她带我去看一个可以灵活组合的区域，这里最多能够容纳100人左右，主要是跟青年艺术家合作的公益课堂。这里每月的最后一个周末安排一个文化主题活动，明天的这个时间就是凡·高的主题活动，上次是关于印象派的鉴赏活动，很受读者的欢迎。这些系列课程会延续下去。这家泉城书房里摆放着一些关于美术的书籍，沿着美术史的脉络她们策划了后面的活动。

显然，于总对于城市书房的运营已经很有经验。她说，她们通过各种活动，把根植在居民区里面的这样一家泉城书房做成一个学习园地。首先它是市民家门口的图书馆，这是它的基本功能；其次她们要用心去打造的是市民家门口的小舞台、市民家门口的美育教室、市民家门口的文明涵养园地。市民在家门口就能欣赏到一些美育教育的音乐、绘画，包括一些花艺，还有一些陶艺，活动内容丰富了，人气就旺了，慢慢地也做出了她们这间书房的特色。

于总指着一个电子大屏说这是图书馆配的智慧大屏，当时屏上正预告着8月22日七夕的活动，名为"明月清风我——七夕音乐诗会"。于总告诉我书房会请乐团来进行公益演出，到时候用烛光把东边的活动区域布置起来。活动的目的就是在市民家门口创造一个美育空间，让居民不很费周折就能够听到一场非常有调性的音乐会和诗歌诵读，跟书房里的诗集、乐谱和经典文学作品融合起来。城市书房不仅仅是一个阅读场所，它要简单化，简单化就是书声伴书房。它还是一个新型的空间，新型文化，现在也是现代阅读的方式，现代的阅读方式各种感知都是重要的。

我对着大屏念道：明月清风我。

于总说是取自苏轼的词。

我说：是的！我忽然就有了一点激动，接着背诵道：与谁同坐？明月清风我。

于总冲我点点头，嫣然一笑。

这间书房显得比较开阔。于总说总面积有368平方米，藏书量在1.2万册左右，能容纳100人左右，书房有咖啡服务、普通阅读区、儿童阅读区、展台展览、交流讨论区、多媒体阅读区、学习书桌区、高新文化特色展示台，还有"泉城文化驿站"等多种功能。书房里有20多盏不同样式的台灯，任由每一个来到这里的读者取用，摆放在书房的某一个小角落，希望他们在读书的同时会有片刻的精神放松，能闻到书香，感受到书房的温暖。

我说，这是比较大的城市书房，所以你们的构思才有比较大的施展空间。

吴处长说，泉城书房的标配是面积必须在 200 平方米以上。

于总说：别看书房挺宽敞，可是一有活动，居民们都会抓紧时间来抢座位，因为座位到底是有限的。你现在看到读者比较少，是因为刚刚有暴雨，大家提前回家了。平常一直到晚上闭馆，大家读书的兴致还是很高。电子扫描计数今天已经进来 700 多人。每天晚上 9 点闭馆，我们都不忍心告诉大家我们要闭馆。

6 临离开书房时，我忽然想起还没有问到此行最大的关注点——"'快递小哥'阅读驿站"。我连忙停下来问于总：你们这儿做"明月清风我"挺有诗意，可是快递小哥还能来吗？

于总看我问得很急促，乐了，说：你看进门左边地上是湿的，就是刚才快递小哥带进来的。暴雨来了，他们进来避雨，坐了好一会儿，顺便看书；天一放晴，他们接了单又都送快递去了。

我问：咱们这个新开的书房也为快递小哥搞过活动吗？

于总回道：这间书房每天接待快递小哥总有一二十个人，他们等单时就在这里看书，书房为快递小哥群体和他们的家人组织的阅读推广活动一个月至少一场。下个月的"明月清风我——七夕音乐诗会"，我们会给快递小哥留出座位，但是也要求他们跟普通读者一样提前预约。考虑到快递小哥不少来自农村，我们为晚会读者提供的伴手礼就是山东农村民间的乞巧果，我们民族的节日就不用西点了。我们想让读者感受到淡淡的乡愁，也特别希望快递小哥们感到开心，更加热爱阅读，爱我们的泉城书房。

三

安徽合肥：书房之名尽显诗情画意

1 合肥市的城市书房统称为"城市阅读空间"。初看这个名称，让人觉得公文味道略微重了一点。合肥市接待我的阚先生承认，"城市阅读空间"主要是在文件里使用，一开始也以此命名过一些书房，后来觉得书房名称形式多样更好，于是后来的每个"城市阅读空间"都设计了自己的名称，譬如：菱湖书院、启明书院、杏花书院、杏林书香阁、林间书舍、万卷书、海棠书院、融侨观邸悦书房、半亩方塘、拾光书屋、畅和书院、游园影梦悦书房、六小淘沙悦书房、三孝口先锋悦书房、一里井悦书房、融智北极书屋、桃蹊书院……一个爱书人，看到如此富有诗情画意和文化意蕴的书房名称，怎么会不想迈步进入！

2 看资料，2017年初合肥市就做出决定，到2020年建设100个左右城市阅读空间。实际上，到2021年合肥建成的城市阅读空间已达到110个，在全国省会城市中位居首位。2021年合肥市城市阅读空间共接待读者1076.4万人次，外借图书192.9万册次，举办各类活动12156场，深受广大人民群众喜爱，得到社会各界广泛赞誉。(2018年、2019年、2020年共接待读者1895.6万人次，外借图书378.2万册次，举办各类活动17695场。)2019年4月16日中国新闻出版研究院发布全国城市阅读指数排行榜，合肥市在该排行榜中位居第八位，在省会城市中位居第三位。2021年12月，"合肥市城市阅读空间建设"入选中宣部"2021年全民阅读优秀项目"。

3 "合肥市城市阅读空间建设"有自己的特点。这里是馆店一体,即"图书馆+书店"合作,合肥市图书馆与合肥市新华书店合作共建。这一模式让我有点儿意外。我问合肥市新华书店前来接待我的阚先生:为什么图书馆主办的公益性城市书房,要把负责市场运营的新华书店邀约进来?

阚先生是合肥市新华书店城市阅读空间建设项目负责人,中年男子,真诚而又精明,言谈举止是我比较熟悉的新华书店人的风格。我叫他阚先生,他让我叫他小阚,我说那就叫老阚。他笑说,合肥人读书热情高,性子还可能有点急,许多读者急于读到新书;图书馆增添图书资源有自己的节奏,往往跟不上读者阅读的速度,尤其是一些引起轰动的畅销书,图书馆总要慢半拍甚至一拍,而书店就能及时供货,现在街头巷尾的城市书房时时有新书,读者自然就来得勤快多了。他告诉我,现在要求城市阅读空间的图书结构动态调整优化,图书馆每月更新图书600册左右,书店每月更新图书200册,实现借书、购书、看书"三位一体",读者喜欢的新书,除了借阅,还可以买回去作为自己的藏书。

老阚还告诉我,开办城市阅读空间的目的既是为读者阅读提供方便,也是倡导全民阅读,所以合肥市要求城市阅读空间在备足书源的同时,还要具备"4+X"功能,即阅读、活动、展示(交易)、休闲等4个标配功能,加上双创空间、市民小剧场、四点半学校、便民服务点等"X"个特色功能。

我说:这么多活动,有些希望安静读书的人会不会有意见呢?

老阚微笑道:等一下您去看一两家城市阅读空间就晓得了。

4 老阚把我领到坐落在合肥市长江中路四牌楼段的启明书院。

合肥市的长江路号称安徽第一路,长江中路的四牌楼段是老街区,也是繁华地段。启明书院西邻银泰商圈,北邻全国示范步行街淮河路步行街,地理位置优越,文化底蕴深厚,城市氛围浓郁。尤其是书院紧靠合肥市的名校四十二中和九中，这两所中学都是百年名校。九中的办学历史最早可以追溯到清康熙年间的横渠书院，至今已逾 300 年。两所中学都培养出了多名两院院士。有意思的是，两所中学的知名校友榜上都有电影表演艺术家王诗槐，母校不忘校友，总是令人感到温暖的。老阚告诉我，在网上看到信息，四十二中、九中的中考、高考升学率在全市都排名靠前。我问老阚：这么好的升学成绩，是不是跟启明书院有点关系呢？老阚不假思索就回答我：那当然，名校的学生就是爱读书，通常学生在午休时间和放学后最爱来书院看书。

启明书院的内外装修都很雅致，院内层深递进，格局分明，整齐整洁，馆藏丰富。书院于 2019 年 3 月 10 日建成开放，目前由合肥新华书店有限公司运营，实行"图书馆＋书店"模式，坚持"两业融合"，即实现文化事业和文化产业融合发展，具备阅读、活动、展示（交易）、休闲 4 项基本公共文化服务功能。书院设有党政、社科、文学、少儿等多个图书主题展台。让我解除疑惑的是，院内划分了少儿阅读区、休闲活动区、教辅区域和文创区，各区域之间都有隔断，读者可以参与阅读分享、沙龙研讨，也可以安静地看书学习，还可以有一些休闲活动。

老阚告诉我，启明书院开放近 5 年，书院累计办证超过 1800 张，接待读者 70 余万人次，实现图书借阅 8 万册次，举办各类分享会、写作和阅读、朗诵、研讨、论坛等特色主题活动 600 余场次。书院始终坚持高品质的文化服务，连续 4 年在合肥市公共文化服务考核中名列前茅，被合肥市妇女联合会授牌为"妇女儿童之家"。

5 来到启明书院，时间是周三午后时分，书院里有三三两两的读者在伏案看书，各个功能区都没有活动。老阚告诉我，一般情况是周五晚上和周六、周日全天才有活动，还有就是寒假、暑假期间，针对学生的各类分享会比较多。他说，书院的目标就是要把阅读空间营造得比家里的书房还好，把在家看书的人吸引到阅读空间来看书，即使来的人不是为了看书，单单为感受一下阅读氛围，也是好的。书院光靠书还不足以吸引更多的人，还要开展丰富多彩的培训、讲座、亲子阅读活动来吸引、带动群众参与其中。尤其是儿童，一个孩子来书院参加活动，家长自然也会来，甚至全家都要来，因此书院特别注重活动，尤其注重开展跟儿童阅读相关的活动，部分活动甚至一座难求。如今的合肥，110间城市阅读空间坐落在城市的大街小巷，周边群众在城市阅读空间通明灯火的照耀下，在书香的浸润下，文明素养悄然提高，群众走进城市阅读空间大声喧哗的少了，低声细语的多了，街头巷尾平时打牌娱乐的少了，借书看书的多了。新华社、《人民日报》、央广网、澎湃新闻等40多家中央和地方媒体多次来合肥城市阅读空间进行专题报道。

6 我告诉老阚，来合肥之前我除了研读了合肥市城市阅读空间建设的相关材料，还在网上下载了一些信息。我把手机下载的一则信息打开给他看。信息介绍合肥市庐阳区在2022年第27个世界读书日期间，区内12家城市阅读空间开展阅读的情况，信息的开头写得很真切也很煽情："我们实现不了说走就走的旅行，但我们依然可以在沉浸式阅读中，唯书香以致远，在好书的分享中丰富见闻，增长知识……快来了解下，大家一起相约来读书吧。"

这里择其要点让读者们了解：

杏花书院开展的"我是荐书官"阅读评选活动和线上读书会之《漫画中国传统节日》；

海棠书院组织的公益名师大讲堂——糯米姐姐线上阅读分享会和线上好书推荐之《你好，一年级》；

菱湖书院组织读好书系列活动之科普读物推荐；

启明书院组织的亲子阅读之《西游记》绘本分享；

六小淘沙悦书房开展的"何以致远，唯有书香"好书推荐；

三孝口先锋悦书房开展的好书推荐互动问答《好冷好冷的冷门知识》第二期；

一里井悦书房组织的亲子阅读之《长大以后做什么》绘本分享；

畅和书院举行的"我读 你听 阅读同行"线上读书会和趣读会《安的种子》；

融侨观邸悦书房举行讲给孩子们关于节气的故事《二十四节气·春》和"感恩教育 珍惜生活"线上分享会；

杏林书香阁举行"传承经典 亲子共读"线上古诗词诵读会；

融智北极书屋组织阅读分享之"共读一本书"；

桃蹊书院组织阅读分享之《不一样的卡梅拉》。

信息中对每个书房活动的内容及时间、地点都有详尽介绍。我问老阚：是不是庐阳区做得特别好？老阚一面看我手机上下载的信息，一面肯定地回答：庐阳区确实做得很好，启明书院就是庐阳区的。接着，他又补充说：其实，合肥市各个区（县）都做得很好，都特别重视开展跟阅读相关的活动，因为市委、市政府对全市城市阅读空间既有建设要求又有运营状况检测。如果您需要，回头我可以把市里关于城市阅读空间的考核指标和评分细则的文件发给您。经老阚如此一解释，我当即表示：市委、市政府有要求有检测，相信没有一个区（县）会对这项工作掉以轻心。

老阚真诚的面庞上露出了微笑。

四

上海嘉定："我嘉书房"——我家的书房

1 说到上海嘉定的"我嘉书房"，网上有网民发文道："有人说，如果有天堂，我想应该就是图书馆的模样；如果我家有书房，我想应该就是'我嘉书房'的模样……"

高手在民间！上海嘉定"我嘉书房"的名称设计得颇具人文情怀，网民的赞誉则语气亲切。

在全民阅读中，许多服务读者的项目的名称都相当出彩。譬如"城市书屋""阅读驿站""泉城书屋""阅读小站""农家书屋""草原书屋"，等等，而今，上海嘉定又奉献了一个"我嘉书房"——

"嘉"即"嘉定"，谐音"家"，15 分钟阅读圈，随时可达，而只有自家的书房才能如此近，故而，"我嘉书房"也就是市民的"我家书房"。

2 上海嘉定区，自南宋以来一直有"教化之城，礼乐嘉定"的美誉。

公元 1218 年，嘉定建县。首任嘉定知县高衍孙初上任时，百废待举，他白手起家，上任次年即在嘉定兴建孔庙，历经两年余，至南宋嘉定十四年（1221 年）仲冬落成，成为吴中地区第一座孔庙。嘉定孔庙坐北朝南，左学右庙，时有殿宇屋舍 40 楹，依庙建学，庙学合一，这是嘉定历史上第一所官学——嘉定县学。不久，嘉定第一所书院——北府书院创立。明清时期，嘉定出现了一大批书院，先后有练川、明德、南城、清廉、震川等 20 余所，其中以当湖书院和震川书院最为著名。

如今，孔庙坐落于嘉定镇南大街塔城路与沙霞路之间，周围古木参天，绿树掩映下，牌坊、泮池、大殿、堂庑，巍峨庄严。"教化之城，礼乐嘉定"则由此发端。诗书礼仪逐渐在嘉定形成传统风尚。

经历了无数人与事的积淀，"教化之城"已被赋予更多意义与新的目标：让文明城区创建滋养人们心灵，让书香社会建设成为民风教化，为嘉定健康快速发展提供精神动力。

2019年，嘉定孔庙内，以"金声玉振，嘉定儒风"为主题的孔子文化节围绕"礼乐修身篇""崇德尚文篇""儒韵和风篇"三大篇章的14项精彩主题活动，向市民展现嘉定深厚的历史底蕴和儒家文化的独特魅力。

嘉定曾经首创"一站式"公共文化数字服务平台，在全国率先提出"一座城市一张网"的公共文化数字服务理念，建立"文化嘉定云"公共文化数字服务平台……嘉定在公共文化服务领域开展的标准化、数字化、社会化等方面的探索，形成了独特的"嘉定模式"，以多项突破和首创在全国形成引领示范。

嘉定曾经首创县域集成性公共文化服务标准体系。2015年，嘉定成立标准化办公室，在全国范围内首创"可量化、可执行"的264项公共文化服务标准。这项标准对全区各层级近400个公共文化设施的服务保障、运行管理、质量控制等各个方面进行规范。尤其是2018年以来，嘉定重点加强了公共文化"神经末梢"建设，提升村居综合文化活动室软硬件水平，让市民在家门口就能享受优质的公共文化服务。

2021年上海市嘉定区图书馆主办的"我嘉书房"入选中宣部"2021年全民阅读优秀项目"，这是继2019年在第三批国家公共文化服务体系示范区（项目）评选中成功创建成为"国家公共文化服务体系示范区"后，嘉定拿到的又一块国家级"金字招牌"，为"教化嘉定"增添了新时代"书香嘉定"的新风采。

3   2016 年，嘉定区相关部门在走访和调研中发现，公共文化服务人群的分布随着城市发展的进程发生了巨大变化，越来越多的服务人群已经搬离了以前的集中居住区域，居民们亟须公共文化阅读空间。由此激发了嘉定区政府为居民们办一件实事，尽快建造新型文化阅读空间的计划。

2017 年 1 月 8 日，第一家"我嘉书房"——菊园·绿地天呈开放。第一家"我嘉书房"面积超过 300 平方米，藏书 5000 余册，报纸、杂志 60 余种，阅览座席 70 余个。书房融合 24 小时自助图书室、市民科创实践基地、志愿者自治基地、休闲娱乐等多种功能，还进入上海市图书馆"一卡通"管理系统，使用 RFID（射频识别）自助服务技术实现自助借还、自助办证。在这里，市民可以借一本书，读一份报，举办读书沙龙、小型讲座。

菊园·绿地天呈"我嘉书房"很快成为上海的网红书房，得到上海市民尤其是嘉定居民们的热情关注和喝彩。此项目很快就获评上海市公共文化建设创新项目，并先后得到《人民日报》、中央电视台等数十家媒体的专题报道。

有一个现象最能反映"我嘉书房"受到居民欢迎的程度。菊园·绿地天呈"我嘉书房"受到各方称赞，嘉定区 12345 政务服务便民热线顿时铃声不断，不少居民打来电话询问自己所在的社区何时建设"我嘉书房"，迫不及待之意使得嘉定区领导们再也坐不住了。

于是，2017 年嘉定区就建成了 6 个"我嘉书房"。2018 年，"新建'我嘉书房'"被列入嘉定区政府民生实事项目。5 年过去，各具特色、各有创意、各具文化内涵的 30 座"我嘉书房"林立于嘉定城区，服务着"教化之城"的男女老幼。

4   在评选"2021 年全民阅读优秀项目"时，阅读"我嘉书房"的申报材料，我就看到"我嘉书房"从一开始就是嘉定区领导直面居民需求所做的实事。2016年，嘉定区有关部门在走访中发现，在不少大型居住社区和居住人口较多的新建社区，原有的百姓书社、农家书屋已不能满足居民的公共文化需求。于是，"我嘉书房"的建设应运而生、应时而生、应群众需求而生。

此后，嘉定30家"我嘉书房"建设始终对准服务空白区域来选址，区领导重视"我嘉书房"推广布局，多次实地调研定址。"我嘉书房"就是要成为城市居民的"我家书房"，"15分钟阅读圈"是书房选址的基本要求，同时书房实行24小时开放，通借通还，直面市民阅读需求，提供公益性文化服务，直接对标"普遍均等""优质均衡"的现代公共文化服务体系建设要求。30家"我嘉书房"坐落在社区、园区、景区、商圈，其中，社区书房15家，园区书房6家，景区书房4家，商圈书房5家。"我嘉书房"达到了公共文化服务均衡布点的要求。阅读材料，我清晰地感觉到，"我嘉书房"确实是对准区内居民的文化阅读生活的需求而定址动工的。

建齐30家"我嘉书房"不是一件轻而易举的事情。目前，嘉定全区30家"我嘉书房"已吸收凝聚了上百个社会主体，通过投资建设、参与管理、承接购买、提供志愿等形式成为嘉定区图书馆公共阅读服务的合作伙伴。在这种合作模式下，越来越专业的社会组织、社会团体、社区居民阅读组织和志愿者参与到书房的管理与服务之中，既打开了社会力量参与空间，也显著提升了社会主体和社区居民的社会责任感。

5 2023年8月中旬，在参加上海书展期间，利用午休时间，我去嘉定区参观了"我嘉书房"。

午休时间不长，我打算只看两家，先看第一家菊园·绿地天呈"我嘉书房"，再看2023年4月修建完毕开放的第30家嘉定工业区·印氏住宅"我嘉书房"。

菊园·绿地天呈"我嘉书房"地处嘉定区菊园新区，在嘉唐公路

169弄109号101室。走进菊园·绿地天呈"我嘉书房",我看到四周摆放着书架,书架间厚重的实木书桌,温馨的灯光,很是典雅。正是午饭时分,可是读者依然坐得很满,就像别的城市书房、农家书屋一样,大多数是中小学生在做作业,也有只是读书的,再就是偶尔有几位陪在小学生身旁的年轻母亲,还有一些年轻的大学生在读书。他们读书的姿态显得比较悠闲和专注。我寻得一位初中生模样的女学生,她的目光刚好与我对接,我立刻投以微笑,然后上前攀谈起来。我问她为什么中午大家还不出去吃午饭。女学生也不认生,打量了我一眼,想了想说,可能不饿吧,想了想又说,可能怕出去吃饭座位被人占了。我问她还会有人来吗,她说总是有的。我问她是几点钟来的。她说早上一开门就来了,大家差不多都是开门就来的。

看来,"我嘉书房"还真成了周边居民的"我家书房"!

我转到书房的人文主题馆,这是一个大开间,里面正好在开会,坐着不少人。我向身旁一位戴着志愿者标识的小伙子请教这是什么会议,他告诉我这是"真人书"阅读平台。不大的会场上,主席台上坐着一位老大爷和两位老阿姨,每个人面前都摆着名牌,名牌上除了个人的名字,还有"上海市劳动模范""上海市嘉定区劳动模范"字样。台下坐着十几位年轻男女,一边听讲一边做笔记。台上的老大爷正在讲20世纪80年代在上海市"振兴中华"读书活动中,他作为工厂的车间主任是怎样带领工人们热情读书的。

作为不速之客,我不好坐下来听讲,免得打扰人家的活动。我知道这就是"真人书"读书。在上海的全民阅读中,读书会通常会围绕红色文化传承,推出线上线下"可借阅""可复制"的"真人书",邀请身边有事迹、有作为、有影响力的优秀党员和群众讲述个人经历和故事,积极传播社会正能量。在菊园·绿地天呈"我嘉书房"巧遇一次"真人书"读书,也算不虚此行。

6 告别菊园·绿地天呈"我嘉书房",驱车十多分钟,即来到位于嘉定工业区南新路 282 号的娄塘古镇文物保护单位印氏住宅,一栋古色古香的砖木结构二层临街旧式小楼,门楣上挂着"我嘉书房"牌匾,门的一侧有中英文介绍牌"印氏住宅"。

我之所以利用午休这一点点时间从市中心锦江饭店驱车来看"我嘉书房",不只是为了写作纪实文学作品搜集素材的需要,还因为新修缮开放的嘉定工业区·印氏住宅"我嘉书房"的老住宅,与我国现代出版业先驱印有模先生渊源深厚,我一心想着前来拜谒。

印有模先生生于 1863 年,是上海有名的实业家,他的最大贡献在于对商务印书馆的支持和扶持。印有模既是商务印书馆的大股东,也是继夏瑞芳之后商务印书馆第二任总经理。他与蔡元培、张元济等密切合作,自编、自译、自印和自行发行大量现代思想文化启蒙的书籍。1912 年印有模考察国外电报业时,萌发了创立汉语电报编码系统的设想。回国后他招集人才,耗资数万,费时 3 年,以语词之相互关联为条件,编成十余万言汉语电报编码书,为国内电讯界普遍采用。商务印书馆编印的我国第一部以语词为主、兼及百科的大型现代语文工具书《辞源》,印有模正是发行人,商务同人誉之为"有魄力、有远见、有调度、有经营能力"的总经理。2014 年 4 月,印有模故居被上海市人民政府核定并公布为上海市文物保护单位。印氏住宅由印有模之弟,亦为中国近代工商业先驱的印有圭始建于清末民初,砖木结构,是娄塘传统民居的典型代表,也是嘉定区文物保护点。

用作"我嘉书房"的印氏住宅,整体坐东南朝西北,为二层砖木结构传统民居,建筑面积约 409.3 平方米。现存建筑保留门厅、仪门、天井、厢房、正厅等基本格局。主厅二层楼,硬山式,观音兜,小青瓦屋面。月梁雕花草纹,砖雕仪门,主体结构基本完整。1949 年后,印氏住宅不再作为私宅使用,经过了多次功能变更及内部格局改造。根据当地居民回忆,印氏住宅曾用作派出所、学校、公共食堂等,后作为文物保护单位空置。直到 2023 年，这里被打造成"我嘉书房"。

为纪念我国现代出版业先驱印有模，建在印氏住宅的"我嘉书房"在庆祝书房开馆时，布置了"印行天下"印刷出版主题展，在中国近现代新闻出版博物馆的支持下，通过展览近代六大印刷技术的传入与发展，展现了我国印刷技术的沧桑巨变。

走进嘉定工业区·印氏住宅"我嘉书房"，自然是一式的古朴典雅的中式家具，不太密集的读者倒也为书房平添了几分雅趣。书房里印刷出版主题突出，"历史建筑主题专架"上的书籍显得比较厚重，"儿童书籍专架"上的读物依然生动活泼。上到二楼，这里有介绍印有模故事的图片和文字展览，浏览一遍，心中荡过百年中国现代出版风云，顿时感慨不已。

二楼上还设有一座"嘉定作家书架"。我知道，各家"我嘉书房"都开设了由区委宣传部指导的"嘉定作家书架"，向市民集中推荐嘉定作家创作的书籍，并要求书房通过分享会、见面会等活动形式唤起市民的文化共鸣，让"走进书房"成为嘉定新的生活风尚。我浏览书架上陈列的书籍，觉得也很亲切，许多书籍是嘉定本土作家们的新著，有漫画家慕容引刀的"刀刀狗"系列故事丛书，有龚静、殷慧芬、楼耀福等知名作家的文学作品。架上还陈列着不少与嘉定人文历史相关的书籍。书架前有年轻读者在选书，看得出来，嘉定本地读者对于本地作家还是饶有兴趣的。

下到一楼，有两位约莫 60 岁的老先生在一张小方桌前翻阅报纸，他们身旁是一排"印刷出版主题专架"。在书房临窗的某一个角落，有一两个年轻人在拍短视频打卡。

我找到书房工作人员轻声询问：这种来打卡的年轻人多不多？他说不少，有的还是从上海市里面赶来，都是慕名而来，不过今天这个后生倒是本地人，他经常来。我又问他：书房经常开展活动吗？他说周末蛮多的，作家讲座，专题讲座，读书会讨论，因为座位不多，都要求线上报名预定，经常一位难求。我问他全书房有多少册书。他说不多，只有 3000 多册，其中特色专题图书有 300 册，不过都已经纳入上海全市公共图书馆体系，实现通借通还，区图书馆每个月都会有专人送些新书来。我又问：平时"印刷出版主题专架"的读者多不多？他说不是太多，但总是那十几个比较固定的读者，家住在附近，每个礼拜都要来四五回。我说，这样一来这间书房岂不就成了这些固定读者自家的书房了。可能觉得我的话有点奇怪，他瞥了我一眼，一副见怪不怪的样子，说，那当然，要不怎么叫作"我嘉书房"呢！

五

江苏扬州：古运河边上的城市书房

1 我跟扬州在全民阅读上的联系，缘起于 2018 年。

2018 年江苏省全民阅读领导小组办公室向全省推荐 12 本全民阅读用书，选入了我的一本小书《阅读力》（生活·读书·新知三联书店 2017 年 3 月版），并邀请我出席 2018 年江苏读书节启动仪式，安排我在启动仪式上发表 30 分钟的主题演讲。这是故乡江苏省的领导和乡亲们对我的厚爱，也是一份殊荣，我毫不犹豫地应承下来。不曾想到，紧接着扬州有关方面通过朋友联系到我，邀请我参加扬州第四届"朱自清读书节"的启动活动。朋友告诉我，扬州建了好多家城市书房，这次活动就在明月湖 24 小时城市书房广场举行，届时还要请我去参观扬州的一些城市书房。他顺口说了几家城市书房的名字，有三湾城市书房、扬子津城市书房、自在公园城市书房，听着就觉得很有文化韵味。我笑道："明月湖、三湾湿地、扬子津，这些书房起名字都很扬州啊！"没有人不想去扬州的！可是，省里活动时间早已定下，扬州的活动时间妥妥地"撞车"了。如此这般，我是跟扬州的全民阅读擦肩而过了。

说来奇怪，有些人、有些事情、有些地方，一旦错过似乎也就永远错过。自那以后，江苏省的许多城市相继邀请我且都一一成行，我先后去过南京市、苏州市、无锡市、常州市、镇江市、盐城市、徐州市、淮安市、连云港市、海安市……可就是没有机会再去扬州。想起来，唯一一次去扬州还是 2005 年 5 月，我参加以中国作协张健副主席为团长，黄济人、严阵、莫言、徐坤、潘凯雄、王干、高伟、林丹娅、程青、张明远等为团员的中国作家采风团,以"烟花三月下扬州"为主题去扬州走过5天。记得当时赵本夫、范小青、毕飞宇、王干等江苏作家在扬州与我们合在一处,算得上一次文人雅集盛会。想起来那已经是18年前的往事。

为了撰写本书,我电话征询江苏省委宣传部孙处长在江苏采访的建议,他推荐了几个地方后说,你还是要去扬州。他看我有点踌躇,立刻强调说,中宣部评选"2022—2023年全民阅读优秀项目",扬州城市书房刚刚评上!

我说我当然愿意去扬州,可是跟扬州已经多年没有联系了。孙处长立刻明白我的意思,当即表示他负责做好联络接待工作。

结束跟孙处长的通话,接下来扬州市委宣传部的电话就打了过来。

2 我自认为对扬州的文化内涵比较熟悉。且不说"烟花三月下扬州""十年一觉扬州梦""浅深红树见扬州""春风十里扬州路""待羔儿,酒罢又烹茶,扬州鹤""十里扬州风物妍,出落着神仙""烟月扬州如梦寐""蝉声相送到扬州""天下三分明月夜,二分无赖是扬州"等古诗词夺魂摄魄,且不说瘦西湖、五亭桥、何园、个园、古运河等精致风景引人遐想,也且不说扬州古代诗人张若虚、秦观、郑板桥,现代作家朱自清、汪曾祺等锦绣诗文令我等膜拜,单是淮扬菜系之扬州特色、"早上皮包水,晚上水包皮"等生活趣味都令我等俗人念念不忘。

何况作为一个出版人,我对我国雕版印刷技艺的卓越代表城市扬州一直恭敬膜拜。历史上,我国雕版印刷亦被称为扬州雕版印刷。2006年,扬州的"雕版印刷技艺"项目被列入首批国家级非物质文化遗产代表性项目名录。2009年,以扬州为代表的"中国雕版印刷技艺"被联合国教科文组织列入人类非物质文化遗产代表作名录。实话说,每每说到扬州,我最先想到的不是烟花三月和淮扬菜,而是扬州雕版印刷。

无论是唐诗宋词的扬州、风景别致的扬州,还是文人墨客的扬州、吃喝玩乐的扬州，都受益于雕版印刷的传播！

扬州的城市书房理当在全民阅读中出彩！

3 我用一个下午的时间参观了扬州几家城市书房，晚上又自己踏勘了城市的夜书房。第二天早上，我和扬州市图书馆的朱馆长在宾馆餐厅喝茶，我对他发出了一声赞叹：我早就知道扬州城市书房在全民阅读中应当出彩，可是，没有料到这么出彩！

听到我的赞叹，朱馆长既显露出谦逊的微笑又朝我投来疑惑的目光。他显然在等待我说出"没有料到"的是什么。

我接着说：来之前我做过功课，读过你们的材料，感到丰厚、出色，成绩突出，觉得应当予以表彰。看材料，知道你们扬州的城市书房做得比较成功，靠的不是扬州的唐诗宋词，不是扬州的别致风景，不是扬州的文人墨客遗迹，不是扬州的雅致生活，甚至也不是扬州雕版印刷传播的辉煌历史。你们靠的是在城市书房建设的过程中，扬州市坚持以政府引导，多元投入，带动社会力量广泛参与的做法，有力促进了城市书房的建设发展。不过，实话说，材料中所表达的理念和做法，跟其他一些城市的做法大体相似，认真做到就能出彩。我之所以说"没有料到这么出彩"，是因为你们精心打造形成了扬州城市书房的书香之美。

朱馆长也许看到我一副故作高深的样子，觉得有趣，笑吟吟地等待我给他解释为什么说"没有料到"。

我跟朱馆长一面品茶，一面细细道来。

4 我先说了扬州城市书房的环境之美。

我们是从江阴冒雨驱车一个多小时来到扬州的。根据安排，直接来到三湾湿地公园东门跟前来接待的朱馆长他们会合。朱馆长领我们进入宽阔的三湾湿地公园，整个公园的建筑风格素雅且古朴。晌午时分，大雨刚停，公园里几乎没有游客，显得空阔而清新。他先把正前方远处芦苇掩映、绿水盈盈的古运河指给我们看,接下来就指着左前方的一座两层小楼告诉我,这是三湾城市书房。两层小楼的一楼四面通透,设置了很多椅凳。小楼临古运河而建,融入了中国传统水岸建筑中水榭和画舫的元素,不远处蜿蜒流淌的运河水成了小楼的借景,使得小楼宛如浮在水面上。这就是被网友称誉的扬州第一家"藏"在湿地公园内的城市书房。

走进小楼,一楼的通透和椅凳让我觉得美妙无比。这里没有书房应有的书架和书籍,因为在湿漉漉的湿地空气中显然不能敞开放置书籍。市民游客可以在此静坐小憩,可以看运河水拍打千年古岸,可以听黄鹂在翠柳上鸣叫,可以在这里怀想唐诗宋韵。这又何尝不是一种阅读!

要读书就循着木梯上到二楼。二楼里咖啡色的实木家具、布艺椅以及临河窗户营造出优雅静谧的阅读氛围。正大厅悬挂着一盏直径大约1米的鸟巢灯,鸟巢灯似乎用金黄色竹篾编织而成,洋溢着热烈而成熟的生命状态。

书房管理人员上前来给我介绍,书房有200多平方米,藏书近2万册,报刊20余种,主要是综合、历史、艺术、文学等类别的书籍,注意满足不同年龄段市民的阅读需求。另外,在这里可以阅读30万种电子书,进入30个大型数据库和扬州市图书馆的6个自建数据库。书房为阅读者提供办证、借阅、还书、消毒等服务,办证、借还书可以实现全自助服务。自从开办以来,周末来此的读者每天可达五六百人。

书房很安静很舒适,因为刚下过雨,读者不太多,三三两两各自看书写作,氛围温馨。如此小而美的书房,我不忍心匆匆浏览一遍而过,于是找了一张临窗空位坐下,窗外不远处就是运河。恰好书桌对面坐着一位老爷爷,我们目光触碰,于是我问他:老人家经常来这家书房吗?老爷爷和善一笑,说:我们是外地游客,碰到雨,在这里躲雨。他身后坐着一位老太太,然后是一对中年夫妻,再后面是一男一女两个小孩。我问:你们一家人来扬州旅游?他说是的。我告诉他外面雨停了。他略侧过脑袋朝两个小孩看看，没说话。两个小孩看年龄大概是小学中高年级学生，正各捧着一本书在看。我明白，老人家不愿意就此打断小孙子们的阅读，权且继续临窗观赏运河风景，等待两个小孙子读书尽兴。

真好！在扬州，在这里，任何人都可以享受轻松，享受悠闲，只做你自己，或者读书，或者看风景，人生姑且任意去留。

5 接下来就说扬州城市书房的艺术之美。

扬州的不少城市书房都建在公园里。建在三湾湿地公园里的三湾城市书房已经让我们享受到环境的艺术，它的建筑装饰也让我们享受到艺术之美。扬州还有一系列的公园城市书房，明月湖公园建有明月湖城市书房，在蒋王半岛公园北门入口处建有半岛公园城市书房，在临江路扬子郊野公园内建有郊野公园城市书房，在荷花池公园船厅内建有荷花池城市书房，在竹西好人园公园东南角建有一束光·竹西城市书房，在江都区自在公园内建有自在公园城市书房……

作别三湾城市书房，我们驱车去往下一个城市书房。朱馆长告诉我，去看建在烟囱里的城市书房——七里河公园城市书房。

车行约莫几分钟，就看到车窗外不远处一个红色的大烟囱，我想这就是建在烟囱里的城市书房——七里河公园城市书房了。朱馆长告诉我，七里河公园是2018年扬州市委、市政府重大民生工程之一，也是东南片区更新改造的"九园体系"的中心公园。公园位于渡江路东侧、开发路北侧、宝塔东路南侧，沿七里河南北向分布。在公园的中央位置，有一个红色的大烟囱，城市书房就建在这个烟囱的底座。

我知道这是城市工业遗址的成果，就像北京石景山区的首钢工业遗址被改造为北京冬奥会滑雪大跳台竞赛设施，可谓化陈旧为神奇！扬州把工厂烟囱改造为城市书房，也足够神奇了！七里河公园所在地原先是扬州客车制造总厂，工厂拆迁后被改建成公园，老厂房留下的烟囱给公园设计者带来了设计灵感，便在老厂房原址上建设了一座烟囱造型的观景塔。该塔高40米，设置了3层观景台，塔的底部则是城市书房。前来阅览图书的读者可以上观景台登高远眺，上观景台登高远眺的游客也可以进到书房读书，一次游览，"诗和远方"都有了。

我们走进烟囱底部的城市书房，从书房里的许多细节中再一次感受到把工业遗迹转变成书房的艺术之美。书房里的座椅大多数是这座老工厂生产的公共汽车座椅，墙上悬挂的许多装饰物是工厂的大小齿轮和老式公共汽车的一些零部件，桌面上的阅读灯也都是20世纪七八十年代的老式台灯风格，书房的整个设计格调显示了工业文明的怀旧情绪，读者进入这样的氛围阅读，将自然而然沉浸在一种厚重的感觉里。

6 我看扬州城市书房，特别感受到这里的生活之美。

为什么扬州选择把许多城市书房建在公园内？朱馆长告诉我，从一开始，市委、市政府领导就提出要把城市最繁华、最漂亮、离老百姓最近的地方拿出来建城市书房，布点原则是最大限度地方便群众借阅图书，选择旅游景点、体育休闲公园等人群密集、交通便利的公共场所。每确定一个城市书房的地址，市里总要组织相关专家实地考察、论证评估，论证评估的重点在于是不是方便周边市民享受城市书房。经过8年多的努力，运河边、街巷里、公园内、社区中建起了一座座各有特色的城市书房。这些书房成了本地市民便捷阅读的"充电"佳处和外地游客打卡拍照的休闲胜地，让阅读浸润生活，让书香温暖城市。

扬州城市书房建设提出了"城市的教室、市民的书房"的目标，把满足人民群众高质量阅读需求确定为城市书房建设的最高目标。扬州市在城市书房建设过程中，还重点打造了一批24小时城市书房，解决一些居民晚上读书的困难。这些城市书房不管白天还是黑夜，都向市民开放。一位中央媒体记者在千年遗址扬州唐子城下古色古香的城市书房看到，这里坐满安静阅读的市民。记者随机采访了一位从事艺术教育工作的读者，她说自己每周都会抽出一两天时间"泡"在这里，感受书香魅力。

说到动情处，女读者说："非常喜欢这里，这是我家的书房。"记者受到感动，写下一句很煽情的感慨：扬州的城市书房走进了市民们的心房。

当天晚饭后，我独自打车来到扬州的院士广场城市书房。我是慕名而来，知道扬州淮海路上有几栋黄墙红瓦的小楼，是具有民国风情的建筑，其中一栋小楼就是院士广场城市书房。

院士广场是扬州中学修建的，现在已经成为市民游客可以共享的城市建筑。广场上有3座浮雕墙，介绍49名从扬州中学走出去的院士，刻有《院士广场记》。广场中心有4座院士人物铜雕像，分别是马克思主义理论家胡乔木、植物学家吴征镒、建筑学家吴良镛、"两弹一星"元勋黄纬禄。按照1∶1的真人模型进行塑造，用它们来代表扬州院士的精神。

已是华灯初上时分，我在书房临街的窗户边小坐片刻，既能看到淮海路上的车水马龙，又能看到远处影影绰绰的院士塑像。书房的隔音做得很好，大街上的声音完全被阻隔了。我顺着书房的楼梯拾级而上，书房二楼有一个露天平台，坐在这里，可以同时享受清新的空气和温馨的书香，倘若是晴天，则可以在初阳和夕阳下看书。院士广场城市书房面积达300多平方米，藏书3000余册，有30多种报刊，可以享用总馆的电子书和海量的数字资源。二楼还有一间有声图书馆，读者可以自由选择想听的书，戴上耳机，享受智能语音的朗读服务。

在二楼的露天平台上，我眺望夜色中的院士广场，忽然想到，"院士广场城市书房"这个名称起得真好，如果一开始将书房叫作淮海路城市书房虽然也很正常，可显然不如"院士广场"来得更有召唤力。全民阅读，可以读以致知、读以致用，也可以读以修为，甚至是读以致乐，然而，读书而成院士，当然是极具正能量的召唤。一间"院士广场城市书房"，可以让这里的人们以自己城市的科学文化品位而骄傲自豪，也可以为这里的青少年注入更多向上向善的力量，多么鼓舞人心！

待我从二楼下来，看到城市书房一楼几乎座无虚席，其中不少中学生模样的青少年在读书学习，厚厚的书包被搁在一旁，有的干脆就在埋头做作业，书房里弥漫着温馨融融的书香。书房外一派繁华，书房里一片静谧，这就是书香扬州的生活之美！

我告诉朱馆长，之所以说"没有料到这么出彩"，是因为扬州的城市书房较之于其他许多城市的城市书房，虽然都富有书香之美，可是这里还具有环境之美、艺术之美、生活之美。它们正在千年名城扬州的基础上再造着一个书香扬州。

朱馆长当即表示很欣赏我对扬州城市书房的分析评价。后来，跟朱馆长握别时，他热情地叮咛我：明年烟花三月，书香扬州迎候聂老师！

六

浙江温州：城市书房成就书房之城

1 2023年我在考察各地的城市书房时，有许多家书房的负责人都说到城市书房是浙江温州的创举，不约而同地跟我说他们去参观过温州的城市书房。我在济南考察泉城书房时，济南市委宣传部领导和市文旅局吴处长都坦率承认济南的泉城书房借鉴了"温州模式"。

为此，我打算在完成一些入选为"全民阅读优秀项目"的典型考察后，最后一定要去考察温州的城市书房。虽然在"全民阅读优秀项目"中并没有温州的城市书房，但是在全国图书馆城市书房建设这类项目里，温州的口碑是如此响亮，无论其获奖与否，我都是不能不去的。至于温州城市书房没有入选的原因，并不是他们做得不够好，而是囿于"全民阅读优秀项目"活动申报项目指标所限，每一年度每一省（区、市）只能申报3个，中央和国家机关各部委、各人民团体出版单位主管部门，中央军委政治工作部宣传局，中央各重点出版集团及新疆生产建设兵团新闻出版局，都只能申报1个项目，全国最终只能评选出15个项目。如此一来，摊到一个省（区、市）都不到1个。2022—2023年浙江省已经有项目入选，是来自温州的，项目名称是"央地共建全民阅读城市项目"，主办单位是中国作协全民阅读社会联络部、浙江温州市委宣传部。"央地共建全民阅读城市项目"的材料生动介绍了中国作协组织许多知名作家参与书香温州的建设，坚持多年，已经形成常态化长效机制，深受温州市广大文学爱好者和众多读书会的喜爱。读了材料，许多评委的眼睛为之一亮——全民阅读离不开众多作家千姿百态的热情参与和公益性支持，这是温州和中国作协的一个创举。评委们一致赞成入选。

在全民阅读中，除了创建城市书房、与中国作协合作共建"央地共建全民阅读城市项目"外，温州在全民阅读中还有若干创举。例如，温州市较早就建立了温州市图书馆发展基金会和公益性的温州全民阅读基金会，为这里的图书馆事业和开展全民阅读活动提供了资金保障；温州市较早就成立了温州读书会联盟，联盟在市图书馆直接领导下，下辖100多个读书会组织，这在全国也是走在前面的。

而我跟温州市图书馆的联系，就起于温州读书会联盟的邀约。

2 2018年12月下旬，温州市图书馆读者服务部主任王女士联系我，请我参加温州读书会联盟年度盛典，邀请我为温州的书友们做一场阅读讲座，指定要做的讲座就是我在不少地方讲过的《改革年代：从阅读开始》。2018年正值改革开放40周年，全国不少地方都请我做过这个讲座。

尽管邀请的时间有点仓促，而且时近元旦，可我还是一口应承了下来——不是因为我多么喜欢做讲座，而是为了我对温州的一个向往，我要去拜谒温州大学者孙诒让先生。孙诒让，字仲容，号籀庼，被誉为"三百年绝等双，启后承前一巨儒"，清末经学家、文字学家，近代新教育的开创者之一。为纪念孙诒让，1913年由温州学界人士筹资，购得九山湖畔依绿园故址，命名"籀园"。后又在籀园内创建六县公共图书馆，1918年5月落成，1919年5月9日正式开放。因图书馆建在籀园内，习惯上都称之为"籀园图书馆"，亦即今天的温州市图书馆。为纪念一位大学者而创办这座城市的第一座图书馆，可以看出温州这座城市是多么崇学重教、重视读书。

此外，我还希望跟温州读者有交流。那里成立了城市读书会联盟，这在当时也是让全民阅读推广者们很感兴趣的事情。那时候，城市读书会组成联盟一类的组织并不多见，而温州市居然不仅成立了联盟而且要举行年度盛典，这为全民阅读的区域发展提供了一个新的典型。温州市是我国经济体制改革取得突出业绩从而形成"温州模式"的地区。这样一个市场经济发展迅猛的地区，全民阅读居然也走在很多城市前面，让我不免感到新奇而有所向往。

王主任告诉我，成立联盟，也是图书馆应一些读书会的请求和建议来做的。因为不少读书会成立以后，没有合适的阅读活动场所，希望图书馆通过成立联盟为读书会提供活动条件。

我说：100多家读书会，恐怕图书馆的场地也提供不过来吧？

王主任说：我们温州市图书馆正在开展城市书房建设，馆长说起码要建100家，以后读书会不用为活动场所发愁了。

说来惭愧，由于不在图书馆系统工作，当时我对图书馆总分馆制略有了解，可对城市书房建设还是头一回听说。而这头一回，是从温州市图书馆这里听到的。只是当时忙于参加盛典活动和讲座，后来又被乐清市图书馆请去做讲座，没有来得及去看看建设中的温州城市书房。

3 近两年，温州城市书房的名声越来越响亮。有人告诉我，深圳一直在宣传要建设书城之城、图书馆之城和设计之都，而温州也提出了口号，要建设城市书房之城。这使得我有一种感觉：写全民阅读中的城市书房，温州城市书房似乎是绕不过去的了。我跟国家图书馆霍瑞娟副馆长请教城市书房的来龙去脉。她是图书馆学专家，原先做过中国图书馆学会负责人，对城市书房的情况相当熟悉。霍瑞娟告诉我，要写城市书房，温州是不能不去看看的。

为此，2023年11月，正是"海上名山、寰中绝胜"的雁荡山秋色最为浓酽的时候，瓯江水系密集的人文景观与桂花飘香、红叶掩映汇合而成宋风瓯韵，我专程来到温州，寻访这里的城市书房。

对于温州市图书馆来说，我是一位不速之客。图书馆办公室的工作人员向我表示歉意，告诉我他们馆长去省里开会，没法接待我。我说只是来参观温州的城市书房，了解一点相关信息，最好不要惊动馆里领导——我明白，在一个图书馆的领导班子里，并不一定所有领导都负责城市书房业务，何必与业务不太相关的领导联系，无端相扰添人麻烦。

没想到，我的担心是多余的。

出面接待我的王副馆长是分管典籍搜藏整理业务的，在图书馆里这是相当专门的一项工作。她说自己也负责一部分城市书房建设，继而告诉我，馆领导班子中每位成员都分工负责某一个城区的城市书房建设。我立刻明白，温州市图书馆的城市书房工作是由馆长全面总抓，每一位班子成员都要具体参与研究而且分工负责。这表明，城市书房项目已经成为温州市图书馆的一件大事。

从温州市图书馆领导班子城市书房工作的模式，我真切感觉到城市书房业务在这里受重视的程度。

4 温州市图书馆的业务管理部提供材料十分快速。这个部门的赵主任是一位思维敏捷、语言简洁的年轻女性。她把自己的老主任邀来一起见我，说老主任最熟悉情况，我想问什么都行。老主任只是比赵主任年长一点，其实一点都不老，特别是精神状态相当年轻，是很典型的那种快人快语却又老练成熟的职业女性，说到城市书房的话题她几乎是滔滔不绝，作为考察者我有毫不费力而又如沐春风的快活。

她俩用了不多时间就解决了我的一系列问题。

我问：温州城市书房正式启动是哪一年？

回答：是 2014 年。

我问：为什么是 2014 年？

回答：因为 2014 年按国家规定图书馆旧馆舍不得用于出租挪作他用，馆里决定收回县前头旧馆舍来发展自身业务。

我问：发展自身业务就决定做城市书房吗？

回答：不是。当时是计划在旧馆舍的基础上建设首家馆外 24 小时自助图书馆。旧馆舍由于简洁舒适的环境，配好了丰富的图书，又设置了自助办证机、自助借还机、数字资源查询机等设备，很快成为市民喜欢的地方，常常座无虚席，成为温州城市的文化新地标，被媒体称为"深夜书房"。

我问：最初叫"24小时自助图书馆"，全国很多城市都有了，也不是后来城市书房的模式，叫"深夜书房"也有局限，后来怎么叫成"城市书房"的呢？

回答：馆长决定通过媒体向全体市民征求名称，应征的方案里就有"城市书房"，馆领导、各部门主任还有专家们经过讨论，决定采用"城市书房"这个名称。

我问：这个名称好！现在温州市有多少家城市书房？

回答：到2023年，全市共有156家，其中市区是70家。累计接待读者1400多万人次，流通图书1284多万册次，办理借书证10.5多万张，吸引了大部分的温州市民走进城市书房享受便捷的公共阅读服务，全市图书流通量和办证量同比均有大幅度提升。每年城市书房开展读书沙龙、展览、亲子绘本阅读等各类活动1500余场次，服务市民人次年均同比增长25%以上，图书流通量年均同比增长10%以上，服务效益优于一座建筑面积2万平方米的中型图书馆，读者满意率达到98%以上。

我问：这么多城市书房，管理运营的压力是不是很大？

回答：温州市图书馆比较早就进行了新技术改造，目前数字、网络技术装备和运用质量比较高，可以为市民打造一个家门口不打烊的图书馆，倡导24小时全天候开放和无人值守模式。城市书房采用无人管理的读者自助模式，成功创建了一个自由、有序、健康、温馨的现代公共阅读场所。不过，您放心，总馆24小时有团队对全市城市书房进行监控，确保安全。

我问：全市这么多城市书房，市政府和图书馆的投资压力是不是很大？

回答：是很大，但也不是很大。温州市图书馆不仅比较早进行了新技术改造，也还比较早就创建了新体制，成立了社会各方力量参与的理事会，理事会成为汇聚社会力量的一个新体制。全民阅读是全社会的阅读，一定要动员社会力量参与。我们温州全市城市书房合作模式多种多样，街道、社区联建的比较多，与企业、公共场馆、机关事业单位也联建了一批，再就是图书馆馆舍改建有 11 家。我们还探索城市书房社会认养制度，譬如泰顺气象城市书房和洞头区花园里城市书房，就是鼓励和引导企业、社会组织或个人通过认领、资助等形式参与城市书房的运行和管理。认养期间可以采用冠名、铭牌公示等方式给予鼓励。我们还探索城市书房与轻型业态融合，允许引入优质企业，在城市书房的便民服务区域开展文创产品、咖啡轻食等不影响阅读环境的经营活动，形成"城市书房＋酒店""城市书房＋咖啡店""城市书房＋书店"等新型业态，引领休闲阅读新时尚。如智慧谷城市书房、浙南云谷城市书房、钱塘世纪大酒店城市书房。

我问：看来温州城市书房跟全国很多城市的城市书房一样，比较注意跟轻型业态融合。不过，昨天我去了你们温州城市书房"001 号"的县前城市书房，好像那里面就没有咖啡店。刚才进馆前，我在你们大厅边上的城市书房也没有见到咖啡店，为什么？

回答：我们也考虑各种实际情况。有的城市书房是图书馆直接建设管理的，我们就要尽可能创造最安静的阅读环境。咖啡店特别是咖啡机的噪音对读者的阅读还是有影响的，我们就不再安排咖啡店了。

我问：各家城市书房运营得好和不好有没有考评？

回答：当然有。自 2020 年开始，全市启动城市书房服务星级评定，对运行满一年的城市书房免费开放情况开展考核，设五星、四星、三星共三个等级，分别给予一定补助。全市评选出 26 家五星级书房、26 家四星级书房、21 家三星级书房。

我问：温州城市书房模式对全国的影响也很大，你们接待过多少考察团？

回答：先后接待过 500 多批次来自全国各地的考察团到实地考察。2016 年中国图书馆年会"图书馆服务体系新模式"学术研讨会、2019 年文化和旅游部推进公共文化领域重点改革任务落实培训班、2020 年"图书馆总分馆制建设与城乡公共文化空间创新发展论坛"等多个全国会议、培训均安排对城市书房进行推广和经验介绍。

我问：现在全国大概有多少城市开展城市书房建设？

回答：也是一个不完全统计，到 2021 年全国有 193 座城市建设有城市书房，总数 4400 余家。

我问：这样一来，作为"领头羊"的温州市是不是工作压力更大了？

回答：建城市书房的城市多了，交流经验起来更热闹了，我们倒没有压力大的感觉，因为市里给我们确定的目标还需要更大努力呢。

我问：什么目标？

回答：城市书房之城！

读者诸君，你们是不是觉得我很喜欢城市书房？我要承认，是的，我喜欢城市书房，喜欢一个个城市书房明亮的灯光，喜欢在书房里自在地读书或者做各种作业的读者们，喜欢书房的开办逐步实现了"15 分钟阅读圈"书香城市建设目标。

我还特别喜欢许多城市赋予自己的城市书房以历史人文特色。前面提到，安徽合肥城市阅读空间的命名多有诗意，山东济南城市书房都称为泉城书房，我还曾经为江西南昌的孺子书房心动不已。

江西南昌计划建设 100 家城市书房，计划宏大，令人振奋，他们把城市书房统一称为"孺子书房"，得知后我顿时怦然心动，觉得极好。熟读过古代名篇《滕王阁序》的朋友应当记得文中"徐孺下陈蕃之榻"的名句。东汉时期南昌著名读书人徐孺子，志行高洁、恭俭义让，太守陈蕃崇文重教，钦佩徐孺子，特在家中为他设有一榻，平时悬起，唯徐孺子来时才放下。至今，南昌市还有以徐孺子命名的景点。而今南昌市开展全民阅读，建设城市书房，以徐孺子的名义召唤人们读书，实在是对优秀传统文化的承继和弘扬，是一个富有深意的创意。

孺子书房是由南昌市政府主导、社会力量参与，采用自动化设备和公共空间实现公共阅读服务，具备 24 小时开放条件、体现南昌文化元素，有着"零距离""零门槛""品牌化"特点的自助公共图书馆。孺子书房定位于多元文化空间、智慧互联服务。读者使用身份证即可入馆，参与图书借阅、学习交流、文化体验、文化沙龙、志愿服务等活动，实现刷卡进出、自助借还、扫描下载、通借通还等服务功能。

2024 年初，我去南昌，下榻时我挑选了滕王阁附近的酒店，为的是得闲时重游滕王阁。不曾想到，这家酒店的一楼大堂就有一家孺子书房，真让我有意外之喜。这家孺子书房的造型是一个高耸的半圆形书架，读者自由出入停留，书房里阅读座席常常比肩接踵。我实在喜欢此情此景，小住三日，每次进出酒店，我都要到书房里看一看，翻翻书，若有空位则坐一坐，欣赏人们自由读书的情景，久久不愿离开。

我从心底里喜欢这些城市书房，而且特别敬佩城市书房的建设者们。因为，城市书房建设原本并不是国家主管部门的规划和要求，而是许多城市的图书馆人，他们在国家主管部门部署全国市县图书馆推进总分馆制建设的基础上，结合本地实际，提出了城市书房的构想并予以实施，他们服务全民阅读的创新精神和务实态度令人感动。

一间间城市书房书香四溢，一盏盏读书灯辉映夜间街巷，它们是如此吸引爱读书的人们，吸引我们为书房里偶遇到的某一本奇书流连忘返，吸引我们在书房里的某一个角落享受阅读的静趣。可是，我在这里只能稍作停留，浅尝辄止，我还要赶路，去往更广袤的农村。那里有 58 万多个农家书屋。那些书屋可能没有一般的城市书房漂亮雅致，设施简陋也在所难免，然而，它们非常重要，重要到它们关系着缺书少刊的乡村能否实现振兴，重要到许多时候会影响到一个又一个农家孩子的一生。

第三章 农家书屋：我的书屋·我的梦

一 小引

二 志愿者们的故事：河南、辽宁、重庆、福建、贵州

三 甘肃榆中：一个回乡女大学生的农家书屋

四 湖南临澧：农家书屋宋老师是作家

五 浙江嘉兴：图书馆催开农家书屋之花

河南省安阳市内黄县马上乡李石村李翠利管理的农家书屋(微光书苑)举办读者分享会(赵墨波/摄)

孩子们在湖南省常德市临澧县佘市桥镇文家店社区设在宋庆莲家中的农家书屋参加阅读活动(来源:《湖南日报》)

一

小　引

1　在我的"书香中国万里行"中,我一直都记挂着必须进入新时代乡村振兴的阅读。所以我的采访脚步,在一些城市稍作逗留盘桓后,很快就走向了我国广袤的田野乡村。

乡村振兴的阅读,是决定全民阅读活动成功与否的大战场。

中国共产党从来就高度重视农民的精神文化生活,这也是建设社会主义现代化强国的重大任务之一。

我们回顾一下农家书屋的前世今生。

农家书屋的前世先是农村图书室。

农村图书室的兴建肇始于东北。中华人民共和国成立前夕,东北新华书店指导东北各地农会建立图书室。到1949年底,总共建立了4937个农村小图书室。1950年,原中央人民政府出版总署开始总结推广这种做法,到1952年,全国农村图书室已超过3万家。

农村图书室在建立之初受到农民群众的欢迎。但因为这是一种新农村文化建设的新尝试,虽然建设者充满热情,农村图书室却缺乏应有的基础,既与农民需求脱钩,也没有有效的管理办法,渐渐形同虚设。到20世纪60年代初期,农村图书室建设活动基本结束。

农家书屋的前世后来是"万村书库"工程。

20世纪90年代,文化部在贫困地区实施"万村书库"工程。1993年12月,文化部成立文化扶贫委员会。1994年,文化扶贫委员会联合原新闻出版署、共青团中央、四川省委宣传部、《农民日报》等,发起了面向全国贫困地区开展文化扶贫的"万村书库"工程。为了给农民提供看得懂、用得上的图书,文化扶贫委员会专门组织精编"中国农村书库"系列图书,每套 100 本,配送地方。工程实施 10 年,到 2005 年,仅四川省就建起了 2 万多家图书室。据统计,到 2007 年该工程已在全国几万个贫困乡村建立了近 9 万个图书室。2007 年农家书屋工程建设全面开展,中宣部决定将"万村书库"并入农家书屋工程统一部署实施。同时并入农家书屋工程的还有农业部门组织建设的"科技书屋"、妇联组织建设的"留守儿童书屋"、共青团组织建设的"共青书屋"等。

回顾中华人民共和国成立后开展农村阅读活动的历史,为的是说明为广大农民群众提供阅读服务一直是中国共产党以人民为中心的初心和使命。

2 2005 年 12 月 17 日,甘肃省首批 15 个农家书屋在兰州、定西、天水等地正式挂牌启用,标志着农家书屋工程建设试点工作正式启动,农家书屋实现了零的突破;18 日,北京市"读书益民"工程正式启动,首批 200 家"益民书屋"正式挂牌,北京的农家书屋以"益民书屋"的名称一直实施并发展至今。

2006 年 7 月,原新闻出版总署召开全国新闻出版服务社会主义新农村建设工作座谈会,因为甘肃省出现了第一批建成挂牌的农家书屋,座谈会即安排在甘肃兰州市举行。会议专题研究部署建设农家书屋的工作。会议提出,要努力生产和提供农民群众看得懂、用得上、买得起的优秀出版物,5 年内在全国建成 20 万个农家书屋。

2006 年,原新闻出版总署提出并启动的面向广大农民群众的农家书屋工程,得到了中央领导同志和有关方面的肯定与支持,被列入了《国家"十一五"时期文化发展规划纲要》。

2007 年,原新闻出版总署以大力倡导全民阅读活动为载体,要求有步骤地重点开展农家书屋建设,要求新闻出版主管部门负责提供 1000 册左右的图书,村委会安排有一定文化水平、热心为群众服务的村民,特别是退休回村的干部、教师负责管理工作。村民可以随时随地去书屋看书阅报。农家书屋的图书以文化、科技、法治等知识类书籍为主,特别注重配送适合农民发展种植业、养殖业的科普类图书和少年儿童读物。

2007年3月5日,第十届全国人大第五次会议在《政府工作报告》中正式提出"突出抓好农家书屋工程"。此后,农家书屋工程迅速在全国广大农村全面展开。截至2022年,全国建成农家书屋58.7万家,基本覆盖全国所有行政村,农民人均图书拥有量增长了10倍以上。这是中华民族历史上不曾有过的农村阅读文化建设的宏伟工程。

3 进入新时代,农家书屋面临着提档升级、提质增效的任务。

2019年,国家新闻出版署发出文件,要求各地通过线下书展、书店和线上"两微一端"等方式,探索"百姓点单"服务模式,加大农民自主选书比例,有效对接农民群众需求。

全民阅读应当重视开展好形式多样的阅读活动。国家新闻出版署在文件中提出要通过两项措施促进农家书屋阅读活动的开展。一是从2019年起作出每个书屋每年开展阅读活动不少于4次的规定,从制度上保障阅读活动的开展。二是每年定期组织两项全国性的阅读活动,一项是面向农村居民的"我的书屋·我的家"农民阅读演讲活动,一项是与教育部联合开展的"我的书屋·我的梦"农村少年儿童阅读实践活动。以这两项活动为引领,促进各地开展主题阅读、社会实践、结对帮扶、征文写作、书画展演、文化扶贫等形式多样的阅读活动。国家新闻出版署对阅读活动的获奖者进行表彰,以激发全国农村读者参与阅读活动的积极性。

截至2022年12月底,全国数字农家书屋达36.1万个,数字农家书屋把农家书屋变成了24小时书屋。

4 进入新时代,农家书屋提档升级、提质增效的任务摆在各地党委、政府面前,全国各地都在积极探索农家书屋建设完善的新路径,取得了许多新的成效和经验。新华社记者以《从"田间"到"云端":农家书屋转型升级助力乡村振兴》为题报道全国各地农家书屋提档升级、提质增效的新闻。新闻写道:

> 甘肃自2019年起启动"百草园"数字公共文化服务平台建设,逐步和县级融媒体平台、学习强国学习平台、应急广播等联通数据资源共享;广西数字农家书屋今年初上线,汇集政策解读、农技指导、致富经验等丰富阅读资源,可通过电视、手机、平板电脑等在线免费阅览;重庆建设学习强国数字农家书屋,盘活农家书屋优质资源,提升服务效能;江苏98%以上的农家书屋配置了数字设备,正从之前的"有什么读什么"转变为"农民点单、按需定制"……
>
> 数字化建设让农家书屋一改过去开门难、管理难、活动难问题,形成聚人气、有活力、可持续新局面。
>
> …………
>
> 与实体农家书屋相比,数字化农家书屋的资源是海量的,不仅大幅降低了成本,而且更新及时、阅读方便。目前湖北已建成520个数字农家书屋,与新时代文明实践中心建设相结合,打造"不打烊"的乡村文化服务平台,服务新农村建设。作为建设服务单位,湖北中文在线数字出版有限公司总经理杜嘉说:"随着数字化阅读方式向农村扩展,仅仅打通'最后一公里'已经不行了,必须打通'最后一米'。"数字农家书屋阅读平台可提供数十万种电子书和视频资源,农民通过手机就能免费下载。
>
> ……各地利用数字农家书屋、融媒体渠道和平台……助力农耕生产、推进脱贫攻坚,把党的方针政策传递给亿万农民,发挥了农村文化阵地的重要作用。各地数字农家书屋平台……推出线上培训课程,让农民群众"不出家门学农技,云平台上忙春耕",宅在家里享受来自"云端"的文化服务。

二

志愿者们的故事：河南、辽宁、重庆、福建、贵州

在农村考察农家书屋，我们总结了一个经验：许多农家书屋办得好，主要靠的是这些书屋的管理员，而其中相当多数是怀揣公益精神的志愿者。为此，我曾经在一次论坛上大声疾呼：农家书屋需要更多的志愿者！

这里记录了多位农家书屋志愿者的故事。

1 河南省安阳市内黄县马上乡李石村微光书苑创始人李翠利。

微光书苑，一个多么谦逊而又自信的农家书屋名称！

2008年的一天，李翠利带孩子在村里看到一场演出有很多"三俗"内容，这令她反感至极，由此她坚定了在农村推广阅读的决心。很快，她在自己家的超市里办起了微光书苑。书苑不收费用、无须证件，只需要在借书本上登记，就能零门槛带走图书。十多年来，这里成为村里孩子们的自习室、图书馆。每到周末，李翠利组织主题活动，村里的学生挤满书苑。

微光书苑也就成了李石村的农家书屋。

书苑火了，身为店主，李翠利的采访邀约不断，奖章也挂满了墙。有的人要求她站位要高，专心做公益，为了农家书屋，顾不上超市的生意和家庭是理所应当的。她说，自己是个上有老、下有小的中年人，是家里的中流砥柱，超市虽小但是她养家糊口的营生，也是支撑微光书苑走到今天的根本。她希望大家不要想当然，要她关了超市去做这干那。她是父母的女儿、孩子的妈妈、丈夫的妻子、微光书苑的创办人，她得挣钱养家，她得继续她的生活与理想。

李翠利说得很实在。她是一个实实在在做公益的普通人。

两排货架后面，撩开门帘，几十箱饮料、啤酒堆放在左手边的木板前，木板上挂着几年前超市的照片。那时候，书苑和超市用白色窗帘隔开。一家企业资助她几万元，在超市后面盖起书苑。

书苑起步时，李翠利就立下"无偿借书"的规矩，不收费用，无须证件。可是有人借了就不还了，这儿的很多书借着借着就不见了，图书流失了不少。她也不气馁，毕竟拿书回家看总是好事。她设法动员社会上的好心人捐书，她自己也会定期采购，但丢书现象不绝，李翠利有些力不从心。有些家长说，既然书苑做的是公益，那书拿回家不还也没什么问题。李翠利明确地告诉大家，借书、活动用品都可以免费，其他的免谈。她立下了规矩，有借有还，再借不难。村里人很快就明白公益事业得有规矩，定了规矩后大家都遵守得不错。

2021年年初，李翠利当选村妇联主席。她开始借助新身份为妇女开展就业、技能、教育等方面的讲座，提升她们的综合素质。李翠利说，当初自己开办书苑的初衷就是因为觉得村里的物质生活与精神生活不协调，当选村妇联主席后，身上多了很多责任，更应该努力去做更多有益于大家的事。

39岁的陈贵花酷爱读书，7年前跟李翠利合作开展阅读活动。受农业类图书启发，她开始在村里承包土地种植蔬菜。从一开始的几十亩，到如今的200多亩，地多了，农活忙不过来，她就请闲散在家的村民过来帮忙。陈贵花说，跟大家在一起干活挺开心的，既能带动村民就业，还能推广种植技术，很有意义。

针对贫困家庭，李翠利组织开展了"智志双扶"阳光微课堂。"智志双扶"阳光微课堂最初做得并不容易，第一期线下活动，只有6个人参与。为了打开贫困户的"心结"，李翠利将课堂搬进微信群，给大家分享一些贫困家庭通过努力改变命运、通过创业帮助他人的故事和新闻链接。

她又尝试上门做工作。在她的带领下，有的人通过学习蔬菜种植技术改变了生活困境，有的人接受了村里公益岗位的安排，大家开始以积极乐观的心态面对生活。

谈起李翠利，河南省内黄县的许多老乡都觉得十分亲切。可起初她开办微光书苑时，曾经被嘲笑为"神经病"。微光书苑无人支持，书籍流失严重，成本持续增加，李翠利一度萌生过把书苑捐出去的想法。可是她又舍不得，村里那么多孩子在这里看书、做手工，想到孩子们借书回家、读了书高高兴兴来还书的样子，她觉得太舍不得了。于是她咬紧牙关，坚守着自己的微光书苑，硬是以自家耕种土地和经营超市的微薄收入支撑住了，前后为微光书苑贴进去资金40余万元。她偶尔在朋友圈感叹"又忙又累又苦又穷"，更多的则是感谢每一位给微光书苑邮寄图书的爱心人士。2022年在首届全民阅读大会·乡村阅读推进论坛上她入选"乡村振兴十大阅读推广人"。有专家评价她：她"一个人"建起"一座屋"，用"一件事"影响了"一群人"，不仅帮助村民富了脑袋，还鼓了口袋。2023年她当选为第十四届全国人大代表，光荣出席了全国"两会"。

2 辽宁省委网信办干部杜春雷。

杜春雷是2008年作为定点扶贫联络员来到辽宁省朝阳市朝阳县羊山镇的。2018年，他响应党的号召，助力脱贫攻坚和乡村振兴，挂职担任羊山镇党委第一副书记。

羊山镇当时是深度贫困地区，建档立卡贫困户占全县的十分之一。他想方设法发展产业，带动老百姓脱贫致富。在扶贫过程中，他发现不仅要抓产业，还要抓文化。扶贫先扶志、扶贫必扶智，"志智双扶"才是打赢脱贫攻坚战的根本之策。

杜春雷把乡村阅读推广作为乡村文化建设的突破口。他依托农家书屋进行阅读推广，先把农家书屋搞活，进而增强农家书屋的吸引力和影响力。他先从大篷车入手，将一台小客车改造成农家书屋大篷车，车身上设计 LOGO，配备 2000 册图书，由镇文化站站长带领着，每天到一个村进行阅读推广和"流动借阅"，定期到村文化广场、农村大集等场所开展"新时代乡村阅读季"活动，并与一村一月一场电影放映相结合。农家书屋大篷车渐渐成为羊山镇乡村阅读推广的文化使者，老少皆宜，农民特别喜欢。

在成功推出"农家书屋＋大篷车"服务模式的同时，杜春雷还探索建立"农家书屋＋阅读服务点"。以往农家书屋都设在村部里，开放时间有限，一部分老百姓嫌远，进出村部也不方便。他就想着在老百姓最需要的地方建立阅读服务点。他首先想到的就是陈美营子村陈欣然小朋友家。2019 年 5 月，刚满 6 岁的陈欣然小朋友不幸患上了再生障碍性贫血。为了给孩子治病，他发动社会力量捐助和网络众筹，帮助解决了燃眉之急，通过政府救助和积极治疗，两年后孩子奇迹般地康复了。作为受到广泛关注的网格中心户，陈欣然家是最适合建阅读服务点的。镇里提供最新受孩子们欢迎的少儿图书，统一形象标识和挂牌，陈欣然小朋友负责管理。陈欣然很认真，放学回来，几个同学到她家看书，200 多册图书，她能准确地找到每一本图书摆放的位置。她还主动将图书带到班级方便同学借阅。寒假、暑假期间，这个阅读服务点的利用率特别高，每天都有学生来这里看书。

杜春雷在镇上小学、幼儿园、农民合作社、邮局、小卖店以及老党员、老教师、致富带头人等家里挂牌设立了 26 个阅读服务点，让 3.8 万羊山镇农民阅读图书更便捷。

杜春雷不断努力，探索"农家书屋＋县级融媒体客户端"服务模式，依托"掌上朝阳"App（手机软件），实施"百姓点单、按需配送"；引入国内知名数字阅读服务公司，免费为农民提供 10 万册电子图书、3 万集有声读物的阅读和收听服务，农村老年人特别喜欢，他们现在在家就能听书。

杜春雷积极探索"农家书屋+县级图书馆"服务模式，推动羊山镇建成县级图书馆村级分馆 2 个，实现县、乡、村图书统一管理、人员统一培训。

杜春雷不断努力，探索"农家书屋+新时代文明实践活动"服务模式，组织了 100 场"我的书屋·我的梦"农村少年儿童阅读实践活动，组织志愿者讲党史故事，组织农业专家培训畜牧养殖技能，帮助农民既"富脑袋"又"富口袋"，真正务实管用。

杜春雷还探索"农家书屋+新华书店"服务模式。他把新华书店发行网点落到了农家书屋，农民既可借书，也可买书，实现了农民群众、农家书屋、新华书店三方共赢，打通了服务农民群众的"最后一米"。

3 重庆市大足区中敖镇明月村农家书屋兼职管理员刘峰钻。

刘峰钻，同时还是重庆最忆小橘百城果业有限公司总经理。

2013 年，刘峰钻从重庆交通大学水利水电专业硕士毕业后，进入中国国电集团，成为一名工程师。2017 年，他毅然决定辞去央企工作，返乡创业，当上新农人。在解决柑橘种植技术难题的过程中，大足区委宣传部、中敖镇领导得知消息，希望他把基层的图书资源、团队的技术力量、研究所的最新成果等各项资源统筹起来，共同发展柑橘种植产业。他接触到中敖镇明月村的农家书屋，对其产生浓厚兴趣，很快就成为农家书屋兼职管理员。

从此，他常常带领团队反复研究、分析问题，农家书屋就是他们的"充电站"，柑橘果园就是他们的"试验场"。特别是在引入专业技术"以草治草"上，他们做了大量的生草栽培实验，最终成功采用蒲公英种植的方法压制杂草，果园的柑橘果子的商品率达到 95% 以上，优果率达到 85% 以上，2019 年获得国家绿色食品认证。为更好地满足市场需求，他把周边城市的资金、技术、现代经营理念与农村土地、劳动力资源紧密联结起来，激活了乡村产业，建立了渝北木耳、永川黄瓜山直营果园 2

个，还与垫江和渝北大盛的 1000 亩果园进行技术性输出合作。

为了带动农民群众读书用书、共同致富，刘峰钻在农家书屋的基础上，创建青年农场主创业孵化基地，先后组织开展疏花、疏果、割草、剪枝、施肥等各类专项技术培训 31 次，参培约 5000 人次。他用手机记录果树修枝、整形、施农家肥的过程，通过"最忆小橘"微信公众号及其抖音号等新媒体发布，视频累计播放超 500 万次，带动越来越多的农场主学习柑橘种植技术，奔向致富成功路。

4 福建省闽侯县白沙镇马坑村白沙湾图书馆馆长林岳铿。

2011 年，47 岁的林岳铿和 72 岁的父亲林礼兴在自家一楼大厅创办了一家公益图书馆——白沙湾图书馆。十多年过去，周边三四个村子的近万村民在这里"充电"，既富了口袋，也富了脑袋。

白沙湾公益图书馆位于地处闽江岸边的瓜果飘香、书香弥漫的白沙镇马坑村，使用面积近 200 平方米。该图书馆创办十多年来，充分发挥基层农家"书"与"屋"的作用，经常开展各类阅读经验交流会、读书会、分享会、图片摄影展等活动，扩大受众面，营造出浓厚的书香氛围并取得显著成效，为倡导全民阅读、建设书香闽侯、助力乡村振兴做出了积极的贡献。

图书馆对面，就是马坑村村民的农田、脐橙园、蔬菜园。站在图书馆门口，不时可以看到村民扛着锄头从门前经过，十分"接地气"。

白沙湾图书馆馆长林岳铿表示，在田间，村民们发现农作物出现问题，有时背着喷雾箱、打着赤脚、戴着斗笠就来到图书馆翻阅书籍。"他们到图书馆对一下图谱，看出农作物得了什么病，就可以对症下药解决问题。"

在村民的口中，白沙湾图书馆是"乡村加油站"。村民陈美芳是图书馆的常客，她对来采访的记者说："自从这个图书馆办起来，我们看书不用跑到福州市区去，也不用自己买书，来这儿就能免费看书。"

2006年，陈美芳种植脐橙才几十亩，随着理论知识和经验的不断增长，目前，她已是村里脐橙种植大户。陈美芳表示，得益于白沙湾图书馆的种养技术类和管理类书籍，随着种植经验的积累，她在村里算得上是种植脐橙的"小专家"了。

这是一家"有人情味儿"的图书馆。白沙湾图书馆一直是免费开放的，每天上午不到6点就开门，晚上10点闭馆。到了闭馆时间，只要还有人在看书，林岳铿或者父亲就会"加班"，等读者走了才关门。而且，图书馆遵循"村民点单、书屋买单"的理念，根据村民需求购置新书。

2014年，父亲辞世，林岳铿曾犹豫过是否坚持。考虑到村民们对知识的渴望，以及父亲的遗愿，林岳铿决定和家人继续管理这个图书馆。此后，图书馆面积从早期的20平方米，扩大到了如今的近200平方米，馆藏图书有3万多册，成了闽侯县域内馆藏量最大的乡村公益图书馆。

在图书馆内，可以看到不少社会爱心人士捐赠的书籍。在林岳铿看来，社会爱心人士对图书馆的关怀，也是他们持续办馆的动力之一。

福州爱心人士余英说，她经常带着志愿者过来，除了捐赠书籍外，还帮忙整理书籍，减轻林岳铿及其家人的负担。"希望更多人加入我们，把这个图书馆越办越好，以这为'家'。"

为了让村里的孩子喜欢到图书馆来，林岳铿经常不定期开办阅读经验交流会和读书会。此外，图书馆还办起了"居家养老室"，新装了彩电、中央空调，备上水果，让老人们可以一起聊天、看电视。

5 贵州省是农家书屋的最初试点省份之一。贵州省的农家书屋从无到有、由点到面，已遍布在贵州的崇山峻岭间。贵州各地立足现有条件创新实践，深入开展"我的书屋·我的梦"农村少年儿童阅读实践活动，积极探索"农家书屋＋"模式，在提升服务效能中实现农家书屋自身的生长。

叶辛好花红书院就是其中一个比较成功的实例。

20世纪六七十年代叶辛从上海来到贵州农村插队劳动,在贵州写出了享誉全国的多部长篇小说。后来他回到上海,担任中国作家协会副主席、上海市作家协会主席等。时隔40多年,从贵州走出去的上海作家反哺贵州的农家书屋,成为一段佳话。我跟叶辛是文坛好友,叶辛好花红书院益发引起我的兴趣。

叶辛好花红书院坐落于惠水县好花红镇好花红村,这个地方是布依族民歌《好花红》的发源地。这里的农家书屋一开始叫作"叶辛作品阅览室",表达了乡亲们对从这里走出去的作家的深厚感情。2020年8月,"叶辛作品阅览室"升级改造为"叶辛好花红书院",名称里既有当代著名作家的召唤,又有布依族民歌《好花红》这个传统文化的光彩,内涵陡然有了很大提升。

为了农家书屋的建设,作家叶辛自上海重返布依族好花红村。他带来自己的著作送给乡亲们,和书院院长刘学文一起在叶辛好花红书院旁,把自己所说的"作家的名字是写在读者心上的,伟大作家的名字是写在人民心坎上的"刻在书院墙上,表达了把书院建在老百姓心坎上的美好愿望。叶辛在这里先后举办了"《在醒来的土地上》""《岁月未蹉跎》"等"叶辛与贵州"系列阅读活动。叶辛每年都会多次走进书院,为当地村民举办讲座。叶辛已经不再是当年身强力壮的插队知识青年,他已经是一位年逾古稀的老作家,可他与乡亲们的交流还夹杂着当地方言,满是浓厚的书香和乡情。

叶辛的影响力很大,以叶辛命名的书院吸引来不少作家、艺术家以及社会各界人士。他们从城市走进乡村,开展阅读推广活动。该书院自2020年建成至今,已经举办100多场阅读活动,每周至少举办一场读书分享活动,有时候一周要举办3至4场。高频次的活动让农家书屋成为乡村旅游的网红打卡地,吸引了十多万游客走进好花红村,带火了农家乐和民宿酒店。

叶辛好花红书院于2023年4月入选"全国最美农家书屋",同年12

月入选第三届全国乡村文化产业创新典型案例。院长刘学文于2023年7月被中共黔南州委统战部评为"黔南州最美新乡贤"，同年9月入选"2023新时代的贵州人"，同年10月入选"2023新时代乡村阅读榜样"。

叶辛好花红书院成了贵州惠水县农家书屋建设的品牌，县委、县政府及时印发《惠水县叶辛好花红书院村级（学校）书屋示范创建工作方案》。按照它的要求，到2023年底，将示范建成覆盖各镇（街道）、中小学校、高校的30个以上的叶辛好花红书院村级（学校）书屋；2024年，着力巩固建设成果并向全县216个村（社区）、全县中小学校推广。惠水县为此制定了创建目标工作任务、管理措施、工作要求，将升级打造一个全民阅读阵地，协力培育一批全民阅读生力军。

三

甘肃榆中：一个回乡女大学生的农家书屋

1 甘肃省是我国农家书屋的首创省份之一。在甘肃，我们考察了数字农家书屋平台。承担甘肃省农家书屋数字化平台建设运营的网络公司，运营覆盖了甘肃全省农家书屋的"百草园"客户端，将"村村有书屋"变为"人人有书屋"。离开网络公司，我们直接去参观榆中县甘草店镇东村农家书屋，看那里的数字大屏正在播放"百草园"的阅读内容。我们还去看了榆中县夏官营镇中心幼儿园。这家民办的农村幼儿园排满了小书架，幼儿们不仅在幼儿园里读书绘画，还会把书借回家给自己的爸妈做亲子共读。这些不同形态的农家书屋故事很多。

可是由于行程紧，我急于要见到的是榆中县夏官营镇高墩营村农家书屋管理员景正红。

景正红毕业于甘肃农业大学，大学毕业后回到村里，在农家书屋坚守了16年。她坚持不懈地热情宣传农家书屋，精细化管理图书，热情推广农村科技文化，使高墩营村看书学习的现象蔚然成风。不少村民说，高墩营村经济的发展、社会的稳定、文明新风的传播，农家书屋功不可没。

高墩营村农家书屋刚成立时，图书只有700多册，一开始连书架都没有。景正红到农家书屋后，千方百计寻求捐赠。书不多，她还是根据图书的类别，按照政经类、科技类、生活类、文化类、少儿类、综合类等实行分类陈列，并对每册书籍统一编号并粘贴标签，做得有模有样，在最短的时间里实现了高墩营村农家书屋对农民开放。经过她多年来的努力，现如今，高墩营村农家书屋有 70 多平方米宽敞的阅览室，图书总保有量达到 2 万余册。

景正红在农家书屋管理员岗位上，时时根据农民的需要给他们准备好书，经常结合村民种植、养殖的品种，推荐和帮助村民挑选一些科技类的图书。农忙时节，她就亲自将村民需要的科技类书籍送到村民手中。但她最关心的还是村里的孩子们。她常说："农村的希望在农村的孩子身上。读一本好书，可能改变一个农家孩子一生的命运，也就改变了一户农家的命运。"为此，她邀请大学生志愿者来到村里做"家庭阅读的重要性"等专题讲座，开展阅读推广活动，向农村的家长和孩子提供有针对性和可行性的阅读指导服务，引导更多家庭重视阅读，爱上书。

2013 年，高墩营村农家书屋被甘肃省图书馆确定为图书流通站，每年更新图书 6000 余册；2017 年被评为"全国示范农家书屋"；2018 年被甘肃省评为五星级书屋。

2

我们来到高墩营村的文化广场，见到了景正红。

时值 8 月盛夏，但午间下了一场小雨，午后气候格外凉爽宜人，广场四周的树更绿，花儿更艳丽。广场边一幢白色的两层小楼门口，"甘肃省图书馆高墩营村图书流通站""榆中县图书馆高墩营村分馆"等标牌引人注目，而"农家书屋"的标牌在当中显得格外突出。

一位穿着红色圆领短袖上衣和月白色长裤、戴着眼镜的中年妇女笑眯眯地迎接我们。2022 年在首届全民阅读大会·乡村阅读推进论坛上她入选"乡村振兴十大阅读推广人"，我在颁奖盛典上见过她。

她的笑容是笑眯眯的那种，像是一位年纪稍长的女老师，谦和而儒雅，我一开口就自自然然地叫她"景老师"。一个小女孩在一旁叫她："奶奶，我来还书了。"她一面引我进屋，一面慈祥地答应着小女孩，轻声叮嘱小女孩把书放好，自己去登记，那神情就是一位村子里的好奶奶。

走进农家书屋，屋里几张宽大的阅览桌一尘不染，书架排满了书屋四周。书架上，政治、经济、科技、文化、生活、少儿类书籍分门别类，被摆放得整整齐齐。宽敞的阅览室里，有一些男孩、女孩趴在书桌上看书。

还书的小女孩乖乖地在借阅登记簿里查找到自己借阅的记录，在还书栏写上日期。我说小女孩真乖。景老师告诉我，一般她都让孩子们自己写，谁写得工整就给谁多借一本，让他们练字。

我把台子上的借阅登记簿拿过来翻看，厚厚一大本里的借阅表格快要被填满了，各种字迹都有，生动而真实。我问景老师，这本登记簿从什么时候起登记的，她说从去年开始。我说不到两年就快登记满了。她说，早些年三四年都登记不满一本，现在两年就要用一本。

我问一个男孩几年级了，男孩回答二年级。我指着他身旁的一个男孩问：你也是二年级？男孩点头。我问：你俩平时都来看书吗？俩男孩回答，有空就来。我问：开学了还来吗？俩男孩回答，周末来，放学以后来。

我接着问在书屋里的其他孩子几年级，有三年级的，有四年级的，有强调自己五年级升六年级的。景正红一直是笑眯眯的，她告诉我，这些孩子都是来上农家书屋假期班的，一个暑期班两个星期，他们都参加，暑期班就是读书。农家书屋里有志愿者专门给他们辅导作业，下午做些游戏，教些手工，还有生活知识，完全是公益课堂。

景老师告诉我，农家书屋离村里小学近，早上孩子们7点多来上学，到得早了就会来书屋看会儿书，下午2点多上课，1点多来了也可以看会儿书。书屋冬天有暖气，学生来这里不会冻着。

我正想接下去问一些情况，却被景老师摇摇手制止了。她低声说，我们到屋外说吧，孩子们还都在看书。

我们跟着景老师来到屋外。

我感觉到了景老师有着很深的教师情怀，问她是不是做过老师。她说是的，原来在城关镇小学做了几年老师。

我问：怎么想到来高墩营村呢？

她说：先是嫁到这里，后来兰州市有个政策，一村一名大学生，属于成人高考，学费都由国家管着。我考上了。2007年从甘肃农业大学毕业后，我回到村子，村里开办农家书屋，我就自愿报名来做管理员。

我问：这里的书特别多，怎么会那么多？

景老师说：一开始兰州市图书馆给我们做过捐赠，我们村的钱书记联系了中国移动公司给我们捐了钱。后来是省图书馆一年借给我们1万册书，看一年，拉回去，把新的再拉过来。现在这里成了渝中县图书馆的分馆，娃娃们到榆中县图书馆借了书，可以来这儿还，通借通还了。

我最关心景老师的经济收入状况，问她一个月村里给她多少补贴。她显得很不好意思，看样子觉得说钱就俗了。我说这个不能免俗，不能让景老师吃不饱饭。她这才小声说，刚开始的时候一个月200块钱，现在每个村都有一个公益性岗位，一个月600块钱，基本够了。村里书记为了让她把农家书屋开好，还给了一间铺面，卖农业生产资料，要她以店养馆，可持续发展。

忽然，从阅览室里传出来几个孩子的欢笑声，一个男孩两个女孩围在电子阅读屏前，为找到了自己感兴趣的书而高兴。我问景老师：这就是数字农家书屋——"百草园"客户端吧？她说：是的，上面的内容很不错，孩子们喜欢。这些年来，景正红还给自己增加了一份职责：每天有不少中小学生来农家书屋借阅图书，景正红总是耐心地为他们答疑解难、免费辅导，时间一长，成了深受孩子们信任的景老师、景奶奶。

我问：村里的孩子喜欢读书，升学情况也比较好吧？她很开心的样子，如数家珍：2018年，村里有13个孩子考上了大学，2019年有15个，去年有17名考取一本以上大学，成绩最好的一个考上了中国政法大学；今年成绩暂时还没出来，但听高考回来的孩子说比去年考得还好。

我问景老师：农家书屋现在还缺点什么？她想了想，说就是缺给孩子们的奖品。按规定农家书屋一个月要搞4场活动，很多孩子和村民都愿意参加，像"我的书屋·我的梦"征文活动，选上的总是少数，想给孩子们发点奖品作纪念，去买又太贵，没有钱。

陪同我们来的省里的王副部长在一旁立刻对相关人员交代，让他们以后注意组织募集一些学习用品和纪念品给农家书屋送来，可以拿来做活动奖品。孩子读书读得好一定要及时鼓励！

景老师顿时咧嘴笑了。她说：我们农家书屋得到表扬，都靠省委宣传部重视，靠县委宣传部支持，县委宣传部周部长都来过好几回了，还要靠镇里的贺书记。周部长是一位中年女性，立刻说：对，贺书记很重视。一直站在一旁的贺书记过来跟我握手。贺书记是一位身板壮实的男子汉。

我问贺书记：镇上有多少个农家书屋？他说 17 个。省委宣传部王副部长补充道：目前全省共建成农家书屋 16321 个，其中高墩营村这个在全镇是做得最好的。

贺书记说：省委宣传部非常重视，县委、县政府，我们镇党委、镇政府都非常重视。我问：各村的农家书屋都差不多吗？贺书记是一个厚道的中年人，稍作犹豫，坦诚地说：各村情况不一样，有地域的原因，有经济的原因，也有人员管理的原因，不过一直都还在运行。

贺书记说的当然是实话。我请教他：办得好不好有各种原因，如果让景老师这样的管理员去，是不是都可以改变面貌呢？

贺书记毫不犹豫地回答道：景老师去一定就能做好！

景老师赶紧谦虚地摇头道：不一定不一定！接着又说：我在这里做得好一点，全靠村支钱书记大力支持，钱书记特别重视农家书屋。

贺书记立刻嚷道：钱书记你也说说。

钱书记看样子 70 出头了，一副人们常见的西北老农民的模样，但显然是一位有智慧的老者。他缓缓地近前来说：我是个文盲，但我对农家书屋就是重视。我们的幼儿园上午你们去看了，民办幼儿园专门做上小书架。我是 1952 年出生，父亲 1958 年牺牲。我母亲一个人带着我们 5

个孩子,我排老四,家里穷啊,初中一年级我就回村务农了。读书读得太少,后来做村里干部,去县上、镇上开会,看领导讲话那么多都写下来了,我只能凭这个脑子记,记得也不全,写也写不上。从这一点上,我就想我们的后辈,高墩营村的每一个孩子都要念上书,要有学问,不管你做什么,你起码要有文化。

大家都轻轻点头,都受到感动了。

钱书记接着说:景老师受我的批评是最多的,我是希望她做得更好。我们要给老百姓服务好,农家书屋达不到我的标准就不行。再一个,我们也给了农家书屋一些有利条件,给了她一间铺面,还给了一间放化肥的库房,都是免费提供。农家书屋的复印机、打印机、取暖费、电费、水费村里都包了。不给一点条件,不给报酬,都是拉家带口的,光靠公益性岗位的600块钱是不行的。可是,说到底,我们的农家书屋现在发展得好,还是我们景老师有学问,学生能够向她请教作业,而且她心肠好,有耐心,肯吃苦,不计较,有公益精神。

钱书记越说越激动,忽然摇摇手表示打住。老人家最后说:在我任职期间,我一心想着把农家书屋越办越好;即使以后不任职了,也要支持农家书屋。

大家情不自禁地鼓起掌来,为钱书记的表态,也为景老师的业绩,更是为越办越好的农家书屋。

四

湖南临澧：农家书屋宋老师是作家

1 在甘肃榆中县，见到夏官营镇高墩营村的农家书屋管理员景正红，那是一张笑眯眯的笑脸；在湖南临澧县，见到佘市桥镇文家店社区的农家书屋管理员宋庆莲，这是一张灿烂的笑脸。

景正红原本是一位小学教师，她笑眯眯的笑容是慈祥的，她慈祥地指导着农家书屋里的农家中小学生们。

宋庆莲原本是一位农民作家，她灿烂的笑容是激情的，她激情地鼓励着农家书屋里的农家青少年读者们。

两位农家书屋优秀管理员，宋庆莲和景正红，一南一北，我已经写过了北方的景正红，南方的宋庆莲和她的农家书屋又是怎样的模样呢？

2 宋庆莲是一位作家，土家族，中国作家协会会员，曾经在鲁迅文学院中青年作家高级研修班深造，现在还担任了临澧县作家协会主席。她在《诗刊》《民族文学》《中国作家》《儿童文学》《文艺报》等报刊发表过作品；诗集《犁女梦呓》《走成阳光的路线》分别荣获第八届、第九届丁玲文学奖；出版有3部长篇儿童小说《米粒芭拉》《蓝三色水珠》《风来跳支舞》，《风来跳支舞》入选2017年"向全国青少年推荐百种优秀出版物"。她的作品还获得过"张天翼儿童文学奖""土家族优秀作品奖"、江苏省首届生态文明诗歌奖、第八届常德原创文艺奖等奖项。前不久，她刚刚修改完成第四部长篇儿童小说《宝丫的山寨》。据说她计划要写5部长篇儿童小说，看样子不止5部，她还年轻，有的是精力和活力。

可是,她说她还要照顾她的农家书屋,村里还有很多乡亲要来书屋读书或者歇脚,尤其是村里那些好读书爱学习的青少年们,她放不下他们。她的书屋就在村边公路旁,面朝宽阔的田野和星星点点散开的民房,关门一天,全村人都会关注,关门两天,全村人都会不安。尽管有丈夫在帮她,有亲戚来帮她,可这里终归是她的家。

2009年前后,听说县里要开展农家书屋工程建设,宋庆莲自告奋勇要做村里农家书屋的义务管理员。她说,不用另外找房子,就在自家的一楼。理由是她家就在公路边,方便乡亲们来看书,家里一楼宽敞,放得下书架、书籍和读书用的桌椅。

宋庆莲的家就在公路旁,村里人来来往往都方便。

于是,文家店社区的农家书屋就真正办到了农家。

3 宋庆莲把农家书屋办到自己家里,当然要得到她丈夫的支持。宋庆莲的丈夫叫侯令军,也是一位农民作家,发表过不少作品,只是不像宋庆莲那么有名。夫妻俩一拍即合,农家书屋开到家里来,一是可以解决村里找房子的麻烦;二是宋庆莲在家里就可以当好管理员;三是可以为村里的孩子们特别是留守儿童安排一个读书学习的地方;四是她可以发挥自己的写作专长,辅导孩子们的学业。

夫妻俩腾出自家一楼的客厅作为书屋,从自己微薄的收入中,拿出一部分置办了一批书架桌椅,将国家给农家书屋配送的书和自己多年珍藏的书一起摆上了书架,一共3009册。2010年5月,临澧县佘市桥镇文家店社区第一家农家书屋开门迎接读者。

农家书屋挂牌了,开门了,可是来借书、看书的人很少。宋庆莲心里着急,对一个爱读书、爱写作的人来说,有可以免费读书的书房,周围的人们竟然不来看书,没有比这个更让她难过的了。可是她不气馁,"不相信世界名人(莎士比亚)都说'书籍是全世界的营养品',村子里的人特别是正在成长的孩子们竟然不要这个营养品"。社区党员干部开大会,她是党员,就在会上宣传农家书屋。文家店社区居民住得很分散,有好多个自然村,她就走村串户逢人就说开了农家书屋,大人可以去,娃崽更应该去,娃崽爱读书进步才快。她甚至带上一些好读易懂的书,送到比较偏远、家庭贫困的孩子家里,要孩子读完了再去书屋还书借书。她给留守儿童、单亲家庭的孩子做心理疏导,让他们多读书,认识更广大的世界。她给青春期的乡村女娃讲生理卫生知识,教育她们要多读好书,保持生理心理都健康……渐渐地,书香在宋庆莲走过的田野阡陌上一路飘洒。

随着书屋影响逐步扩大,读者渐渐多了起来。2014年,宋庆莲又拿出5万元,对房屋进行改善扩建;并用自己的稿费收入买了一批新书上架,先后投入6万多元。她利用在外进修和参加社会活动的机会,积极争取社会各界的图书捐赠。去北京开一次会,她带回来的募集的图书就有好几百册。现在,书屋面积从最初的30平方米扩大到70多平方米,藏书达1.3万多册。

佘市桥镇文家店社区是以传统农业为主的小山村,产业结构单一。为了帮助群众脱贫致富,扩大经济作物种植规模,宋庆莲查找有关作物的栽培技术,收集产品市场供求信息,摘录其他地方产业致富的成功经验,并购买有关书籍2000多册,免费送到种植户手中。平时,只要有农民来查问农业技术方面的书籍,她要么很快帮他们查找出来,要么记下来去书店买来送给农民使用。这个村要发展烟叶产业,就有农民来这里借书,查找这方面的资料。宋庆莲专门去订阅烟草种植杂志,让农民研读,这使得村子里烟草种植技术越来越成熟,现在烟草种植已经成了这个村的支柱产业之一。

宋庆莲希望用书籍守护和陪伴孩子们成长。她擅长文学阅读和写作,就利用晚上、假期为孩子们进行作文辅导,在这里举办经典儿童文学作品赏析会、小读者故事会,开展孝敬父母、尊师重道等感恩活动,提高孩子们的阅读兴趣，培养孩子们的思想品德。农家书屋成了文家店社区儿童们最喜欢聚集的地方。宋庆莲，从湘西大山里的土家族农家女成长为一名儿童文学作家，从打工妹成长为优秀的农家书屋管理员。2020年在"新时代乡村阅读盛典"上她作为全国"乡村阅读榜样"受到表彰。2023年在第二届全民阅读大会上她被评为"乡村阅读推广人"，2023年第三季度她荣登"中国好人榜"。

4　我们专程从长沙坐高铁到常德，从常德乘汽车来到临澧县佘市桥镇文家店社区。车停在公路边一座两层楼的民房前。我刚从车上下来，第一个上前迎接并与我握手的就是宋庆莲，那是一张满是灿烂笑容的红红的脸。县委宣传部的同志正要向她介绍我，宋庆莲就主动喊"聂老师"，我赶紧回道"宋庆莲"。作家们见面大多数习惯直呼其名，如此才像文学圈里人。不过，我已经很少在文学圈里活动，但我仍然保持着作家之间的习惯。宋庆莲说，自己在网上看到过聂老师的视频。我明白，那些视频大都是关于全民阅读的内容。

宋庆莲穿着短袖圆领白色上衣，搭配藏青色的长裤，显得素朴而干练，中等身材，约略比景正红矮一点，而动作要麻利蛮多，一看就知道是能里能外的农村妇女。可谁又能想到这样一位在村子里忙里忙外的妇女，竟然已经出版过好几本诗集和长篇小说，多次到过北京、长沙领取文学奖。

她领我们走进她的农家书屋，其实也就是她的家。

一位结实精干的中年男子从里屋走出来，宋庆莲给我介绍这是她的丈夫侯令军。我说我早就晓得啦，如果没有文学爱好者老侯，土家族女诗人宋庆莲不一定会从湘西大山来到临澧这里。

夫妻俩会心地笑了。因为宋庆莲高中毕业后，迷恋着写诗，作品还得过奖，老同学都喜欢称她"诗人"。临行前我读过一篇宋庆莲的访谈记，里面写到她的文学创作之路，纯真、自然、刻苦，充满了生活的情愫。

5 我急着要跟宋庆莲夫妻俩确认一件事。有一篇报道说宋庆莲从小热爱阅读,嫁到文家店社区后,到处借书看,借完小学图书室的,又让丈夫骑自行车载着她到十几公里外的临澧县图书馆借书。我问有没有这个事。

丈夫还没说话,妻子立刻咧嘴笑着点头说是真的。

我感叹,自行车载着一个人骑十几公里,中间还有不少坡路,不容易咧。

宋庆莲接着说:那时候坐在单车后座上,我就想着,如果在家附近就有读书的地方,就好了!所以村里说要办农家书屋,我第一个赞成。看到村上的娃崽,他们读书方便了,我就高兴。他们爱写作,我就尽力辅导他们。村里有个今年考上大学的娃崽,特别爱读《湖南文学》,从初中看到高中,一期不落,作文写得很有水平。

我不仅感到惊奇,还特别感动。

书屋里有七八位大大小小的男孩女孩在看书,看到我们进来,全都起身走到宋庆莲身边来。

她说着伸手揽过来一个小女孩,说:她叫侯文丹,她的作品在去年全国"我的书屋·我的梦"征文比赛中被评为优秀作品,湖南省小学组只评上两个同学,她是其中一个。

我问侯文丹几年级了。小女孩回答说五年级。她说:不过,作文是四年级时写的。我问作文叫什么题目,侯文丹告诉我:《梦想开始的地方》。

"我的书屋·我的梦"征文,一个小女孩把农家书屋当成自己人生梦想开始的地方,自然十分动人。我问侯文丹,你在这里读过哪些印象特别深的书?她不假思索地说了两个书名:《爱的教育》和《鲁滨孙漂流记》。

宋庆莲又摸着一个小男孩圆圆的脑袋,说:这个娃崽的妈妈是小学老师,他今年在"我的书屋·我的梦"征文中获奖了,他也是我们文家店中心小学的学生，在书屋这里看书最勤快。小男孩身边有个长得一般大的伙伴，宋庆莲又去扶扶这个孩子的肩头，说：这个娃崽是一边帮他妈妈卖西瓜，一边读书，很乖的。

我问：他爸爸呢？

宋庆莲回答道：在外面打工。

我问：村里是不是很多人在外面打工？

村书记在一旁回答：全村3000多人，有1000多人在外面务工。

我问：留守的孩子比较多吧？

村书记回答：可以说是90%的娃崽留守。

宋庆莲说：有了农家书屋，他们就有一个读书的地方。周末、放假，他们就在这里学习，做作业，有些留守老人也在这里借书、读书。

宋庆莲把一个小男孩介绍给我，说：聂老师，这个学生是从县城来的，每次来借书都借得多，借这么一大摞。

我问：读几年级了？小男孩有点腼腆，低着头没吱声。宋庆莲代他回答：初二了，他的老爸是在外面打工，哥哥在外面当兵。

我问他：你现在读什么书？

小男生依然低着头，但回答得很清晰：《红星照耀中国》《昆虫记》。

我说：这些书县图书馆肯定有，其实你可以去县图书馆借的呀，为什么跑到村里来借？

小男生抬起头看了我一眼，轻声说：农家书屋有宋老师。少顷，小男生又说：宋老师是作家。

书屋这里有宋老师，宋老师是作家。这就意味着这里有读书的榜样，这里有难得的读书和写作的导师。农家书屋正在成为农村孩子们的精神乐园，宋庆莲成了村里孩子们的人生和学习的榜样与导师。十几年来，一个个孩子排着队一样进出书屋，又阶梯式地一个个登上人生的更高境界，有的成为村里镇上的能工巧匠，有的成了高校老师，有的成了主治医师。据宋庆莲辅导的第一个学生文缁博回忆，自己起初并没有把这个农村阿姨放在眼里,后来宋阿姨对他点点滴滴的帮助和指导,尤其是宋阿姨一直在勤奋写作的榜样,使得宋阿姨渐渐成了他心中最敬重的老师。硕士毕业后,文缁博进入高校任教,成了大学生的老师。

6 把农家书屋开到农家,宋庆莲是一个创举;做农家书屋的义务管理员,宋庆莲就成了全民阅读的志愿者。农家书屋在农家,书屋就不会锁门,也不怕没人来看书;农家主人成了书屋的志愿者,也就成了不会离开的全民阅读志愿者。

可我还是为宋庆莲感到遗憾,我说:宋庆莲,这个农家书屋是不是耽误你的写作了?你的《米粒芭拉》写得多好啊,著名儿童文学作家汤素兰都主动给你写序言推荐了。你本来应该趁着写作势头好,抓紧多写几部。农家书屋的工作费时费工,肯定对你的写作有影响。

她丈夫说:还真是的。有时候,庆莲都已经上楼睡下了,有娃崽来借书,她一点都不嫌麻烦,乐呵呵地跑下楼开门、找书、登记。有村民家的娃崽作文写得不好,村民得空就带着娃崽上门来请教她,庆莲从来没有推脱过,也不说改时间。这样她哪里有空闲专心写作!

她丈夫只是心疼自己的妻子,只是想着支持妻子的写作,只字不提他家里为农家书屋一直在额外付出的人力、物力、电费、水费。

宋庆莲说:我觉得农村有农家书屋和没有农家书屋太不一样了!我要认认真真把农家书屋办好。村民要找的书我都想办法帮他们找,只要大家觉得有用就好。特别重要的是,村里娃崽过去没书读,也不爱读书,现在差不多个个娃崽都爱读书,农家书屋办得就值了。其实,只要这些娃崽们爱读书了,我的写作就更有动力。

五

浙江嘉兴：图书馆催开农家书屋之花

1 前不久为了检索农家书屋"嘉兴模式"，我上网输入关键词检索，竟然得到许多以"嘉兴模式"为关键词的文献题目，顺手抄录了一些下来与读者诸君共享：

《"个人＋团队""农业＋工业"打造红船旁的科技特派员全方位服务"嘉兴模式"》《"一体两翼"化发展，筑就现代医院管理"嘉兴模式"——嘉兴市中医医院打造红船旁群众最满意的中医院》《打破"篱笆墙"的公共图书馆——城乡一体化公共图书馆服务体系的"嘉兴模式"实践与探索》《环境协同治理：整合结构、观念与行动——基于"嘉兴模式"的案例分析》《标准化、特色化、长效化的"嘉兴模式"》《"嘉兴模式"中的公众参与环境治理及其在浙江的可推广性研究》等。不用说，这么多"模式"只能说明嘉兴人在许多工作中都有自己的创新，只有创新才可能形成属于自己的模式。

在全民阅读中，先是有着力构建文化馆、图书馆总分馆制的"嘉兴模式"，继而有城乡一体化公共图书馆服务体系建设的"嘉兴模式"。简单说来，将城市的公共图书馆和农村的农家书屋这两大阅读体系连接起来，形成城乡一体化的服务体系，就是全民阅读城乡一体化服务体系的"嘉兴模式"。本章重点写的是农家书屋，我们下面要说的就是农家书屋建设的"嘉兴模式"。

联系到网上查检资料无意中看到那么多各行各业的"嘉兴模式"，我们不禁为嘉兴人的创新精神发出由衷的感佩。

2 2021年4月23日，第26个世界读书日，我在甘肃省"书香陇原"论坛上做了一个主题演讲，第二天即飞到嘉兴市，应市图书馆邀请来给嘉兴的读者们做一场全民阅读讲座。

初到嘉兴，有两件事令我印象深刻。第一件事是偶遇中央广播电视总台央视频的一个节目组，我们恰好住在同一个酒店。我问他们是不是来做庆祝建党百年的节目。嘉兴南湖是党的一大会址，100年前，嘉兴南湖的一艘画舫上，诞生了中国共产党。2021年初，"红船精神"的节目制作应当是重点之一。可是他们告诉我，建党百年的相关节目都已经做得很好了，上级让他们来做嘉兴全民阅读直播节目。第二件事是我第一次听说了农家书屋的"嘉兴模式"。央视对嘉兴全民阅读活动的重视引起了我的兴趣，我问图书馆一位部门负责人，为什么央视那么重视你们的全民阅读？她告诉我，据她所知，因为嘉兴有一个城乡一体化的"嘉兴模式"。

这是我第一次接触到全民阅读的"嘉兴模式"。这里我更想称之为农家书屋建设的"嘉兴模式"。

3 本来，我觉得在嘉兴偶遇央视的节目组是一件挺有意思的事情，而且从他们那里还知道有关部门对嘉兴的全民阅读十分重视。从节目的题目就可以看得出其重视程度，题目是《文化行走，阅读嘉兴——世界读书日特别活动》。节目还有一句宣传广告语，即"最美人间四月天　嘉兴南湖读书声"。全程直播两小时。可是，正因为央视节目组的到来，开的又是直播，嘉兴市图书馆沈红梅馆长高度重视，全程配合指挥调度，几乎把全部时间都投入到这件大事上，我的考察受到一点影响。我当然向跟我一再道歉的馆里活动推广部主任程玉芳一再表示理解。

沈红梅馆长在晚饭的时间来餐桌上向我表示歉意。她要全程陪同节目组，知道我的行程很紧，说估计没时间转过来接待我了。

我一再表示理解，又一再表示祝贺——央视把世界读书日特别节目放到嘉兴，当然是可喜可贺的大事。

沈红梅，人如其名，面容姣好，身材娇小，说话语速比较快，透出一股聪明劲和热情，她是南京大学图书馆学硕士，说到图书馆工作更是快人快语。因为沈红梅身材娇小，有嘉兴市领导在大会上表扬她，说：市图书馆是馆小，但影响大；馆长沈红梅是个子小，但能量大。后来馆里一位同志把领导这番幽默赞扬的话学给我听，我忍不住击节叫好。

沈红梅馆长是一位专业型的图书馆馆长。她是科班出身，长期从事图书馆专业工作，年纪不大，却已经评上了研究馆员，这是图书馆专业人员的正高级职称。沈馆长出版有两部专著，发表了20多篇专业论文，在全国图书馆界产生了广泛影响。

遗憾的是，这次在嘉兴市图书馆，直到我做完讲座，离开嘉兴市，也没有找到机会跟这位"个子小、能量大"的沈红梅馆长做一次深谈，只是从沈馆长让人转给我的材料中对于嘉兴市图书馆在农家书屋方面的作为略微知晓。农家书屋的"嘉兴模式"，是指嘉兴市在构建以嘉兴市图书馆为中心馆、县级图书馆为总馆、镇（街道）分馆为纽带，打造村（社区）分馆（流动车）的基础上，实施"城乡一体、功能完善、资源共享、管理规范"的服务体系，改变了城乡公共图书馆服务的二元结构，有效缩小了城乡公共文化服务差距，更好地体现了公益性、基本性、便利性、均等性。

农家书屋的"嘉兴模式"，就是由图书馆系统全面支持农家书屋建设，还真不失为一种好模式。

4 告别嘉兴市后，我一直关注着"嘉兴模式"的进展情况。

2022年7月13日，在中国农家书屋网上读到一篇标题显赫的报道《最是书香能致远——嘉兴811家农家书屋绽放"共富之花"》，报道注明来源《嘉兴日报》。报道节选如下：

"村村有书屋,户户飘墨香"

行走在嘉兴乡村,一个个农家书屋串珠成链,如同一簇簇绚丽多彩的精神文明之花散发出浓郁的芳香,沁人心脾。

....

自2011年嘉兴全面推进农家书屋工程以来,一个个设施齐全、配套完善的农家书屋如雨后春笋般不断涌现,不仅有效解决了我市农民群众"买书难、借书难、读书难"的现实问题,更让他们享受到了文化发展的丰硕成果。

"仅仅一年,嘉兴就实现了行政村农家书屋全覆盖。农家书屋成了一座村庄的文化地标,不仅满足了村民不同程度的精神文化需求,更真正做到了以民为主、为民所用。"嘉兴市委宣传部相关负责人说。

搭建阵地,打通文化润心"最后一公里"

野阁临塘敞四扉,晨光映槛认稀微。踏着朝露而行,过青砖黛瓦之下,记者来到嘉善县罗星街道鑫锋村农家书屋,只见书屋内,一排排书架整齐划一,一册册图书陈列有序,有的村民在书架上找书,有的小孩围坐在书桌边看得认真……

....

近年来,嘉兴高度重视农家书屋这项文化惠民工程,先后在全市各县(市、区)的771个行政村内建成农家书屋811个,实现了行政村农家书屋全覆盖,上千册堆满书架的实用图书让知识走到广大农村群众身边,垒起了一座座文化加油站。

....

"文化粮仓",既富脑袋又富口袋

仲夏时节,嘉兴各村的农家书屋热闹非凡,不少村民纷纷前来借阅与农技相关的书籍,应对酷暑天气给农作物造成不良影响的情况,及时为下半年的农耕生产备好课,掀起了一股学科技、用科技、促发展的热潮。

青实微点红渐浓，彩云逐风蜜露融。吸饱了整个春夏的雨露养分，南湖区凤桥水蜜桃即将迎来最佳赏味期并全面上市。

众所周知，凤桥镇是著名的"水蜜桃之乡"，这份甜蜜事业每年都在更新升级，其中少不了农家书屋注入的文化内生力。

"我们在农家书屋配备了大棚种植、特色养殖、瓜菜生产等农业适用型书籍及科技光盘，帮助农民解决生产当中遇到的问题，让农民在书本中寻找一条适合自己的致富之路。"南湖区凤桥镇三星村农家书屋管理员嵇玮翀说。

治贫先治愚！农家书屋不仅丰富了农民朋友的文化生活，吸引他们远离牌桌、走向书桌，同时为农民朋友提供了掌握农耕信息的渠道，成为农民致富的好帮手，提高他们的文化水平，寻找致富路。

提档升级，筑起百姓智慧"加油站"

"嘀！"上午8时多，南湖区新丰镇竹林村的礼堂书屋迎来了一位读者。只见门口的刷脸显示屏亮起，门开了。此时，图书管理员只需打开手机上的智慧书房管理云平台，就能看到书屋的借阅情况。

在嘉兴城镇，像这样"聪明"的书屋，早已遍布；在乡村，农家书屋正以全新的面貌，筑起百姓智慧的"加油站"，赋予农民"家门口"的书屋更丰富的内涵。

记者了解到，2019年，嘉兴出台农家书屋深化改革创新方案，将公共图书馆服务体系与农家书屋融合，在实现与公共图书馆业务管理系统互联互通、纸质资源通借通还和数字资源共享共用的基础上，进一步提档升级。

升级后的农家书屋不仅有了新名字，叫作"礼堂书屋"，更有了新样貌。

"礼堂书屋就像一个小型的村级图书馆，麻雀虽小、五脏俱全。"许大文介绍，在硬件上，礼堂书屋的面积要求达到150平方米以上，并配有不少于4000册、2000种的图书和不少于50种的报刊；80％以上的书屋专门设置了儿童专区（架），其中约30％还开辟了独立的亲子阅读区、电子阅览区等。此外，礼堂书屋为了给弱势群体提供便利，专门设置了无障碍设施，促进阅读空间的人性化。

农民读书会、绘本故事、亲子辅导……在软件配备上，礼堂书屋里的活动类型也更丰富了，针对各个年龄层次，设置了个性化的服务，更有健心客厅入驻其中，不断贴近群众实际需求。

据了解，截至目前，全市共建成礼堂书屋200多家，覆盖全市所有乡镇，基本硬件和资源配置大幅提升，信息化程度呈现了质的飞跃。"我们计划到2025年，要将80％的农家书屋升级为礼堂书屋，为老百姓提供环境更美好、资源更丰富、服务更优质的公共阅读空间。"嘉兴市委宣传部相关负责人表示。

读罢这篇报道，我觉得应该重返嘉兴，去探访农家书屋的"嘉兴模式"。

5 我又一次来到嘉兴市。

沈红梅馆长热情接待我，并再一次为上次未能亲自接待表示歉意。当然，我也只好再一次为此表示理解并再一次请她不要介意。

我跟沈红梅说：这次希望多了解一下嘉兴图书馆为811家农家书屋做了哪些事情。

沈红梅说：2015年上半年，嘉兴市以公共文化示范区建设为契机，依托公共图书馆在文献资源上的优势，集合应用移动技术和大数据分析等最新信息技术手段，在全国范围内率先将公共图书馆系统和农家书屋系统进行融合共建，明显提升了农家书屋的信息化水平，实现了双方资源的通借通还和科学管理。

我问：你说系统融合共建，可是农家书屋那种手抄本登记怎么跟图书馆已经数据化的资源管理接通呢？

沈红梅的表情有了变化，说：既然要共建，那就必须把落后的那部分提升起来，我们采用与本地公共图书馆相同的图书自动化管理系统，搭建全市农家书屋管理平台，将各县（市）农家书屋手工登录的图书按《中国图书馆图书分类法》《普通图书著录规则》这些国家标准统一分编加工，建立书目数据库。将各县（市）市民卡作为读者卡全部纳入，建立统一的读者数据库；每个农家书屋点成为一个业务终端，打通公共图书馆和农家书屋两个系统之间的障碍。将农家书屋作为一个整体，即相当于一个县（市）公共图书馆总分馆系统，以"联邦制"的形式整合进入现有全市公共图书馆系统平台中，形成联合目录，实现图书的通借通还。这样两大系统平台既相对独立，又能实现相互间的数据交换。农家书屋的图书可以通过借阅流转到公共图书馆，同样，公共图书馆馆藏图书也能畅通无阻地流通到各农家书屋。这对农家书屋现有藏书结构的优化起到了至关重要的作用。

我不由得发出一声感慨，因为嘉兴市下辖的县（市）有海宁市、平湖市、桐乡市、嘉善县、海盐县，还有南湖区、秀洲区两个市辖区，这个工程在投入上真需要下决心。我问：811个农家书屋都要做这样的技术升级改造？

沈红梅似乎觉得我有点大惊小怪吧，她微笑道：嘉兴的农家书屋都要按照这个方向去做技术改造和提升。想当初我们图书馆进行数据化改造和网络化提升，难度要大得多，不都走过来了吗？

我问：这样一来，农民在村里就能跟县图书馆借书还书，这样一来图书馆是不是就把业务分散到城乡各个角落了，农家书屋会不会忙不过来？

她还是微笑着说：农民借书还书都不用去农家书屋了，现在由政府统一向运营商购买或租用符合技术要求的智能移动终端，农民手里都有手机，他们只要登录农家书屋平台，就能在手机上把借书、还书、办证这些事处理好。以后农家书屋既是阅读的场所，又是开展阅读交流的空间。

6 沈红梅委派图书馆活动部主任程玉芳陪我去看一两家农家书屋。程玉芳是毕业于东北师范大学的硕士研究生。上次讲座就是程主任全程安排的，我们已经比较熟悉。

上午9点多，我们来到秀洲区洪合镇凤桥村农家书屋。程主任告诉我，这是嘉兴市第一家村级智慧书房，获得第八届全国服务农民、服务基层文化建设先进集体。

我们刚到书屋的大门前，只听"嘀"的一声，门口的刷脸显示屏亮起，门开了。我问：管理员在哪儿呢？程主任说：无论他在哪里，他只用打开手机上的智慧书房管理云平台，就能看到书屋的来人情况和借阅情况。管理员还可以用手机遥控帮助读者查书、借书。

我赞叹了一声：真聪明！

程玉芳莞尔一笑道：在我们嘉兴城镇，像这种"聪明"的书屋已经越来越多，我们称为"智慧书房"。2021年底全市已经建成"智慧书房"273家，今年还在快速增加。

我们走进凤桥村农家书屋，只觉得屋里相当宽敞，采光足够明亮。管理员把我们领到一层的小课堂，几十名学龄前儿童或坐在小凳上，或席地而坐，正专注地听志愿者读绘本《我永远爱你》。志愿者绘声绘色地讲述着故事，时不时提出问题，小朋友争先恐后地回答，课堂氛围很是轻松快乐。

管理员说：他们的父母正在楼上参加"好家长课堂"。所谓楼上，就是书屋里的楼中楼，占到整座大房子的三分之一。我们跟着管理员上到楼上，几十位妈妈在听一位女老师介绍亲子阅读的重要性与方法。管理员小声告诉我，这位女老师姓胡，是嘉兴一位著名的阅读推广人。

每次看到图书馆或者书屋有人在读书或者上课，我们作为参观者都不宜多交流，赶紧离开。下得楼来，走到门外，程玉芳才告诉我，这是沈红梅馆长提出的"阅动全家·书香嘉兴"阅读推广项目。自2017年以来，这样的亲子阅读活动在嘉兴多个乡镇持续举办，市图书馆组织志愿者深入农村开展亲子阅读推广活动，为农村的孩子和家长带去故事会和亲子阅读指导，通过孩子阅读带动家庭阅读，小手拉大手，营造出良好的农家阅读氛围。

我问：这个项目有哪些内容？

程玉芳告诉我：主要内容就是3个课堂，第一个是"好宝贝课堂"，主要是面向农村学龄前儿童举办的故事会，培养他们的阅读兴趣；第二个是"好家长课堂"，主要是面向家长讲授亲子阅读的理念与方法，培养家长帮助孩子爱上阅读；第三个是"领读者课堂"，主要培养能够扎根农村的农家书屋志愿者和领读人，几年来，市图书馆已经对80位农村阅读推广人开展了一系列的"领读者课堂"培训。

我问：市图书馆直接派员工下去参加这个项目吗？

她说：是的，我们有员工下去，还组织志愿者一起去。我们在12个村和社区，为386个家庭、1067名农村孩子和家长开展了"好家长课堂"和"好宝贝课堂"活动，希望为农村学龄前儿童阅读推广开辟出一条可复制的路径来。

我问：志愿者有组织吗？

她说：嘉兴有一个"润心"阅读促进会，是我们市图书馆支持的，市民政局做了注册。"润心"由3位专职阅读推广人组成，3位都具备教育专业背景，由"润心"负责承接各类阅读需求，策划开展活动，他们招募和培训志愿者。

我问：你们组织了志愿者团队吗？

她说：组织的，市图书馆建立阅读组织、志愿者数据库，对阅读推广志愿者和社工组织进行管理，并协助阅读服务供需双方的对接工作。2019年试运行期间，就已经有81位用户成功注册，其中包括71位个人志愿者和 10 个志愿者团队。志愿者团队里还会有多名志愿者，像"润心"阅读促进会，就有比较多的志愿者。阅读促进会注意跟市图书馆沟通，深入基层开展调研，根据嘉兴市农村儿童的阅读现状提炼出嘉兴本地儿童的阅读需求，专业性比较强。而且都怀着爱心和奉献精神。有一个"润心"的老师说，只要能帮助到农村孩子，哪怕只有一位、两位从中获益，也是一种功德，是志愿服务的意义所在。在低幼儿童绘本阅读指导方面，"润心"的老师们有着自己独到的见解。从认识绘本、挑选绘本、阅读绘本、应用绘本等各方面，反复为零基础的家长提供指导，为农村家长铺垫了一条亲子阅读的专业化之路。市图书馆的项目启动后，"润心"阅读促进会参与了我们所有的课程设计、活动策划与阅读推广人培训，积累了较为丰富的农村亲子阅读推广经验。

这时，农家书屋里的两个课堂都下课了，家长们纷纷牵着自家孩子的手，高高兴兴、有说有笑地散去。一位年轻的妈妈一手牵着女儿的手，一手拉住刚刚下课的女老师的胳膊，询问下场活动开展的时间，希望能立即现场预约，并且向老师提出能不能下一堂课让她的女儿有表演朗诵的机会。

女老师一面答应着年轻妈妈的所有请求，一面冲着程玉芳眨眨眼睛偷笑。显然程玉芳跟她熟稔，大家都很开心，为的是这里的农家书屋正像夏花一般灿烂开放。

起初，《有书香的地方》这部书究竟如何去写农家书屋，我和责任编辑们曾经颇费踌躇、颇费思量。因为在农家书屋建设过程中，多年来，我们曾经听到过一些负面评价，认为作用不大的有之，认为书屋虽有而不常开的有之，认为书屋管理员缺位的评价尤其不少。如此一来，农家书屋又如何称得上"有书香的地方"？

事实上，中宣部和国家行政管理部门对农家书屋建设中存在的问题是高度重视的。2012 年，原国家新闻出版总署农家书屋办公室对湖北、广西、北京、河北、山东、河南、黑龙江等 7 个省（区、市）农家书屋建设情况进行暗访，发现农家书屋工程在实施过程中实际与预期有一些出入。如工程本是按照"政府组织建设，鼓励社会捐助，农民自主管理，创新机制发展"的思路组织实施，但在实施中由于受限于农村发展水平和长期低下的治理水平，"农民自主管理"并未能真正得以落实。同年 6 月，针对暗访中发现的问题，原国家新闻出版总署下发《关于纠正农家书屋暗访中发现问题的紧急通知》，指出由于工程规模庞大，一些地方出现了重数量轻质量的情况，责令各地对存在的问题进行整改。自那以后，各地的农家书屋一直在整改中完善，在完善中提高。

进入新时代，国家对农家书屋建设提出了提档升级、提质增效的要求。2019 年，国家新闻出版署发出文件，要求各地通过线下书展、书店和线上"两微一端"等方式，探索"百姓点单"服务模式，加大农民自主选书比例，有效对接农民群众需求。其中，数字农家书屋作为农家书屋提档升级的重要途径，以较快的速度发展起来，使得我们后来采访农家书屋时能随时和农村居民一起在大屏幕上读书、看报、听新闻。

自 2020 年起，中宣部、农业农村部等共同发起"新时代乡村阅读季"活动。2023"新时代乡村阅读盛典"由中宣部、农业农村部联合主办，在位于四川成都的中国天府农业博览园举办，凸显乡村阅读全力提升"新时代乡村阅读季"的服务效能，集中展示了近年来各地推动农家书屋提质增效的生动实践和创新成果。我应邀出席了盛典，受到很大震撼和感动。

这些年来，尽管对农家书屋曾经有过这样那样的负面评价，可农家书屋也一直在整改、完善、提高。而且，当我们来到农村，走进一些农家书屋，也能发现这里有景正红、宋庆莲、李翠利……这样的优秀管理员，发现这里的农家书屋不是"作用不大"而是"作用不小"，真可以称得上乡村里"有书香的地方"、有梦想的地方。

我们说全民阅读是一件静水流深的事情，那么，作为基础更为薄弱的农村农民的阅读，怎么能指望这件事情一蹴而就呢？全民阅读需要立足长远，农家书屋建设就更需要立足长远、持续改进完善了。不管怎么说，我始终坚持一个看法：中国的农村农民，有农家书屋总比没有农家书屋好；有了农家书屋，就要想办法维护提升，文化建设需要常性、耐性和韧性，要久久为功。有时候我还会在一些场合向对农家书屋有意见的朋友反问道：你说农家书屋不行，请问，是另外给农民建一个什么读书设施，或者从此就不再为农民安排读书的生活？

读者诸君，为了写作《有书香的地方》，我去采访过多位农家书屋管理员，除了本章介绍到的几位，在别的章节里还有好几位。农家书屋管理员们的热情、认真、无私奉献实在令我感动。离开农家书屋，多少个日子过去了，可是每当我想起那里，想起景正红、宋庆莲、李翠利她们的笑容，想起她们的努力和辛劳，我就激动得难以平静，就希望让更多的朋友知道她们，了解我们的农家书屋和农家书屋管理员们，也希望广大农村涌现更多优秀的农家书屋管理员。我国要实现中国特色社会主义现代化强国建设的宏伟目标，现代化强国的美丽乡村又怎能缺少书香？眼下，分布在各地农村的农家书屋至少还是"有书香的地方"吧！

在甘肃、湖南等地我看到了农家书屋这些"有书香的地方"，接下来我就要去往宁夏、青海、新疆等少数民族聚居地区，那里的全民阅读正在热烈开展，同时也特别需要让全国人民了解到那里全民阅读的生动景象，感受到民族地区铸牢中华民族共同体意识的书香氛围。

第四章 民族地区阅读：铸牢中华民族共同体意识

一 小引
二 西藏：书香高原盛开格桑花
三 新疆：天山南北的爱书人
四 内蒙古：草原深处有书屋
五 宁夏：贺兰山下的阅读空间
六 广西：刘三姐家乡有书声

本书作者在新疆维吾尔自治区喀什地区疏勒县与巴仁乡8村小学师生交流

"背篼图书馆"走进云南省昭通市大关县悦乐镇新寨村(周元江/摄)

一

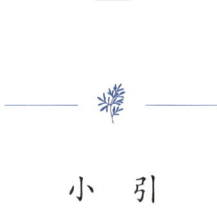

小 引

1 作为一项全国性的文化活动,全民阅读工作是面向全民的,具有全民参与性和全民受益性等基本特征。从民族构成的角度看,少数民族在我国民族总数量中占据的比重最大;从人口的角度看,虽然我国少数民族人口数量远低于汉族人口数量,却依然有1.25亿人,占我国总人口数量的8.89%(第七次全国人口普查数据)。显然,少数民族是我国民族和人口构成的重要组成部分,民族地区的阅读也自然成为我国全民阅读工作的重要组成部分。2017年3月1日起施行的《中华人民共和国公共文化服务保障法》明确指出国家扶助民族地区的公共文化服务,促进公共文化服务均衡协调发展。2020年10月中宣部印发的《关于促进全民阅读工作的意见》就对开展民族地区的阅读提出了明确要求。

我国少数民族一般有着特殊的发展演变历史,也蕴藏着丰富而独特的文化资源,其优秀传统文化是中华优秀传统文化的重要组成部分。这就决定了民族地区阅读应该成为我国全民阅读工作的重点领域之一。

2 云南省是我国少数民族数量最多的省份,16个州(市)中有8个是少数民族自治州,全国55个少数民族,云南就有25个,25个少数民族中15个属于特有少数民族。

少数民族聚居的地区对阅读的重视程度实在超出我的想象。地处山区,交通闭塞,经济滞后,群众文化活动、教育发展、科技致富等方面较为落后,起初,我和许多人一样对民族地区有刻板印象,以为那些地方不可能有多么重视阅读。可是去过若干次后,我跟同行者说,有一句流行语"想象很丰满,现实很骨感"应该倒过来说,云南这个多民族地区的全民阅读是"想象很骨感,现实很丰满"。

云南省教育系统对青少年学生读书活动高度重视。在云南省青少年学生读书系列活动"名家领读"读书行动的启动仪式上,在昆明翠湖边的云南师范大学实验中学的各民族学生中我真切感受到他们对阅读的激情和热爱。我应邀去楚雄彝族自治州、西双版纳傣族自治州、普洱市等地做阅读讲座,本以为来听讲座的大多是州(市)、县相关领导干部,不曾料到,居然每个县都有教育局领导参加,更有很多位中小学校长。我知道,这些局领导、校长有许多是少数民族。普洱市不是自治州,可全市少数民族人口占总人口的61.2%,有哈尼族、彝族、傣族、拉祜族、佤族、布朗族、瑶族等,全市共辖10个区(县),其中有9个是少数民族自治县。在所有讲座上,我都能感受得到与会人员对阅读的重视。

云南省大关县的"背篓图书馆"实例让我很受震撼。

在中宣部发布的"2022—2023年全民阅读优秀项目"中,云南省大关县的"背篓图书馆"入选。这一项目的材料在评审过程中引起了许多评委的感叹。

云南省昭通市大关县位于高寒边远山区,居住着汉族、苗族、回族、彝族等20多个民族的群众。县委、县政府克服交通闭塞、经济滞后,特别是边远村落不通公路的困难,独创"流动的书香——背篓图书馆"。

"背篓图书馆"工作服务队针对不同年龄层次、不同文化程度、留守老人和儿童等不同群体的多元化需求,提供个性化、精准化的文化服务。

送政策、送文化、送教育、送科技、送法治、送医疗……随着全县22家单位的加入,"背篓图书馆"的"最后一公里"的基层服务队伍更加壮大、内容更加丰富。

7年来,一批又一批基层工作者、志愿者用他们或坚实或瘦弱的背脊背起背篓,无惧风霜雨雪,寒来暑往,穿越崇山峻岭,为大山深处的大关县各族群众送去宝贵的"精神食粮",用背篓"背"出了一条扶贫扶志(智)的基层公共文化服务新路子,助力乡村振兴发展,打通公共文化服务的"最后一公里"。

2016 年启动"背篓图书馆"建设项目之初,大关县首先选择玉碗镇唯一不通公路的村民小组何家坡作为试点。通往何家坡村民小组的道路只有一条不足 50 厘米宽的镶嵌在陡坡上的羊肠小道。这里居住着 50 户人家,多数为苗族,会说汉语的成年人寥寥无几。图书服务工作队队员们在背篓里装上为老百姓精心准备的图书、学习用具、便携音响,艰难跋涉到何家坡,带领苗族同胞阅读图书,教他们说汉语、使用便携音响,受到了当地苗族同胞热情的欢迎和感谢。

刘向群是何家坡走出来的第一个大学生。2016 年,她在"背篓图书馆"第一次读到了教科书以外的课外书,度过了一个在书海中徜徉的暑假。如今,大学毕业的刘向群又回到何家坡担任社区干部,她想用自己的经历告诉更多的人——读书能改变人的一生。

2017 年以来,大关县为"背篓图书馆"配备书柜 16 个、图书 9000 册、期刊 1520 册、收音机 151 个、电视接收机 151 个,此外,还有大量生活用品、学习用品等;为 9 个乡镇文化站配备公共文化信息共享工程电脑 99 台、单反照相机 9 台。通过送知识、送技能、送文化、送培训、送政策、送服务、送自信,充实了高寒边远贫困村寨群众的"文化粮仓",改善了村民的阅读条件,激发了村民的阅读热情,丰富了村民的精神文化需求。

3 青海省是多民族聚居的省份。这里的少数民族主要有藏族、回族、土族、撒拉族、蒙古族等,少数民族人口占全省总人口的 49.47%。全省 8 个州(市)中有 6 个是少数民族自治州。

2012 年 7 月,中国作协在支援青海玉树藏族自治州灾后重建 3 周年之际,组织了一个作家采风团前往青海玉树,我参加了这个采风团。那是我头一回登上青藏高原，也是头一回发生高原反应——出现大面积肺水肿。好在一切有惊无险，我从头至尾参加了采风考察，对青海省西宁、果洛、玉树几个市（州）有了一些深入的了解，然后回到北京住进医院。特别要记下一笔的是，当时我初任韬奋基金会理事长，组织了一项数额比较大的图书捐赠——给青海省玉树藏族自治州图书馆捐赠了高达 120 万元码洋的图书。那时我大面积肺水肿治愈出院后一个多月，我违反医生刚刚发出的"不得再上高原"的禁令，重返青海西宁完成了该项捐赠活动。

如此这般，我与青海结缘。

我对青海省的全民阅读一直很关注。青海省是西部地区、民族地区、欠发达地区，但当地依然非常重视全民阅读工作。青海省共有行政村 4169 个。到 2012 年，即建成达到统一标准的农（牧）家书屋 4169 个，完成了"一村一书屋"任务。青海省农（牧）家书屋工程自 2007 年开始试点，2008 年全面建设以来，全省投入财政资金 8338 万元，向农（牧）家书屋配送图书 626 万册、报刊 5.9 万份。

建书屋不容易，配置好书屋管理员更不易。2019 年，青海省海东市互助土族自治县、海南藏族自治州贵南县等地图书馆对辖区内的农（牧）家书屋管理人员进行业务培训，青海省其他州（市）、县（区）也开展类似的培训活动，参训学员达千人。积极尝试指导新华书店将农村发行网点建设与农（牧）家书屋管理使用相结合，将农（牧）家书屋作为农村（牧区）出版物发行代销点。海东市互助土族自治县威远镇小庄村充分利用外来游客较多的优势资源，拓展农（牧）家书屋功能，兼营图书销售，对外来的游客们销售一些反映青海地域风貌和本土特色的优秀青版图书，给游客们递送了了解青海壮美河山和多样风俗文化的"金名片"。海东市乐都区洪水镇高家湾村农家书屋管理员陶霞明等 10 人在农家书屋全面建设 10 周年经验交流会上被评为"全国优秀农家书屋管理员"。海西蒙古族藏族自治州格尔木市郭勒木德镇东村逸夫学校马欣怡的作品《我的书屋·我的梦》、海南藏族自治州共和县中学李想的作品《小小书屋伴我成长》，被国家新闻出版署评为2019年"我的书屋·我的梦"农村少年儿童阅读实践活动优秀作品。

玉树藏族自治州是我发生高原反应的地方，对那里的阅读状况我最为挂心。玉树藏族自治州图书馆积极实施数字图书馆延伸服务，为图书服务点配置了电子书借阅机和少儿学习机，每台电子书借阅机装载有3000种电子图书、100种期刊和报纸等丰富的电子资源。市民们只要走进街道的图书服务点，用手机扫描二维码，就可以直接在线阅读。

2023年4月23日，玉树藏族自治州玉树市以"书香校园，悦读春意"为主题开展2023年玉树市全民阅读活动。全市组织开展各种内容丰富、形式多样的读书活动，从城区到乡村，从教师到学生，各个校园处处书香弥漫、书声琅琅。4月的青藏高原寒风依旧刺骨，可是玉树市上拉秀乡中心寄宿制学校的学生们却能在春天阅读营地、儿童阅读区等片区开展阅读，聆听名家讲座；在玉树市小苏莽乡中心寄宿制学校，"全民参与阅读 建设书香校园"演讲和征文比赛搭建起了学生们阅读的平台和展示才艺的舞台；玉树市第二完全小学则通过开展阅读来提升教学质量，这所地处城乡接合部的普普通通的小学校，却在书香校园建设中走在了玉树市中小学的前列。

玉树市教育局倡导全市各个中小学积极开展读书行动，鼓励学生坚持每天读书1小时，每人每月阅读1本书。在读书行动中，隆宝镇中心寄宿制学校举行校园读书节，以书香校园"阅"课程点亮每一个学生的灵犀之光。学校打造阅读课程，每周1节课外拓展阅读课，每班配备课外阅读老师，将绘本阅读融入学校教育教学。玉树市仲达乡中心寄宿制学校组织开展了诗歌朗诵活动，鼓励学生"爱读书，读好书"，把读书当成一种生活习惯。德吉岭小学组织师生开展经典诵读比赛，师生们热情洋溢，在诵读中展现出了个人的风采和团体的魅力。美丽的玉树州啊，阔别10年后，你已经是书香弥漫、书声琅琅的地方！

2023年4月23日世界读书日，青海省图书馆启动服务宣传周，并为"阅读繁花开·书香浸满怀"书香青海阅读推荐官颁发了胸章，感谢他们一直以来对推进全民阅读做出的贡献。青海省图书馆表示，他们将创新服务形式、丰富活动内容，做到周周有活动、月月有亮点；围绕"以成人阅读推广为支点、以少儿阅读推广为重点、以特殊人群阅读推广为亮点"的阅读推广思路，形成"成人阅读分层推进、少儿阅读学践结合、特殊人群阅读星火燎原"三向发力、"线上推广创意纷呈、线下活动亮点频出、会议培训协同提高"三措并举的服务格局。

2024年新年伊始，青海省全民阅读的"三向发力"和"三措并举"传来温暖信息。1月8日，青海图书馆联盟、青海省图书馆、同仁市图书馆在黄南藏族自治州同仁市联合举办"文化助残　传递温暖——视障读者数字阅读推广活动"。

"视障读者数字阅读推广活动"利用数字技术解决视障读者的阅读困难。活动现场举行了"阳光听书机"集体外借协议签订仪式，青海省图书馆馆员对同仁市图书馆馆员及视障读者代表进行了设备操作现场培训，确保视障读者能够熟练使用设备，进一步提升无障碍阅读体验。

视障群体因视觉功能障碍，获取文献信息资源存在困难，成为阅读推广服务中的弱势群体。提升视障群体阅读推广服务效能既是公共图书馆的职责所在，也是公共文化服务均等化发展的重要体现。青海省图书馆为了让州（市）、县（区）视障读者充分享受视障阅读服务，建立了视障读者活动群，宣传推广馆藏纸质盲文资源和数字阅读资源，并向视障读者提供免费查询、借阅服务。

青海省图书馆表示，他们将充分利用馆内的资源，依托青海图书馆联盟，进一步延伸服务触角，拓展服务范围，通过多方位、多层次的联动合作，丰富服务内容，建立起资源共享与共建的联动机制，多渠道实现文化惠民，满足更多视障人士的阅读需求。

在全民阅读活动中，民族地区的全民阅读开展状况受到各方面的关注。受本书写作篇幅所限,我们在对全国 5 个自治区作重点采写之外,只能用有限篇幅对云南、青海两个多民族省份作如上一些介绍,希望能收获由点及面的效果。作为我国全民阅读工作的重要组成部分,民族地区的阅读有着丰富的价值意蕴。这主要体现为保障少数民族公民的阅读权利,促进国家文化的多样性发展,铸牢中华民族共同体意识。

二

西藏：书香高原盛开格桑花

1 在书稿策划阶段，编辑提了一个建议，说是纪实文学最好多一些作者在场感。他举例说，譬如几个民族自治区，最好都有现场采访的内容，增强纪实文学的实感。对此，我是欣然接受的。

可是，事后一想，发现有一个比较大的困难。2012 年 7 月，我在青海玉树参加了中国作协组织的活动，受高原反应袭扰，出现大面积肺水肿，血氧饱和度降到 60%。好在那时候自己身体也还强壮，坚持着飞回北京，落地后立刻被送进了医院，经过一段时间的治疗才算基本痊愈。不过，医生给我做了一个诊断，说我的左肺形成了"肺大疱"。我知道所谓"肺大疱"，是说我的肺泡壁破裂，互相融合，形成了含气囊腔。我问医生：那以后还能去西藏自治区吗？——因为全国所有省（区、市），我就只剩西藏自治区没有去过，这是我心心念念的一件事。医生的眼睛在黑色镜框的眼镜后面瞪大了，不假思索地断然警告我：不怕倒下就去！凡高原都不要去！

当然不能不去——我跟妻子说为了这部作品，无论如何我都要去一下西藏自治区。任主任医师的妻子把住院医生说过的话用力重复了几遍。

我说：如果不去，作品恐怕不完整。

妻子严厉地警告道：你要去，恐怕你命都不完整！你要尊重科学！

2 为了尊重科学，我只好请西藏自治区方面的朋友给我提供了一份西藏自治区全民阅读的介绍材料，摘录于下，读者朋友们可略作了解。

开展全民阅读以来，西藏全区出版发行业的读者服务能力在快速提升。4家出版社、24家报纸、39家期刊和270家发行机构构成了西藏全区服务阅读的运营框架。每年平均出版各类汉藏文图书、音像电子制品500多种。先后推出了一批传播科学理论、弘扬民族精神、讲好当代中国故事的优秀作品，一批加强民族团结、促进民族交往交流交融的主题出版物，一批反映各领域各学科最新成果的研究著作，一批弘扬科学精神、普及各方面知识的健康有益读物，一批教育引导青少年健康成长的少儿读物，一批文质兼美的文学作品，初步实现了出版物从"好不好"到"精不精"的跨越，为全区全民阅读提供了更多更好的阅读选择。全区持续开展"大众喜爱的百种图书""青少年百种优秀图书""老年人喜爱的50种图书"等多层次、多领域、分众化的阅读推介活动。积极配合党史学习教育，广泛开展党史、新中国史、改革开放史、社会主义发展史及西藏地方与祖国关系史等重点出版物的阅读活动，使人们在阅读中领悟中华优秀传统文化，从悠久历史和灿烂文化中汲取营养和智慧，在文化熏陶中感悟、认同社会主流价值，汇聚起实现中国梦的磅礴力量。

全区各地市图书馆服务阅读的能力有很大提升，74个县（区）综合文化活动中心、692个乡（镇）综合文化站都开展阅读活动，已经建有5464家农家书屋和1787家寺庙书屋，此外还有社区书屋、职工书屋、军营书屋、校园图书角、阅报栏等基础设施。西藏各级融媒体中心、新时代文明实践中心的资源得到有效整合，阅读功能得到拓展，城市书吧、咖啡书吧等新型阅读空间的建设和发展也在不断推进。

西藏全区社会各界参与全民阅读的积极性与日俱增。民间公益阅读推广组织蓬勃兴起，阅读推广志愿者队伍不断壮大，对全民阅读的不断走深走实发挥了积极作用。近5年来，西藏全区面向各类阅读群体共开展1000多场次全民阅读活动，掀起了全民的阅读学习热潮，扩大了全民阅读的参与度、辐射面和影响力，营造了浓厚的全民阅读氛围。努力打造"书香西藏"全民阅读品牌活动。"书香西藏"品牌向下重点延展打造了年度全民阅读启动仪式、主题电视晚会、书香之家评选、西藏机关党建大讲堂、百社千校·书香童年、夕阳红·西藏老年阅读、惠民购书周、走进边境线、主题征文、书香机关、阅读经典好书·争当时代工匠、阅读润心·魅力沁书香、"读书兴中华"青少年阅读等 13 项自治区级重点活动,并积极参加国家各类全民阅读评选活动。其中,《2018 年"书香西藏"全民阅读启动仪式》成功入围国家广电总局第 26 届电视文艺"星光奖",并获得优秀电视综艺节目奖。在第二届全民阅读大会上,西藏自治区新华书店慈松塘营业网点获得了"全国年度最美书店"的荣誉。2023 年度"书香西藏"全民阅读活动暨拉萨市首届"新时代乡村阅读季"启动仪式实现了"双首次"的突破,即首次采取以自治区与地市共同承办的方式举办、首次通过网络平台全程直播,取得了良好的效果。中央驻藏媒体、《西藏新闻联播》、《西藏日报》等主流媒体对启动仪式进行了同步采访报道,市、县媒体融合报道,精彩纷呈,在全区各族群众中掀起了舆论热潮,达到了社会聚焦的效果,营造了全民阅读的浓厚氛围。

西藏自治区党委、政府为了发挥全民阅读先进典型的引领示范作用,广泛动员社会各界参与各类阅读活动,提高全民阅读的参与性、互动性、积极性。西藏自治区还开展了先进推荐评选活动,经过公平、公开、公正的评选推荐,国家新闻出版主管部门先后授予西藏 15 个"书香之家"、25 个"书香之乡镇"、35 个"书香之村"。自治区先后授予西藏大学、自治区图书馆等 5 家单位自治区"全民阅读示范单位"称号。

3

可是,这些材料愈发激起我去一回西藏自治区的念头——为了完成这部作品的写作,更为了那里开展得轰轰烈烈的全民阅读。

只要有念头,机会总是有的!

2023 年 10 月 12 日我到成都参加天府书展。成都的朋友听我说想去西藏自治区考察，立刻给我出主意：成都去西藏林芝的航线很短，而林芝市平均海拔只有 3000 多米，快去快回，应该没有太大问题。听朋友说得轻松，我当即让助手查找航班，同时，赶紧到药店买红景天——朋友说提前几天服用红景天，更不会有太大的问题。

最重要的是，妻子不在身边，妻命有所不受也！

2023 年 10 月 15 日，我们乘坐川航航班飞抵西藏林芝的米林机场。林芝市委宣传部吴副部长和卓玛科长在机场等候我们。卓玛科长是一位美丽的藏族女性，她给我们献上了洁白的哈达。

我们坐上了一辆越野型商务车。显然林芝的同志已经了解到我的年龄和身体状况，再看到我步态明显缓慢，上车后，卓玛科长马上叮嘱我吸氧。在我的座位旁，提前安装了吸氧装置。

吸氧后，我身心顿时放松。

车开了 20 多分钟，我们来到林芝市巴宜区尼池村的尼池拉康喇嘛寺，要在这里考察寺庙书屋。

迎候我们的是林芝市巴宜区党委宣传部常务副部长顿珠，一位藏族同志。他身后是一位身着一袭僧服的青年僧人。僧人给我献上哈达，我们互道了"扎西德勒"。

僧人身体相当健壮，汉语说得比较流利。他领着我们向寺庙走。寺庙在一个平缓的坡地上。没有了吸氧装备，走起路来，尤其上坡，我就感觉有些胸闷。我悄悄查看挂在胸前的血氧仪，血氧仪上显示的血氧饱和度是 80%，而我通常是 98%，健康知识提示，凡低于 95% 时便有缺氧的可能。不过，我明白，这只不过是一个古稀老人轻微的高原反应。毕竟还没有降到 10 年前我曾经有过的 60%。而无论如何我都要进入寺庙书屋。一切才刚刚开始，我必须要把考察进行下去。

还好，坡不陡，路也不长。为了平稳地走上去，我故意放缓脚步。同行的人显然是为了照顾我这位老人，都跟着缓缓而行。终于还是来到尼池拉康喇嘛寺大门左侧的一个小门前，只见门框上挂着一块匾牌，上书汉藏两种文字:"寺庙书屋"。

我往里看,屋里没人,就问僧人:书屋里平时都有什么人来?

僧人说:游客比较多,现在过了旅游旺季,游客少了。平时也就是每周读书日来的人多一些。

我感兴趣了,问他:每周读书日怎么安排呢?

他说:就是一个礼拜集中学两天。主要是寺庙的僧侣,外面的人也来,因为学写字的人多,都愿意来参加学习。

他把我们领进书屋。进了书屋,我觉得走路平稳了许多。第一间屋子中间就摆着写毛笔字的书法案台,墙壁四周悬挂着一些书法作品。僧人说这是书法室。我赞扬这些书法作品相当不错。僧人说:我们这边有4个以上的人会写。书法作品大多是汉文,也有几幅藏文。我当然看不懂藏文,可觉得藏文的书写很富于艺术性,无论是作品的整体布局还是字体的圆润漂亮,都让人知道这里面蕴含着美好而丰富的艺术内涵。顿珠同志给我解释,一幅是"加强民族团结",一幅是"民族团结一家亲",还有一幅是"同心共筑中国梦"。

藏文书法是有传统的,甚至汉藏书法在历史上曾经有过相互的影响。我问顿珠:是不是寺庙书屋对教习书法都比较感兴趣?

顿珠说:是的,不少僧侣喜欢练习书法。

僧人接着说:练习书法也是读书。

僧人的见解让我对他有点刮目相看。

我说:我赞成,古人说"不动笔墨不读书",也是主张大家一面读书一面书写。

僧人接着领我们进入第二间屋子。屋里摆着几张桌子,僧人介绍说这间屋子是读者喝茶交流的地方。屋里四周摆着几套玻璃橱柜,橱柜里摆放着各种大小的砖茶,还有5套人民币。我问为什么展览人民币。僧人说,人民币特别注意表现民族团结,这个展览也是宣传民族团结和国家意识。

第三间屋子就是寺庙书屋的主体了。在屋里摆放的书架上存放着大量的书籍，有汉文书，也有藏文书。顿珠告诉我，这些藏文书里有不少习近平总书记的重要讲话和重要文章。书架前摆放着桌椅，供读者坐下来阅读。

最后一间屋子是珍品馆。有毛泽东的石膏像和《毛泽东选集》4卷，还有一些泛黄的经书，不少是藏纸的印刷品，此外还有藏地的一些生活用品，譬如酥油灯之类。这也引起了大家观赏的兴趣。僧人说，这些东西他们寺庙以前都没有，全部是藏族僧侣从外面收集过来的。我说，这些都是珍宝，应该弄成一个博物馆。吴副部长说，已经批准了，这里要建立一个博物馆。我说，那就太好了，寺庙书屋不仅可以读书，也可以看实物。博物馆有人讲解，以后来旅游的人都会来看，在这里了解藏汉文化的交流交融，这个是很重要的，听人讲解就等于读了一本大书。

僧人说：外面还有两间房，以后要专门弄成一个展览馆，我们住持收藏了很多东西，还没有展出，太多了，这个小屋子放不下。

我这才注意到接待我的僧人并不是住持。我问他：您在这里是什么职务？

僧人说：我没什么职务，就是普通的僧侣。

我好奇地问：你们这里除住持之外，还有什么别的职务没有？

僧人答道：没有，就是住持和普通僧侣。我们住持是西藏佛学院的讲师，现在去那边讲课了。

我问：您去佛学院学习过吗？

僧人说：去进修过。但主要在这里学的。

我问：学了几年？我看您已经蛮成熟了。

僧人说：先在这里念经学了2年，后来去佛学院进修过2年，然后去日喀则那里学了6年。不过，还是不够，我们天天都在学习。每周还在寺庙书屋里集中学习。

刚到西藏自治区，在林芝市就看到了尼池拉康喇嘛寺丰富而生动的寺庙书屋，这让我很是意外，开了眼界。尤其是在这里遇到一位"天天都在学习"的当代青年僧人，他的认真、严谨的讲解和学习态度，不能不引起我们的敬意和思考。

4 午休后，吴副部长很关切地问我感觉身体如何，说下午考察的内容很丰富，有巴宜区朵当村农家书屋、林芝市图书馆和一家智慧书房。这是事先经过我确认的行程。吴副部长说时间可长可短，视情况而定。我明白这是对我的关心。我说，既来之则考察之，一切按计划办。为了把接下来的考察做好，先得放松自己的心情，而要使得自己心情放松，我决定把血氧仪收进衣服口袋，接下来不再查看血氧。我心想，不就是一点胸闷吗，没有必要不断去查看它。无论血氧饱和度如何，考察终归要进行下去。

下午的车程稍微长一点，大约30分钟，我们来到朵当村农家书屋，农家书屋门前还挂着"新时代文明实践站"的牌匾。

巴宜区顿珠副部长领着一些人在迎候我们。上午已经见过顿珠，再次见面我们像老朋友一样寒暄握手。他把巴宜区布久乡党委书记兼人大主席介绍给我。吴副部长向我介绍，布久乡党委书记跟他一起从内地抽调到西藏自治区来工作，一起来到林芝市，一起来到巴宜区。

这时，一位年轻的女同志主动上前，不等别人介绍，她自报家门：我是朵当村驻村工作队队长。

我替她补充道：是第一书记。

她笑了，点头道：是的。

朵当村第一书记兼驻村工作队队长是一位年轻漂亮的女性，我不能确定她是汉族还是藏族。总之她很漂亮，落落大方。

吴副部长介绍道：她原先就是布久乡人大副主席，前不久调任区文旅局副局长，然后又对口回到布久乡，在朵当村任第一书记兼驻村工作队队长。

我对这位驻村工作队队长说：真能干！你对这里的情况熟悉，可就轻车熟路了。

驻村工作队队长微微一笑，接着介绍：我们朵当村的农家书屋就设在新时代文明实践站里。

我说：有些地方也是这么安排的，综合利用吧。

我特别赞赏这个农家书屋设在一楼。倒不是因为我自己身体不好不敢上二楼，所有农家书屋，我都主张尽可能放在一楼，这样，群众进来看书方便很多。

驻村工作队队长说：我们朵当村农家书屋现在一共有2000余册藏书，书屋按照科教类、历史类、文化类、政经类、文学艺术类、生活类、儿童类七大类分类。我们农家书屋做到了有建设、有管理、有使用。

我问：管理员是谁？

驻村工作队队长把一位面带微笑的藏族妇女介绍给我，说：她是我们村"两委"委员、妇女主任尼玛曲珍，兼职管理农家书屋。

我表示赞赏，说：妇女主任兼职管理农家书屋，有利于做好妇女和儿童的工作。到书屋来的大多数是妈妈和孩子，对吧？

面带微笑的尼玛曲珍点点头，说：主要是小孩子来得比较多，一般是放暑假的时候来。

驻村工作队队长说：尼玛曲珍是主要管理员，我们驻村工作队有4个人，每周轮流当管理员。

尼玛曲珍把一本图书借阅登记簿摆到我面前，说：来借书都有登记。

借阅登记簿上都是借书人自己写的字，有藏文，也有汉文，而且有的汉文还写得不错。所借的书各式各样，有《三国演义》《水浒传》《白毛女》，有农业科普、地震科普类图书，各种类型的书都有借阅。

驻村工作队队长说：从年初到现在，有50多人来借书，有的一借好几本。这个村面积有30多平方千米，村民们住得很分散，来一次不容易，所以多借几本。

驻村工作队队长说：今年我们工作队队员组织过暑期阅读班，主要是放暑假的小学生、初中生来这里阅读。

驻村工作队队员也都是一般干部，在阅读上并没有什么研究，可是为了村民尤其是村里孩子的阅读，他们都担起了阅读推广人的职责。暑期阅读班主要是汉语班，也有藏语班。

我既受感动也觉得有意思，就问有多少孩子参加。驻村工作队队长告诉我，前后加起来有16个藏族孩子。

一个暑假，怎么才来那么少的人？我脱口发出疑问。驻村工作队队长被我问得有点不知如何作答，脸上的笑容稍稍有点发窘。

整个暑假前后加起来才有16个孩子参加，这出乎我的意料。在我的印象中，一般的农家书屋在暑期开办中小学生阅读班，通常都热热闹闹地有二三十个小孩参加。

布久乡党委书记立刻说：理事长，这已经很不错了，全村只有不到300名村民，分散居住在山里，组织起来很不容易。

我立刻感到自己有些失态了，脸上有点发烧。在人口相对较少、分布稀疏的高原地区，驻村工作队队员们能做到这样已经难能可贵了，一般省份的工作经验是无法拿来与西藏自治区工作的实际情况比较的。在西藏自治区，很多工作真是"事非经过不知难"。

我为自己浅薄而少见多怪的表现暗暗羞愧。

不过还好，经过布久乡党委书记轻轻的一番解释，驻村工作队队长脸上绽放出灿烂的笑容，说：9月是民族团结月，今年我们联合派驻单位组织开展以"民族团结手拉手　支部联建促和谐"为主题的民族团结共建活动。村"两委"发挥模范带头作用，在全村开展小学生阅读活动及赠书活动，参与活动的小学生有58人，都是藏族孩子，获得了赠书260余册，营造了"全民阅读，书香巴宜"的良好氛围。

我连连赞叹——为了弥补刚才自己的失态。

驻村工作队队长受到鼓舞，又指着一面墙说：这边是我们做的一个全家福的照片墙，上面是给全村每户人家在工布新年的时候拍的全家福，很多村民到农家书屋来观赏各家各户的全家福，顺带着也来看各种各样的书。

我知道，藏族人民的传统节日即藏历新年，是藏历每年的一月一日，参照公历每年的时间并不固定，但一般与农历新年相差 1 个月，通常在公历 2 月份或 3 月份。而林芝市的藏族习俗是在藏历的每年十月一日，大约在公历 11 月中旬过工布新年。林芝市在古代为工布地区。这里森林茂密，山清水秀，尼洋河贯穿其间，自然环境使这里长期同外界隔绝，形成了自成一体的工布文化。传说，古代工布王定下藏历十月一日过新年，为的是纪念吐蕃时期工布人民进行的一场保家卫国的战争。至今，林芝市的藏族人民还保持着过工布年的习俗。

观赏着眼前有着全村人全家福的照片墙，人口分布稀疏的朵当村男女老幼的脸上全都挂着幸福的笑容，就像是一场欢乐的大聚会。这间面积不大的农家书屋，虽然因为村民不多而专程前来读书的人较少，却因为这面充满爱心的全家福照片墙，霎时间让我们觉得这里热气充盈。在青藏高原上，农家书屋的作用不只是读书，更是一种生活、一种交流、一种聚会，有文化的生活，有温暖的交流，有爱心的聚会。

5 离开布久乡朵当村回城，去林芝市图书馆，车程长了不少。

车程最好长一些，这样我在车上就能多一些时间吸氧，恢复体力。

在车上，我一直在懊悔，为在朵当村的失态，我甚至怀疑当时是因为自己缺氧时间过长而犯了糊涂。我在车上使劲吸氧，要在此后的行程中竭力保持头脑清醒。

林芝市图书馆始建于 2004 年——不错，就是 2004 年，在此之前，林芝市区及所属各县都没有图书馆。直到进入新世纪林芝市图书馆才开始建设，而且是福建省援建的。2004 年建成，2005 年开馆。进入新时代，全市各县（区）陆续建成了公共图书馆，而且各家图书馆都在开展活动，提高阅读服务能力。

由于条件所限，林芝市图书馆积极利用社会资源，建设分馆——在林芝市称作"林芝市图书馆×××阅览室"，现在已经建成林芝市图书馆的妇联阅览室、军营阅览室、武警部队阅览室、边防部队阅览室等，有些企业也建有阅览室，就连看守所也建了1个阅览室，一共有阅览室30多个。林芝市图书馆给这些阅览室配书，由所在单位派人管理，过一段时间由阅览室管理人员到市馆来更新书籍，保证读者能经常看到新书。

林芝市图书馆工作人员告诉我：没办法，要像发达地区那样实现通借通还，还要去找一笔钱来买设备，现在只能是人工更新阅览室的图书。

接待我的是林芝市图书馆工作人员杨梅花，一位藏族中年女性。

她自我介绍：我是图书馆的普通工作人员，馆长生病，委托我来接待老师。

我问她为什么起了一个汉族人的名字，那是一个很美丽的名字。她说自己是察隅县人，察隅那个地方不少人都起了汉族名字。

我问：30多个阅览室都是靠人工更新书籍，是不是给你们增加了太多的工作量？

她说：总分馆制建设是我国图书馆系统的统一要求，我们也要按照要求来办。工作量是增加了，那就跟合作单位共同分担吧。

我问：咱们全馆一共有多少个编制？

她答：5个，另外聘了一个人做文献收藏，还聘了一个智慧书房管理员。

我感慨：才5个人！还开办了30多个阅览室，你们够拼的了！

她轻轻地笑，说：2004年林芝市解决了有没有图书馆的问题，现在我们要解决的是读者来不来的问题。我们馆长说，读者不来，我们的服务就走出去，把服务的触角延伸出去。林芝市区人口有6万，今年进到图书馆和阅览室的读者现在已经是1.8万人，到年底能达到2万人。

我赞叹道：这就是说，图书馆吸引了市区三分之一左右的人口前来阅读，这个业绩可不是一般城市图书馆做得到的！

杨梅花接着说：我们林芝市图书馆在全自治区还有两个第一，一是在全自治区第一个引进24小时自助借阅机，就放在我们馆的大门前；二是在全自治区第一个建设智慧书房。当然，现在全自治区的公共图书馆都有24小时自助借阅机和智慧书房。

杨梅花介绍，每年4月23日"世界读书日"，林芝市图书馆都会举办一场读书大会，大会名为"'全民阅读·文化林芝' 让'悦'读遇见你我"。因为参会的人很多，就移到博泰林芝大酒店的多功能大厅举办，今年会场爆满，临时加了很多凳子。

杨梅花把我们领进一间教室，教室里有一位中年男士在埋头看书。

杨梅花说：这是我们举办林芝讲坛的教室，讲坛已经举办了44期。图书馆请了不少专家来给读者做阅读推广，有农学院的老师，有职校的老师，还有党校的老师。社会上有些读书读得好又喜欢讲的读者，我们也会请来给读者上课。我们这是公益课堂，面向社会。

我问：来听课的人一般有多少？

我谨慎地询问，努力表现出这个问题不重要的意思。在朵当村发生的窘况不能再发生。

杨梅花说：一开始来的人很少，我们就请媒体多报道，想方设法找人来听课，还给来听课的人发纪念品。到后面来听课的人越来越多，暑假期间有的课爆满。

尽管杨梅花领着我们在图书馆里走了蛮长时间，我却没有感到身体有什么不适。直到走进教室，看到桌椅，这才觉得有些疲惫，趁机坐下。我悄悄测了一下血氧，85%！我心想，还好，虽然上楼下楼，状态还不是太差。

这时，只见杨梅花朝那位读者叫了一声：普布多吉老师！

接着杨梅花向我介绍：这位是普布多吉老师，是林芝市职业技术学校的高级讲师，是来林芝讲坛做公益讲课最多的老师。

我赶紧起身走过去跟他握手。

我问：普布多吉老师来这里主要讲什么课？

普布多吉说：我是学校旅游产业系的，所以比较多的是跟读者讲名胜古迹、历史典故，帮助大家认识林芝，了解西藏。

杨梅花说：普布多吉老师多才多艺，什么都会，架子鼓、六弦琴，琴、棋、书、画样样精通，园林种植也会，盲文也会。我们馆刚开办盲文阅览室时，就请普布多吉老师来教盲人和视障读者学盲文。

我问：林芝市区有多少盲人？

普布多吉回答：2位盲人，9位视障人士。

我用力点头，表示赞叹，为林芝市图书馆的盲文阅览室，也为普布多吉老师。

杨梅花继续赞扬普布多吉老师：普布多吉老师写东西写得也好。

我和普布多吉老师面对面坐下，希望更多地了解这位学习型的阅读推广人。我问他平时喜欢写些什么文章。他很诚实地回答：我就是喜欢阅读，写读书笔记，写了8万多字。另外就是写阅读心得体会，写了5万多字，加上日记等，目前共写了20多万字。我平时最喜欢来图书馆读书写作。在家里我也读书，我爱人喜欢收听有声小说，她收听过的有声小说也有几千集。每天晚上我还要带孩子进行亲子共读，现在孩子已经养成良好的阅读习惯。普布多吉老师告诉我，他家孩子的科普读书心得获得市教育局的奖励；孩子创作的一首诗歌被《星星诗刊》刊登，获得了他人生的第一笔稿费，还有两篇诗歌获得学校作文大赛一等奖；平时他还积极参加学校举办的各类读书分享、讲故事比赛、朗诵比赛等。

说到孩子，普布多吉老师脸上流露出喜悦和一点点得意之色。

我赞叹道：你们可真是一个书香家庭啊！

面对我的赞叹，普吉多吉老师并没有像一般人那样客气地道谢，而是不动声色，只是那张让人产生健康和阳光印象的黄褐色面庞上浮现出些微红晕。

杨梅花说：我们这里特别注意培养书香家庭。现在咱们去看"格桑花开"亲子课堂。

她把我们领到一间墙壁上装饰有各种色彩的卡通形象的房间，说这是图书馆的亲子阅览室。

我问：你们在这里开展"格桑花开"亲子课堂吗？

杨梅花说：是的，藏族人民用格桑花表达美好、幸福的意思，经常用格桑花形容美丽的女性。亲子课堂就需要妈妈们带孩子开展亲子阅读。我们在这间教室里开展儿童绘本的讲解。这边有个电子书触摸屏，还有一些电脑。妈妈可以带孩子在电脑上看绘本，还可以带孩子用电脑上的绘图软件编绘自己的绘本，先做电子版，活动结束后可以打印成纸质的绘本，作为纪念品带回家，孩子总是高兴得不得了。

我很惊讶，说：这个太棒了！好像内地很多城市图书馆都还没有做到。

杨梅花说：在西藏，我们也是第一个做这个项目的图书馆。

我赞佩道：你们在全自治区已经有了两个第一，第一个引进 24 小时自助借阅机，第一个建设智慧书屋，现在又有了一个第一——第一个为亲子阅读活动出书，3 个第一，3 朵格桑花！

6 我在林芝市图书馆为他们在西藏全自治区的"3 个第一"热情点赞，过不到 10 分钟，我发现我的结论下早了，其实，他们还有一个全西藏自治区第一，那就是图书通借通还。4 个第一，4 朵格桑花！

接下来，我们来到了林芝市图书馆的智慧书房。

智慧书房的管理员是一位出生于 20 世纪 80 年代末的年轻女性。她是林芝市墨脱县的门巴族人，叫作次仁央宗，2005 年毕业于陕西师范大学，现在带着自己的一对双胞胎女儿值守在这间智慧书房里。

听说次仁央宗只是林芝市图书馆的聘用人员，从 2015 年起一直受聘到现在。我觉得有点奇怪，按说，公费师范生毕业地方上是包分配的。我问她是怎样入职的，她有些不好意思，说大学毕业后确实给她分配了工作，在日喀则当老师。后来她父亲突发脑出血，需要人照顾，所以她请求调回林芝市方便照顾父亲，但日喀则那边又很需要老师，舍不得放她走，她一着急就离职回来了。她说从小父亲就最疼爱她，她不能放着生病的父亲不管！

我说：次仁央宗，你是一朵美丽、善良、孝顺的格桑花！

次仁央宗比较腼腆，话不多，有点内向。我说：次仁央宗，你好像更适合做图书馆管理员，在这里不用多说话。不像当老师，需要不停地说话。

次仁央宗抿着嘴唇，面带微笑，不置可否。

杨梅花却说：需要跟读者说话的时候，次仁央宗也要说的。智慧书房里经常举办读书活动，新书推介呀，亲子阅读呀，主讲人是专家，她也要帮着操办，有时候是我来主持，有时候次仁央宗也帮着主持。

这间智慧书房里四面都是书架，中间有几个半弧形的台阶，一看就是用来开展读书活动的场地。我们进到书房，台阶上坐着3个小学女生在看书，她们不时捧着书相互交流。

我们在说话时，先后有几个人来到智慧书房门前往屋里张望。有人用身份证在识别器上一刷，门就轻轻打开；也有人只是朝里张望，不晓得是不明白如何进来还是只是好奇一瞥，又走开去。

我问次仁央宗：你一个人管得了这么大一间书房吗？

她说：我只是一个值守，负责书房的卫生、安全管理，接待读者询问，配合专家讲座。检索图书和借还书都是智慧型管理，找书有电子系统，借还书有通借通还设备，还有阅读志愿者来协助做一些服务上的杂事。

听说次仁央宗带着一对双胞胎女儿在书房里值守，我就问她：今天是星期天，怎么没见你女儿？她不太好意思地指着书房的一个角落，有两个小女孩正趴在凳子上翻看一本绘本。

两个女孩一面看书,一面嘴里念念叨叨,好一派快乐的样子。

我问:她们上学了吗?

她说:今年6岁,刚上一年级。放了学她们还是喜欢来书房看书。

我问:上小学以前她们是不是天天跟着你在这里看书?

她说:是的,就在这里看绘本。

我问:看汉文书还是藏文书?谁教她们?

她说:都看,她们学汉文,也学藏文。都是我教的。

我说:小孩6岁了,你在这里工作了8年,你这一对宝贝在书香里出生,在智慧书房里长大的,以后一定能长成一对格桑花一样美丽善良而且爱读书的姑娘,智慧的姑娘!

我一番话说得次仁央宗捂着嘴笑了起来,那朴实的笑容里有满足和希望。

天色渐晚,我们告别次仁央宗,从智慧书房出来。一个下午连续考察了3个地方,收获满满。直到这时我才感到脚步有点发飘,如同踩着棉花,脑袋微微发胀,赶紧掏出血氧仪来检测。还好,只是降到了78%,距离10年前的60%还有很大距离。毕竟在林芝的考察即将结束,心里不禁有点得意。

我对此次西藏林芝之行感到满足和欣喜。我要特别感谢接待我的林芝主人,他们精心的安排,让我的考察工作圆满完成。在林芝市图书馆,在书屋,尤其是在智慧书房里,在次仁央宗管理员和她一双爱读书的美丽女儿身上,我看到了希望,书香西藏的希望!

三

新疆：天山南北的爱书人

1 为了推广全民阅读，我曾经去过新疆维吾尔自治区的很多地方，去过北疆伊犁哈萨克自治州，去过南疆喀什地区，去过东疆哈密市，更多次去过乌鲁木齐市、昌吉回族自治州。

我曾于2011年5月出席在乌鲁木齐新华国际图书城正式启动的第六届新疆"天山读书节"。著名作家王蒙先生也应邀出席了启动仪式并做了精彩致辞。新疆"天山读书节"由新疆维吾尔自治区新华书店承办。在启动仪式上，自治区领导发表了讲话，人民文学出版社向新疆伊犁哈萨克自治州正在筹建的王蒙书屋捐赠了图书，一些新疆版重点图书还做了专题展览。彼时，全民阅读还处于发动阶段，活动虽然庄重，可内容不免显得有些简单。

时隔12年，变化在不知不觉之间发生。2023年4月世界读书日期间，"文化润疆　书香天山"2023年全民阅读大会暨系列活动启动仪式在新疆图书馆举行，此次活动内容已经相当丰富。

单单看参与联动的单位，阵势就十分强大。"文化润疆　书香天山"全民阅读推广活动由新疆维吾尔自治区党委宣传部、自治区文化和旅游厅与全疆各级公共图书馆、高校图书馆、科研院所图书馆、文化馆和兵团文化发展中心共同启动。启动仪式推出了9项主题活动，包括"珠还合浦　历劫重光——《永乐大典》的回归和再造"展、"文化润疆　津典诗意——拾年文津经典诵读十周年主题展"、"品读经典　声动新疆"第二届全民诵读大赛颁奖典礼、"以花为名，阅见书香"——新疆图书馆昆仑尼山书院"4·23世界读书日"活动、新疆全民阅读盛典等。活动现场有雕版印刷、古籍修复、线装书籍制作等体验活动，吸引了不少读者参与。平整、喷水、刷浆、补纸……在"古籍修复技艺"互动专区，新疆图书馆古籍部古籍修复师向读者展示古籍修复过程，并指导读者体验简单的修复。

为了让观众获得更好的观展体验，展览运用了沉浸式环幕、互动游戏等大量新媒体展示手段，观众可以观看包括国家图书馆在内的多家收藏机构所藏《永乐大典》的高清图像。

活动期间，全疆各级图书馆开展了521场丰富多彩的阅读推广活动。位于新疆图书馆一楼的报告厅内，一场书香之旅正在进行，新疆作家熊红久带领读者从作品《一个人的村庄》和《遥远的向日葵地》中感受新疆的烟火人间。

活动期间，新疆图书馆还开展了"尚书品读""名师讲坛""我和新图有个约会""'书香润家风　共读伴成长'亲子阅读主题系列活动"等线上线下阅读推广活动。

2 　地广人稀的新疆，尤其需要进行图书馆总分馆制建设。伊犁哈萨克自治州伊宁市从2020年起，由伊宁市图书馆在全市各乡镇（村）设立分馆，全面推行总分馆制，建立起上下联通、服务优质、有效覆盖的图书馆总分馆体系。伊宁市图书馆还将农家书屋纳入分馆体系，实现了通借通还，给基层群众提供了便利的图书借阅渠道。目前伊宁市图书馆已建成22个分馆、163个图书流动点，建成覆盖全市、城乡一体、功能完善、资源共享、管理规范的图书馆服务网络。

昌吉回族自治州依托现有公共文化服务网络，全面整合公共图书馆图书管理系统，解除系统分馆授权限制，构建多层服务网络，建立昌吉回族自治州公共图书馆"智慧墙"大数据平台；将农家书屋纳入总分馆体系管理，构建了中心馆（州图书馆）—总馆（市、县图书馆）—分馆

（乡镇、街道综合文化服务中心）—基层服务点（村、社区）四级总分馆制体系。按照县域内图书"联合编目、联合检索、通借通还"的要求，各级图书馆分批推进，分馆建设已全部完成，基层服务点已有300余家完成图书编目，有效推动了优质阅读资源向基层延伸，特别有力地支撑了农家书屋的运行。

到2020年底，新疆全区已经建成9103个农家书屋，实现全疆9103个行政村全覆盖。农家书屋是跟基层群众贴得最近的读书场所。新疆的农家书屋工程目前正在大力开展提质增效工作，积极探索"农家书屋＋"新模式，全方位提升优化农家书屋。

和田地区皮山县乔达乡阿亚格乔达村将农家书屋与本村新时代文明实践站、文化大礼堂融合，着力打造专兼职以及群众和志愿者组成的农家书屋管理员队伍。结合民族团结一家亲和民族团结联谊活动，动员每名结亲干部为"亲戚"捐赠一个小书柜，将农家书屋图书向农户家覆盖。通过定期开展主题多样的阅读活动，吸引群众积极参与，让以往闲置的书籍"活起来"，让农家书屋"活起来"，在全村树立了文明健康阅读新风尚，满足大家日益增长的文化需求。

要使农家书屋活下去，读书活动要多起来。新疆维吾尔自治区党委宣传部要求每个农家书屋每年开展阅读活动不少于4次。自治区党委宣传部与自治区农业农村厅等部门联合开展"新时代乡村阅读季"活动，组织开展内容丰富、形式多样、媒体融合的阅读活动；与教育部门联合开展"我的书屋·我的梦"农村少年儿童阅读实践活动，通过阅读、实践、写作、书画等方式，让农家书屋成为农村少年儿童汲取思想养分、涵养爱党爱国情怀的精神乐园和第二课堂。乌鲁木齐市米东区羊毛工镇留子庙村依托农家书屋，建立了"小书虫读书群"，每天让村里的孩子们在读书群里分享读书音频，相互促进、互相学习。该村同时开展了评选阅读小明星活动，每月评选一次，并对排名靠前的阅读小明星进行表彰和奖励，引导孩子们从"不爱读书"变为"我要读书"。该活动吸引了

70多人加入读书群,在留子庙村营造了广泛而浓厚的阅读氛围。

边远地区的农家书屋特别需要通过数字技术来提质增效,这是我们在甘肃省农家书屋建设中看到的经验。新疆维吾尔自治区依托新疆文化出版社"书香新疆"公共阅读平台,同样启动了自治区农家书屋数字化平台建设,逐步实现"线上+线下"结合、"纸质书+电子书"联动,推动农家书屋从"田间"走向"云端"。

3 新疆昌吉回族自治州探索"农家书屋+非遗""农家书屋+文旅"新形式,使农家书屋成为非遗文化资源集中体验点,先后打造了木垒书院、北庭书画院、小分子画家村等一批集乡村公益图书馆和艺术民宿于一体的乡村文化空间,让村民和游客共享"诗与远方"的慢生活。

2016年夏天,我作为第十二届全国政协考察组成员,曾跟随考察组到过新疆木垒哈萨克自治县的木垒书院。书院在木垒县英格堡乡菜籽沟村,是新疆本土作家刘亮程在村里空置的旧小学的基础上创办的。据说刘亮程因一个偶然的机会发现了菜籽沟村,这个村庄有小溪、有树木,但已经半空心化,年轻人进了城就不再回村里生活。刘亮程跟当地政府联系,提出创办书院的申请,得到热情支持。于是,他把空置的教室建成一个进行文学艺术创作和阅读交流的地方。当时书院刚刚创建,还布置得随随便便,有图书,但摆放得并不整齐;有书画案台,上面写残的纸还没有来得及清理,显得有点凌乱,却也是自自然然的文学范、艺术范。

遗憾的是书院主人刘亮程那天不在,接待的助手介绍书院的文学艺术活动情况时有点儿语焉不详。除了我跟文学界有些关系,对刘亮程可以说是久闻大名之外,那天同行的考察组成员,对木垒书院可能并没有留下什么印象。尽管如此,我还是很喜欢木垒书院。它的存在至少说明作家、艺术家愿意到边远的新疆农村来跟群众开展读书交流,尤其是当地相关部门当时并没有为全国政协考察组的到来事先做什么布置，没有搞什么摆拍，更没有事先安排群众代表来发表感想，我们看到的情形比较真实。在我看来，书院有总比没有好，有本地著名作家主持必定比一般行政化的管理更贴近生活，只要作家本人有责任心，坚持下去，必有成效。

果然，前不久看媒体报道，木垒书院不仅带动了菜籽沟村和临近村庄的读书和文化交流，举办了各类文学艺术活动，还吸引了众多文艺爱好者、游客前来采风、旅游，渐渐地，菜籽沟村乃至英格堡乡的一些年轻人回到村里，依山傍水开起了民宿客栈。2023年上半年，英格堡乡民宿客栈接待游客7.5万人次，实现旅游收入900万元。书院开办之初，菜籽沟村只有一个小杂货店，现在却有了几十家农家乐，有了旺盛的人气。在文学艺术的浸润下，村庄面貌焕然一新，村民的思想观念、文明素养也得到了提升，大家尝到了实实在在的甜头。刘亮程本人新近获得了茅盾文学奖，他的获奖长篇小说《本巴》就是在木垒书院写的，这又一次提高了木垒书院乃至木垒县英格堡乡菜籽沟村的知名度和感召力。

4 在新疆维吾尔自治区，为了全民阅读，我去过伊犁哈萨克自治州，参观过那里的王蒙书屋；我去过哈密市，走进书香充盈的哈密二中给同学们做"提高阅读力"的演讲。我在乌鲁木齐市参加过多次活动，2023年7月中旬，还受到新疆新华书店和新疆青少年出版社的热情邀请，来到乌鲁木齐市，前往坐落在经开区的知新书城跟读者交流。那时，新疆新华书店知新书城新开业，要组织阅读、讨论我的长篇小说《书生行》。为此，新疆卫视还派出节目组对我进行了专访。

在知新书城跟新疆的读者们交流，让我很受震撼。震撼我的并不是现场读者的众多，也不是知新书城店堂的设计新颖和陈列的精美大气，而是那天从距离乌鲁木齐数十公里的昌吉回族自治州专程赶来了20多位女性读者，她们是昌吉回族自治州墨兰书社的书友。一年多前，我在昌吉回族自治州跟墨兰书社的书友们有过热烈的交流。书社的女性书友参加阅读活动时人人都身着一袭孔雀蓝长袍，十分亮眼。而今在乌鲁木齐忽然见到，还是一袭孔雀蓝长袍，大有老朋友不期而遇的意外和惊喜。

墨兰书社是新疆昌吉回族自治州的一个以女性读者为主的民间读书会，是昌吉回族自治州的读书达人、女作家陈霞和两位书友发起组建的，在昌吉回族自治州当地现在有超过500人参加。发起人陈霞当过中学语文教师、校长，担任过昌吉回族自治州关心下一代工作委员会讲师团讲师、昌吉回族自治州文物局领导职务，退休后组建墨兰书社。大家推举她担任社长。墨兰书社的创社词是："拥抱经典，播撒书香，将阅读进行到底。"实施目标是："组建100个读书团队，培养100名领航船长，深读100部经典名著，创建100个书香家庭，留下100年扎根书社。"墨兰书社持续开展亲子阅读、家庭阅读、阅读大讲堂和网络诵读等活动，在当地产生很大影响。墨兰书社得到昌吉回族自治州党委宣传部的重视和支持，2021年韬奋基金会全民阅读促进会授予墨兰书社"全民阅读推广基地"称号。我与韬奋基金会全民阅读促进会会长刘国辉曾于2021年9月专程从北京飞到昌吉回族自治州，给墨兰书社的阅读基地授牌，并与书社社员们座谈。陈霞社长说墨兰书社一个人一个人影响，一个家庭一个家庭带动，一个小团队一个小团队扩大，联合学校、妇联、社区、企业、图书馆等相关机构合力推进阅读。书社已经建立了80多个以朋友、家庭、职业细分的小读书群，涌现出一批像"小新星"种子群、"自闭症"读书群、"向日葵"少年群等特色鲜明、影响很大的"明星群"。

2020年春天，为了让书友们在家里保持学习状态，陈霞和几位社员联络学者、作家精心组织了15场精彩的线上讲座，《儒家文化与现代教育》《诗歌》《古琴》《由〈易经〉谈国学文化》《走进摄影》……营养丰富的文化大餐，让书友们沉浸其中。一位书友说："那时一到分享时间，我早早就端坐在桌前，准备好笔记本。这种浓厚的读书氛围，给我带来了心灵的充实和愉悦，让我感受到了阅读的力量。"

一位 57 岁的州机关退休公务员说，退休后"想找件正能量的事来做"，所以加入了墨兰书社。这两年多里，她读的书超过 40 本，比自己前半辈子读过的书都多。她说有朋友说她退休后容光焕发，她说这是"腹有诗书气自华"。

一位张姓社员说自己做过 10 年月嫂，服务过近 100 个妈妈，后来她建了一个"妈妈读书群"，鼓励年轻妈妈们每人每天至少朗读 5 分钟。她对妈妈们说：读书不仅充实自己，也能够用琅琅书声陪伴孩子成长。如果哪位妈妈书友两天未打卡，她会私信提醒督促。她自己读书有了进步，刺激了她 50 岁的丈夫，丈夫也捧起了久违的书本。她的丈夫干室内装修，干一天活儿回来已经非常累，现在每天早晨 6 点起来，9 点上班前，赶着读两个小时的书，晚上回来又读到深夜。去年她的丈夫已经考取了一级建造师证书。她的儿子也在为考研苦读。一家三口现在都在读书。

一位徐姓社员说自己刚开始朗读时，钻进家里书房关上门录音，丈夫笑她犯啥毛病了。她就悄悄把丈夫拉进墨兰书友群里，让丈夫看到这么多人在认真朗读。丈夫听了一段时间书友们的朗读，也想在群里朗读。可是他觉得自己的奇台口音重，不好意思在大群里发声，就在自己的家庭群里朗读。丈夫喜欢历史，已经读了《中国共产党简史》《中国通史》《简明新疆地方史》等七八本书。徐姓社员已经建了 3 个读书群：1 个闺蜜群，1 个朋友群，1 个家庭群。尤其是已经把十几人的家庭群发展为读书群。"90 后"的儿子平时花大把时间刷手机、追综艺，她特别希望儿子加入读书群。后来，跟儿子聊天，她有意无意地背了俄国作家陀思妥耶夫斯基《卡拉马佐夫兄弟》中的一段话。儿子惊了，说：老妈，你啥时候变这么厉害了！现在，儿子也捧起了名著。"现在，我们十几人的家庭群，儿子孙子都在读，几位老人天天追着听，谁要是今天'停播'，老人的电话就打过来了。"徐姓社员开心地笑起来。

一位姚姓社员是布尔津县一家企业的高管，她建立了一个 300 多人的企业员工读书群。陈霞的妹妹陈琳曾经做过乌鲁木齐现代书城总经理，她建了个亲子阅读群，带动了 49 个家庭开展亲子共读。

有一位社员说她的女儿从海外留学回来，患上了抑郁症，女儿的生命安全使得她忧虑万分。后来是读书会的书友到家里来作阅读交流，打开了女儿的心扉。现在女儿的抑郁症已经痊愈，也加入书社来读书。

目前墨兰书社设有 500 人的读书大讲坛，培养了专业领读人 37 位，组建了读书群 109 个，制作精致美篇 219 期，发布公众号 36 期。书社举办读书讲座 167 场，组织社会公益活动 134 场次，创建书香家庭 160 个，表彰奖励"读书之星" 69 名。书社藏书 4989 册，诵读经典书籍 183 册，向社会家庭捐书 1008 册。

墨兰书社社长陈霞在 2021 年第三十届全国图书交易博览会上获得"十大读书人物"的称号，接受了书博会"红沙发"的访谈和央视十套《读书》栏目采访。《中华读书报》《中国新闻出版广电报》《今日新疆》《新疆日报》等多家媒体对此做了专题报道。

走进乌鲁木齐知新书城那一瞬间，我被震撼了。陈霞社长带领 20 多位社员整整齐齐地坐在梯形看台上，飘逸的孔雀蓝长袍，成了交流大厅里十分亮眼的风景。我只跟她们有过一面之交，可她们都微笑着向我招手问好，有的还举着手中的《书生行》向我示意。她们可是来自数十公里外的昌吉回族自治州啊，这股热烈的书友情令我眼眶湿润……

5 有人说，没到过新疆不知祖国有多大，没到过喀什就等于没来过新疆。2023 年 7 月中旬，我终于来到了新疆喀什。我不仅来到了喀什，而且是来到了喀什的疏勒县。

疏勒县，曾是汉朝西域古国之一疏勒的国都。汉代张骞出使西域，打通丝绸之路，建立联络西域和中亚商贸的重要市场并暂住疏勒古城。疏勒县城中现在建有一座宏大美丽的张骞公园，以资纪念。疏勒县的张骞纪念馆就建在张骞公园里，是一个综合性专题博物馆，馆内展品比较丰富。

疏勒县巴仁乡是我考察新疆全民阅读必须要去的地方。

我去疏勒县巴仁乡，是因为青岛大学"山海情"新疆喀什乡村儿童阅读援助项目捐赠仪式在疏勒县巴仁乡 8 村小学举行。韬奋基金会是这次活动的支持单位，我欣然前往。

"山海情"新疆喀什乡村儿童阅读援助项目是青岛大学文学与新闻传播学院学习贯彻落实党的二十大关于深化全民阅读活动的重要部署和教育部等 8 部门印发的《全国青少年学生读书行动实施方案》要求，为进一步推动青少年学生阅读深入开展，促进全面提升育人水平而开展的。该项目以疏勒县乡村小学生为对象，开展以红色阅读、经典阅读、国防教育为主要内容的阅读教育活动，提升少数民族儿童阅读素养，帮助民族地区乡村教师提高阅读教学水平。

捐赠仪式在疏勒县巴仁乡 8 村小学的一间大教室里举行。那真是一所相当美丽的乡村小学，无论是教室、办公室、校内道路还是体育场都整齐而亮丽，校园里杨树掩映，绿意盎然。我赞叹这是最美乡村小学。疏勒县教育局局长告诉我，这是山东省东营市的援建项目。

那天出席捐赠仪式的有青岛大学文学与新闻传播学院党委书记张辉、山东省青岛市志愿者服务协会副秘书长林风谦、东营市援疆指挥部相关负责人、疏勒县教育局领导以及巴仁乡 8 村小学校长和教师代表，共有 40 多人。

在捐赠仪式上，我和张辉书记代表韬奋基金会、中国新闻出版传媒集团、青岛出版社、青岛大学文学与新闻传播学院向巴仁乡各小学捐赠千册图书。随后，由我为参会教师做"阅读力决定学习力"的主题讲座。那天听讲座的既有汉族老师也有维吾尔族老师，大家都听得很认真，笔记也做得认真，这给了我很大的鼓舞。

让我比较意外也相当开心的是，讲座结束后，走出教室，竟然有一群维吾尔族小朋友已经列队在操场上。小朋友们是四年级的学生，全都是维吾尔族孩子。面对我们这些远方来客，孩子们的脸上都露出纯净快乐的微笑。在一位女老师的指挥下，音响设备放出很响亮的乐声，孩子们跟着欢快的节拍跳起舞来。先是一首欢腾的《新疆吆喝》，这首歌曲描绘了新疆的独特风光、美食文化和民族风情，让我们能够更加深入地了解新疆的文化和历史，增强对祖国的热爱之情。歌曲从头至尾洋溢着欢快的情感，孩子们的舞蹈跳得十分热烈。接下来是一首《感恩的心》，这是一首抒情的流行歌曲，歌中传达的是对生活的深深感激与对未来的美好期许，孩子们的舞蹈节奏也就舒缓起来。再接下来，音乐又变得雄壮有力起来，那是近两年流行的歌曲《万疆》，这首歌是由共青团中央宣传部、中国歌剧舞剧院联合发起，为纪念中国共产党成立100周年而制作的特别献礼作品。歌曲唱道："红日升在东方，其大道满霞光；我何其幸生于你怀，承一脉血流淌。难同当，福共享，挺立起了脊梁；吾国万疆，以仁爱，千年不灭的信仰……"听着这深沉壮美的旋律和典雅豪迈的歌词，看着孩子们虽稚嫩却齐整优美的舞姿，我心里涌上了一股股"大爱无疆"的激情，为祖国，为大爱无疆，也为眼前这些可爱的维吾尔族少年！

大家对孩子们的表演报以热烈的掌声。我一面鼓掌一面情不自禁地大声赞扬孩子们：跳得好！太好了！

跟我站在一起大声叫好的还有一位身份比较特殊的人士，那就是声名远播的全民阅读志愿者林风谦。这次他是与青岛大学师生结伴而来开展公益性阅读教育的。林风谦原是中国人民解放军海军石家庄舰的政委。因为年龄原因离开部队后，林政委带领一些退伍老兵在青岛市创建快乐沙爱心帮扶中心支持全民阅读，在青岛农村创办了悦读书屋、乡情书屋和老兵书房。他身着只有退伍军人才可能有的迷彩服，带领着跟他一样身着迷彩服的老兵宣讲组奔赴边远地区，以海防知识为主对农村中小学校的孩子们进行国防教育。2017年5月，他被原国家新闻出版广电总局评选为全国书博会"十大读书人物"。2023年我去青岛参加全民阅读活动时曾打算拜访林政委，不巧他去云南做国防教育推广了。现在能在新疆喀什疏勒县农村相见，我们都很激动。林风谦带着一位同样身穿迷彩服的年轻助手，给这里的孩子上国防教育课。他一共备有3堂课，一是"带你走进航空母舰"，二是"人民海军向前进"，三是"旗帜先锋的力量"。我从头至尾听了第一课"带你走进航空母舰"，自觉自己也增长了不少知识。林政委的授课水平很高，先是深入浅出地把我们国家辽阔的海疆做了一番描述，再对军舰的作用做了有趣的讲述，然后为从未见过大海、船只和军舰的南疆农村维吾尔族孩子们播放大量幻灯片。孩子们异常开心。林政委的课，为孩子们打开了眼界，增长了知识，激发了他们的爱国热情，让我也至今记忆犹新。

青岛大学文学与新闻传播学院的师生们也在忙碌着。在阅读推广上有较深研究的学院副院长张文彦教授给当地小学教师们专题讲授阅读教育方面的专业知识。大学生们则按年级给巴仁乡8村小学的孩子们做暑期阅读辅导，给五年级学生辅导阅读传统文化绘本《兰亭序》《洛神赋》和红色文化绘本《南京那一年》《太奶奶回家》，给四年级学生辅导阅读海洋知识绘本《解救座头鲸》《偷走一头抹香鲸》和生命知识绘本《身体的秘密》，给三年级学生辅导阅读海洋知识绘本《100岁的鱼》《海底的秘密》。大学生们在青岛大学文学与新闻传播学院张辉书记、戚昕副书记和张文彦副院长带领下，做了精心的备课。师生们在备课中特别注意照顾少数民族学生在语言文字和文化认知上的特点，讲细致、讲清楚，重在引起孩子们的阅读兴趣和求知欲望。我跟着听课，看到教室里的小学生们自始至终都是睁着大大的眼睛认真听讲。那一双双清澈明亮的眼眸，充满了好奇心和求知的欲望。那一双双大大的眼睛，清澈明亮，深深地印入我的脑海，令我久久不能忘记。

四

内蒙古：草原深处有书屋

1 有过无数的人赞美夏季草原的景色。夏季，草原绿得轰轰烈烈，天空蓝得一碧如洗，人们都要歌唱这草原最美的季节。其实，即便不说"各美其美"，初秋草原的美也一点都不输夏季。夏季草原的美是那种纯粹的美，美得一览无余、义无反顾、步伐齐整，给人一种静止的感觉。而初秋草原的美却是一种生命律动的美，先是悄悄地，不知不觉地，浅绿成了深绿，然后，一个早上醒来，你会发现一层又一层的鹅黄浮现在深绿之上，接着就能看见远处的树叶变成了红叶、黄叶，草原则呈现出斑驳的美，天空中也渐渐堆积起赤橙黄绿青蓝紫各色云彩。秋季还是草原忙碌的时节，割草、搂草、捆草等，现代化机械穿梭在一望无际的辽阔草原上，一派储草备冬的繁忙景象。

初秋，我来到了锡林郭勒草原。

我要到锡林郭勒草原去参观一家草原书屋，这只是内蒙古自治区11596家草原书屋中普通的一家。因为它距离我们下榻的锡林浩特市区比较近，只有十多公里的车程，接待我们的锡林郭勒盟新华书店就建议我们前往参观。

汽车刚刚驶出锡林浩特市区，眼前就是一望无际的秋季草原。秋季草原近看色彩斑驳，远观则是一片金黄。我们要去参观的这家草原书屋叫作希日塔拉嘎查草原书屋，"希日塔拉"在蒙古语中是"金色草原"的意思，"嘎查"在蒙古语中为"村"的意思。一个"嘎查"被称为"希日塔拉"，可见蒙古族人民对秋季金色草原景致格外喜欢。

汽车在金色草原上行驶。不一会儿,锡林浩特市陪同的同志就指着左前方草原深处说,那就是希日塔拉嘎查草原书屋。

汽车驶出公路,在不远处的一排平房前停下,平房门前挂着"希日塔拉嘎查草原书屋"汉蒙两种文字的牌匾。

在书屋迎接我们的有苏木和嘎查的相关负责人。"苏木"在蒙古语里就是"乡"或"镇"的意思。

希日塔拉嘎查的女书记向我们介绍,嘎查常住的牧户有71户,人口251人,是国家级乡村振兴的试点嘎查,正在朝着产业振兴、组织振兴、生态振兴、文化振兴、人才振兴等五大振兴的目标努力。牧民现在的生活越来越好,对文化的需求也越来越多,对草原书屋的需求越来越强烈。她领着我们看书屋里书架上的图书,有少儿读物,还有党建的、普法的、科技的、文学的、历史的。

我说:书记很熟悉书屋里的图书。

她立刻把一位蒙古族妇女介绍给我们:这是我们草原书屋的管理员,她最熟悉这里的图书。

我问书屋管理员平时书屋早上几点开门。

她告诉我:早上8点30分以后就开,下午5点关。

我问她:你平时都在这里值守吗?

她很诚恳地回答:一般都在,我家就在附近。

嘎查书记说:她是"两委"副书记。她是离得最近的。我们"两委"的成员也都是牧民,所以平时也有牧业生产的需要。她离得近,关门后,牧民有需要借阅的情况,给她打电话,她就过来。

我问:嘎查各家各户住得很分散,平时不一定有人来吧?

嘎查书记说:她也不是全天蹲守在这里,有需要就来。

我问:暑假时孩子来得多吗?

书屋管理员说:来得很多,那时候我就要全天值守,还请来大学生志愿者给孩子们做辅导。

想到茫茫大草原，牧民居住得那么分散，一家草原书屋如何能满足他们的阅读需求？我不无忧虑地问嘎查书记：你们这里最远的居住点离书屋有多远？

嘎查书记说：有25公里。

我问：那就是说，牧民需要借书看书，就必须开车或者骑摩托车过来了？

书屋管理员立刻解释道：老师，牧民不一定要自己来，我们嘎查还有努德勒书箱，党员中心户的努德勒书箱，里边有好多种书籍。

嘎查书记看我有点懵，赶紧告诉我："努德勒"就是"游动"的意思。由嘎查的党员中心户负责带着努德勒书箱，直接服务离他家比较近的牧民。现在，党员中心户就是我们草原上的网格小组。

我顿时释然，愈发来了兴趣。我问：书箱能放多少本书？

嘎查书记答道：放得下40多本书。

我再次确认：是游动的？

答：对。

我问：党员中心户去游动？

答：对。党员中心户给周边的牧民送书，借走了他再管收回来。

我问：书箱里带的书不符合牧民的需要怎么办？

书屋管理员说：没有问题，我们还有图书借阅平台，在平台上可以看，也可以借。

陪同的锡林浩特市的同志插话道：新华书店有一个网络平台，买书看书都可以。读者在平台上点击借书，辖区的草原书屋就负责借出去。

书屋管理员说：如果牧民愿意看电子书，就直接上网看，要看纸质书他得来这里借，我们党员中心户的努德勒书箱也可以带过去。

我问陪同的锡林浩特市的同志：全盟都是这样吗？

他答道：是的，全盟的草原书屋都有平台支持。

我说：这样一来，草原书屋的作用就大得多，工作也好做了。

嘎查书记说：草原书屋很有用。我们嘎查"两委"会定期组织读书分享会，组织群众开展读书活动，或者是组织我们的牧民，或者是组织我们的党员，或者是组织我们的幼儿、中小学生开展读书分享，都需要草原书屋。

我立即表示赞成，说：有书屋就是一个召唤，召唤大家读书学习。不过，书屋要组织读书分享，任务也蛮重的。

嘎查书记说：我们嘎查"两委"牵头组织，还有苏木的宣传委员牵头组织的，也有新时代文明实践站牵头组织的。孩子们看绘本，不是看看就完了，他们可以从绘本中学到些知识，提高点认识。

书屋管理员说：孩子他只要学一点就有一点，不学他是空白的，他就胡思乱想。学点有益的东西，对他健康成长是有好处的。

我问：咱们牧民孩子也是爱读书的吧？

书屋管理员说：暑假期间不少孩子带水带干粮就过来了，一天都在这里，连玩带看书。孩子在一起读书效果好，会一起做作业。到傍晚年龄小的孩子们的家里人来把他们接回去。有的初中生、高中生是自己骑车来回。

嘎查书记说：我们也是为了培养孩子们从小爱读书、好读书的习惯。现在书屋对青少年读物的需求量特别大，孩子们是蒙语、汉语都能读，但还是特别喜欢读绘本之类的书。今年我们盟新华书店还推出一项"百姓点单"活动请百姓家庭"点"读物，一般家庭"点"的都是孩子的读物。配合"百姓点单"，我们会免费送一部分书。

书屋管理员说：新华书店年年会给我们更新，年年给我们送新书。都是免费给我们送书。

市里陪同的同志说：这是自治区的一个全民阅读专项。每年两到三千块钱的图书配备费，我们市一共22个嘎查，每个嘎查都是这个标准。

我问书屋管理员：草原书屋经常添新书，孩子们是不是特别高兴？

书屋管理员笑了：那还用说！书屋添了新书，总是几个小脑袋挤在一起看，让人看到都开心！

2 从希日塔拉嘎查草原书屋回到城里，我们接着就去参观锡林郭勒盟新华书店的锡林浩特书城。书城有 1200 平方米，分为上下两层。一楼有主题阅读、文艺社科、蒙文图书三大区域。二楼有四大区域——少儿区、文教区、科技区、阅读区，还有一个饮品区。

我问书城店长：通常书城的饮品区设在一楼，便于有的人买了饮品离开，你们为什么设在二楼？

店长解释道：因为阅读区在二楼，所以我们就把咖啡饮品也设在二楼，主要是为了服务阅读。我们书城还承担了全市的党建服务工作，肩负着开展全民阅读公益活动的责任，活动都在二楼阅读区开展。

我问：在这里开展党建活动、读书活动、企业活动，参加活动的人感觉怎么样？

店长说：我觉得大家很喜欢书城里的氛围。现在大家的思想都有所转变，很多企事业单位不再局限在办公室里开展一些党日活动，很多单位会选择来到我们店内。这里有文化的氛围，既有主题精品书，空间也很开放，大家很放松。而且来到这里个人还能选购一些自己比较喜欢的图书，氛围是很好的。

书城在开展阅读活动方面的成效比较突出。他们较早就把开展活动的信息通过自己的 App、抖音号、公众号发布，会员有一万多人，吸引了不少感兴趣的读者前来参加。书城一个月举办 20 多场活动。每周六、周日下午 3 点各固定有一场活动，每周三跟书城附近的中学、小学各有一个阅读课的活动，也就是每周固定有 4 场活动。书城建在中小学附近，可以方便更多的中小学生进到书城里来。书城在少儿活动区搭建了一个小舞台，经常开展一些少儿活动，有朗诵比赛、好书分享、好书推荐、讲座等。有一所小学把学生阅读基地就设在书城里，把学校每周 1 节的阅读课放在书城里，让学生走进新华书店，了解国有文化企业。书城把更多的图书开放给学生们，让他们尽情地畅游在知识的海洋里。

店长告诉我，上半年所有的活动加起来已经有 120 多场，锡林郭勒盟新华书店给他们下达的全年开展 200 场活动的任务，轻轻松松就能完成，还都是全民阅读公益活动。

3 可以说，通过开展阅读活动，把传统书店打造成阅读空间，这是书店业在全民阅读活动中的一大进步。锡林浩特书城在这方面很努力，有成效，不过并没有让我感到意外。我感到的意外之喜是，在书城二楼看到一个标识牌"万家支部结新华"。店长给我们介绍：这是我们的"万家支部结新华"区域。

店长说："万家支部结新华"是我们锡林郭勒盟新华书店的一个品牌活动，将盟里各个新华书店服务区域里的党支部与书店连接起来，由书店为党支部开展活动提供服务。

我表示好奇，问：是锡林郭勒盟委组织部安排的活动吗？

店长赶紧说：不是组织部下达的任务，是我们盟新华书店公司的创意。2022 年率先尝试，得到了盟委领导的肯定，然后自治区新华发行集团党委总结经验，今年在全自治区推广。

我问：在全自治区新华书店系统铺开？

店长说：是的，全自治区新华书店系统的门店都在开展"万家支部结新华"活动。

我问：这个活动是你们书店向所服务区域的各个党支部发出邀请？是不是还要做一些沟通、协调工作？

店长说：一开始是我们发出邀请，现在是很多单位的党支部主动来找我们约时间了。

我赞叹道：非常好！这是很了不起的一个贡献。新华书店正面临着怎样在全民阅读中真正发挥应有作用的问题。现在实体书店销售困难，许多读者都转到电商那里甚至抖音、直播带货那里。久而久之，实体书店怎么办？现在看来，实体书店打造成美好舒适的阅读空间是一条道路。再一个就是开展活动，用活动吸引更多的读者，用公益活动回报社会，这样也可以促进销售，提高书店的吸引力和感召力。"万家支部结新华"是一个覆盖面很大的活动。习近平总书记在致首届全民阅读大会的贺信中指出，"希望广大党员、干部带头读书学习，修身养志，增长才干"，咱们新华书店开展"万家支部结新华"活动，正是以实际行动来促进党员、干部带头读书学习！"万家支部"，哪一个党支部都要开展党建活动，跟阅读相关的党建活动都可以到新华书店来，最终的目标还是建设学习型党组织、建设学习型社会、建设现代化强国。

4 我惦记着先前在希日塔拉嘎查草原书屋获得的许多信息，就问锡林郭勒盟新华书店的书记：刚才我去参观希日塔拉嘎查草原书屋，书屋管理员说咱们盟新华书店有 App 支持他们草原书屋，这个很重要啊！

书记说：对，有这个 App，包括"百姓点单"、惠民工程。现在全自治区新华书店都用 App 支持草原书屋。还有，呼和浩特市首先启动的图书馆跟新华书店合作实施的"鸿雁悦读"计划，就是让读者"你阅读我买单"，读者喜欢什么书都可以拿走，然后他可以还到新华书店，也可以还到图书馆，还可以还到草原书屋。

我问：锡林郭勒盟也在实施？

书记说：当然。呼和浩特市"先行先试"，现在全自治区已经有 8 个盟（市）在实施，是自治区全民阅读的一个大举措，自治区店系统坚决执行。2019 年，"鸿雁悦读"计划入选中组部编选的《贯彻落实习近平新时代中国特色社会主义思想在改革发展稳定中攻坚克难案例·文化建设》，是其中唯一一个推进全民阅读工作的案例。

我说：真正全面实施起来，草原书屋是最受益的。

书记说：是的。盟里正在推进"鸿雁悦读"计划与草原书屋一体化建设。草原书屋以前是我们给配发图书，现在改了政策，就让百姓自己真真实实地去选择想阅读的书，百姓点了哪本书，草原书屋就配哪本书，把选择权交到咱们的百姓手中。

店长说：我们书城就在一楼专门设立了一个盟图书馆的分馆，一个借阅区。

我说：你们是企业，有社会效益和经济指标考核，图书馆是事业单位，有社会效益和工作任务考核。你们企业在"鸿雁悦读"计划与草原书屋一体化建设中能不能保证经济效益呢？

书记说：我觉得这个首先是我们自身的一种责任。只要百姓读书的积极性发动起来了，书店在经济效益上也会有回报。

我说：这是内蒙古自治区的一个了不起的特点。一般情况下都是图书馆搞总分馆制，新华书店搞阅读空间。安徽合肥市新华书店跟合肥市图书馆有合作，读者在书店既可以买书也可以借书，那只是合肥市一个城市。内蒙古的"鸿雁悦读"计划先是在呼和浩特市的城乡试行，现在已经在8个盟（市）开展，并将在全自治区推广，朝着和草原书屋一体化建设的目标推进。那么辽阔的草原，那么分散的住户，11596家草原书屋，只要想一想就觉得很不容易，很难，难到不可思议，再想想就不由得对这样的计划、这样的雄心壮志肃然起敬！

5 对内蒙古自治区"鸿雁悦读"计划和草原书屋一体化建设的宏伟目标，我一方面觉得不可思议，一直有担心和疑虑，另一方面在心底里又葆有深深的敬意。一个多月后，我的复杂心情得到了一次很好的化解，心中升腾起更多的敬意和期待。

11月3日，也就是离开内蒙古自治区锡林郭勒盟一个多月后，在于浙江宁波市举办的第八届浙江书展上，在设立在主宾区的内蒙古新华发行集团展区，我见到了内蒙古新华发行集团的秦董事长。

内蒙古新华发行集团展区设计得很有草原特点，草绿是它的主色调，白云缭绕其间，红色的标识格外醒目。我和秦董事长就在红、白、绿的"草原"上聊天。

秦董事长是蒙古族人，健壮的身板，厚重的嗓音，爽朗的话语。他对我去锡林郭勒盟考察全民阅读而没有通知他表示遗憾，然后一再盛情邀约我再去，说现在天冷了，明年夏天，一定要来看夏季草原。我一边应承着，一边把我在锡林郭勒盟了解到他们的"鸿雁悦读"计划和草原书屋一体化建设情况后的担心、疑虑，跟他大概说了。我的复杂心情迎来的是秦董事长的一阵爽朗笑声。

秦董事长用最简洁明了的一句话提醒我：聂总，"鸿雁悦读"计划不是已经在内蒙古8个盟（市）铺开了吗？计划中包括了跟草原书屋一体化建设的内容，锡林郭勒盟你已经看到了，这就说明全自治区全面推进也是可以办得到的。

我说：是的，我相信，深入推进全民阅读的国家战略还在坚持实行，你们自治区党委、政府一张蓝图绘到底，那就一定能办得到。只不过，你们新华发行集团还有全自治区的图书馆系统要下大力气，还要有韧性。

秦董事长又一次用爽朗的笑声回应我，然后他给我做了一番简要的讲解。

他说："鸿雁悦读"计划和草原书屋一体化建设，可以把国有文化企业引入草原书屋管理中，解决"谁来管理"的问题；把草原书屋整合融入"鸿雁悦读"计划之中，解决"谁来配送"的问题；推进图书馆总分馆制改革，将草原书屋融合到图书馆总分馆制建设中，旗（县）级图书馆与草原书屋资源整合和互联互通，实现草原书屋与图书馆图书的统一采编、统一检索、统一流通。

他特别加重口气强调道：一体化建设要利用科技手段拓宽传播渠道，解决草原书屋阅读方式单一的问题。现在我们正在建立以有声读物为代表的"听说读"系统，由内蒙古广播电视台跟内蒙古出版集团、内蒙古新华发行集团录制有声读物，研发适用于农牧民群众收听的有声文化产品，满足读者"听书"的阅读时尚需求。

  显然秦董事长还有很多话要说，可是展位上已经有两拨客人在朝他打招呼。我不能占用他太多的时间。秦董事长赶紧说道：对不起，我得过去了，他们是约好来谈合作的。聂总，明年您再来吧，我们内蒙古自治区全民阅读还有很多情况值得您了解。我们还要组织专家、作家、艺术家、名人、大学生、群众志愿者组成服务队，深入草原书屋，开展讲书、朗读、科技培训、阅读辅导活动，弘扬乌兰牧骑精神，为基层农牧民提供文化服务。到时候我们陪您一起去看草原书屋！

五

宁夏：贺兰山下的阅读空间

在宁夏回族自治区，我们连续造访了贺兰山下好几个阅读空间，有农家书屋，有公园里的"金凤悦书房"，有建在景点里的贺兰山书房。它们性质各异，风格各异，一如"一面大漠无垠，一面塞上江南"的宁夏大地，有大漠孤烟的伟力，有长河落日的情致，更有丰富多彩的生态。

1 夏日清晨，我们驱车来到银川市金凤区丰登镇新丰村的农家书屋。

新丰村位于银川市北郊，是一个整体拆迁村，村民们全都住进了集中安置的大楼，在凤北家园二期小区里。作为新的"上楼村"，村民们还是在村"两委"的行政管理和服务下。这里有居民议事渠道，有阳光、民主、多元的议事协商机制，有村里各项工作流程管理，实现了治理全程有效管控。新丰村的村民收入以劳务输出和个体经营为主，村集体收入以土地流转和村集体营业房租赁为主。2017年新丰村被评为"银川市壮大村集体经济先进集体"，2018年新丰村妇联被评为"金凤区先进妇女组织"，2022年村党支部委员会被评为"三星级党组织"。

新丰村2019年整村搬迁"上楼"。新丰村农家书屋就跟着村党群服务中心一起设在二楼。书屋面积约80平方米，内设图书室和阅览大厅，放置有政经类、生活类、文化类、少儿类及综合类图书2500余册，目前年均阅读量可达千余册。

我们尚在书屋外面，就听到书屋里传出孩子们的读书声。书屋管理员告诉我，书屋开办晨间读书班，孩子们正在进行晨读。每到寒假、暑假，书屋就组织村里的学生来这里进行集中晨读，主要阅读红色文化书籍。晨读通常安排大学生志愿者担任领读人。

走进书屋时，晨读已经结束，十几个孩子已经分散开来，有的在认真找书，找到书的很快就坐下来认真阅读。书屋里很快安静下来。

有两个大学生模样的青年，神情比较从容。一问，果然，一个是宁夏大学的，一个是青海大学的，都是村里考出去的，暑假回村，就做了农家书屋的志愿者。

一个小男孩显然好奇心重，抬头看了我一眼。我对他笑笑，问他：你是三年级学生？小男孩不说是也不说不是，而是明确地告诉我：开学四年级！

小男孩的回答真让我喜欢。接下来，我问到好几个孩子的年级，他们的回答模式惊人的一致：开学四年级、开学五年级、开学六年级，还有开学初一的，无不显示出孩子们希望快快长大的急迫心情。

我看那位"开学四年级"的小男孩在看一本《别想欺负我》的绘本，就轻声告诉他：这本绘本非常可爱，三四年级的学生阅读它非常合适，因为书里文字比较多，到了三四年级要多读点文字书。小男孩听我说着，有点儿好奇，又有点儿不明所以的样子。我接着问他：你们不是要写作文了吗？要写好作文就要多读点文字呀，要不然怎么写作文呢？他这才醒悟似的点点头。

书屋的角落里有两个大学生模样的女孩。我问：你们俩是志愿者吗？一个女孩说：不是，是来读书的。我问：是高中生？女孩回答：高考刚考完，预备大一。我问：高考成绩好吗？女孩不慌不忙地回答：不理想，不过还好。我问：农家书屋对你们的学习有帮助吗？女孩用力点头：有帮助，来多了就习惯读书了。我最乐意听到这样的回答。我接着女孩的话发表自己的见解：习惯读书了就会成为终身阅读者、终身学习的人才！

听我这么说，在一旁埋头看书的另一个女孩抬起头来看了我一眼。

我立刻迎着她的目光问道：你高考考得也还好吗？

她回答道：我是体育生。

我很意外，问她：你是什么专业？

女孩回答：排球。

我问：主要学习打哪个位置？

女孩回答：主攻。

看女孩身高虽然比较高，可似乎并不像我想象中的女排主攻手那么高。不过，我转念一想，全国的女排队员又有几个像国家队主攻手那么高呢。再说，大学体育生并不主要是以培养体育健将为目的的，而是为了组织开展大学体育活动，为了今后中小学体育教育、社会体育活动培养的人才。

我问她：体育生是不是每天应该保持一定强度的训练呢？我的意思是她怎么不去训练而是在这里捧书而读。

她回答：当然了，早晚我都要训练，可是训练完了我还是喜欢来书屋读书。

我赞扬道：太好了！体育生也要爱读书、读好书，全面成长。

女孩并不因为我的夸赞表现出一点羞赧，照旧镇定地说：反正我就喜欢读书，喜欢来农家书屋。

我能想象，眼前这位喜欢捧书而读的体育女生，她未来的模样定然既是一个亭亭玉立的排球女将，又是一个倚窗而读的知性姑娘。而谁能想到，她的阅读爱好竟然主要源自农家书屋呢！

2 夏日下午，我们驱车来到银川市西夏区镇北堡镇昊苑村农家书屋。

说要去往镇北堡镇，我就想起了镇北堡西部影城，那是由著名作家张贤亮于 1993 年创办的，在我国文学界成了一个不大不小的传奇事件。后来在这里拍摄过电影《大话西游》《新龙门客栈》等。可是宁夏回族自治区党委宣传部安排我们到这里来考察农家书屋，倒是我不曾预料到的。

镇北堡镇昊苑村曾经获得过"全国美丽乡村示范村"称号，昊苑村农家书屋在第二届全民阅读大会上获得"全国最美农家书屋"称号。村里的曹书记前来迎接我们，脸上洋溢着自信的喜气。

曹书记安排我们先看村史展览。

25年前昊苑村这个地方就是个沙坑，2001年成立了村委会，有5个村民小组，村民分别来自甘肃、陕西、安徽、河南、四川、山东、内蒙古、宁夏，是自发移民，不是政策移民。现在全村有40多名党员，村干部5人。村民先是搞绿化工程，曾经承包过宁夏回族自治区党委大院的绿化业务。后来是搞酒庄，现在这个村有19座酒庄，1年能产葡萄酒6000吨，其中志辉源石酒庄是最大的。

这两年昊苑村的酒庄发展带动了乡村旅游，乡村旅游带动了民宿发展。这里离影城近，离苏峪口岩画也近，游客旅游完了看酒庄，看完酒庄就住到民宿里面。民宿里面都摆有书架。

昊苑村在20多年的建设和发展中获得了很多荣誉，处处能看得出国家对自发移民村的关心和支持。

然后，曹书记领着我们看村里的党员活动室、村民联络站，接着就是农家书屋。昊苑村农家书屋藏书1.2万多册，全村2000多人，人均5册以上，藏书比起一般的农家书屋明显要多得多。

走进农家书屋，书架和书桌摆设得齐整自不必说，给我留下很深印象的有两个场景。一个是书架所靠的两面墙上各有一段古文，一面是"静以修身，俭以养德。非淡泊无以明志，非宁静无以致远"，另一面是"夫学须静也，才须学也，非学无以广才，非志无以成学"。古文没有注明出处，但我们知道出自三国时期诸葛亮的《诫子书》。像这样文气充盈的农家书屋我很少见到。给我留下很深印象的第二个场景是在书屋的洁净的木地板上放着很多蒲团，一些小孩就坐在蒲团上看书，有一个小孩竟然趴在两个蒲团上睡着了。看着那小男孩酣睡的样子，我们不禁轻轻笑了起来。曹书记说，暑期间，小孩子来得多，看书累了中午就在这里睡觉。

我问农家书屋的管理员是不是专职的。曹书记说是兼职的，由村里"两委"委员、村委副主任兼管，差不多就是专职管农家书屋，领村委副主任的补贴。

我问：咱们农家书屋平时搞活动吗？比如是不是请专业人士来讲些知识？

曹书记说：有时候也请农科方面的专家来传授知识。每年寒假和暑假，就请北方民族大学的大学生来给孩子们讲书。志愿者，我们管吃、管住就行。有的大学生来十几天，有的来一周，来20天的也有，专门在这里给孩子们教一些知识。村里家长最愿意让孩子来。因为孩子在家里不写作业，总是玩，都受不了，家长不好管，放这个书屋里来的话，相对听话一点，还能学点东西。

我问：开学以后孩子就不大来了吧？

曹书记说：那就借书回去看，把书借回去读的孩子很多。

我说：借书很重要，孩子借书他不仅自己看，父母亲也会跟着看，就是"小手拉大手"。

曹书记说：我们村的产业比较好，年轻人回流的很多，在酒庄里工作的基本上都是村里的年轻人。这些人白天去酒庄上班，晚上回家跟自己的父母和自己的子女在一起，人口的稳定性也就比较强，所以农家书屋的使用率比较高些。国家讲的是现代化，农业现代化，首先是农业人才现代化，所以要多读书，才能实现劳动力现代化。

我问：村里人读了书是不是村里也比较和谐了？

曹书记说：我们村5年没有越级上访的。这跟经济好了有关系，跟多读点书也有关系，村民讲道理，就比较和谐了。全村人来自五湖四海，来自8个省17个县，大多数移民现在都40来岁了，他们中的大多数人还是喜欢读点书的。

3 夏日上午,我们驱车来到金凤区宝湖公园里的金凤悦书房。

金凤区一共建了 19 个金凤悦书房,主要由金凤区政府投资建设,金凤区图书馆协助管理,金凤区政府购买服务,其中有 4 处交由社区管理,其余交由社会化第三方机构管理。"金凤悦书房"由金凤区图书馆协助管理,也就是让这些书房与区图书馆连成一体,实行总分馆制管理运营,目前 19 个金凤悦书房都已经做到通借通还。金凤悦书房大多建在金凤区公园里和社区、小学、幼儿园附近,都是市民去得比较多的地方,方便居民来看书学习。

宝湖公园是一座城市公园。公园绕湖而建,湖里有荷花,湖边树木葱茏,花草葳蕤。公园四周是林立的高楼大厦,衬托出湖泊碧波的静谧和葱茏树林的可爱。湖边有微风吹拂,上午的太阳也不是那么逼人,阳光映在宝湖的水面上,波光轻柔,洒落在林间绿地上,斑驳而和煦。金凤悦书房就建在离公园大门不远的一座庭院式二层楼建筑里。这个二层楼是不大的公园里最别致、最引人瞩目的建筑。我们不禁连声称赞:书房建在公园里,周围景致赏心悦目。银川的读者能到这么漂亮的书房来读书,有福了!金凤区图书馆负责人告诉我们,这是公园原先的建筑,图书馆要拓展分馆,建书房,金凤区党委、政府二话不说,立刻支持了图书馆的请求。

我们进到书房,看到里面差不多坐满了人。因为正值暑假,看上去主要是大学生,也有些高中生。金凤区图书馆负责人告诉我们,许多金凤悦书房经常是座无虚席。

一旁陪同的宁夏回族自治区党委宣传部同志说:自治区图书馆也是这样,早上过了 8 点 30 分,差不多就没有座位了,直到傍晚都很难空出来。

我感叹道:爱读书的人是越来越多了!

也许我的感叹声大了一些,坐在书房角落的一个小伙子站了出来,提醒我们:你们安静一些!

这一声提醒弄得我们有点尴尬。不过他是对的。我赶紧朝小伙子点头表示歉意。因为一时高兴,忘了压低声音。我们当然知道,这里不是咖啡馆,是书房,书房岂容喧哗?

金凤区图书馆负责人示意我们上楼。楼上可以尽览公园全景。楼上半是露台半是书房。书房里的读者稍微少一些,在这里读书的人似乎更加沉静。

为了避免打扰读者,我们在露台上继续交流。露台上尽管有太阳晒过来,可是有风,比较清爽的风,使人怡然。

金凤区图书馆负责人告诉我:这里是金凤区全民阅读促进会的活动地点,一年中在这里大约会举办50多场活动。

我问:这是金凤区最大的一间金凤悦书房?

金凤区图书馆负责人回答我:这是最大的,楼上楼下有730平方米。不过其他金凤悦书房也都不小,小的有100多平方米的,最小也有90平方米,因地制宜吧。

金凤区党委宣传部同志说:金凤悦书房成了银川市全民阅读的一道亮丽风景线,很多市民反映特别好。

金凤区图书馆负责人说:我们金凤悦书房还提供将近15项便民服务,包括饮水机、充电器、雨伞、药箱等,该提供的都提供。

我说:你们这个金凤悦书房,与北京、深圳这些大城市去比较,也都不会差。特别是读者的满意度很高,书房里学习氛围好。刚才那个小伙子就能提出诉求,说你们说话小声一点,他可不管你们是不是领导、贵宾!这就说明读者在这里有主人翁的感觉,认为在书房里读书学习是天经地义的,大家都要安静。这就是书香社会的感觉。

4 下午,我来到位于4A级景区漫葡小镇内的贺兰山书房。

漫葡小镇是银川市西夏区打造的一个坐落在贺兰山东麓的省级

度假区。作为国家首批特色小镇之一，漫葡小镇荣获国家 4A 级旅游景区、第一批国家级夜间文化和旅游消费集聚区、自治区级旅游休闲街区等多项国家级和自治区级荣誉。

漫葡小镇作为全国首个以葡萄酒为主题的美食街区，集餐饮、文创、互动体验等多种功能于一体，让游客在此体验"美酒+美食"的双重魅力。而景区里唯一的书房——贺兰山书房就坐落在小镇的核心街区，大有闹中取静的审美效果。

贺兰山书房以开放性的公共借阅为基础，配套热门书籍的销售，附加当地特色文创产品、艺术作品的展示与销售，为小镇游客及居民提供一处精神栖息地。书房定期开展的书香阅读活动、书友交流活动，让书房切实成了一个多功能公共文化空间。

贺兰山书房的总经理叫平原，是宁夏的一位回族女作家，曾做过记者。见到她时，我主动告诉她，我知道她还是作协副主席。她赶紧纠正道：是银川市作协副主席，不是自治区的。我欣赏这个谦虚谨慎的解释，有自谦，也有自信。接着她还主动告诉我，她还是银川市政协委员，书房门口就挂了个委员工作室的牌子，主要联系的界别是文艺界别和新闻界别，可以随时搜集社情民意。这又体现了她的自重、自强。

平原身着黑色短袖上衣，蓬松的黑发显示出女作家的洒脱。书房一楼大厅的一面墙上挂着"贺兰山书房"的牌匾，牌匾上方悬挂着宁夏回族自治区作协授予的"创作基地"的铜牌，下方有一行口号："星辰大海，纸质生活。"平原给我们介绍：一共三层楼，每层 100 多平方米，一楼是图书销售，二楼是图书馆，三楼是一个多元的文化空间。

平原说：我们这里的书籍有两个特色，一个是文学作品，一个是艺术类书籍。漫葡小镇是一个艺术家聚集的园区，所以书房准备了很多艺术类书籍，这里应该也是全宁夏拥有最多艺术类书籍的书房。书房在小镇起到了文化、旅游深度融合的作用，还辐射到周边城乡和外地的旅游人群。外地人在这儿可能想看到一些关于宁夏的人文方面的书，我们在二楼特设了宁夏作家专架。有 50 位中国作协会员级别的宁夏作家给我们捐了书,也有签名版的在售卖。

贺兰山书房一楼是个销售空间,卖书、文创产品,也卖咖啡、茶水、饮料。今年这里还推出了"一日店长"活动:书房招募"一日店长","一日店长"全天说了算,想打折就打折,要推荐书尽可以推荐,搞读书会搞活动都行。半年里尝试做了 4 期,效果还挺好的。

平原招呼一个叫"倩倩"的女孩过来,让她给我们介绍。

倩倩说,她是负责管理书店的店员。书店对所有市民开放,来的有刚毕业的年轻人,也有大学生,还有年纪大一点的,比如刚退休的老师,各种职业的都有,都是平时有阅读习惯的。

我问她:半年里聘请过 4 个"一日店长",哪个人给你留下的印象比较深?

倩倩说:有一个女孩,她今年要毕业,在想自己到底要从事什么职业,想到书房来接触更多的人。

我笑着问:做了一天店长,把你们做亏了吗?

倩倩说:没有。咖啡价格是固定的,可以打 9 折,"一日店长"有 9 折权利。重要的是她会推荐书,推荐了不少好书给读者。

倩倩想了想,又说:还有一个姐姐,她是带着一个好小的小朋友来的,她做了"一日店长"。书房要求每一位"一日店长"留下一句话,推荐一本书给读者。她留下的一句话和推荐的一本有关苏东坡的书,直接帮助店里面把跟苏东坡相关的书全都售罄了。

我很感兴趣,虽然知道现在很多年轻人喜欢苏东坡,但是很难想象一个人怎样用一句话帮助书店大卖跟苏东坡相关的书。

倩倩把一张留言条拿给我们看,说这是那位"一日店长"姐姐写的。只见上面写有一行娟秀的钢笔字:"人生缘何不快乐,只因未读苏东坡。"

大家看了都说有意思。

我问:你们把它放在网上,放在你们的 App 上了吗?

倩倩说：我们有微信公众号、小红书，也在自己的微信朋友圈里发。

平原在一旁叮嘱道：倩倩，我们"一日店长"这个活动可以一周招募一次，你把这个活动再继续推一推。

我问：是在网上招募？

平原说：对，我们有微信公众号，大概有5万多粉丝，多是读书人和文化人，都比较踊跃。还有外地的，来宁夏旅游，竟然专门跑到这儿来看贺兰山书房。

我说：从一定意义上说，"一日店长"也是阅读接力赛。在这里做了一天店长，给大家推荐一本书，更多的人接着去看这本书。

倩倩说：我们还有"书香换咖香"活动。在4月23日世界读书日的时候，读者拿一本旧书过来可以换一杯咖啡，不过这书我们要翻一下，不能是教辅书。这本旧书就放在这儿了，我们再把它流转给其他人。

我开玩笑道：如果你们在北京就好了，我经常去咖啡店。家里的书太多，差不多"书满为患"了，可以"书香换咖香"啦。书香高雅，咖香也高雅，喝咖啡，读好书，都是一种精神生活。

倩倩说："书香换咖香"活动，我们还请送书的人说明一下为什么把这本书送给别人，希望他们可以在书里放上一张小卡片。

平原说：这样对来换"咖香"的书也负点责任，不只是不要教辅书，最好还是有阅读价值的书。

我赞成道：对，提高全民阅读的文化品位。你们这里作为一个平台，有作家、艺术家的交流，有读书人的交流，而且还有"书香换咖香"，像交接棒一样，留下一句话，就留一句话，不用写太长。

倩倩说：我们那里有一个留言板，用了好久了，都卷了，读者还挺爱写的，很多人在这儿看看书就会有留下几句话的冲动。店里准备了好多书签，读者可以自己取来写寄语。

我问：咱们贺兰山书房是不是快成网红打卡地了？

倩倩笑道：差不多吧。好多年轻人来这里打卡，可是，有些人就来照几张照片，这么摆，那么摆，照完就走，书一下都不碰。不过也有看书的年轻人。

我说：只要他们知道书有价值，这个也是好的，总比见到书一脚踢开要好。因为他们知道书是好的，跟书的合影是值得晒给别人看的，那也好啊！

平原说：确实有一些人，游乐完了，看完演出了，找这么一个安静的地方，享受一下景区书店高雅的感觉，那个状态一下就不一样了。特别是二楼是图书馆，读者可以放松看书。

平原领我们上到二楼。

二楼是个读书的所在，书架、桌椅、沙发一应俱全。一面墙上展示着一幅很大的人像喷绘，平原说这是书房宁夏作家专架的 50 位作家的群像。

平原告诉我：这些宁夏作家都捐过书给书房，甘肃省作家叶舟也给书房捐过书。

倩倩说：平原老师有这个想法已经很久了，说是要做一面宁夏作家的照片墙，作为书房的特别展示。

我对书房推荐本地作家的热情表示赞叹。

平原把我们带上三楼，她介绍道：三楼是举行主题分享会的空间，书房经常在这儿搞读书会，主要是文学、艺术读书会，本地的艺术家、作家，基本上请了都会过来。今年 4 月 23 日世界读书日，书房请了 6 位宁夏的作家，做了一个直播，做读书分享，谈文学和生活，关注度很高。下周二有个全国生态文学创作营活动，在我们这儿专门放了一站，有些很有名的报告文学作家会过来，在书房里开座谈会，并给当地作家一些指导。前些天，西夏区委主要领导带领年轻干部在这里刚做了一场政协委员读书分享活动。

我说：这个特色小镇，有这么一个文学艺术集散地，读者肯定愿意来。

平原说：现在因为是暑期所以比较热闹，我们做了一个"书香电影"的放映活动，找了一些关于阅读的电影，客人只要点一杯饮料，就可以进来看电影。

我问：今天放什么影片？

平原说：《书店》。

我说：影片也选得好。

影片《书店》是 2017 年上映的一部故事片，讲述了单身女子弗洛伦斯顶住周围人的反对坚持在小镇上开书店的故事。虽然书店最终被赶出了小镇，可其中体现出来的文化精神感人至深。

平原说：这里播放的电影都是围绕"阅读"和"书店"这两个概念。有些人很难有时间在这里看完整部电影，回去就会找相关图书阅读。譬如《书店》这部电影是根据一部小说改编过来的，读者可以回去找到这本书，读这本书。

看得出，贺兰山书房具有很强的全民阅读公益性质。虽然一楼的买卖略有收益，可怎么可能支付得起 300 多平方米的房租和人员开支呢？平原告诉我，这里的用房全都是政府免费提供的，她们就购买一些书，支付人工费用。

我说：就是人工费用也有很大压力的。为什么不在一楼做些简餐买卖？

平原说：小镇不缺吃饭的地方，书房里一开简餐，气息、氛围都变了。

我想到了贺兰山书房牌匾下的口号："星辰大海，纸质生活。"

一个不大的贺兰山书房，一个很大的读书生活境界！

六

广西：刘三姐家乡有书声

1 我去广西壮族自治区参加出版活动，广西卫视邀请我去做了一次访谈，谈的全是全民阅读的内容。记得那次访谈，主持人问得很有准备，也对准了我的兴趣所在，节目做得流畅，作为受访者我觉得开心。后来编导通知我节目播出的时间，我打开频道看，原来是广西卫视的《遇见好书》专栏节目。节目播放出来流畅准确，看不出什么剪辑的痕迹。作为受访者，我觉得很受编导的尊重，广西卫视《遇见好书》让我很高兴。

广西卫视的《遇见好书》以推荐桂版好书为主线，以"大小屏＋书籍＋故事化"的方式，讲述图书的主要内容、核心思想以及图书创作背后的故事。节目关注阅读需求，紧扣时代热点，突出文化定位，坚持高水准制作，深受观众喜爱。2018 年在广西卫视和广西都市频道正式推出以来，每周播出 1 期，累计播放 400 余期，是全国为数不多的全民阅读电视文化节目。该节目在全国收视率常年居于前 15 位，多期节目在广西区内收视率突破 1%。大家知道，阅读类电视文化节目收视率能达到 1% 是多么不容易。2022 年 4 月，《光明日报》以《〈遇见好书〉：打开广西对外文化交流之窗》为题对节目进行了专题报道。

我仔细阅读《遇见好书》的总结材料，发现多年来这个节目特别注重从中华优秀传统文化中选取题材，每年传统文化类题材占比超过 60%，制作的《白先勇细说〈红楼梦〉》《宋：现代的拂晓时辰》《庄子哲学讲记》用电视语言生动展示了书籍中蕴含的中国智慧、中国精神和中国价值。编导和主持人跟我做全民阅读节目，重点就放在询问我对中华传统文化中的阅读价值观和阅读方法的看法上。

节目在从中华优秀传统文化中选取题材时，尤其重视深耕本土资源，积极宣传广西风土、风物、风情，弘扬广西优秀传统文化、民族文化，注重宣传广西好书。节目在领读"我们的广西"丛书、"文化广西"丛书、"非遗广西"丛书时，宣传了广西，擦亮了"广西出版"的金字招牌，提升了广西在全国的文化影响力。

节目要想提升文化影响力，还得要有文化影响力的文化名人来参与和支撑。节目先后推荐中宣部精神文明建设"五个一工程"获奖图书《战上海》、鲁迅文学奖获奖图书《奥麦罗斯》、获评"中国好书"的《水墨戏剧》《重生：湘江战役失散红军记忆》等一大批重点图书，先后邀请王蒙、黄永玉、贾平凹、葛剑雄、何建明、郦波、李敬泽、臧永清等一批文化名人、作家参加节目制作。节目的文化影响力在文化名人的加持下变得更大。

我比较喜欢《遇见好书》节目主持人跟我们受访人作沉浸式的交流，放手让我们畅谈，鼓励我们讲故事。后来我看播出的节目，穿插了不少情景资料和书籍内容，关联热门话题，借用当下流行的手法、背景音乐等元素，使得节目不单调，信息量也大。这使得该节目成了在广西全民阅读活动中颇受欢迎的一档节目。

2 在入选中宣部"2022—2023 年全民阅读优秀项目"的 15 个项目中，我看到了来自广西的一个项目："走读广西"。这一发现，既在我的预料中，也让我感到些微的意外。之所以说在预料中，是因为这一项目就像它的名称"走读广西"一样，内容凸显了广西作为我国旅游资源大省的定位，其中走读内容包括旅游活动、展览讲座、自驾游、研学游等线上线下创新实践阅读推广方式，着力于把"读万卷书"和"行万里路"有机融合。而让我感到些微意外的是，这项活动不仅动员了各地读者参与，居然还吸引到了来自四面八方的旅游爱好者，使得活动更富于全民色彩。

2020年4月，烟雨桂林，漓江之滨，22辆私家车从桂林图书馆出发，驶向有着千年历史的古运河相思埭，开启"走读相思埭"文化体验之旅，正式拉开"走读广西"的序幕。"走读广西"这项活动由广西壮族自治区文旅厅统筹实施，自治区图书馆、桂林图书馆等公共文化机构示范引领，全自治区各级公共图书馆联动开展，"自上而下"统一主题、主线，对场馆和景区、文献和文化、活动和线路、文创和纪念品、读者和游客等资源要素进行优化整合，提供指导意见和科学方案。"走读广西"把阅读推广活动办到景区，请文史学者户外直播、摄影专家现场教学，开展沉浸式解读"喀斯特"的故事。这一活动是全广西首次"走"与"读"融合的成功实践，在社会上引起热烈反响。3年多来，"走读广西"开展线上线下活动超1500场次，足迹遍布广西14个设区市110多个县（市、区），参与群众超1000万人次，引发广泛关注，许多省（区、市）借鉴推出相关活动，"走读广西"产生了全国性影响。

"走读广西"，八桂大地到处是奇山秀水，人文荟萃，活动自然在各地的"走读"中异彩纷呈。

在百年名馆广西壮族自治区图书馆，将"走读广西"活动与"清廉广西"建设相融合，设置"廉政文化书柜"及"廉政文化读书角"，举办"风清气正展新颜——走读广西廉政文化展""新中国反腐倡廉大事记文献展"，弘扬廉政文化，倡导清风正气。

在世界风景名城桂林，追寻中央红军在桂北艰难跋涉数百公里壮烈足迹的"湘江战役之旅"、寻访原生态传统古村落、"满城书香阅桂林"、红色资源展播等活动火热开展，"汽车图书馆流动服务"播放广西红色历史文化、桂林抗战文化等专题视频，让山水间的游客们从不同角度了解广西。

在中外闻名的绿城南宁，读者在市图书馆"南宁印记"主题馆里聆听"邕州知州苏缄"现场说书，欣赏馆藏文献改编的南宁白话民谣——新编《南宁老街歌》表演，阅读丰富的文献资料，行走字里行间，对话邕城古今。

在海上丝绸之路首港北海市，孩子们在家长的陪伴下通过市少儿图书馆自主研制的"海丝智慧棋""重走"海上丝绸之路，现场绘制"千年丝路我来绘"长卷，了解中国与世界交往的历史和成就。

在千年陶都钦州市，孩子们参加"向海而兴·向海图强"海洋科普主题研学活动，深入了解海洋生物多样性知识，学习生态系统完整性的重要理念，让海洋强国梦在孩子们的心中扎根生长。

在百年商埠梧州，市图书馆六堡茶书屋为读者提供《茶船古道》《思辨六堡茶》等茶文化相关书籍700余种，专家学者、非遗传承人受邀开展六堡茶文化阅读分享活动。

在长寿之乡、刘三姐故里河池，人们带着"文化广西"丛书、"非遗广西"丛书的书香走进南丹里湖白裤瑶生态博物馆，体验"蓝靛染""跑纱""粘膏画"等民族服饰制作工艺；走进王尚小学欣赏国家级非遗项目铜鼓舞《南丹勤泽格拉》，鼓声隆隆，演绎出动人心魄的千年古韵，升腾起热血激昂的文化自信。

"走读广西"把"知行合一"的理念运用到阅读推广和公共服务上，让人们在行走中阅读，在行走与阅读中感悟中华文化，增强文化自信。

3 2023年暑假期间，在广西壮族自治区的很多家新华书店的门店里，我都遇上了穿着红马甲的男孩女孩，红马甲上印有"新华小店长"几个金色大字。"新华小店长"们在书店里来回走动，主动接受顾客的询问，然后导引顾客找到某一门类的书架。一看就明白，这是学生们在进行暑假实践活动。

看见这些脸上不掩稚气可态度十分严肃认真的孩子，我不禁心中一动，也就是写作文的人通常会描述的"泛起了心中的涟漪"。

1963年秋天，我上初中一年级时，我们年级有几个同学组成了一个学雷锋小组，经常到宜山县（今河池市宜州区）新华书店门市部开展义务劳动，充当柜台售货员。那时书店还没有实行开架售书，顾客想看什么书都要请售货员拿过来，有时顾客多了，售货员就忙不过来，戴着红领巾的学雷锋小组就发挥了很大作用。那时我已经比较喜欢读书，有时去书店逛荡，看到那几位同学在书店里忙得欢，心里还有点怪怪的，是羡慕嫉妒，但不恨。后来听说书店很满意那几位同学的表现，给他们每人奖励了一本刚刚出版的长篇小说《欧阳海之歌》。那可是那个年头被奉若至宝的革命小说啊，让我羡慕嫉妒得至今难忘。

　　那几位到新华书店参加义务劳动的同学，新华书店让他们受益多多。据我所知，他们当中有好几位成了终身喜欢读书的学习型人才。

　　现在，在全民阅读热潮中，在开展全国青少年学生读书行动的实践中，广西许多新华书店门店里又出现了"新华小店长"。这让我觉得既亲切又新奇。

　　八桂书香网负责人冯老师告诉我，八桂书香网多次重点报道过"新华小店长"暑期实践活动。这项活动是广西新华书店集团下的广西新华文盛图书有限公司于2020年发起的。2022年，广西新华文盛图书有限公司根据教育部发布的《义务教育劳动课程标准（2022年版）》，将"新华小店长"实践活动升级为假期研学活动；2023年暑假，该公司聚焦培养中小学生核心素养，以"职业体验之旅"为主题，对"新华小店长"活动内容做了进一步优化升级，把这项活动打造成一个面向小读者的社会实践平台。平台旨在培养小读者们热爱图书的意识，提升小读者们的劳动技能，增强小读者们的社会责任感；同时也拉近新华书店与读者的距离，让更多读者朋友走进新华书店，了解新华书店和图书知识，养成阅读习惯，爱上阅读。

　　冯老师说，广西新华文盛图书有限公司的"新华小店长"活动一直在总结经验，推广好经验，完善活动方案，策划设计包含课程教学内容及物料设计的"小店长"工作方案，努力提升"小店长"的职业体验、书课体验、爱国主题教育精神方面的内容。现在，各连锁门店充分利用广西新华文盛图书有限公司提供的活动设置方案和教学素材，将"新华小店长"活动延伸至研学托管活动等方面，吸引了许多中小学生到书店来参加研学活动。他们有的学习图书分类，有的学习图书展陈技巧，有的学习图书内容导读，有些书店甚至组织"小店长"们走出书店，到社会上参观学习，增强他们的实践能力。

冯老师告诉我，八桂书香网专题报道过百色市新华书店有限公司靖西分公司举办的"新华小店长"非遗文化半日营活动。

靖西市是壮族人口占绝大多数的边境县，这里开办有一家靖西市新华书店的国门书店。2023年暑假期间，靖西市新华书店精心组织了一次"新华小店长"研学活动，组织"小店长"们参观当地的壮族博物馆，沉浸式体验壮锦制作，并举办了快乐分享会。

参观当地的壮族博物馆时，"小店长"们一边参观，一边认真聆听讲解员对馆内藏品的讲解介绍，积极提出问题，更有"小店长"抓紧时间做学习笔记。领略了丰富多彩的壮族历史文化后，"小店长"们又跟随书店的带队老师来到靖西市壮锦厂。在那里，国家级非遗传承人李村灵的弟子黄莉萱老师带领"小店长"们参观并作讲解。"小店长"们不仅学会了欣赏美丽的壮锦，小笔记本里记得满满当当的，还初步掌握了传统织布机的使用方法和平织技巧，能够有模有样地织起来。虽然只是一段简单的平织壮锦，大家却收获了满满的成就感。书店的老师们最后组织"小店长"们参加快乐分享会。会前所有"小店长"都认真填写了活动手册，在快乐分享会上，大家踊跃上台分享当天参加活动的感想和心得。

我对冯老师说，靖西市新华书店真是把书店做活了。冯老师说，现在广西各地新华书店都在积极响应国家"双减"政策，整合公司资源打造"新华小店长"活动品牌，将室内课堂拓展延伸到户外体验，助力自治区少年儿童德智体美劳的全面发展。

4 2023年4月，世界读书日前夕，广西河池市政协专程邀请我前往河池市为市政协系统做"读书与履职"专题辅导报告。河池是我亲爱的家乡，来自家乡的邀请我不能不接受。尽管每年4月是我接到各种全民阅读活动邀请数量最多最密集的月份，可我还是下决心推掉或推延了若干活动邀约，前往距离首都北京2200多公里外的广西河池，到基层政协做一场阅读辅导报告，同时为本书的写作做一些考察采访。

广西河池市是典型的少数民族聚居地区，有壮族、汉族、瑶族、苗族、仫佬族、毛南族、侗族、水族等8个世代居住民族，少数民族人口占总人口的85.6%，下辖5个民族自治县和11个民族乡，罗城和环江分别是全国唯一的仫佬族自治县和毛南族自治县。这里有世界闻名的长寿之乡，这里还是传说中的壮族"歌仙"刘三姐的故乡。

4月12日，我应邀为河池市政协做了一场题为《全民阅读新景象：政协处处有书香》的辅导报告。出乎我的意料，主持报告会的竟然是市政协黎主席。会前我想，黎主席能出席会议就是表示重视了，因为通常情形下政协主席的工作很忙。可是她不仅主持会议，而且自始至终聆听并做笔记。出乎我意料的还有，参会人员超过2000人——当然是线上线下听会，有驻河池的全国政协委员、自治区政协委员，以及市政协、各县（区）政协委员，其中有许多少数民族委员。报告会规格之高、规模之大，让我这个全国政协老委员深受鼓舞。

多年来，从北京回家乡，每次都有收获，而且收获都有新鲜感。这次回家乡推广全民阅读，收获的新鲜感则尤为强烈。在北京，作为老政协委员，我曾经参加过"书香政协"委员的读书交流活动，交流的内容比较多地集中在读书交流和助力建言资政上；而这次在基层政协，却看到"书香政协"委员的读书活动更多地贴近基层社会生活，更多地在提出意见、建议上下力气，充满了人间烟火气。了解到这些情况，我就理解了黎主席在会议总结时提出的"书香政协"委员读书实践活动"要引导委员向履职聚焦，向理论建言、向资政前进"的要求，要将读书收获转化为履职成效，持续推动建言资政和凝聚共识双向发力、提质增效。

这次回到家乡，我还非常意外地在"书香政协"委员读书实践活动中遇到自己久违了的山歌，让我感到格外的新鲜。

石榴开花叶子青，
芭蕉结果一条心。
中华民族共同体，
打断骨头连着筋。

这是住在河池市的一位自治区政协委员编唱的一首山歌。据说，这首山歌发布在全国政协委员读书平台广西政协读书群中时，获得很多点赞。

我从小就在刘三姐的故乡——河池市宜州区生活，那里有青的山、绿的水，有茂密的竹林和漫山遍野的山花。那里的人们爱唱歌，爱用山歌来表达情感——谈情说爱时唱歌，宣讲道理时唱歌，幸福就唱山歌，痛苦也唱山歌。即便是骂人，也用山歌戏谑地唱、刻薄地唱，唱得挨骂的人没脾气。在我的青少年时代，在那青山绿水间，我时时能听到男女之间用不加修饰的嗓音对唱山歌。

"建设铸牢中华民族共同体意识示范区"广西政协读书群在全国政协委员读书平台开群以来，住在河池市的自治区政协委员积极进入读书群，踊跃参加读书活动，纷纷进行交流发言。委员们一个接一个地畅谈读书心得体会，一首接一首地唱颂中华民族共同体意识，营造了热烈的氛围。

河池市政协正在遴选委员们编写的优秀山歌作品，即将编制一部《铸牢中华民族共同体意识》山歌集，引领全市广大政协委员共同助力"建设铸牢中华民族共同体意识示范区"。我请河池市政协的领导把一些他们认为比较好的山歌转给我，我的微信立刻收到了数百首山歌。这里摘录几首与读者们分享——

河池政协编歌集，
铸牢共同体意识；
读来通俗又易懂，
唱来好比凤凰啼。

歌书一共分五章，
分门别类看周详；
内容生动又连贯，
好比珍珠排成行。

得读这本山歌书，
好比捡得夜明珠；
捧在手上不舍放，
读来心中有日出。

中共中央发号召，
各族人民心一条；
中华民族共同体，
这个意识要铸牢。

政协网上来征歌，
征得好歌几大箩；
编成歌书认真看，
好比星子满银河。

民族团结党领航，
复兴路上谱华章；
繁荣发展结硕果，
民更富裕国更强。

这些山歌不单是把道理说得清清楚楚，而且传统山歌的赋、比、兴手法也都用得比较自然，譬如"读来通俗又易懂，唱来好比凤凰啼"，"编成歌书认真看，好比星子满银河"，自然而且亲切。可以相信，把如此说理清楚而又自然亲切的山歌唱给当地各族群众听，"铸牢中华民族共同体意识"的传播效果一定会得到更大增强。

我请教河池市政协滕副秘书长，政协委员编的山歌中有没有关于"书香政协"的。她说有的，就当着我的面打了两个电话，电话那头，一位被她称作"主席"，一位被她称为"歌王委员"。对方都有很畅快的回应。不一会儿，她的手机上先后收到微信信息，她立刻转发给我。我表示讶异：怎么那么快？她微笑道：不少政协委员平时得空就编山歌，但凡有需要就拿出来唱。

转瞬间，我的手机就收到几位政协委员关于"书香政协"的山歌——

画眉最爱金竹林，
壮家最爱亮歌声；
河池政协搞活动，
我用山歌表心情。

建群建院建平台，
云端学习乐开怀；
理论实践结合好，
披荆斩棘向未来。

全国政协好主张，
书香政协遍地香；
读了好书心中爽，
心爽就把山歌唱。

风不吹云天不晴，
人不读书眼不明；
建言资政要做好，
读书学习不能停。

牛角不尖不过界，
马尾不长不扫街；
好学善思勤为径，
书香政协有平台。

风吹云动天不动，
水推船移岸不移；
依靠学习是法宝，
建设强国要学习。

读到这些来自家乡的山歌，乡音乡情撩动我的心。我是从小听着家乡山歌长大的，从事文学工作后，还专门去民间搜集过数千首山歌，在文学刊物上以《下枧河情歌》为题发表过其中百余首。后来虽然没有专门从事民间文学作品搜集整理工作，而是用更多时间阅读了大量的中外文学名著，对家乡的山歌却一直心心念念，觉得亲切无比，这大概就是与生俱来的文化基因吧。

也许有人要问，这里的"书香政协"主要是唱山歌吗？当然不是。在报告会前，河池市政协领导把他们近年来开展"书香政协"委员读书实践活动的情况跟我做了交流。河池市政协开展"书香政协"委员读书实践活动的情况跟全国各地各级政协非常相似,都是在搭建新平台、探索新方法、构建新模式、引领新风尚上下功夫。这里市、县两级政协共建成"委员书屋"和"委员读书室"22 间、"委员书吧"25 座、"委员书柜"403 个;以专委会为单元,组建读书群 58 个。我在推广全民阅读过程中,无论是对学校还是政府机关、企事业单位,都比较主张建立读书群(或者称为读书会)。有了读书群,个人就有了内在和外在的动力而不至于放任自流。对于平时生活、工作比较分散的各级政协委员,要开展好读书活动,建立相对稳定的读书群是一个好办法。河池市政协文史馆建成 VR(虚拟现实)展厅、"电子图书馆"等线上读书平台,累计开展读书交流活动 100 多场次,先后向乡镇政协工作联络站、政协委员之家、村屯协商议事室以及农家书屋等赠送图书 12 万余册。市政协结合读书实践提出的 300 多条意见、建议,获党政领导批示 200 多人次;开展的"助一村、帮一户、献一策"活动成效明显。2020 年,河池市召开脱贫攻坚表彰大会,市政协办公室获评"全市脱贫攻坚暨'十大百万'扶贫产业工程先进集体""全区脱贫攻坚先进集体"。"书香政协"活动在基层政协做出如此之多的贡献,一个重要原因就是政协委员们在主题教育中加强读书学习,联系实际,建言献策。而这些山歌,用当地群众感到比较自然、亲切的方式,对政协委员开展读书学习发挥了推动、组织、鼓劲的作用,对当地开展全民阅读也发挥了召唤、示范、带头的作用。刘三姐的家乡不只有山歌声,还有读书声,相信还会有越来越多的书声与歌声齐飞!

开展好民族地区的全民阅读,必将全面促进民族地区经济、政治、文化、教育、科技等各项事业的发展进步。

民族地区开展全民阅读,还有利于增进少数民族群众对国家的认同。自人类社会出现出版物,各类出版物就成为将国家具象化的重要载体。包括少数民族在内的广大人民群众阅读的过程,同时也是感知国家从而认同国家的过程。阅读在提升少数民族群众国家认同上的这一作用，尤其体现在党的创新理论的阅读、重大主题作品的阅读、反映中华民族精神作品的阅读、马克思主义经典著作的阅读以及红色文化题材作品的阅读、反映新时代伟大成就作品的阅读等方面。阅读成为铸牢中华民族共同体意识的重要途径。

少数民族阅读，在我国全民阅读工作格局中的地位正在不断凸显。但由于少数民族在文化传统、语言文字以及风俗习惯等方面存在着较多的特殊性，少数民族群众阅读权利的保障涉及的内容更多，工作体量更大，需要中央相关部门和各地党委、政府投入更多的力量。无论如何，这项工作必须做好，不能做不好；即便做得不够好，也不能做坏；同时，还不能不做！因为少数民族阅读工作意义重大，建设社会主义现代化强国，民族地区应该是"有书香的地方"！

建设社会主义现代化强国，全中国都应该成为"有书香的地方"。民族地区，从实际出发，可以逐步发展；而有些地方，则必须尽快建设，其中最为重要的是面向青少年群体，这是书香中国建设的重中之重。本书的写作应该立刻进入这一重要内容。

第五章 青少年阅读：书香社会从这里做起

一 小 引

二 亲子阅读：用亲情培育阅读的种子

三 云南宾川：脱贫攻坚中的「书香校园」建设

四 山西柳林：学生阅读如柳成林

五 湖南双峰：「耕读双峰」进校园

六 大学之道：书香激扬青春

北京市史家小学的学生在向同学分享阅读心得(来源:《阅读与成才》杂志)

嘉兴大学学生在嘉兴红船旁阅读《共产党宣言》(周奕成/摄)

一

小 引

1 2023年3月27日,教育部、中宣部等8部门联合印发《全国青少年学生读书行动实施方案》(以下简称《方案》)。3月28日,全国青少年学生读书行动启动暨国家智慧教育读书平台开通仪式在北京举行。这是深入推进全民阅读、建设书香中国进程中的一件大事。

《方案》明确了全国青少年学生读书行动的指导思想、基本原则、工作目标、重大行动、主要举措等,提出要推进学校、家庭、社会协同开展青少年学生读书行动,强化示范引领带动,助力深化全民阅读活动。我多遍学习了《方案》全文,对《方案》列出的基本原则第二条就强调"注重激发读书兴趣"特别感兴趣,想起从前很可能会强调"注重培养读书使命感责任感"。其实,一个小孩子如果没有读书兴趣,使命感责任感从何而来?我对《方案》要求将学生读书行动"积极融入全民阅读""持续推进常态开展"感到由衷的佩服。由此可以认识到,《方案》的印发,是教育界贯彻落实党的二十大"深化全民阅读活动"重要要求的具体举措。

《方案》的印发,对当前青少年学生读书提出了一系列重要要求,作出了相关教育课程改革的部署,具有明显的推动意义。

《方案》提出重在激发读书兴趣,养成良好的阅读习惯,充分调动青少年学生读书热情,倡导广泛全面阅读,把读书行动融入学校教育教学,引导青少年学生在读书中享受乐趣、感悟人生、获得成长。

2 自 2020 年 10 月编著出版了《阅读力决定学习力：提高阅读力的 11 堂课》以来，我应邀在线上线下以《阅读力决定学习力》为题作过数十场演讲。在作演讲过程中，我感到欣慰的不只是内容受到关注和好评，更重要的是我发现，几乎所有邀请我作演讲的市、县图书馆、教育局，特别是一些中小学校，他们都高度重视学生的阅读状况，几乎都通过加强阅读改善了学生的学习状况。

2020 年 10 月，我应邀到北京市第一七一中学作题为《阅读力决定学习力》的讲座。到了这所学校我才了解到，一七一中学 2009 年就开始全校学生的阅读活动，一直在坚持，对此我是深表钦佩。这所中学从 2009 年起组织学生进行"海量阅读"，每天下午给所有班级安排 1 节读书课，读书课时间里全校一律不再安排别的课程和活动，校园里保持肃静以利于读书。此外，学生们还有计划地组织各种讲座，有的讲苏轼，有的讲杜甫，有的讲李白，有的讲《红楼梦》，有的讲自己的阅读体会。最近 4 年，这所中学的学生每年在知名报刊发表文章超过 200 篇，这就是说，学校的教育真正抓住了"读""写"两条线，体现了"读是核心，写是目的"的阅读教育理念。

2021 年 3 月，应福建莆田市教育局邀请，我参加了莆田市校园读书月活动暨第一届校园阅读论坛启动仪式，并作《阅读力决定学习力》主题演讲。我了解到，莆田市书香校园智慧阅读平台建设及乡村"班班有个图书角"阅读助学项目在全市普遍开展。紧接着，莆田市制定了推进校园阅读工作 2.0 方案，探索"阅读资源 2.0：多渠道完善图书配置；阅读队伍 2.0：多维度培育阅读指导团队；阅读机制 2.0：多途径推动阅读内涵发展；融合阅读 2.0：多元化开展全学科阅读"，这些理念让人耳目一新。

2022 年 4 月 13 日，我应邀出席线上"书香武汉·江城晚八点"大型都市文化夜读活动，与江城书友分享"阅读力决定学习力"。武汉出版集团公司总承办的"书香武汉·全民读书月"是一个著名的阅读活动，多年来在武汉乃至湖北全省都有很强的影响力，2023年被评为中宣部"2022—2023年全民阅读优秀项目"。我参加武汉这个阅读活动了解到，活动的4大板块的重点集中在青少年阅读，4大板块的主题分别是"儿童阅读嘉年华""书写武汉英雄城市""书香农户·耕读人家""创新创意阅读"。活动邀集近百名网友上线分享他们与武汉各大书店"邂逅"的浪漫故事；"少年领读者·一封家书"征文暨朗读大赛，邀请全省18岁以下青少年，通过诵读家书、撰写原创家书的方式，唤醒广大青少年传承优良家风的意识。

2023年9月2日，我应邀参加北京市海淀区教委、海淀区教育科学研究院组织的"开学第一课"，在北京市十一学校礼堂，通过线下线上向学校师生和家长们作《阅读力决定学习力》专题讲座。那天是一个星期六，头一天我接到不少同事朋友的微信，说明天早上要跟孩子在网上听我的讲座。我这才知晓，海淀区教委要求所属中小学校的学生跟家长在家里上网收听讲座。那天，北京市十一学校宽敞的礼堂里坐满了老师、学生和家长，气氛热烈，令我心情激动，想到还有许多学生和家长在家里上网听讲，我心里更加激动。这激动不仅是因为这个讲座受到了老师、家长和学生的欢迎，更因为北京市海淀区的基础教育在全北京市乃至全国是走在前面的。即便走在前面了，他们依然遵照教育部、中宣部等8部门联合印发的《方案》，切实开展学生读书行动，不断推进教育课程改革。

3 2023年，我可以比较深入地去往校园参观考察，收获更加丰富。

2023年2月，"书香中国万里行"全民阅读系列活动走进青岛市城阳区第二实验小学。活动主办方中国新闻出版传媒集团、中国全民阅读媒体联盟等邀请我参加活动，并作演讲。

走进青岛市城阳区第二实验小学校园，立刻就有书香扑面。恕我直言,现今许多校园里什么都不缺,唯独缺少阅读的氛围。有形形色色的学生社团,可就是找不到读书社;有校园超市、健身房、体育场,却唯独没有一间像样的书店;有学霸和运动冠军、歌唱新星,可就是少了昔日捧着大部头课外书苦思冥想的"书呆子"。可是这所校园里,咏乐文苑、向阳书吧、乐读吧、咏乐园等阅读主题场景接踵而至,学生们有自由的阅读空间,校园里有充盈的书香气息。校长告诉我,她就是要打造一个学校的"读书无边—阅读空间"。这里有教师读书沙龙,有学生的诗词联唱、国学小名士诵读经典、杯子配乐诵诗歌……学校多年坚持书香校园建设,常态化开展阅读活动,致力于培养学生的阅读能力。

学校每年4月份的读书节都会安排的学生读书作品荟萃,因为我们的到来提前作了一次展示。只见呈现在年级特色阅读活动展桌前的不同年级学生不同趣味的读书感想,散发着馥郁的书香气息。

在学校的向阳书吧,六年级一个班级的师生正在进行每周1节的阅读交流课。我们来到孩子们中间,与他们共上阅读交流课。孩子们的阅读力令我惊喜和感动。孩子们从《城南旧事》中爱的主题出发,层层递进,从亲情之爱、友情之爱引申到家国之爱。我忍不住也作了一个发言。我结合自身阅读经历,与孩子们交流阅读方法,希望大家虚心涵泳,理解书中的妙处;切己体察,体会自己的生活经历;还要"站在巨人的肩膀上"读书,向阳而立,乐创未来,汲取书中的阳光和养料,在读书中想象未来、创造未来。我说:读之大者,为国为民;爱之大者,为国为民。同学们这样读书,很有希望!我们要坚持读书、热爱读书,通过读书登上学习和人生的更高境界。

这节在向阳书吧里的质量很高的阅读交流课,令我心潮难平。然而,临到离开校园时,学校操场上,数百名学生排队齐诵《少年中国说》,那整齐划一、铿锵有力的声音展现着一代爱读书、善读书的少年学生的气概,展示了学校多年来一直在开展的"百班·千人诵读"的风采。我在心里反复念叨:美哉!壮哉!青少年学生读书行动!

二

亲子阅读：用亲情培育阅读的种子

1 我在《爱上阅读——学龄前儿童分级阅读》一书中开宗明义，强调"儿童阅读越早开始越好"的观点，还引用了俄国著名心理学家、神经学家巴甫洛夫颇为有趣且有说服力的一段话。巴甫洛夫说："婴儿从降生的第三天开始教育，就迟了两天。"

儿童阅读越早开始越好，可是国家规定的关于学龄前教育，是从3岁开始，在此之前谁来帮助他们阅读呢？当然，首先是家庭，是儿童的父母家人，是亲子阅读。还有，儿童上了幼儿园，还需要儿童的父母家人继续亲子阅读吗？2021年国务院颁布的《中国儿童发展纲要（2021—2030年）》明确指出了家庭在儿童成长中的责任，提出进一步加强亲子阅读指导、培养儿童良好阅读习惯、分年龄段推荐优秀儿童书目等要求。

亲子阅读，是以书为对象、以阅读为纽带，让孩子和家长共享多种形式的阅读过程，是让孩子爱上阅读的最有效方式之一。"家庭是人生的第一所学校，家长是孩子的第一任老师，要给孩子讲好'人生第一课'，帮助扣好人生第一粒扣子。"2018年，习近平总书记在全国教育大会上发表重要讲话，深刻诠释了家庭教育的重要意义。写作《有书香的地方》，进入青少年阅读，应该从亲子阅读开始。

2 2023年12月19日，在浙江温州市举行的全民阅读活动优秀案例研讨会上，全国妇联代表全面介绍了"'书香飘万家'全国家庭亲子阅读活动"的情况。

全国妇联自2016年起在亿万家庭中广泛开展"'书香飘万家'全国家庭亲子阅读活动"。实施亲子阅读活动成为发挥各级妇联组织引领服务联系职能，落实立德树人根本任务，深化实施"家家幸福安康工程"的重要抓手。统筹谋划部署，协同指导推进，7年来，妇联系统在亲子阅读上上下联动，举办活动86万多场，打造"幸福e家""阅读加油站"等3000多个亲子阅读体验基地，推荐导读1200多种亲子阅读优秀书目，培育"小板凳""小橘灯""幸福种子""粤美·巾帼故事妈妈"等一批亲子阅读项目，广泛传播科学家教，大力培育优良家风，吸引3亿多家长儿童参与。许多家庭通过亲子阅读掌握了科学的育儿理念和方法，许多孩子因此爱上了读书，学会了读书，在亲子阅读的陪伴中茁壮成长。"'书香飘万家'全国家庭亲子阅读活动"入选中宣部"2022—2023年全民阅读优秀项目"。

2023年在浙江省杭州市举行的第二届全民阅读大会上，家庭亲子阅读论坛首次举办，同时启动全国家庭亲子阅读行动。在亲子阅读论坛上，解放军航天员大队刘洋家庭、北京王元卓家庭、山西杨彩艳家庭、浙江周益萍家庭等分享亲子阅读故事；贵州省妇联、浙江省宁波市妇联分别介绍基层推广亲子阅读公益项目的经验成效；亲子阅读推广大使蒙曼、梅子涵、杨雨发表主旨演讲；专家学者围绕"家庭内外的亲子阅读"交流探讨。丰富的活动为各地开展家庭亲子阅读提供了良好示范。

3 亲子阅读的氛围是温馨的，父母与孩子依偎在一起共读彩色的绘本是可爱的，孩子在阅读中得到启蒙是激动人心的。可是，亲子阅读并不是一件简单的事情，不是"开卷有益"一个词就能解决的问题，这里有儿童认知科学，有儿童心理学，有儿童阅读的阐释技巧，等等，其科学性的要求增加了阅读的难度，亟须专门的机构给予指导。正如《光明日报》联合调研组2023年12月1日发表的《亲子阅读：共沐书香陪伴成长》一文所披露的："'我们这里专业指导儿童阅读的机构不多，刚开始主要跟着一些育儿博主买绘本，但也会遇到与孩子年龄段不符或质量不理想的书。'家住内蒙古自治区呼伦贝尔市的艾女士向调研组表示，这些经历使她对学校、图书馆等专业机构的阅读指导有着较为强烈的需求。调研发现，部分地区的家庭、学校、社会在信息链接上的缺失，使得家长在开展亲子阅读时面临诸多障碍。在为亲子阅读提供支持的调查中，32.6%的家长最期望得到学校支持，期望从学校获取亲子阅读指导；另外27.9%的家长期望得到文化机构的支持，期望社会组织能够更多地举办亲子阅读活动和开设可供亲子阅读的主题展览。六成家长期望得到学校和社会对科学开展亲子阅读的方法指导。"

妇联系统在亲子阅读工作上有针对性地强化阅读指导，提升服务能力水平。各地妇联都在建立家庭亲子阅读指导队伍。全国妇联先后聘请阅读领域知名专家、公众人物如康震、蒙曼、郦波、梁晓声、徐颖、王宁、王志庚、林丹、李一慢等担任全国家庭亲子阅读推广大使，通过在全国示范活动中开展优秀书目导读和阅读指导讲座、录制音视频导读课程、进行亲子阅读直播互动等多种方式推广科学阅读理念，培育亲子阅读领读者。各地从家庭教育和阅读专家、社会工作者、巾帼志愿者、相关专业大学生、最美书香家庭中招募一批亲子阅读领读者，依托亲子阅读体验基地、家庭教育指导服务阵地、公共文化设施等开展亲子阅读指导服务。

妇联系统积极开发家庭亲子阅读指导服务产品。全国妇联邀请家庭教育专家、亲子阅读推广人等，导读优秀书目、制播"悦读大咖说"亲子阅读线上指导课程、开发电子资源包，印发《全国家庭亲子阅读指导手册》《全国家庭亲子阅读活动创新案例集》《"书香飘万家"图画书阅读指导系列》等指导用书，为家庭提供专业、权威、适用的阅读服务。各地结合实际，充分发挥儿童教育工作者、高校教师、领读者等专业力量，聚焦家庭实际需求开发系列指导服务产品，为亲子阅读提供科学方案。

开展好亲子阅读，既是一个需要加强科学指导的理论问题，更是一个实践问题，需要榜样的引领，需要"家长带动家长"。上海市成立最美家庭亲子阅读联盟，发挥最美家庭榜样示范作用，带领更多家庭用书籍传递智慧，用阅读点亮梦想。大连市妇联依托红月亮儿童图书馆成立故事妈妈成长学院。江苏省南京市麒麟街道妇联发起"彩虹妈妈"故事会、"大卫叔叔讲故事"儿童阅读兴趣培养公益活动。

天津、河北、山东、江西、福建、广东等地妇联开展"父母成长读书会""家庭读书会""家庭故事会""家长阅读沙龙""家庭绘本剧表演""亲子百科知识大赛"等丰富多彩的亲子阅读活动，引导家长成为家庭亲子阅读活动的参与者、指导者、推动者，真正实现亲子共成长，书香润万家。

《光明日报》联合调研组指出，全民阅读活动需要营造浓郁的社会阅读氛围，亲子阅读作为全民阅读的组成部分，同样需要在营造浓郁的社会阅读氛围上多下功夫。

贵州省妇联有一个"小橘灯"亲子阅读项目，一看项目名称我们就觉得亲切。如果大家读过著名作家冰心的散文《小橘灯》，一定会被散文中那个爱母亲爱家人的小女孩感动，钦佩小女孩的母亲的品格。即使在面对生活的种种困境时，母亲仍然保持着乐观的心态，为了家庭而默默付出。这个亲子阅读项目自2018年启动，6年来已在全省9个市（州）88个县（区）建设663个"小橘灯"书屋，建立起有社会影响力的点灯人、专家朗读者、志愿领读者三级专业志愿服务队伍，培养出1300多名领读者，并联合喜马拉雅、悠贝亲子图书馆等阅读机构开展活动万余场，惠及家长、儿童近百万人次。

我也很喜欢甘肃省妇联推出的"书香飘万家·星星点灯"陇原家庭亲子阅读行动。"星星点灯"取自20世纪90年代一首流行歌曲的歌名，歌中唱道"星星点灯/照亮我的前程/用一点光/温暖孩子的心"，既励志又温暖。甘肃省妇联与读者出版集团有限公司深入合作，举办"甘肃省家庭亲子阅读大赛",吸引3200个家庭参与;在甘肃省14个市(州)及兰州新区开展"名著品读""科学总动员""找寻榜样的力量""粽香传古今"等"一月一主题"的亲子阅读活动近3000场,参与的家长、儿童10万余人,带动广大家庭爱读书、读好书,推动形成浓厚的书香氛围。

浙江省宁波市妇联则要求"全域铺开一县一品"15分钟阅读圈。在全市社区、村、幼儿园、商圈建立亲子阅读基地,市妇联积极培育亲子阅读团队和志愿者,组建"甬尚童悦"亲子阅读联盟,平均每月组织200余场活动,已经形成"童声悦读""书海冲浪""爱与成长"等区域影响力较强的品牌,培育出"小板凳""小海狸""小种子"等亲子阅读志愿团队250余个、志愿者2900余人,累计惠及近百万个家庭。

亲子阅读要把书读活。江苏省常州市妇联联合市直相关部门连续12年举办常州市"小书虫的幸福剧场"亲子绘本剧大赛,家长和儿童共同演绎绘本剧,把绘本演绎得趣味横生。亲子阅读要注重生动活泼的色彩。常州市妇联在全市精选20条"红黄蓝绿"四色亲子研学路线,即红色爱国主义教育、黄色人文历史、蓝色自然生态、绿色乡土景观线路,将书本阅读与重点文化村落、风景名胜、历史遗迹参观结合起来,研发爱国主义教育、自然探索、劳动实践、人文历史等主题课程,让家长与孩子在研学体验中共同感悟家国情怀,实现"亲子共成长"。

广东省深圳市妇联特别注意借助社会力量,在深圳读书月期间,广泛开展亲子阅读的"阅芽计划"。从2016年起,为深圳市0—6岁儿童家庭发放"阅芽包",包括阅芽书包、两本适龄图画书、一本60种图画书的导读、一本分阶段的早期阅读指导手册,让每个家庭拥有一份科学、专业的早期阅读规划。

4 全国妇联系统发动开展的亲子阅读做得有声有色。诸位读者千万不要误以为这是一项自上而下的行政性活动,恰恰相反,亲子阅读,首先是一项许多读者自觉开展的家庭阅读活动。我在《阅读力》一书的第六章《独读书不如众读书》中专门用了一节讲述了以亲子阅读为主的家庭阅读,题目是《家庭阅读:阅读传递亲情》。

在书中,我建议所有初为人父母的年轻朋友都能读读讲述家庭阅读的书籍,凡有条件的朋友都应当和自己的儿女一起读读书,并且使之成为家庭生活的一个习惯。

在书中我讲述了被人们称为"日本绘本之父"的画家、作家松居直的亲子阅读经验。松居直力主开展家庭阅读。在他的《幸福的种子:亲子共读图画书》(明天出版社)一书里,有这么一段话:"我从孩子们很小的时候开始,到他们10岁左右,一直念书给他们听,从没有间断过。我念的书范围很广,其中包括图画书和为数众多的儿童文学作品。我可以保证,到目前为止,我没对孩子们说过一句'看书去',但孩子们却各自养成了读书的好习惯。孩子们经常听我念书,他们似乎逐渐亲身体验到,书是多么有趣的东西。在真正开始'读书'之前,他们已经彻底地爱上'书'了。"

在《阅读力》一书中,我讲述了一个亲子阅读的故事。

有一对年轻父母,从儿子婴儿时期起就读书给他听,即使儿子上小学了,还是和儿子一起读书,有时儿子还会央求着爸妈读。孩子不是不会读,而是想享受爸爸妈妈为他读书的温暖感觉。

儿子二年级时迷上了漫画书,《小小历险记》《丁丁历险记》《木偶奇遇记》等。年轻父母显然没有儿子那么爱读和会读漫画书,自然而然儿子就不依赖父母读书了。他可以自己快速翻阅,比和父母一起读还过瘾。但是,父母一直留意他的阅读,有时候看到他一连两天没有翻阅漫画书,他们就会主动要求和他一起翻阅漫画书。儿子觉得爸妈对他的书那么感兴趣,感到特别兴奋,读起来更加起劲。

到了三年级,儿子慢慢地读起了《昆虫记》《格列佛游记》《米小圈上学记》等,这时,他会应爸爸妈妈的要求为大家读一段,而爸爸妈妈也主动为大家读一段。每天晚上，做完家务后，一家3口就会有半个小时到1个小时的阅读时间，大家轮流诵读某一本书，以至于在儿子念完小学六年级时，他们已经读完了《哈利·波特》全7册，还读了"马小跳系列"等畅销书。有时候孩子的外公到家里小住，也会参与到家庭阅读里面来。外公喜欢《封神演义》，就选择一些章节跟大家一起读，孩子也听得兴趣盎然。

请注意，现在，家庭里谁为谁读不重要了，重要的是这个家庭有了一种家庭阅读的方式。这种互相诵读的方式使家人其乐融融地共处，使每个家庭成员养成了阅读习惯，是家庭高雅生活的一种方式。

中国儿童文学研究会等单位主办的"未来精英"少年儿童创意阅读季暨"学习杯"中华经典诵读工程已经成功举办十届。我从头至尾参加了这项活动。其中，亲子阅读是这项活动最为温馨又最具挑战性的展示，特别是亲子舞台剧——"戏动绘本"立体阅读展示。少年儿童选手向评委推荐自己喜欢的绘本，然后根据绘本改编或原创绘本剧进行绘本立体阅读展示。竞赛要求少年儿童选手必须是主角，家长只能做助演。在"戏动绘本"立体阅读展示中，孩子们与家长共同创作，将绘本故事搬上舞台，通过戏剧的形式，让绘本阅读变得立体而生动。在这个过程中，我们分明看得出家长总是尽量把表现、展示的机会让给孩子。家长比较喜欢对孩子设问，孩子在家长具有一定启发性和小小挑战意味的设问下，愈发开动脑筋，愈发机智、大胆。我经常想，孩子有过一次在大舞台上成功回应家长设问的经历，他的阅读能力、表达能力、应对挑战的能力一定会获得很大提高。

5 《光明日报》联合调研组指出："当下，我国已形成对亲子阅读家庭教育价值的初步认知，但不同家庭在亲子阅读实际执行效果上仍存在较大差异。我国亲子阅读发展呈现出明显不均衡态势。"调研组认为"共读共享制约因素亟待破解"，并在给出的多个解决亲子阅读发展不均衡态势的办法中提出:"相关企业及组织也应扶持社区儿童阅读共享场所的设立,让共享读物、共享空间成为开展新型共享亲子阅读、缓解家庭教育压力的有力保障。"

说到相关企业及组织也应扶持社区儿童阅读共享场所的设立,人们会想起在我们生活的城市小区里,经常能看到儿童阅读共享场所。在这些来自民间阅读热心人士创立的儿童阅读共享场所中,悠贝亲子图书馆是历史最悠久、网点最多的亲子阅读机构。北京悠贝成长科技有限公司自2009年成立以来,深耕亲子阅读14年。到2023年,悠贝亲子图书馆超过3000家,创造了遍布全国的活跃的儿童友好空间网点。

我是2014年开始注意到悠贝亲子图书馆及其创始人林丹。作为评委,我在评选首届"北京阅读季·金牌阅读推广人"时看到了林丹的事迹材料。这份材料引起了评委们的很大兴趣,她顺利获得了首届"北京阅读季·金牌阅读推广人"的称号。同年,林丹还评上了"中国书业年度阅读推广人"。2018年林丹荣获北京市三八红旗奖章,被全国妇联聘为全国家庭亲子阅读推广大使。2023年4月,林丹应邀出席在浙江杭州举行的第二届全民阅读大会家庭亲子阅读论坛并发表演讲。

悠贝亲子图书馆的模式是相对稳定而开放的,其模式主要是:通过给家长提供专业的亲子阅读指导咨询服务,致力于推动每个家庭开展亲子阅读,让童年成为幸福的起点。悠贝亲子图书馆给自己的会员提供专业的亲子阅读咨询指导服务,追求的是"线上标准化+线下个性化",让会员享受丰富的阅读活动,如亲子讲座、故事会、绘本之旅等,并且馆内千册藏书不限次借阅。

想一想吧,门面不一定很排场,可是,一面绘本墙、一位播撒阅读种子的花婆婆、一场精彩的故事会、一群沉浸在读书喜悦中的孩童,所有妈妈们能想象到的美好,都在悠贝亲子图书馆里上演着。这些小而美的图书馆,可能嵌入在居民家附近的早教机构里,也可能坐落在家门口的社区里。它们紧密连接着每一位当地的家长和小读者,书香浸润童年,营造书香社会。

悠贝亲子图书馆面向政府单位，如妇联、儿童中心、街道、社区、党群服务中心，助力构建"书香社区"，助力社区搭建阅读空间，为儿童成长提供适宜的环境和公益性服务。

悠贝亲子图书馆面向亲子家庭和儿童阅读相关从业者，提供个性化的家庭阅读服务，通过数字化技术，为书香家庭的家庭成员定制阅读计划、推荐优质图书、提供家庭文化活动等，实现家庭成员之间的情感交流与智慧成长。

悠贝亲子图书馆帮助许多阅读事业加盟者成为悠贝亲子图书馆的馆长乃至区域负责人，实现智慧、财富双增长。他们开展专业培训，赋能成长，举办绘本阅读指导师训练营、绘本线下工作坊，请名师授课，助力亲子阅读从入行到专业，让改变当下发生。

2020年，北京悠贝成长科技有限公司获评为"品牌强国·文化教育行业示范单位"。

2022年，北京悠贝成长科技有限公司荣获中华少年儿童慈善救助基金会"优秀合作伙伴"称号。

2015年，悠贝亲子图书馆发起领读者项目，向社会各界征集志同道合的读书人。2017年，悠贝亲子图书馆承接"北京阅读季"活动，发出"十万领读者点亮书香中国梦"的倡议，在更多城市以更创新的形式，吸引更多爱阅读、爱孩子、爱公益的人士加入。就在这一年，在深圳举办的第三届领读者大会上，悠贝领读者项目荣获"领读者·阅读项目奖"。那是我头一次参加深圳读书月领读者大奖评委会，毕竟自己来自北京，在评委会上颇为来自北京的悠贝而骄傲。

2023年5月，北京市海淀区中关村街道科贸商务楼宇党群服务中心联合北京悠贝成长科技有限公司共同举办"关心下一代，亲子读书热——迎'六一'国际儿童节"主题亲子读书活动。

2023年12月，在韬奋基金会阅读组织联合会召开的第九届读书会大会上，我遇到林丹。她是韬奋基金会阅读组织联合会常务理事。我问她悠贝全国领读者近几年发展情况。她说2019年在全国发展领读者达到3万多人，其中包括2000多名专业阅读推广人，2.8万多名阅读志愿者，500多名传播阅读理念的讲师。我问她：这么庞大的领读者队伍是不是主要依靠网络数字技术？她说：是的，2022年悠贝的领读者项目重新升级，搭建完善的支持体系。我说：队伍越大责任越大。悠贝亲子图书馆在内容导向上一定要大处着眼，小处着手，一个细节、一个说法都不能有差池。林丹满脸肃容，说：那是一定的，我们各地的亲子图书馆都主动争取在各地党委宣传部和妇联的指导下开展活动。我们虽然是民间读书组织，可开展的毕竟是公益性的文化活动，在内容导向上会严格要求的。

三

云南宾川：脱贫攻坚中的"书香校园"建设

1 宾川县是云南省大理白族自治州下辖的一个县，地处云岭横断山脉边缘、金沙江南岸、云贵高原西南部，人口约 34 万。宾川县属于全国 14 个集中连片特困地区中的滇西边境山区，是云南省扶贫开发工作重点县。经过多年努力，宾川县 2017 年年底贫困发生率由 2014 年的 11.8% 降至 1.55%，2018 年 9 月 29 日正式宣布脱贫。

消息传到北京，人民教育出版社里一片欢腾。因为人教社和宾川县是对口帮扶单位，是教育部滇西定点扶贫整体部署的一部分，2018 年是双方携手合作的第 6 年。宾川县脱贫攻坚成效显著，也有人教社对口帮扶贡献的一份力量。

在 2013—2021 年的 8 年时间里，人教社按照"智扶为主，物援为辅"的原则，努力帮助帮扶对象"造血"而非"输血"，在脱贫攻坚方面故事多多，而在"文化扶贫、智力扶贫"上的贡献自然最受人称道。人教社持续组织了 16 期"人教·宾川教育名家讲坛"，受益教师超过数万人次。除了名家讲坛之外，人教社每年还特地为宾川组织全国名师、专家授课的各种学科教师培训，达到 30 多场次；资助宾川县实施"优秀青年教师外出跟班学习"项目，累计培训了 120 多名青年骨干教师，这些教师成为目前该县教师队伍的中坚力量，其中小学英语教学"清零计划"尤为值得称道。人教社还先后组织了 6 期全县党政管理干部和教育干部培训班，提升当地干部的政治素养。

2 　　脱贫攻坚战是伟大的,但并不是本书的主题。脱贫攻坚战中的全民阅读,尤其是青少年学生的阅读必然引起我强烈的兴趣。"书香校园"工程从扶贫工作推动而来,这应该是一个了不起的故事!

儿童阅读专家王林博士,时任人教社少儿读物编辑室副主任,到宾川县挂职副县长。初到宾川县,他深入到各个学校调研,发现学校图书馆问题多多:图书馆很少对学生开放,学生大多也不知道有图书馆;图书馆的环境乏善可陈,常常堆满杂物;图书馆的书陈旧、数量不够、不适合学生,低劣的"馆配书"充斥其间。

扶贫工作的使命感和自己专业上的优势,促使王博士下决心推动宾川县的"书香校园"工程。他积极争取到宾川县委、县政府的大力支持,并协调上海益善公益基金会等社会力量的慷慨援助,率先在宾川70多所小学启动"书香校园"工程。在此后几任人教社挂职干部的持续推动下,在众多本土教师的倾心投入下,"书香校园"在宾川县覆盖全部小学学校和部分幼儿园、中学学校。

我问王林,怎么会在扶贫工作中想到"书香校园"建设?

王林说:在宾川挂职副县长,只有一年时间,一般来说做不了太多事情。可是,我想,就人教社"教育扶贫""智力扶贫"的特点而言,可用"儿童阅读"和"书香校园"作为切入口开展工作。多年推动儿童阅读的经验,让我相信,阅读能力是学习能力的核心和基础,图书馆是性价比最高的教育投资,阅读是实现教育均衡的重要途径。我坚信,推动阅读是低成本、高品质改变乡村教育的方式。

我说:一年时间能把70所学校的"书香校园"工程做起来,困难肯定不少。

王林真诚地点点头,却又平淡回应道:好事要做好,除了要有好的设计,还要考虑方法和细节。建设"书香校园"事关教育全局,要解决制度、财力、人力等问题,要想办法让校长们主动申请县里设计的"书香校园实验校",要把过去的"要你做"变成"我要做",点燃基层学校师生的热情，让校长们打心底认同这件事。这样这件事才能既有实效，又能持续。

我问王林在经济欠发达地区的乡村小学推动儿童阅读有什么经验。他说关键要解决好三个环节：一是配置优质图书；二是打造书香环境；三是改革阅读课程。

我感叹道：三个环节说起来简单，实际上做起来可不容易。

王林说：一点点去努力吧。首先，我们借鉴深圳爱阅公益基金会的小学图书馆书目，根据宾川县的实际，编制了《宾川县小学图书馆基本配备书目》，要求学校按此书目招标采购，确保好书可以进入学校。其次，邀请上海益善公益基金会向3所学校捐赠优质图书，进行好书的"示范"，很多校长、老师到学校参观，第一次发现竟然有这么漂亮的少儿读物。示范成功后，上海益善公益基金会又在2016年为每所学校捐赠1个图书馆。最后，严把捐赠关。在这一年里，有人民教育出版社、中国少年儿童出版社、安徽少年儿童出版社、全国民营少儿发行联盟等多家机构为宾川县捐书。即使是捐赠，我也要求先看书目，确保捐赠图书的质量。

我说：选好书，进好书，这是你的专长。可打造书香环境并不是一句话的事情。

王林说：首先是打造图书馆、阅览室。过去学校图书馆常常灰尘堆积，墙面暗淡，书架破旧，空间狭小。我们对图书馆改造的要求有8字原则——环保、美观、实用、节约，根据这些原则，将深圳爱阅公益基金会的设计方案发给学校参考。更换书架，把过去铁质的、高大的、冰冷的、单调的书架更换为木质的、符合儿童身高的、红黄相间的书架，同时还增加封面可以面对小读者的绘本书架，吸引低年级学生阅读。过去的旧书架不会一扔了之，而是放到校园的合适位置变为开放式的阅读角。改造后的图书馆干净、漂亮，成为学生最喜欢去的地方。其次，设置校园阅读角。有的学校校舍不够，没有图书馆空间，就干脆做成开放式的阅读角。在走廊上、大树下等空余地方放置书架，书架上的书（杂志）不用登记，可以随手取阅，带到教室或家里看完后再还回来。有的校长担心书丢，我不把这些募捐来的书计入学校资产，并以"窃书不算偷""这正是对学生进行诚信教育的契机"半开玩笑半认真的话应对。我相信，烦琐的借阅手续、丢书被索赔的担心，正是乡村学生不敢借书的原因之一。最后，安放班级图书架。班级是学生在学校里待的时间最长的空间，班级图书架也成为最能让学生接触到课外书的地方。人民教育出版社捐赠了352个"人教爱心书架"，购买这些书架仅仅花了5万元。我不禁感叹，阅读真的不像想象的那么贵。尤其令人感动的是，县委书记和县长在财政十分困难的情况下，特别拨出专款100万元，用于阅览室的环境改造。一个贫困县拿出100万元来美化阅览室，我想着都心疼，所以用起来格外小心，必须精打细算。

王林说得很动情，白皙的面庞上两颧有微微酡红。

我说：书记、县长就是希望你们通过"书香校园"建设，帮助县里教育质量上台阶吧。

王林说：是的。可是，开发阅读课程，也不是一件简单的事情。当前的语文教学是有一些问题的。例如，把学语文等同于学语文教材，教语文等同于教语文教材；教学效率比较低，"少、慢、差、费"；语文考试还是局限在考课文上。要改变这些积弊，是另一个教育改革的大工程，比改造阅览室和购买好书还难。但是，再难也要做，否则学校会以"没有时间读""担心影响考试成绩"为理由，照样把阅览室闲置起来，课程表上的"阅读课"也将被挤占。开发阅读课程，其实就是告诉老师们如何用好这些课外书，让课外书也成为语文教学的内容之一。我提倡各个学校组织教师读书会，让老师们读一些童书。此外，我还推荐了一些阅读理论方面的书给老师，例如《朗读手册》《说来听听：儿童、阅读与讨论》等，希望老师们改变一些陈旧的语文教学方法，多一些大声朗读、持续默读、班级读书会等方式的教学。再往深一层，我希望改变语文考核方式来促进教师教学的变革，例如，在试卷中考核一点课外书籍的内容，引导学生的阅读。虽课程表上有了"共同阅读课"，但老师们不知道这节课如何用。我在2016年4月2日"国际儿童图书日"开启了全县的"推动儿童阅读，建设书香校园"观摩研讨会，邀请全国的特级教师上"共同阅读课"的示范观摩课。当然，开发阅读课程是一项长期的工作，刚开始展开，我则要挂职结束回京工作了。但我相信，看到阅读好处的校长们，不会停止这项工作。

我问王林：你挂职一年下来，宾川的"书香校园"建设取得了初步效果，有70所学校基本完成了"书香校园"工程，能用学校教学质量的变化来证明成绩吗？

王林说：开展学生阅读教育不能简单用一时的教学成绩来证明。不过，一年的阅读扶贫，一些令人欣喜的变化是发生了的，比如，学生最喜欢往阅览室跑，沉闷的学校文化正在变得更有童趣，教师开始用图画书在教室里讲故事。有了阅读兴趣，学生就有希望。我在宾川阅读教育方面说得最多的一句话就是"行动，就一定有改变！"

我完全赞成王博士的"行动派"，可是，我还是希望弄到一点关于"改变"的实例。正如我写《阅读力决定学习力》时，总要想方设法说明学习力是否得到提高。王林建议我去采访人教社的吴海涛，他当时是人教社办公室副主任，是王林在宾川县挂职工作的继任者。

3　　吴海涛情绪饱满，快人快语，文采斐然。我请他讲一讲宾川县"书香校园"工程的效果，主要是学生的学习成绩有没有很大变化。我举例说明，某省某县，坚持多年阅读教育，近两年高考600分以上的考生每年超过100名，听到这个例证在场的人都很振奋。

吴海涛笑道：每次回宾川，挂职期间的书友们，一群嗜好阅读的中青年教师总会在咖啡馆聚一聚。我也一直想问他们，六七年的阅读推广有功效吗？给孩子们带来一些改变了吗？可我始终没有问。我知道，这种想法本身就太功利，与阅读沁润心灵的初衷相悖。再说，严格的调研必须依靠大量的数据支撑，不能简单一言以蔽之。

我完全赞同。我说：我赞成你的观点。阅读本身就是影响心灵的过程，效果不一定在一两次考试上体现出来，对学生也应该如此。我在初中时读过的某一本小说的某一个情节，一直到我70岁写长篇小说时突然就发挥了作用。那就请海涛给我讲讲宾川的阅读故事吧。

4 接着，吴海涛一口气给我讲了好几个故事——

董强，是王林启动第一批"书香校园实验校"的一个试点校校长。那个叫瓦溪完小的校园里有一棵巨大的百年榕树，是远近闻名的地标。吴海涛曾很多次带客人前来瓦溪，参观榕树底下的书香校园，阅览室铺着柔软的橡胶格垫。董校长很自豪地带客人穿行其间，看孩子们是如何舒适沉浸、旁若无人地阅读。因为阅读教育做得突出，董强后来被提拔去镇里中心校做了副校长，负责在全镇推广阅读。董强说，几年坚持下来最大的成果就是校长们观念的变化。有了校长队伍对阅读的重视，阅读活动计划和制度便有了保障。大部分学校都有每周两节"共同阅读课"，每年4月坚持开展丰富多彩的阅读手抄报制作、经典诵读、亲子阅读、情景剧表演、读书故事分享、诗词大赛等读书月活动。每年的六一、元旦，"阅读之星"评选及各种阅读活动也是必不可少的。每天图书室、阅览室开放式阅读，每周五有序登记、借阅也是各学校的常规活动。孩子们逐渐形成了自主管理、自主借阅的良好习惯，各学校良好的阅读习惯蔚然成风！

谭家武，蹇街完小的校长，长得黑瘦精干，是任期已经超过8年的"老"校长。

蹇街完小的校园有一个很大的特点，那就是校园里有一片不大的松树林，林中有石凳、石桌。谭校长奖励孩子们的方式，就是学生可以选择自己喜欢的图书去松林中自由阅读一节课。"松下读好书"，足见谭校长具有中华优秀传统文化的素养，也足见孩子们小小年纪就喜欢上谭校长的文化情调。

寨街完小的阅览室称得上是全县的标杆，这里配有15000册书，配有专门为孩童打造的、符合人体工学的桌、椅，温馨的环境，成了孩子们最喜欢去的地方。学生在这里或坐着，或站着，或靠在书柜旁，或随性席地而坐，用最舒服的姿势，安静地读着自己喜欢的书籍。想来这也是谭校长的文化情调吧。

寨街完小的"校园书香节"已经坚持举办多届，而且越办越好，从一天延长到一周，再延长到一月。谭校长说，阅读带来的变化有这样几方面：一是家长对阅读更加重视，并积极参与到家庭阅读中，不再认为阅读是在看"闲书"。学校的家长多是果农，过去的娱乐多是打麻将，现在"泥腿子上岸"陪孩子阅读，也改变了家庭的文化氛围。二是孩子的阅读兴趣初步养成，阅览室成了孩子最爱去的地方，阅读已经成为学校最美的一道风景。三是阅读拓展了孩子的视野，丰富了孩子的知识，锻炼了孩子的表达能力和参与合作能力。四是"书香校园"建设作为学校的一项重点工作，在师生中已经形成了共识。

廖季霞，一个醉心阅读教育的小学数学老师。她原先是太和完小的校长，后来辞去校长职务，专心教学。那个小而美的村小，春天四周都是油菜花。海涛说他去过几次，特别喜欢。校园内还有一汪清澈见底的碗口大泉眼，数百年来泉流一直汩汩不休，这在常年干旱的宾川坝子是非常罕见的。早年间，人们在这里建了一座"龙泉寺"对泉流进行保护和祭拜。太和完小就建在寺庙内。当王林倡导每个小学都要建立一个专用阅览室的时候，廖季霞就把寺庙的大殿改造成阅览室，让阅读真正"登堂入室"。外有泉水潺潺，内有书声琅琅。每年的读书日，廖老师都会把家长们请来学校，和孩子共度一段亲子阅读时光。海涛说，每次在朋友圈里，看到她分享的活动照片，与孩子们依偎在一起阅读的爸爸、妈妈（有的是爷爷、奶奶），每一个人的眼中都有温柔而幸福的光，让人心动。

廖老师说，亲子阅读的开展拉近了学校和家长的距离，让家校配合更默契。亲子阅读，让家长停下忙碌的步伐，陪伴孩子享受阅读；走进学校，让家长更能理解教师工作的不易；教师和家长们（尤其农村家长）交流最新高考、中考的形势，也让家长们了解到阅读的重要性，坚定家长们从小抓好孩子阅读的决心。现在很多家长在家里布置了书房，最起码也会安排一个小书架，营造家庭阅读氛围，家长会不定时地检查和陪伴，为孩子的阅读尽自己的努力。

董黎霞夫妇二人都是教师。董老师文笔很好，擅长散文，是大理白族自治州小有名气的本土女作家。她和爱人、女儿都酷爱阅读。借助校园阅读推广的势头，她联合一些教师朋友自发组织了一个"悦惜书友会"（悦惜，是借用宾川古名"越析诏"的谐音），利用周末或者业余时间在茶舍、咖啡馆、书店等场合相聚共读、分享体会。

因为董老师一直在县教育局机关工作，她观察宾川阅读的视角可以更广。她说，校园里阅读氛围的浓厚，也会影响到家庭，直至蔓延到整个社会。宾川这些年阅读环境的改善，是可以明确感知到的。以前只有新华书店、县图书馆等少数几处可以买书、看书，其余地方几乎看不见书。两年前，大理一家民营的网红书城"大方书店"来宾川开了一家分店，面积大，图书品类丰富，成为很多家庭周末必去打卡之地。如今，走访大街小巷，许多咖啡馆都配备了一定数量的书籍。今年6月，宾川县城还新开了两家儿童读书馆。在宾川，阅读场馆逐步成为人民生活不可或缺的场所。董老师说，身边爱读书的朋友越来越多，大家经常推荐好书，交换阅读，分享阅读所得，每年给自己制订一定数量的阅读目标并记录阅读过程。爱读书成为一种时尚，见面交流往往都要问"最近在读些什么"。

吴海涛说，每次回宾川，在宾川的网红书店——大方书店都可以看到谢红芬老师。在一群书友中，谢老师是典型的偏远乡村教师代表。

谢红芬在距离县城两个小时车程的拉乌完小任教。她 2016 年获"马云乡村教师奖",2022 年获全国三八红旗手,入选 2022 年第四季度"中国好人榜",无疑早已成了这个小县城的名人。央视做了一期"三八节特别节目",摄制组专程去了拉乌,记录了谢老师和孩子们日常相处的点滴。吴海涛看到了,很感动,发了一个朋友圈《打开电视,看见谢红芬》。在拉乌当校长、当老师的这些年,谢红芬用力最勤的也是阅读。吴海涛去宾川挂职那年,谢老师正好获得了一笔奖金。她用这笔奖金加上自己争取到的"微笑读书会"资助款,把自家一楼翻修为一间漂亮的乡村儿童阅读室。这里不仅有彩色的地板和桌、椅,还有采购和募集来的一架一架精美的绘本童书,超过 3000 册。本村和邻村的孩子们在放学后、周末、假期里都可以来到这间阅读室,脱了鞋,席地而坐,安安静静地看书。只要有空,她还会背着刚刚出生的小女儿,给孩子们讲读绘本。对于一些家庭住址更加偏僻但又渴望读到绘本的孩子,她就走夜路背着图书送上门去,给孩子们读罢,又连夜赶回来准备第二天的上课。

那天,吴海涛跟谢红芬和她的孩子们一起,在家庭阅读室中看完那期央视"三八节特别节目"。看到谢老师的孩子们——大山深处彝族乡村学生的表现,他心里暗暗惊讶。面对镜头,他们个个落落大方,自信阳光,普通话达标,表达清晰自如,与绝大多数人想象中的山里孩子很不一样。吴海涛说,这应该就是教育和阅读带来的改变。他们身在大山,却可以凭借广泛的阅读任意驰骋广阔的世界,视野所及和城里孩子相去不远。2023 年 1 月 30 日,谢老师的学生、拉乌的放牛娃崔思敏还登上了央视《中国诗词大会》节目,并最终获得了两枚金徽章。相信将来会有更多的孩子像崔思敏这样走向全国的大舞台。

我听得入了迷,一再鼓励吴海涛继续说下去。海涛歉然笑笑,说每次回宾川时间都有限,无法接触到更多的宾川朋友,也没有时间深入课堂和乡村了解更多的阅读成果,以后有机会去了,再去搜集。

我很讶异,说:2023 年 3 月教育部、中宣部等 8 部门下发了《全国青少年学生读书行动实施方案》,早在 2015 年启动的宾川"书香校园"工程肯定是喜迎春风、幸得春雨了!

吴海涛郑重地颔首道:是的,我正要说,教育部《全国青少年学生读书行动实施方案》下得很及时,宾川的阅读教育更有希望了。随着中小学教育课程改革深化,阅读教育只会更好地融入学校的教育教学。多年前大家播撒下的那颗阅读的种子,已经在宾川那片热土宝地扎根发芽,只要风调雨顺,就会在原野上更加茁壮地生长。建设中国式现代化强国,全民阅读是必由之路,青少年学生读书行动是必然要求,把宾川建设成为书香社会也不会是什么奢望。

四

山西柳林：学生阅读如柳成林

1 朋友们都知道，我为推广全民阅读走过不少地方，可是，在这一章里我要专题介绍山西省柳林县，而且柳林县似乎还不是全国特别有名的教育强县。是什么原因促使我要对那里做重点介绍呢？

理由很简单，对纪实文学的素材的选择跟我们创作一样，有一个基本原则，那就是：人无我有，人有我优。

2020年11月，柳林县委、县政府出台了《柳林县阅读新生态建设三年行动计划》。这一阅读行动计划较之教育部、中宣部等8部门2023年3月印发的《全国青少年学生读书行动实施方案》要早近3年。相较于很多地方，柳林县在学生阅读行动上，不仅人无我有，而且做得比较优。

2 我是2021年3月在福建省莆田市作《阅读力决定学习力》讲座结束时，偶遇几位自称山西省柳林县教育系统的女老师的。当时主动上来热情握手的叫闫丽，她自我介绍是柳林县青少年活动中心主任，说她们可是专程来听我讲座的。我笑了，说不可能。我有自知之明，自己的知名度还没有到被人追随的地步。闫丽老师赶紧解释说，她们原先就确定要来考察莆田市书香校园智慧阅读平台建设及乡村"班班有个图书角"阅读助学项目，得知这期间我有一个讲座，她们就调整了时间，提前来听讲座。对方的一番说辞诚恳可信，我也就表示感谢。

接着闫丽老师就说：请聂老师也到我们柳林县去作一场讲座，那里太需要听您这个讲座了。

她似乎担心柳林县的知名度和感召力不够，接着又介绍道：柳林县是山西省吕梁市下面的一个县。

我说：吕梁市很有名，小时候就读过《吕梁英雄传》。

她笑了，说：我们柳林县从今年起执行《柳林县阅读新生态建设三年行动计划》。

我不大明白她说的"行动计划"指的是什么，但注意到柳林县教育系统很重视学生的阅读，这就应该给人家支持。当即我就接受了她的邀请——是那种礼节性而非实质性的接受，因为她并没有进一步提出确定时间——其实我也最怕当场确定时间。邀约总是很多，时间总是不够。

闫丽老师没有进一步提出确定时间，让我比较舒心。可是舒心不久，第二天临离开莆田时，接到她的电话，说昨晚她跟县教育科技局局长电话汇报了，局长希望下个月就请我去。下个月就是4月，这些年来4月是我最繁忙的时间，我不敢贸然答应，只是请她代为感谢局长，并说只要得空一定去。

3　4月初，我还是来到了柳林县。不过，那已经是两年后的2023年。

因为受到《全国青少年学生读书行动实施方案》的鼓舞，又因为一直记得《柳林县阅读新生态建设三年行动计划》，尽管这两个文件没有可比性，可都关系到学生阅读，都是行动——我对"行动"这个词特别有感觉，我乐于去作一个实际的考察。于是，3月下旬，我从北京到南宁参加《中国出版》杂志社"主题阅读征文"评奖表彰及论坛后，到深圳采写深圳读书月，到武汉参加湖北三新文化集团的阅读论坛，再到安徽黄山市出席皖新传媒与《图书馆报》主办的阅读论坛，考察黄山市的民宿书屋，再到济南山东教育电视台录制阅读讲座视频，然后径往山西柳林县而来。

我为《柳林县阅读新生态建设三年行动计划》而来。

"三年行动计划",2023年正是计划实施的第三年。

三年前,柳林县的"三年行动计划",提出将中小学阅读"纳入课程、纳入教研、纳入考核"的要求,从乡村到县城,从校内到校外,全面构建全县阅读新生态。

我对柳林县的"三个纳入"倍感兴趣,有了"三个纳入",校园阅读才能真正行动起来,学生读书才能逐步融入中小学教育。

我见到了两年前当即决定邀请我来柳林县的县教育科技局李局长。李局长中等身材,肤色较深,厚重敦实,一看就知道是一个"行动派"。

李局长告诉我,为了保障"三个纳入"有效实施,柳林县要求"建设完整阅读生态,关注阅读核心群体,深化阅读活动与教学,实现阅读进校园、课堂、家庭"。

我说:我最关心"三个纳入"是怎么回事,效果怎么样。

李局长不慌不忙地介绍说:"三个纳入",一个是将阅读纳入课程。将课外阅读课程化,每周至少开设一节阅读课,将阅读课纳入正式课程表,安排在语文课时内,由各班语文老师专门负责。要通过具体的教学安排确保课时,同时丰富校本阅读课程,提高课程实施质量。

我说:纳入课程这个比较容易做到,纳入教研可要县教育科技局和校长们想办法。说句实话,我们现在教学岗位上的老师可都是应试教育培养出来的,老师怎么学来就怎么教学生,现在有了阅读课程,对老师的教研要求改变比较大了。

李局长点头道:一步步来吧。组建阅读指导师团队,我们制订了阅读指导师三年培养计划,第一年为初级阅读指导师,第二年为中级阅读指导师,第三年为高级阅读指导师,年年考评,评上就升级。这些阅读指导师就是全县的阅读种子师资。然后让阅读种子师资帮助老师们知道了导读课、交流课、推进课的概念与设计流程。可是要真正落实到教学设计和课堂教学中,那还是一件不容易做好的事,还是有很大困难的。

县教育科技局成立阅读工作室，聘请国内阅读教育知名专家，建设全县阅读教研体系，定期开展阅读教研活动。

我表示赞佩：这就对了，除了给老师们提出过河的任务，还要帮助他们找到过河的船或者桥。

李局长笑道：坚持几年下来，老师们都显得胸有成竹了。

我说：最关键的还是李局长你们把阅读教育纳入了学校的考核。这一考核，校长们不敢不重视阅读教育了，考核不仅关系到校长和全校的年度业绩，还关系到年终绩效考核奖励。我看到你们纳入考核，我就相信你们是玩真的了。

李局长嘿嘿笑了几声，有几分得意，也有几分谦逊，没有再说什么。

4 在柳林县，闫丽老师和她的同事们陪我实地考察了几所学校的阅读环境和阅读教育实例。

我们最先考察的是柳林县上海实验小学。

上海实验小学给我的第一个强烈印象就是十分重视阅读环境的营造。学校除了有宽敞的图书馆外，在教学楼走廊里还处处摆放着书架。校长告诉我，学生课间可以随手找书看，喜欢上什么书还可以扫码借阅。我说生活在到处是书的学校里，一个稍微正常一点的学生都会忍不住多看几本书。

在上海实验小学跟老师们座谈，问他们是不是适应了阅读教育。校长坦诚地回答：这个要一步步来，关键是阅读教育纳入了教研，大家可以一起来讨论。

上海实验小学在进行《夏洛的网》整本书教学教研时，开展了4次年级集体备课。第一次备课前，教师自主阅读全书，进行每一章节的文本解读，提炼梳理关键词，初步设计各自的教学设计并请专家指导；第二次备课是开研讨会，然后修改各自的教学设计；第三次备课是展示修改后的教学设计，听取老师们的意见再做打磨，用到教学中；第四次备课是实践后的交流总结会,最终形成校本阅读课程。

柳林县教育科技局遴选了首批实验校作为阅读的先行部队,展开阅读的深入探索。有3所阅读实验校在专家的指导下每学期围绕一本书进行深度教研,从书目文本的解读,到教学设计,再到课堂实践,老师们纷纷尝试了整本书阅读教学的全过程。这一联合开展的研究成果,成为全县各学校的教学教研可以借鉴使用的教案。

5 在柳林县,县教育科技局组织了一些他们认为有些特点的中小学及幼儿园的老师跟我座谈,主要讨论阅读教育如何纳入教学和如何纳入教研。这次座谈让我收获了许多来自一线的生动教学案例。

柳林一小的二年级语文老师高新秀,她的经验是带领学生进行更深层次的思辨性讨论。在读完《"歪脑袋"木头桩》后,高老师组织了一场亲子读书会。会后合影时,靳安同学调皮地将脑袋歪过来,说他就是学着书中的"歪脑袋"木头桩样子,明白了做人要懂得尊重、懂得谦虚;白译萱同学写了一篇《坏孩子不一定坏》的小作文,懂得生活中要有一双发现"美"的眼睛;宋若菡同学则依照文本画了很有想象力的画;穆思妍同学则在书上的插图边配上了自己的"书评"。高老师细心地将孩子们的思辨成果一一整理成册,让孩子们体验到阅读后联想创新的快乐,进一步激发了他们的阅读兴趣。

成家庄中学贺瑞红老师说:在没有将阅读纳入课程前,语文课程内容多、课时少,没有时间真正带领学生阅读过整本书。参加阅读指导师的学习后,我学会了阅读课的不同课型,并在自己的阅读课堂上进行了实践。在《红星照耀中国》的阅读前指导课上,我对本书的作者、写作背景、书中人物进行了导读梳理,引起了学生们浓郁的好奇心和读书兴趣,大家都迫不及待要去探知书中的具体情节。这一实践,让我惊奇地发现老师在课堂上的有效引导就是学生高质量阅读的前提!

柳林县各中小学及幼儿园的自主教研大体分为4个阶段:发现问题、

提出解决方案、实践方案、形成成果。青龙幼儿园做过教研的主题就有"如何在阅读活动中实现家园合作""如何创设阅读环境区域"。锄沟幼儿园围绕"绘本课程的教学方法""如何提高幼儿阅读兴趣"等主题进行集体教研。庙湾小学、锄沟小学、实验小学、柳林二中、成家庄中学的教师在阅读指导课程研修之后，结合实际工作对"语文新课标背景下整本书阅读课程设计与实施""如何开展好导读课""如何开展好交流课""如何培养孩子阅读兴趣"等多个主题进行集体教研。

6 我问闫丽老师：除了"三个纳入"外，县教育科技局在推动学生阅读上还有什么举措？

闫丽老师说：活动是助推剂，很重要，教育科技局要求活动中心在这些方面多发挥作用。除了学期内的阅读课程及各学校的主题阅读外，县里连续五年寒假、暑假都有区域阅读活动。这些活动更加丰富了老师和学生们的读书空间。

她如数家珍地列举活动的名称：学生活动有"星阅寻梦""阅少年，星能量"；老师活动有"新征程，新阅读"教师共读活动，2022年秋季学期教师阅读教学大赛。此外，幼儿园有"阅童年，伴成长"主题阅读活动，"我们家的阅读故事"亲子共读活动。还有"阅读常在，书香弥久"全县校园长好书推荐活动。

我问：很了不起，这些活动是不是都是由你们青少年活动中心组织开展的？

闫丽老师平静地回答：关键是县教育科技局决心大，各个学校热情高，广大学生有收获，老师、家长都满意，我们中心只是发挥了一点作用。

时过半年，2023年10月，在"2023新时代乡村阅读盛典"上，我又偶遇闫丽老师。在中宣部、农业农村部、国家乡村振兴局表彰"2023乡村阅读榜样"的名单里，闫丽名列其中，让我眼前一亮。全国获得这项表彰的一共才 22 位。盛典开幕前我看到了获奖名单，急匆匆专门到她座位上表示热烈祝贺。她忽然见到我感到很是意外，也很高兴，但还是平静地说：我只是代表县里来的。我说：毕竟也要你们带头行动啊。闫丽老师说：学生天生爱读书，关键在于我们老师要行动！

五

湖南双峰："耕读双峰"进校园

1 湖南省双峰县的"'耕读双峰'进校园活动"入选了中宣部"2022—2023年全民阅读优秀项目"。"双峰模式"引起了教育界、阅读界的广泛兴趣。

我们在《曾国藩家书》里读到过这样的名句："以耕读二字为本，乃是长久之计。"晚清中兴名臣曾国藩是双峰人。他在京城做官，却时时在家书中叮嘱家乡亲人尤其是晚辈勿忘以耕读为本。在新时代，双峰县中小学以"耕读双峰"命名校园阅读活动，当然是对中华优秀传统文化的一种继承和弘扬。

湖南省双峰县也是中国共产党早期领导人、曾任中共中央政治局常委的蔡和森同志的家乡。

双峰县历史上人才辈出，也受益于这里的崇学重教尚读传统。

2 2023年8月，我专程去往湖南省娄底市双峰县。行前，在2023年湖南省中小学阅读教育论坛上听到湖南省教育厅负责人重点表扬双峰县的教育工作，进而了解到自2016年以来，双峰县3次参加国家和湖南省组织的义务教育质量监测，每次的监测结果都位居全省前列。作为一个有着80多万人口的农业大县，双峰县地处湘中腹地，地理位置并不优越，经济也欠发达，脱贫解困时间不长，在教育投入、办学条件、师资力量等方面显然远远比不上大城市，为什么能实现义务教育高质量发展？

"就是得益于阅读教育。"双峰县教育局张局长说。

2009 年，双峰县开启了书香校园建设的征程，为全县青少年营造爱读书、读好书、善读书的浓郁氛围。通过 14 年的努力，双峰阅读项目校从最开始的 4 所试点学校，到如今全县 265 所义务教育阶段学校（含教学点）全覆盖，掀起了一场深刻的阅读教育改革。

张局长说：双峰阅读教育坚持了 14 年，从无到有，从弱到强，是一步一个脚印走过来的。阅读的力量是无穷的，影响也是潜移默化的，变化也是大家看得到的。首先从整体上来讲，学生的改变有这么几个方面：玩手机打游戏的少了，爱读书爱学习的多了；乱丢乱扔的现象少了，讲文明讲礼貌的多了；胆小内向的少了，阳光自信的多了。从个体上来看，阅读教育提升了学生的自我管理能力，学生学会了时间管理和行为管理，书包书本摆放得整齐划一，课桌抽屉收拾得干干净净；阅读也提升了学生的综合素质。

我问张局长：双峰阅读教育坚持了 14 年，中间换了好几任局长，您是第 4 任，我有点好奇，14 年间几任局长难道没有另起炉灶的吗？

张局长说：没有。为什么要另起炉灶？

我说：这是职场上常见的现象吧，常常是人走政移。

张局长朝我投来诧异的眼光。

我赶紧解释道：我是见过不少这种情况，可我并不喜欢，都说是"一张蓝图绘到底"，可是还是有人乐于另起一行。

张局长微微颔首，说：我们这是结硬寨、打呆仗，认准了就一干到底。2021 年我调任教育局局长，第一件事就是一次性建起 72 所学校图书馆。2021 年 12 月 30 日，下着大雪，随着石牛乡桥亭中学图书馆的开馆，双峰县 265 所学校（含教学点）全部建成为阅读项目校。全县实现义务教育阶段的学校阅读全覆盖，统一模式，推进阅读教育。

张局长一番令人心胸开阔的话让我感动。细读双峰县教育局办公室的汇报材料，又引起我一番感慨——

2009 年，那时双峰县教育局新局长刚上任，立刻下乡入校调研，发现学校教学都是围绕高考、中考这些"指挥棒"转，很难脱离"应试教育"的藩篱，大都停留在"考什么，教师就教什么；考什么，学生就学什么"上。"教师苦教、学生苦学、家长苦送"的教育"三苦"现象十分突出。

新局长还发现，农村学生优良的行为习惯、阅读习惯、思维方法、品质性格难以形成，动笔就写错别字、听课坐姿东倒西歪等不良现象较普遍。教育教学质量不高，学生综合素质较低，这些成为新局长经常思考并想要改变的主要问题。

2009 年，双峰县教育局选择 4 所农村小学，建设装备了第一批"阅读·梦飞翔"图书馆。9 月 24 日，甘棠镇中心小学图书馆正式开馆。这所地处双峰县最西部、离县城 33 公里的偏远农村小学成为双峰县第一所阅读项目校。自此，双峰种下了第一颗阅读的种子。

这并不是一次简单的学校图书馆建设，而是在全新的阅读教育理念指导下，拉开了双峰教育一场重大改革的序幕。

14 年来，双峰县教育局前后 4 任局长把阅读教育作为学生终身发展的基础工程，长期不懈地抓了起来，通过"财政拨一点、公用经费挤一点、勤工俭学筹一点、爱心人士捐一点"的办法，多渠道筹集阅读项目建设所需经费，每年投入阅读教育的资金均达到 300 万元以上，并建立了一支 375 人的专业指导团队。

通过不断探索，双峰县逐渐形成了"八个一"的阅读教育管理模式，即有一支县级专职管理团队、一套系统完整的阅读操作流程、每天一节午读课、每周一节阅读课、每月一个阅读报告、每年一次年度综合考评、教师每人有一本阅读指导手册、学生每人有一本阅读笔记本。双峰县成为湖南省首个义务教育阶段阅读项目学校全覆盖的县（市、区）。

3 我曾经在《阅读力决定学习力》的讲座中多次提倡"动手、动口、动心"，提倡"不动笔墨不读书"，告诉听众，就连曾国藩这样的大学士,他读书"有小抄",记录古今圣贤名言。可是,我的演讲效果似乎并不明显。而双峰县的阅读教育"八个一"就有"学生每人有一本阅读笔记本"的要求。我心里不由得叹服:双峰的阅读教育是真的,而且是真的认真!

双峰县丰茂学校初三学生陈奥锚,一个虎虎有生气的小男生。他告诉我们:"阅读让我重拾学习兴趣,也找回了自信心。"他说以前没找到正确的学习方法,学习成绩总是"上不去",时间长了,心情不好,积极性也差了,更谈不上主动性了。后来,学校提出阅读要求,老师提供帮助,他开始接触阅读。他暗暗高兴起来:一些在课堂上很难记住的知识点,通过所阅读文字的"转换"后,不再"枯涩难懂";读一些深入浅出的通史读物,一下就把中国历史的脉络理清了;读《物种起源》,一下就把物种起源与进化的奥秘记住了;读《中国国家地理》,心胸开阔很多,祖国的大好河山时时都在脑海中呈现。陈奥锚说,自从有了大量的阅读,自己对学习的兴趣愈发浓厚。原本在课堂上总是"埋头苦读"的他,现在也能把腰杆挺得笔直,被老师点名回答问题时,也能答对了。知识丰富了,语言积累也多了,学习成绩也有了提升。小伙子眼里闪光。他说:"阅读改变了我的人生。"

我在双峰县随机采访的几个孩子,他们一个个都阳光自信,而且表达得体,跟我们平时看到的低着头沉默的农村学校孩子,那真是有着天渊之别。双峰县沙塘乡中心学校,一个五年级女生独自面对我们4位从北京、长沙来的客人时,从容不迫,侃侃而谈,先是对自己的学校和班级作介绍,然后作一番自我介绍。这当然还没有令我们惊讶,学生打好腹稿一般都能做到。可是小女孩接下来跟我们对答如流,这就让我们刮目相看了。我们问她最近读什么书、最喜欢哪一本书、是什么帮助自己有了进步,小女孩对答都很流畅而且得体。小姑娘身姿挺拔,面容端庄,就是有点过于严肃。我问她:平时你爱笑吗?也许我这个问题像是在打趣,小姑娘被逗到了,端庄严肃的面庞上漾过浅浅一笑,立刻又正色道:

不爱笑,但是有时候也笑。我问:一般什么时候笑?她回答:读书读到幽默有趣的情节就会忍不住偷偷笑起来。

4　我跟双峰县教育局彭副局长说:阅读教育不只是帮助了学生的知识学习,还真改变了学生的精神面貌。

彭副局长说:是的。接下来,他跟我讲起一个校长开展阅读教育的故事。双峰县荷叶镇白泥小学,那是一个学生人数不到 50 人的乡村教学点,荷叶镇中心学校的副校长吴建军会定期去白泥小学进行阅读课的指导。他发现学生里有一个留守的小男孩,性格特别内向,上课极少主动发言,可是他好像特别爱听故事、爱看书,尤其是上阅读课的时候他特别认真。一天,吴建军副校长像往常一样骑着他的破自行车去乡下家访,在路上,远远地看到那个男孩子朝他挥手喊道:"校长、校长,我要讲一个故事给你听。"吴建军心中一喜,到了近前,停下了自行车就鼓励男孩子讲故事。那个男孩子爬上道旁一个土堆,开始了他的讲述,他讲的是自己和小伙伴们一起骑自行车的趣事。刚开始时他还磕磕巴巴的,讲着讲着,他声情并茂了起来。吴校长连声表扬小男孩。小男孩说这个故事他上课的时候不敢讲,他只好在家里讲给小鸡和小狗听,讲给爷爷、奶奶听,今天终于鼓起勇气讲给校长听了。当时正是傍晚时分,孩子的眼里闪着光。吴校长说他感动得鼻子都酸了,那一刻更坚定了他推广阅读教育的信心。

双峰县教育局教研室主任告诉我一个有趣的故事:有位教育杂志的记者写了一篇报道,记述双峰县一个 10 岁的名叫杨浩的留守男孩,他在一次展示中讲了一个妙趣横生的冒险故事。记者发现,其实这个故事的来源只是书中一段干巴巴的说明文字,但经过这个男孩的演绎和讲述,竟然让人感到妙趣横生。记者认为这就是阅读教育取得的成效,这样会读书的男孩,无论到哪里,他内心一定是丰富的,对于周围的世界他一定是充满好奇心、建设力和创造力的。

从双峰县的经验来看，科学的阅读课程体系和成系统的阅读活动，可以让学生得到习惯的养成、品德的塑造、思维的发展和能力的提升。阅读教育是从阅读教学中来，但是它完全挣脱了语文学科的束缚，跟其他学科巧妙地融合在一起，共同发展学生的学习力、思维力。而在形式上，它是学生在老师的指导下自主阅读、自由展示，而每一次展示都是一次成长。

张局长说：我们通过故事大王比赛、好书推荐比赛、诗词大会、讲书大赛等一系列活动，让学生学会了创编故事，学会了表演情景剧课本剧，提高了合作探究能力和创新能力，为学生成长奠定了良好的基础。同时，教师的改变也很大。首先是教师们的自信心提升，素质提高。要给学生一杯水，教师不仅要有一桶水，而且还要有长流水，要做好学生阅读的示范者、指引者、引领者，就不得不倒逼教师自己多阅读、常阅读，帮助自己专业的成长。

我说：这可解决了我的一个疑虑。因为在我看来，我们的教师绝大多数是应试教育培养出来的，老师怎么教他，他也就怎么教学生。现在要他们开展阅读教育，肯定是一个不小的改变。

张局长说：确实，阅读教育远比单纯的阅读要复杂。最初几年，双峰县很多教师乃至部分校长，要么摇头，要么走开，要么消极抵抗，不配合、不重视、不支持。尽管县教育局想尽办法推进，但到2012年，阅读项目学校才建了19所。但双峰县教育局没有放弃，始终坚持推动，以校长观念的转变带动教师观念的转变，以少数学校的成功带动全体学校行动。到2013年，大家发现，凡是阅读项目校，学生行为习惯普遍好转，综合素质普遍提升，教学质量普遍提高，教师的信心和接受度大大增强。

张局长举了一个事例：梓门桥镇育才小学是一所村小，只有103名学生。2016年该校开始推行阅读教育时，教师有畏难情绪。后来，组织教师去其他学校看了，看到学生回答问题对答如流，大家十分振奋，觉得自己落后了，回去还是要做。这个学校的校长说，现在，教师思想观念转变了，齐心协力抓阅读教育，学生阅读素养提高了，该校成了全镇教学质量强校。

张局长很是坦诚实在，他说：双峰阅读教育的推广最初也是摸着石头过河，是在不断摸索和实践中前进的。这期间，除了县委、县政府遵循教育规律，坚持不功利、不干预，县教育局几届班子认准了就一干到底，一茬接着一茬干之外，主要是从五个方面来推动阅读教育。

接下来张局长从五个方面给我们做了介绍：

一是抓认识。树立抓阅读就是抓德育，抓阅读就是抓素质教育，抓阅读就是抓课改，抓阅读就是抓教学教育质量的正确观点。不抓阅读的校长，不是合格的校长，抓不好阅读教育的校长，不是好校长。校园要有书香气，师生要有精气神，都需要阅读来打底。

二是抓队伍。让专业的人来干专业的事。县级层面由教育局业务副局长分管阅读教育，县教研室有一名专职的副主任和4名阅读督导员来负责全县阅读教育的培训督查和评估等工作。在乡镇层面，每一个中心校都有专人负责本辖区内的阅读工作。在学校层面，每个学校都有阅读统筹老师，每个班级都有阅读指导老师。

三是抓投入。县里通过财政拨一点、公用经费挤一点、勤工俭学筹一点、社会爱心人士捐一点，多渠道筹措阅读教育经费。由于持续发力，一以贯之，这才建起了265所阅读项目学校。

四是抓制度。出台了双峰县推进阅读教育规程，强力推动阅读教学工作，制定了教师积分管理方案，用一系列的制度来确保工作的落实。

五是抓质量。通过多年的探索和实践，全县形成了"八个一"的阅读教育管理模式，从而保证了阅读的质量。

张局长一口气讲了五点，给我留下很深印象的是其中一句话：不抓阅读的校长，不是合格的校长，抓不好阅读教育的校长，不是好校长。

真是一语切中肯綮！

5 彭副局长告诉我，不只是教师有一个提高认识、统一认识的过程，家长们端正思想认识也很重要。2016年，杏子铺镇龙返学校图书馆开馆，正式开展阅读教育，没料到一些家长却对此存在抵触情绪，公开质疑说我们把孩子送到学校是为了学习知识的，怎么能看这些乱七八糟的"杂书"呢。这就需要校长、教师做工作了。全县一直把家庭阅读摆在重要位置，要求学校、班级、家庭"三位一体"推进，建立家校联动机制，让家长成为学校阅读教育的支持者、宣传者、参与者；大力开展亲子共读、家长阅读交流会、书香家庭评比等活动，鼓励家长和孩子一起阅读；倡导家长在孩子过生日时以书为礼品，过春节时送好书给孩子压岁。同时，我们深入挖掘"蔡和森同志光辉一家"、曾国藩家教理念等本地家教文化资源，带动广大家庭乃至社会形成浓厚的阅读氛围，助推双峰阅读教育深入开展。

彭副局长很有感慨。他说：现在每天阅读30分钟，已经成为全县12万多名师生的自觉习惯。从最初4所的"破冰"，到2012年19所的艰难探索，到2015年143所的迅速铺开，到2020年191所的大面积推广，再到2021年265所的全覆盖，这组数据见证了双峰阅读教育的艰难发展历程。

张局长说：开展了14年的阅读教育，现在，学校里的阅读种子老师、阅读统筹老师和阅读指导老师，在双峰是各个学校校长的香饽饽。

6 "耕读双峰"进校园不仅使得阅读老师们成了香饽饽，而且也使得双峰县全民阅读蔚然成风。校园的阅读教育助推了双峰县的家教家风建设。杏子铺镇龙返村举办首届读书节，荷叶镇天坪村成立曾国藩家风家训馆，梓门桥镇长来村打造家风馆，定期开馆讲课。杏子铺镇龙返村党支部书记说，阅读不仅让学生的行为习惯发生了很大的变化，就连村里的社会风气都有所好转，晚上聚在一起打麻将的少了，陪着屋里的小孩看书的多了起来。

从古代的"晴耕雨读""耕读传家"到当代的"耕读双峰"进校园,中华优秀传统文化在传承、在发展、在创新。感谢中华优秀传统文化,感谢我们的新时代!

六

大学之道：书香激扬青春

1 按说，讨论全民阅读可以不用专题来讨论大学生的阅读，就像讨论全民健身不必专门去讨论各级专业运动员的健身，讨论全民健康不必专门去讨论各级卫生部门医生、护士的健康一样，就像俗话说的"不要到关公面前耍大刀、孔夫子面前念《三字经》"。可是，"大学生不读书"一度成为社会上相当流行的看法。在世人的常识中，一个人去上大学就是去读书，就算不是饱读诗书，至少也要成为一个读书人，什么时候竟然出来了许多不读书的大学生！十多年前，北京大学一位著名教授给中央和国家机关干部作专业报告，无奈而幽默地说过："现在大学生读书不怎么热，读博士倒很热。"当时听众席就发出一阵唏嘘。

2023年7月我参加湖南省中小学阅读教育论坛，与著名电视节目主持人、湖南师范大学新闻与传播学院教授张丹丹女士同台演讲。她说今年5月，她曾经面对一所大学两三百名大二学生，提了一个问题：大家截至目前，完整地读过四大文学名著原著的请举手。她说那是一所必须600多分才能录取的"双一流"大学，请现场的听众们猜一猜有多少学生举手。现场听众有点踌躇。张教授催促：稍微大胆地大声说出你们的答案。听众有人说：20。张教授问还有答案吗？会场安静了。张教授说：我为什么提这个问题？是因为在做记者的多年工作经历中，我留意到，十多年前北京师范大学中文系主任在系里的新生开学典礼上曾经提出过这个问题，当时的答案是有20%—30%的学生读完了，这是中文系的学生们，是10年前的水平。可是，今年5月份，现场两三百位各学科大二学生中只有一名学生举手，她是完整地读过四大文学名著原著。我说：同学们，请你们记住人生这个日子和这个时间，你们作为中国最优秀的一批青年大学生、天之骄子的年轻人，你们200多人当中只有一个同学完整地读过四大文学名著原著，请问你们读的什么？现场答案五花八门，有读过青少版的，读过简版的，为什么读青少版、读简版？因为应付考试，名著的内容能背下来一些要点就可以了。

我当时就想，已经是大二下学期了，不用应付高考了，大学生啊，你们为什么不读书？

张教授说，我当场对大学生们说，同学们啊，你们是未来国家的骨干栋梁之材，我希望一年后你们的答案是20个人、50个人、100个人甚至是全体，你们任重道远啊！

全民阅读，尽管并不是主要针对大学生，可是，怎么能少得了我们社会的主要读书人群呢？

大学生的阅读危机当然也是社会阅读危机的一部分，在一定意义上，这一部分在国民阅读状况监测中具有很重要的意义，属于可靠性指标、效能性指标、可行性指标和质量控制指标。只是至今还没有阅读调查机构就此发布过权威数据。

开展全民阅读活动以来，已经有很多文章讨论大学生读书状况了，在此无须过多讨论这件事情的价值和意义。设计这个专题的题目《大学之道：书香激扬青春》的依据就是教育部等8部门印发的《全国青少年学生读书行动实施方案》中对大学生阅读提出的要求："面向普通高校学生，实施'书香激扬青春'读书行动，引导大学生树立家国情怀，提高创新能力，增强报国本领。"《大学之道：书香激扬青春》这一题目体现的正是这一精神。

2 对于大学生读书问题，我自认为自己的发言权不足。虽然我曾经在几所大学里兼职做过教授，做过学院院长、研究院院长、博士研究生导师等，可归根到底也就是兼职，颇有"外来打入者"之嫌。为此，为了稳妥起见，在这个专题中，我不批评，一如前面各章各题，主要向读者诸君报告"有书香的地方"。

3 2014年，西南交通大学大学生阅读活动的一项举措引起了全国对全民阅读活动的热议，更是引起了对高校大学生阅读活动的热切关注，当然，所有热议和关注都是正向的。这项举措就是西南交通大学图书馆发布了《经典阅读推荐书目（96本）》，书目覆盖了各学科的经典，倡导同学们进行经典阅读。

作为一所著名的以工科为主的大学，西南交通大学一直非常重视学生人文素养的提升。从2014年起，学校开展"经典悦读"推广活动，围绕"提升读写能力，增强人文素养，促进通识通德"的中心目标，开展各项阅读推广活动，营造浓郁阅读氛围，激发学生阅读兴趣。活动要求一个大学本科学生在4年里读完96本经典图书，计算起来，一个学生一年里要读完24本书，一个月读2本书。大学生在校学习，倘若能管理好时间，读书这事看上去并非难事，可是，环顾我们周遭的大学生们的阅读实际，连续4年坚持下来实非易事。

西南交通大学并不是只公布书目不顾学生如何去读，而是随即开设"阅读与欣赏""经典名著导读"等通识课程，以一个学期为周期，由老师带领学生共读经典，讲授时帮助学生体会阅读的魅力，在阅读方法上给予学生一定的指导。

"阅读与欣赏"课程，始于经典，却不止于经典。老师会引导学生沉浸于书中内容，而后又从书中跳出来，引导学生进行多学科、发散性的思考，从而开阔视野，丰富知识。老师常常围绕一个阅读主题，用其他门类的书来促进或深化这个主题，深化同学们对一个话题文化内涵的理解。例如，面对旅游和美食的话题，老师会揭示其中的文化内涵，主动带入消费经济等知识，用文化批评的方式来反观或拆解一些美食文化现象，让同学们读出不一样的旅游和美食书籍。

在"阅读与欣赏"课上，同学们分享自己的读书经验。除了深入开展阅读精品课程、提升同学们的阅读能力外，西南交通大学还较早地注意到了当代大学生在写作上的短板。2016年，学校成立了阅读与写作中心，根据不同学院、不同课程的本科教学要求，在本科生的专业课程教学中嵌入经典阅读书目推荐、信息检索、学术论文写作、常用工具书使用方法等内容。"阅读与欣赏"课还为学生提供课后咨询甚至一对一的指导和培训。

2023年的4月至6月，学校举办了"交享悦读文化节"，以"读览天下　交通未来"为主题，策划组织了8大类32项活动。其中少不了有许多高水平的专家讲座，也少不了轻松活泼的读书分享会，既有书法碑帖文物展览，又有油画、摄影展览，还有经典电影展播、优秀广播剧展播等活动。

本次文化节的重点活动——"一院一书"联动共读行动，是一个跨院系、跨学科的全校性阅读推广活动。每个学院自己选书，然后推举一至两位导读师，由导读师导读，以师生共读、生生共读、师师共读、班班共读、团队共读的形式，来进行阅读打卡活动。在纸质图书阅读率逐渐下降的形势下，学校图书馆打算通过这样的活动，让更多的学生参与进来与图书亲密接触。既要突出读书主题，又要引起大学生们的兴趣，努力培养大学生的阅读习惯，通过积极引导，让他们在阅读中享受乐趣、感悟人生、获得成长。

西南交通大学在"一院一书"联动共读行动中聘请各院优秀教授担任导读师，建立师生共读群，交流经验，相互鼓励，引导同学们到App上打卡，6月份还会组织汇报学习成果。

"带本书去旅行"活动则是令大学生们最为快乐的活动，也成为西南交通大学的王牌阅读活动之一。

每年暑假开始之前，西南交通大学图书馆会发布"带本书去旅行"

暑假经典阅读推荐书目，指导同学们根据旅行目的地，选择相应的图书。旅行过程中，同学们可以通过新媒体平台，与老师、同学适时交流，分享读书心得。开学后，学校会征集汇总参与者的读书笔记和游学途中所拍摄的影音资料，以便更好地了解师生的阅读体验。图书馆老师们希望大学生的阅读能够贯穿全年，认为暑假这段时间如果利用得好，能对同学们的阅读习惯养成起到很大作用。为此，图书馆把暑期作为阅读推广活动的一个重要时间段给运用起来。"带本书去旅行"旨在倡导"旅行＋阅读"的知性生活方式，把"读有字书"和"读无字书"融合起来。

4 北京师范大学图书馆在 2017 年全年持续开展"二十四节气"中华传统文化立体阅读推广活动，积累了许多带动大学生阅读的经验。

2016 年，中国的"二十四节气"被列入联合国教科文组织人类非物质文化遗产代表作名录。由 10 位中国民俗学者组成的申遗团队中，北京师范大学萧放等 4 位教授担任核心成员，对"二十四节气"申遗成功发挥了重要作用。鉴于"二十四节气"传统文化申遗成功与北京师范大学的特殊渊源，以及北京师范大学民俗学特色学科专业的建设与发展，同时为更好地推进"二十四节气"中华传统文化在大学生群体中的传播和传承，北京师范大学图书馆在 2017 年全年持续开展了"二十四节气"中华传统文化立体阅读推广活动。

北京师范大学图书馆开辟了线上微读书专栏，开展移动端"二十四节气"传统文化阅读。结合大学生善用、喜用微信等社交媒体获取信息的习惯，自 2017 年初，该馆在官方微信公众号开辟"岁时民俗·节气"线上微读书专栏，以全年 24 个节气为时间点，在每个节气当天发布一篇关于该节气的原创推文。推文由阅读推广团队的民俗专业研究生与馆员共同撰写，内容涉及节气物候特点、民俗文化、与节气相关的文学知识等；结合知识介绍，推文向大学生推荐图书馆馆藏节气图书、民俗图书及周边文学艺术图书；推文末尾设立"今日话题"版块，邀请大学生在线留言，分享家乡节气民俗。

北京师范大学图书馆努力推动从平面阅读到多维度立体阅读的拓展，在"岁时民俗·节气"线上微读书专栏里，开展声音演录"节气读诗"BNU（北京师范大学）朗读者主题活动。声音在人们的阅读生活中发挥着独特的魅力。该馆精选来稿，将朗读者作品嵌入原创节气推文，并以图文方式展示朗读者形象和阅读的主张，有效激发大学生参与活动的热情，为大学生群体分享与交流阅读理念、读书心得建立了重要途径。

立体阅读倡导开放式阅读，充分发挥传统载体和新兴载体各自的优势，寻求一种紧依主题的融合阅读模式，使得读者的经典阅读更加便捷、立体、全面和个性化。基于该理念，北京师范大学图书馆面向大学生征集文学艺术作品，鼓励大学生从自己学科专业的视角发现"二十四节气"之美，希望大家将北京师范大学校园"二十四节气"的景致通过文学、绘画、摄影等多元文化载体进行输出与表达，传播北京师范大学人对"二十四节气"的特有理解。

在24个节气即将完成一次轮换的2017年底，北京师范大学图书馆在一层大厅举办为期5天的"读懂时间：二十四节气之美"大型线下年终回顾活动，通过全方位、沉浸式体验，进一步加强大学生对"二十四节气"传统文化的认知与理解。活动内容有"读懂时间"专题图书展，"二十四节气之美"展板，二十四节气民俗游戏与知识问答，"节气读诗"BNU朗读者作品展示。活动实施过程中，以颁发"阅读护照"、积攒"活动纪念章"的形式鼓励大学生积极参与，强化了活动的品牌标识，促进了活动的有效开展。

民俗学是北京师范大学的特色学科专业，"二十四节气"是民俗学的研究方向之一，北京师范大学图书馆此次活动将阅读推广的触角伸向学科服务，在执行过程中邀请民俗学专业教师作为学术指导，并对教师有关"二十四节气"的学术研究成果进行充分宣传和推介，提升了为学校特色学科服务的水平。同时，通过全年活动的持续开展不断补藏"二十四节气"专题图书，为学校的特色学科建设提供了充足的资源保障。法国哲学家利奥塔在总结当代社会知识生产与传播机制时认为，在当代社会，知识的传播甚至重于知识的生产。知识传播的过程不仅是知识价值的体现，更是受众对知识深层次理解、消化的重要途径。该馆利用活动成果开展阅读空间建设、制作有声书签等二次开发及传播方式，引起了大学生对中华传统文化的持续关注。

5 大学生读书，应该是"书香激扬青春"的阅读。大学培养学生的最终目的，在于培养一个道德完善并对社会道德建设具有高度热诚与责任感的优秀人才，而不仅仅是一个只掌握生存技能的劳动者。当代大学生的阅读，应该是心态开放、激情充沛的阅读，他们在阅读中展示激扬的青春。

自 2019 年以来，中国图书馆学会阅读推广委员会举办全国大学生"悦读之星"读书演讲风采展示活动，山东省高等学校图书情报工作委员会举办"齐鲁学子心向党　青春建功新时代"庆祝建党 100 周年全省高校学生主题演讲比赛，四川省普通高等学校图书情报工作指导委员会举办四川省高校"品红色经典　抒爱国情怀"演讲比赛等，产生了积极的社会效应。

早在 2015 年就开展的天津市大学生"悦读之星"校园推广活动，在 2022 年初首届全民阅读大会召开前夕，入选中宣部"2021 年全民阅读优秀项目"。这项活动由参加的各校经校内初选后，推选 1 名优秀选手参加市级总决赛。市级总决赛由承办单位和技术支持单位组织实施，活动现场配备 LED（发光二极管）大屏幕、音响、摄像等设备，专家评委从演讲内容、语言表达、演讲效果、姿态表情、手势动作等多个方面综合评审选手，对表现优异的参赛选手及表现突出的组织单位予以表彰。

从 2019 年起，我开始关注天津市大学生的阅读。

天津市大学生"悦读之星"校园推广活动由天津市各高校轮流承办。

参与院校从 2015 年的 23 所，到 2021 年已达到 53 所；选题也从最初的自由选题，发展到每年契合时事设定主题；活动的覆盖面以及质量、影响力不断提升。2021 年承办单位是天津师范大学，这项活动经天津师范大学图书馆申报，获得了国家表彰。

2021 年是中国共产党成立 100 周年，为引领当代大学生正确认识党的光辉历史，从历史中汲取新时代的智慧和力量，天津市大学生"悦读之星"校园推广活动以"初心如磐向未来"庆祝建党百年读书分享的形式开展，参与院校数量达到 53 所，创历届之最。

南开大学图书馆联合校团委在寒假期间举办"读爱国书 行爱国路"专题实践活动，切入校园"悦读之星"评选，将活动与学生社会实践相结合，挖掘了一批高质量稿件和优秀选手。

天津医科大学图书馆组织专人按照"红色经典"推荐书目，建立了"悦读之星"专题借阅展架，方便学生随时借阅。

各校在初选阶段不断创新，选手们激扬文字，碰撞思想，创造了一场场精彩的阅读分享盛宴。

这项活动还延伸开展了大学生"微书评"比赛。学生可自行选择优秀书籍撰写微书评，进一步扩大学生的阅读兴趣，提升参与度，将校园"悦读之星"评选活动不断延展。活动开展以来，累计征集参赛作品 8800 余部，总点击量 200 余万次。

承办单位将这次活动提升为"五个一"阅读推广工程：以"一会"加强天津市各高校之间的交流合作，以"一书"宣传和推广历届"悦读之星"优秀选手，以"一册"展示"悦读之星"活动的发展历程，以"一片"回顾和总结"悦读之星"赛事并展现"悦读之星"成长之路，以"一赛"巩固和提升"悦读之星"活动成果。

各高校图书馆在参与天津市大学生"悦读之星"校园推广活动中，将"悦读之星"活动与校园文化相结合，互相借力促发展，开展了特色鲜明的校园阅读推广活动。

天津师范大学图书馆参与历届天津市大学生"悦读之星"校园推广活动的选手都给人们留下了深刻的印象，他们共取得了4个一等奖、3个二等奖的好成绩。2016年一等奖获得者魏聪珊同学在演讲中娓娓道来，讲述她与阅读相伴的大学时光，阅读使她敏于思索，敢于面对现实，"赌书消得泼茶香，当时只道是寻常"。无论时间流逝、世界变化，她都会珍惜书里蕴藏的纯净与甘甜。2020年一等奖获得者郭晋玮用激情豪迈的《毛主席诗词十九首》作为朗诵内容，越过那些诗篇，他向历史回眸展望，看见千千万万双革命者的眼睛在历史的星河闪烁，他呼吁大家共同展卷，感受跨越时空的诗词语言，回望那段光荣的革命征程。

这些成绩和荣誉的背后既是个体的成长，也是天津师范大学图书馆阅读推广团队锤炼的成果。从天津市大学生"悦读之星"比赛设立之初，天津师范大学图书馆就积极参与，不断探索创新，形成了以比赛促阅读推广的活动模式，搭建"阅读＋演讲"双向互动校园阅读推广平台。以选拔市级参赛选手为契机，开展校内"悦读之星"评选活动。为吸引更多同学关注参与活动，将比赛转化为导师战队赛，演讲比赛变成了一场"阅读嘉年华"。从"寻找最美师徒共读人"开始，面向全校同学发放调查问卷，由同学们投票选出自己喜爱的老师带领大家共读。最后形成一批由口才与演讲老师、专业播音主持人、校园名师等组成的导师战队。导师们对自己的队员进行集训和指导。决赛赛场上，导师们为自己的队员现场拉票，选手们在决赛中超越自己、璀璨绽放。导师们把对阅读的热爱、对学生们的关爱以及热切的期望都融入现场的点评中，感动着现场的每位听众，充分展示了阅读演讲的魅力。学生代表组成的大众评审和专家教师组成的专业评审共同为选手打分评比，大大提升了活动的关注度和学生参与度。

天津师范大学校内"悦读之星"演讲竞赛活动，既是一场比赛，又不仅仅是一场比赛，而更多是在努力吸引同学们关注阅读。每年图书馆不单举办"悦读之星"演讲比赛，而且在整个比赛过程中嵌入丰富的阅读推广活动,并在决赛现场面向全校展示。如 2016 年的"星级读者"评选,2017 年的最美图书馆摄影大赛,2018 年的微视频征文赛,2019 年的"师徒共读人",2020 年的校园阅读趋势通报,2021 的"纸笔抄《诗经》,书画颂风雅——典籍里的非遗"等,各项活动互相借力,极大提升了活动效果。图书馆利用假期时间,组织全校同学开展共读活动;建立超星学习通学习小组,开展阅读打卡活动,推出书目、专题讲座等学习资源,用"领读+阅读打卡"的方式,带领同学们阅读。同学们在阅读的过程中,记录阅读感悟。图书馆开设高水平的名家讲堂,为师生提供与专家对话的机会。我国阅读推广领域专家学者,如王余光、徐雁、陈亮、茆意宏、王振良等先后来校宣讲,从经典阅读到数字阅读全方位引领校园阅读理念。

2023 年 10 月 20 日,我去天津参加"青少年学生读书行动大会"。会议间隙,我再一次专程去天津师范大学,希望在学校图书馆再了解一些情况,图书馆邱老师接待了我。邱老师问我想从哪里看起,要看古籍就直接上七楼,要看大学生读书就先去二楼大厅。我说:先看看学生读书状况,都说天津师范大学的大学生"悦读之星"活动搞得好,不妨随便看看大学生平时读书的人数多不多。邱老师说:好的,您主要是想看我们很真实的场景,只是您别震惊就行,您做好心理准备。我听了有点诧异,又有点不以为然,何至于有震惊一说!

邱老师说:可能会有点震撼,我先不告诉您,您自己去看。

我觉得邱老师有点故弄玄虚,于是揶揄道:那很好,我就希望被震撼到。

我们乘电梯来到二楼,电梯门一打开,顿时一阵嗡嗡嗡的声浪扑面而来。宽敞的二楼大厅,站着、坐着、游动而走着许多学生,他们手上都拿着书本,在低声背书,一个个口中念念有词,整个大厅充满一片嗡嗡嗡的声音。有不少学生坐在便携的帆布折叠椅上,还有不少学生没有坐处,只好站着,站累了就慢慢走动放松,但都在认真看书背诵。这是我在别的大学图书馆不曾遇到过的景象，我承认我被震撼到了。我问邱老师：这是在准备学校期末考试吗？邱老师说：这个时间大概是准备参加研究生入学考试、公务员录用考试或者教师招考，还有不少学生考各种证书。我问：这些帆布折叠椅是图书馆备的吗？邱老师说：是的，但还是不够用，有的学生来晚了只好站着甚至席地而坐。我忽然看到一墙根处席地坐着几个女学生在埋头背书，轻轻传来嗡嗡嗡的念书声。我看得心疼，说：师大学生念书就是认真。无论是要去考什么，只要这么认真，就值得尊敬，就有希望！

丝毫不夸张，当我们上到图书馆十分清静的七楼古籍部，二楼大厅那嗡嗡嗡的念书声浪还在我的耳畔萦绕。

6 不少教育专家认为，好大学有两件事最重要：教师、图书馆。我们已经用了很多篇幅讲述当下高校图书馆为帮助大学生阅读做的各种努力，下面讲一讲一所高校的校长和教师们是怎样帮助学生用心有效地读书、学习和成长的。

2023 年 4 月初，我应邀去武昌理工学院给大学生作阅读讲座。

武昌理工学院是湖北省武汉市一所普通本科高校，坐落在梅南山下、汤逊湖畔。这所学校多年来在大学素质教育人才培养方面不断进行改革和探索，创建并实施了大学素质教育"1＋3"人才培养模式，即 1 个基本模式和 3 个子模式。基本模式也称"三维"人才培养模式，是指"通适素质教育、专业素质教育、创新素质教育"三维一体协同推进的人才培养模式；3 个子模式分别是"全息场"德育模式、"开发内化创新"教学模式和"素质分制"评价模式。"1＋3"人才培养模式颇具特色，是"发展素质教育"的优秀范例，在全面创新和发展大学素质教育方面进行了有益探索。我在《中国教育报》上读到过有关这所大学开展素质教育改革创新的长篇报道，于是决意接受他们的邀请前往作一次讲座。

武昌理工学院的"素质分制"评价模式是对大学生素质评价难题的

全面破解。学生素质状况素来被认为很难测评，是迄今为止仍未能攻克的难题。评价是教育教学的"指挥棒"，实施素质教育客观要求对学生进行素质评价。武昌理工学院提出了"素质分"的概念，创建"素质分制"评价模式。"素质分"是通过素质评价得出的分值，是对学生思想道德素质、能力素质以及身心素质的量化评价，其本质是对大学生素质的评价。如通过对学生专业学习的目的、态度、过程、表现、结果等的评价生成学生的"专业素质分"；对学生思想品德素质量化测评，学习、表达、交往、适应等通适能力评价和体质体能测试、心理素质测评等综合生成学生的"通适素质分"；对学生创新意识、创新精神、创新意志、创新实践评价以及创新成果的鉴定评分生成学生的"创新素质分"。然后将"专业素质分""通适素质分""创新素质分"形成的"三维素质"的评价结果综合生成大学生"素质报告单"，并将其运用于大学生的毕业管理、用人单位人才甄选等方面。当然，"素质分制"是一种全新的评价模式，还有待进一步完善，但其对促进素质教育的实施和落地具有重要的借鉴意义。

在大学生中提出开展阅读的要求，其目的是提高学生的素质，那么，在这项事关素质培养的活动中学生如何填报"素质报告单"呢？这几乎是很多高校在大学生阅读评价方面的共同性难题。

我在完成讲座任务后，特别就这个很多高校共同性难题向武昌理工学院的赵校长请教。

赵校长是企业家出身，到高校做校长，明确提出了"博览群书强素质、书香校园育英才"的要求，构建了一个阅读考评机制，学校称之为"博览群书工程"。赵校长说：学校前后花了600多万元开发了一个博览群书的在线测评软件。从2014年以来，我们每个月在校期间都会组织博览群书的素质测评，已经有校内外超过35万人参加测评。

我问：35万人只是学生吗？

校长说：除了学生测评，我们还为全社会的全民阅读测评服务。

当然，我对大学生阅读测评更感兴趣。

校长说：在校大学生测评合格就可以拿到学分，既可以填报到"素质报告单"中，也可以作为学生课程学分积累。

我觉得自己眼前一亮，立刻意识到阅读评价计入学分，这是一个重大突破。

校长告诉我："博览群书工程"成了学院每个学生的一门必修课。

我问：学生一年中可以随时申请测评阅读吗？

校长说：是的。每个月都有阅读测评安排。我们的测评是人机答题，有申请就安排上机测评，测评分数合格就给学分。

我问：一个学生可以多次申请测评吗？

校长说：可以。

我提出一个似乎有点捣乱的问题：如果这个学生不怎么爱上课，整天读书，然后经常申请测评来拿学分呢？

校长一点都不着急，明确回答道：可以呀，要不怎么叫作"博览群书工程"呢？我们现在担心的是学生不读书、读得太少、读得不好，我们是最欢迎爱读书、读好书、善读书的好学生的。

武昌理工学院高度重视学生的阅读，实施"1＋3"人才培养模式，培养了许多专业素质扎实、素质过硬、创新素质突出的高素质人才，荣获了教育部颁发的国家级教学成果二等奖，受到《人民日报》、《光明日报》、《中国教育报》、中央电视台、新华网、凤凰网等数百家媒体高度关注和深度报道。

校长说：我们武昌理工学院的学生在历年的全国大学生电子设计大赛中多次夺得一等奖，毕业时成为抢手人才，受到用人单位的高薪聘用。近年来学生获国家发明专利、实用新型专利和外观设计专利400余项，涌现出了很多创新发明典型学生，有在大学期间获得10项专利的"发明大王"毕业生甄莉，有在武汉市环保创意设计大赛中获得一等奖的"校园发明达人"陈神飞。在全国地质设计大赛中，有1000所高校参赛，我们拿过一等奖，拿一次都不得了了。

一旁陪同的武昌理工学院文法学院谢院长告诉我：近年来我校学生出版了 30 余部小说、诗集、散文集，有 210 多名学生在公开刊物上发表了文艺作品。学校现有 3000 余平方米的影视创业实践基地，2014 年被湖北省教育厅评为湖北大学生创业示范基地和湖北省优秀大学生创新创业俱乐部。近年来，学生获批全国以及省级大学生创新创业训练计划项目共达 243 项，在创青春、"互联网＋"等创业大赛中，获得省级以上奖项 47 项。

他们给我看一份资料，上面介绍道：近 5 年，武昌理工学院学生获省部级以上专业奖项 1740 项，其中获全国一等奖 70 多项。3000 多名学生考取知名高校硕士研究生，300 余名学生出国读研深造，还有考取公安部公务员的，和考取清华大学博士研究生的。学生参加法律职业资格考试，平均成绩超过全国平均水平 24 个百分点。学生在全国软件和信息技术专业人才大赛、中国大学生计算机设计大赛、全国大学生电子设计竞赛、中国机器人大赛等各类专业技能竞赛中获省级以上奖项达 500 多项，其中国家级奖项 30 多项。

近年来，学院与华为公司、科大讯飞公司开展产教融合，精密打造一流专业，并开设科大讯飞精英班，协同育人。学生在全国高校 GIS（地理信息系统）技能大赛、湖北省大学生结构设计竞赛等比赛中获得省部级以上一等奖 59 项，其中全国一等奖 35 项。在全国大学生电子商务"创新、创意及创业"挑战赛总决赛中，商学院网络营销团队脱颖而出，获得最佳创业奖和全国一等奖。

文法学院学生近年来在全国大学生英语演讲比赛、日语写作翻译大赛等各类专业竞赛中获一等奖 12 项，已经有 20 多名大学生加入省、市作家协会。影视传媒学院学生近年来多次获得省级比赛一等奖。2019 年学院 75 名舞蹈生受邀参加第七届世界军人运动会开幕式演出，舞蹈专业选送的节目获得第五届湖北舞蹈"金凤奖"，是同类高校中唯一获奖的。艺术设计学院产品设计系学生近年来共获得国际权威设计大奖 7 项，获红点概念设计奖两项、德国 iF（汉诺威工业设计论坛）设计新秀奖三项、德国 iF 年度最佳设计新秀奖一项。在行业内最高奖"中国工艺美术百花奖"评选中，学生的作品《石破天惊》斩获大奖。在中国大学生创业计划竞赛等比赛中，学生获奖 300 多项。学生护士职业资格考试，本科通过率 100%，毕业生就业率 99% 以上，其中本科就业率 100%。

校长告诉我：有一个学生，第一年高考没考上，复读后考上武昌理工学院，毕业时考上武汉邮电科学研究院研究生，后来到华中科技大学拿了博士学位。2019 年，他成功入选华为"天才少年"计划。华为"天才少年"计划每年只有 4 到 5 个名额，是 2019 年开始推出来的人才选拔计划。

校长不无得意之色道：这个学生在校时热爱阅读，他读得很讲究，读过很多书，所以才有后来的可持续发展。

2017 年 3 月，在第十二届全国政协第五次会议上，我邀约了 30 位全国政协委员联署提出了《关于在我国中小学设立阅读课的建议》提案。记得这个提案提交后，有记者采访我，问我为什么关心到教育事业上来了。我说，我的主业还是全民阅读，既然是全民阅读，就要全面服务于社会各阶层的阅读，在我看来，如果全民阅读不从青少年阅读做起，就成了舍本逐末的事情。记者问为什么。我说，全民阅读如果不能使我们青少年也跟着一块热爱阅读，不能培养一代又一代有阅读习惯的新型国民，那么全民阅读活动也就只是成年人的一个文化活动而已。记者不解，又问为什么。我说，因为一个国家的阅读力、一个人的阅读力，都要从养成良好的阅读习惯做起。而一个人的阅读习惯养成，一般来说要从小培养起，从亲子阅读做起，从青少年的阅读力培养起。网上有人说"成名要趁早"，我不知道对不对，可是，读书要趁早，那一定是对的。我们曾经听到过各种"要从娃娃抓起"的说法，如发展足球要从娃娃抓起、发展教育要从娃娃抓起、遵守交通规则要从娃娃抓起、健康要从娃娃抓起，那么，养成阅读习惯当然要从娃娃培养起。建设书香社会，从青少年培养起，这就抓住了事物的根本。

2022年4月23日，习近平总书记在首届全民阅读大会举办之际发来了贺信，在贺信里就明确提出了一个希望，那就是"希望孩子们养成阅读习惯，快乐阅读，健康成长"。

2023年3月27日，教育部、中宣部等8部门联合印发《全国青少年学生读书行动实施方案》，3月28日，全国青少年学生读书行动启动暨国家智慧教育读书平台开通仪式在北京举行，带领全国青少年学生踏上了读书行动的新征程。深入推进全民阅读，建设书香中国，大有希望！

党的二十大提出"深化全民阅读活动"的要求。有朋友问："怎么深化？"我想，抓好青少年学生读书行动，就是深化全民阅读的重要举措。

全民阅读启动之初，我们都在召唤"好书进校园"，现在，教育界、阅读界和社会各界都在努力解决全民阅读"进校园"的问题。其实，我们还要着力解决好一个根本性的问题：进校园要有更多好书。接下来我们就来看看，出版发行界正在怎样行动。

第六章 竭诚为读者服务：出版业的务本

一 小引

二 出版社"破圈"：是营销，更是公益

三 名社名案例：品牌出版助力品牌阅读

四 新华书店：红色品牌的新时代之光

五 民营书店：用"美"重新将读者唤回

六 香港：东方之珠飘来清新书香

四川新华出版发行集团有限公司旗下新华文轩出版传媒股份有限公司打造的"文轩姐姐讲故事"走进书店活动（来源："新华文轩锦华店"微信公众号）

山东省淄博市海岱楼钟书阁

一

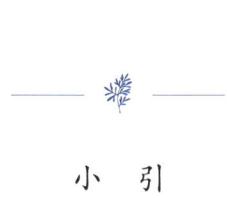

小　引

1 我国新时期出版业提倡弘扬韬奋精神，而韬奋精神的核心理念就是"竭诚为读者服务"，这是著名的爱国者、现代杰出出版家邹韬奋先生在20世纪30年代提出来的响亮口号。"竭诚为读者服务"，从业之初，我认为这是出版业的务本之道，然而面对愈演愈烈的社会阅读危机，我开始意识到，这也是出版业的必由之路、自救之路。

一位当代文化大家表达过这样的意思：文化建设，读书是第一位，出版是基础。

诚哉斯言！一语中的！

2 在出版业从业40余年中，我提出过一些得到过同人和读者夸赞的选题和活动创意。至今我自己最看重的创意之一则是举办全国书博会读者大会。

2007年3月，我和30位全国政协委员在第十届全国政协第五次会议上联署提出《关于开展全国全民阅读活动的建议》的提案。作为一个出版人，我开始思考怎样在全民阅读中发挥作用。2007年4月，在重庆第十七届全国图书交易博览会的主题论坛上，我发表了《全民阅读与我们》的主题演讲，主动反思出版人在社会阅读危机中的责任和应有作为。2008年4月，在郑州第十八届全国图书交易博览会上，我率领中国出版集团举办首届读者大会。

出版机构举办读者大会，可以说是一个独创。

首届读者大会现场氛围相当火爆。诺贝尔物理学奖获得者杨振宁先生携新婚妻子翁帆出席，引起巨大轰动。后来荣获"人民艺术家"荣誉称号的著名作家王蒙先生接受访谈，妙语连珠，倾倒全场。《正说清朝十二帝》的作者、著名历史学家阎崇年登台亮相，风度儒雅，惊艳全场。周大新、李佩甫、邵丽等一众河南籍作家与河南青年读者现场近距离交流，引起阵阵欢笑和掌声。首届读者大会取得很大成功，成功的佐证就是读者兴奋度很高，现场许多读者争相上前，以至于主办方工作人员紧急请求增加保安人员。

自第十八届全国书博会之后，读者大会就被列为历届书博会组委会常设重点项目。每一届书博会读者大会总要吸引大量读者参与，许多著名作家如王蒙、张贤亮、莫言、张炜、贾平凹、梁晓声、迟子建、曹文轩、阎崇年、张海迪、毕淑敏、杨红樱等的出场总要在会场上引起轰动。

举办读者大会，这个创意来自2008年年初我在家观看美国NBA（美国男子篮球职业联赛）球迷大会的电视转播时的灵感闪现。当时我想，出版业面临社会阅读危机，调查结果显示，国民阅读率连年下降，可不可以搞一个类似球迷大会的读者大会呢？如果能把读者大会弄成读者嘉年华，吸引更多读者亲近作家、亲近图书、了解图书，形成大众爱读书、读好书的氛围，岂不是推动全民阅读的一个举措吗？我立刻给中国出版集团刘副总裁打电话，他负责书博会集团参展工作。我跟他说起这个创意，立刻得到他的响应，他当即表示两个月后的第十八届全国书博会就办。接着我们跟全国书博会举办地的中原出版集团、河南省作家协会联系，他们也都表示愿意参与主办，这才成就了首届读者大会这一创举。

对于首届读者大会，出版业内大多数同人都认为这是出版业宣传营销的一个创举。而事实上，其价值和意义已经大大溢出书博会和出版业，成为正在渐次兴起的全民阅读活动的一个创新内容。

3 举办读者大会，提倡为读者服务，有人说是独创，也有人说是首创。从我国现代出版业发展的历史来看，在为读者服务方面，读者大会也许在做法上是独创的，可是在精神理念上，绝对不是首创。我国出版业一直都在宣传、弘扬的韬奋精神，其核心理念就是"竭诚为读者服务"，服务读者早已成为我国现代出版业的优良传统。

说到我国现代出版业服务读者的优良传统，第一个就要讲张元济先生。

张元济先生是大学问家，也是维新派人士，1902年入主商务印书馆，提出了"昌明教育、开启民智"的理念，组织出版了一大批中外文学名著，成为中国现代出版业之滥觞。这是人们都熟知的事情。关于张元济先生热情服务读者，只一件事足以表明他的态度。他入主商务印书馆之后，主导创办了东方图书馆。既然名为图书馆，东方图书馆就是为收藏版本和为广大读者提供公益性服务。它对社会开放，服务于民众，服务于读者。请问，有哪个出版社舍得把自己的大笔资金投入版本收藏、提供大量图书资料让读者借阅？张元济先生和初创时期的商务印书馆就能够如此去做！

接着就要讲贴身为读者服务的陆费逵先生。

1912年中华书局创立之后，作为总经理的陆费逵先生亲自上柜台卖书。他针对不同顾客的心理，分别介绍最近出版的新书、复制古书古画精品等，使顾客们乐于在书店里盘桓并满载而归。在陆费逵先生的带动下，中华书局门市部的营业员都很彬彬有礼。当时，中华书局的编辑所和推广部存有大量读者地址卡，以便经常向读者寄发新出书目，便于读者选购。中华书局的书店都有存书卡片，因而对市场销售和读者需求可以说是了如指掌。这一点有点像今天的数据库营销，可以深度挖掘读者信息，为读者提供个性化的贴身服务，可是当时做起来要费很多人工和时间。陆费逵和初创时期的中华书局却能够如此去做！

关于服务读者，出版家、作家、教育家叶圣陶先生有一段话讲得最为透彻。他说，做出版的"不单叫要读书的人有书读，还要叫不读书的人乐意读书……想尽种种办法让不读书的读书，少读书的多读书，读了书的善于读书"。他在主持开明书店《中学生》杂志时，特别强调为读者服务，说："一个杂志社就是一个繁复的机构，所有的人都为了服务读者而努力。"他们一旦发现杂志订户在新年没有续订，就主动寄赠一本新刊给他，表示这是为了不影响订户的阅读，同时建议订户尽快续订，而且连赠两期新刊。这就是服务读者，把服务工作做到如此尽心尽力，体现了良好的公益精神和热情贴心的服务态度。

在出版业，谈到为读者服务必定要谈到邹韬奋先生。

韬奋先生1926年接手主编《生活》周刊，一个重要的举措就是开设读者信箱，《生活》周刊在7年时间里回复过4万多封读者来信，其中韬奋先生本人就写过1万多封复信。请问，出版史上哪一位编辑，尤其是哪一位主编服务读者能做到这个程度？真可谓前无古人、后无来者！韬奋先生在20世纪30年代就提出了"竭诚为读者服务"的理念。生活·读书·新知三联书店原总经理范用先生曾经回忆，1938年他在武汉进入三联书店的前身生活书店，就看到书店里展示的广告语"竭诚为读者服务"。

1932年韬奋先生创立生活书店，很快就在全国设立了56家分店。各分店一致秉承"竭诚为读者服务"的理念，"生活"很快就成了20世纪30年代书业服务的品牌。韬奋先生曾充满感情地回忆，许多流亡青年"每到一个地方，只须知道那个地方有'生活'分店，他们往往总要想到'生活'；人地生疏，想起'生活'，往那里跑；认不得路，想起'生活'，往那里跑；找不到旅馆，想起'生活'，往那里跑，请代找一个；买不到车票或船票，想起'生活'，也往那里跑，请帮忙代买一张；住址一时不能确定，也想起'生活'，也往那里跑，请有信暂为留下转交，以便自己来取"。当我们出版业对读者的服务做到了有求必应的地步，不用说，读者的向心力一定会不断得到加强，读者的阅读兴趣肯定会得到更大提升，出版业才能实现叶圣陶先生所说的目的："让不读书的读书，少读书的多读书，读了书的善于读书。"

4 1999年,我在人民文学出版社社长兼总编辑任上,曾经提出过出版社"全国书市战略"。因为当时对于一年一届的全国书市,业内已经有不少人缺乏投入的热情,总有应付之意。我在出版社提出,全国书市有一个需要引起高度重视的价值,那就是直接服务当地读者。对于一座城市以及它的周边地区的广大读者来说,书市是一个盛大的读书节日,可以极大地丰富人们的精神文化生活。出版社可以在很短的时间内与大量的终端读者直接沟通,将相关的图书信息发送给特定的读者,并能得到来自读者的即时反应。

我要求人文社宣传营销人员要提前来到每一届全国书市举办城市,在书市开幕前两天在举办地举行新闻发布会,提早给广大读者提供有关书市的信息,这样可以避免书市开幕后书业新闻发布拥挤不堪,导致我们的新闻被淹没。这不是争抢新闻先机的问题,而是出版机构选择好自己的宣传对象,从读者出发确定宣传策略,达到推动和引导当地读者阅读的目的。

从1999年第十届长沙全国书市起,每一届全国书市开幕之前我都要带领人民文学出版社的同事提前制订书市参展方案,以一种比较积极的态度,以读者为中心进行宣传设计和活动筹备工作。首先还是要有新书、重点书,同时要有相当数量的动销品种。人民文学出版社一直都保持着近2000种动销品种展示给读者,每一次展示都必然有出版社的"看家书"《鲁迅全集》、《莎士比亚全集》、"中国古典文学读本"丛书、"茅盾文学奖获奖作品全集"、"红色经典文库"等,后来又有了哈利·波特系列图书、"中学生课外文学名著必读"丛书和"21世纪年度最佳外国小说"丛书等。一时间,人文社的展位上常常人气最旺,时有"人满为患"之状。

5 从2007年起,全国书市更名为全国图书交易博览会,突出了交易和零售功能。当时我在中国出版集团总裁任上,给集团制订的目标是：集团所属出版机构要充分利用每一届书博会，近距离地直接服务读者，给主办城市以及它的周边地区的广大读者留下鲜活的印象和难以磨灭的记忆。一年一度坚持下去，多年后，出版社和出版集团必将获得更加广泛、牢固的读者群，不断在全民阅读中发挥推广和领读的积极作用。

全国书博会已经办了31届，我还没有发现哪个城市的人们不爱读书。要解决社会阅读危机，需要激发全社会的读书热情，集合各方面的力量来推动，出版业是责无旁贷的。出版业首先是一种文化事业，与国家、民族和时代的文化积累、文化传播紧密相关，对社会各种群体的精神文化、日常生活有着直接作用。作为一个有公益精神的出版社，有责任帮助读者读到好书，要千方百计地引起读者的阅读兴趣，帮助读者关注图书、了解图书，让他们感觉到"好书不读还真是可惜"。日本电通公司曾总结过一个精确的营销理念，即"注意—兴趣—欲望—记忆—行动"。把这一理念引入书博会，也就是出版机构要引导广大读者对图书"注意—兴趣—搜索—行动—分享"。出版业和分销商在获得应有的经济效益的同时，应为改善国民阅读状况做出贡献。

古人曾用"寒窗苦读"来描绘读书情境。其实，全民阅读，作为一种社会性的文化活动，还需要"广场式阅读"，需要"你读我读大家都来读"的"从众阅读"。书博会带给大众的就是"广场式阅读"和"狂欢式阅读"，这样的阅读与"寒窗苦读"结合起来，才可能使得书香社会建设充满活力和内驱力、感召力。

全国书博会是每一个举办地人民群众生活中的一件大事，是广大读者的节日。全国书博会举办之后，当地人民多年后还会记得这空前的读书盛况，有的城市后来还把这个日子确定为城市的读书节日。如果我们国家很多城市都形成了高涨的读书热潮，岂不是书香中国建设的好事情！出版社可以排除自身功利的考虑，把参加每一届书博会既当作营销业务来开展，更要当作一项公益事业来做，为一个省、一个城市的全民阅读活动的开展做贡献，这当然是功莫大焉的好事。

二

出版社"破圈":是营销,更是公益

1 出版社开办阅读讲堂,多方服务读者,网上有人将之戏称为出版社"破圈"。网上有解释,"破圈"是指一种新连接,是一种文化现象,泛指更多主客体发生连接,产生新的关系,丰富价值网络;改变内容生产、表现方式,重构价值结构。而今似乎很多行业都在"破圈"。出版业为全民阅读提供服务,就像是在"破圈",出版人做起了图书馆行业的事情,令人感动!

出版社"破圈"开办阅读讲堂,多方服务读者,在新时期出版体制改革期间,出版人曾经时髦地称之为加大营销力度、提高出版企业的市场化经营程度。随着全民阅读渐成热潮,尤其是进入新时代,"破圈"服务阅读的出版社越来越多,出版人却似乎不再强调这是加大营销力度和市场化行为,而乐于称之为开展公益活动、弘扬公益精神。

要想把问题说清楚,就得抓住事物的根本。服务读者、开展全民阅读活动,对于出版业来说,既是公益行为,也是营销活动;既是务本之道,也是自救之路。古人说"君子务本,本立而道生",因此,更主要的还是务本之道,是公益。出版社"破圈"开办阅读讲堂,并不只是为营销,而更多是为了公益阅读。

开展全民阅读的呼声渐次高涨,可是一年又一年的国民阅读调查结果显示,主要是数字阅读在发展。统计结果显示,图书销售虽有些微进步,可并不能振奋人心,且报刊订阅量下滑的状况似乎难以逆转。众多只专心做书的出版人不得不对全民阅读重视起来,许多大社名社和出版

集团在阅读推广上开始发力。如果说，早年间人民文学出版社实施"全国书市战略"和中国出版集团创办读者大会，在业内得到的评价主要停留在市场营销创新上，甚至都没有深化到务本之道与自救之路的认识上，那么，进入新时代，这些服务阅读的举措，许多出版机构几乎是不约而同地开展的，大体都上升到了全民阅读公益精神的境界。

2 在出版行业几十年，我看到过全国众多出版机构开展阅读推广的热烈景象，这让我体会到出版业内一直追求的无限创意。尤其是近20年来，阅读推广已经成为众多出版人的文化自觉和职业职责。我们可以从下面一部分案例感觉得到：

从1993年至今，由全国妇联主办、中国妇女出版社承办的"全国青少年爱国主义读书教育活动"，已经连续30年在全国组织开展系列化的活动。这项活动服务的青少年读者有8亿多人次，成为全国持续时间最长、覆盖人群最广、教育效果最好的读书活动。这个项目在首届全民阅读大会上获得中宣部"2021年全民阅读优秀项目"的表彰。

1993年12月19日，广东省新华书店举办首届南国书香节。这一书业展会一直坚持至今，成为每年度举行的跨地区全国性书展。

2003年，北京出版集团率先推出了"共享阅读乐趣——京版集团世界读书日首届讲坛"大型公益活动。2005年，北京出版集团创办的"京版大众文化讲座"是更为贴近大众需求的阅读活动，至今已推出179期精彩讲座。2021年，"京版大众文化讲座"转型升级，在原有活动形式的基础上，增加线上直播、展播等活动形式，邀请名家、大家在线上与广大读者分享好书佳作、京味故事，传承文化，总观看量突破百万人次。

2014年，湖北省开始举办全省少年儿童读书活动"红扣子·楚天少儿悦读季"。这项活动由长江少年儿童出版社承办，至今已持续举办10年，成为湖北知名少儿阅读活动品牌。

2015年，四川新华出版发行集团有限公司旗下新华文轩出版传媒股份有限公司打造的"文轩姐姐讲故事"成为年度少儿阅读的一个典型案例。"文轩姐姐讲故事"深入社区、学校、公共图书馆等，与青少年读者展开阅读互动体验活动，同时招募青少年读者参与其中，成为阅读活动的志愿者，已经培养了数百名"文轩姐姐"志愿者。

自 2016 年起，《知识就是力量》杂志社开始主办"全国青少年科普阅读行动"活动，至今已连续举办 7 年。这项活动在首届全民阅读大会上获得中宣部"2021 年全民阅读优秀项目"的表彰。这项活动还组织众多研究员、教授、专家、中青年科普工作者开展线上线下"科学家讲座"。

2017 年，广西出版传媒集团创建漓江书院，漓江书院是由漓江出版社承办运营的公益性阅读空间。漓江书院先后在南宁市建成了三祺店、金狮巷店、广西大学店和童书馆，在桂林市建成桂林党校店。书院以"阅读创造无限可能"为主题，迄今为止共举办阅读活动 1600 多场次。

自 2020 年 1 月起，新华出版社开展"新华荐书"活动，每月一期，所荐图书主要为当月出版的中文原创新书。新华出版社邀请专家组成评委会，每月评选月度好书 10 种，每一年度总评选年度好书 10 种，通过权威媒体向社会推荐。

2020 年，浙江出版联合集团及其所属浙江省新华书店集团主办的首届"之江好书节"举办。"之江好书节"创办 4 年来，累计开展文化活动超 5000 场。"2023 之江好书节"则成为第二届全民阅读大会主会场的重要展览展示活动之一。

自 2020 年 11 月起，由韬奋基金会和四川新华出版发行集团有限公司联合主办的"全民阅读研究年会"作为每一年度四川天府书展的重要项目在成都举行。

2021 年 6 月 17 日，吉林东北亚出版传媒集团参与主办的以"书香百年路　阅读新征程"为主题的 2021 出版发行界图书馆界阅读推广论坛在长春举办。论坛期间，组织召开了"以全民阅读引领书香社会建设，助力吉林振兴发展"座谈会。在《2020 年度"书香中国"全民阅读品牌传播影响力大数据研究报告》中,"书香吉林"阅读季综合传播影响力位列全国第 5 名。在座谈会上,代表们根据这一研究结果,就不断推进吉林全民阅读工作规范化、常态化、长效化进行深入讨论。

2022 年 9 月,天津出版传媒集团旗下的津读书苑"津读大讲堂"开讲,天津读者纷纷走进大讲堂,聆听作家、学者的各种高水准的讲座。

2023 年 4 月 22 日,位于宁夏回族自治区银川市北京东路和凤凰街交叉口的黄河书苑正式开业。这是黄河出版传媒集团最新打造的一个全民阅读主题阅读空间。黄河书苑原先是黄河出版传媒集团大楼出租运营的配楼,黄河出版传媒集团舍弃租金收益,专为银川市全民阅读贡献了一个内容丰富、现代化的阅读空间。

2023 年 10 月 15 日,广州新华出版发行集团股份有限公司参与主办的首届"阅见月月见"系列活动在广州启动。"阅见月月见"在阅读召唤上既有亲切感又有督促意味。

2023 年 11 月 5 日,由中文天地出版传媒集团股份有限公司和中信出版集团股份有限公司主办、江西新华发行集团有限公司承办的"你好读者·书香赣鄱"金秋畅读季启动仪式在新华书店(南昌书城)隆重举行。金秋畅读季期间,江西省各地还推出了"护苗·绿书签""新华大讲堂""新华共读""新华优选"等阅读品牌活动,给阅读爱好者带来金秋文化盛宴。

三

名社名案例：品牌出版助力品牌阅读

进入新时代以来，服务全民阅读已经成为我国出版业的重要内容。可以毫不夸张地说，几乎所有出版社，以及许多知名杂志社，都在全民阅读中有或多或少的作为，也都可以写成案例。为了写作《有书香的地方》，我选择了 7 家出版机构，对他们服务全民阅读的活动作了一番深入考察。

1 人民出版社——

2023 年 4 月，在第二届全民阅读大会期间，在韬奋基金会主办的全民阅读研究论坛上，中国新闻出版传媒集团、中国全民阅读媒体联盟、全民阅读与融媒体智库联合发布第七届"大众喜爱的阅读新媒体号"，人民出版社读书会微信公众号入选。

我在发布现场，立刻向人民出版社读书会的负责人表示祝贺。

我知道，这个荣誉是 2015 年成立的人民出版社读书会获得的许多荣誉中格外引人注目的一个，因为它标志着人民出版社读书会微信公众号在大众读者心目中的地位进一步提升。

我知道，人民出版社读书会自成立以来已经做出了很多的努力，获得了许多应有的荣誉，其中不无含金量很高的奖项。譬如，2015 年 12 月获"第二届中国青年志愿服务项目大赛"金奖，这届评奖全国共申报 5509 个项目，人民出版社真可谓脱颖而出；2016 年 12 月获"第十一届中国青年志愿者"优秀项目奖；2018 年 4 月获"全民阅读十佳推广机构"称号；等等。

人民出版社读书会自成立以来已经举办线下读书活动 200 余场，先后走进工业和信息化部、中央机构编制委员会办公室、国家机关事务管理局、中国科学院、首都图书馆等机构举办读书活动，深入到福建建阳、浙江宁波、陕西延安、新疆克拉玛依等地开展阅读推广。在北京，他们还举办多场公益性质的领读人培训班。我多次被他们请去授课，每一次我都悄悄问听课学员听课是否交费，得到的回答总是一句话：公益的！

人民出版社读书会微信公众号更是公益的了。这个微信公众号设置了不同定位、各具特色的栏目，融合文字与音频等呈现形式。人民出版社读书会微信公众号以人民出版社出版的马列经典、政治、军事、人文社科等大量书籍为依托，内容格外丰富。公众号紧扣重点专题与文化热点作高水平的解读，紧扣重大节日、纪念日、名人诞辰、节气月令等节点策划推送可读性文章，及时与读者开展互动，在读者中产生良好反响。

2023 年是马克思诞辰 205 周年和逝世 140 周年，人民出版社读书会和北京师范大学马克思主义学院联合举办"名家大讲堂"读书活动，邀请人民出版社出版的《马克思的朋友圈》一书主编龚云，作题为《走进马克思的朋友圈——了解他和朋友之间跌宕起伏的动人故事》的主题演讲，线下读者兴致盎然，线上读者跟帖如云。

2023 年世界读书日到来之际，人民出版社读书会与中国传媒大学传播研究院联合举办"名家大讲堂"读书活动，邀请我作题为《动力与源泉——百年来主题阅读的回顾与启示》的主题演讲。线上情况我没有来得及询问，线下讲堂里坐满了大学生，后来的同学只好设法加凳子。

2　人民文学出版社——

人民文学出版社是我做过社长兼总编辑的地方。我不曾料到，多年后，在全民阅读热潮中，出版社那个老旧后楼的 4 楼，那个水磨石的地板，四墙落白，里面摆着一大堆几十年前流行过的红色钢架折叠椅，一副老国企模样的大会议室，居然成了新时代首都北京最时尚的青年文学爱好者经常云集的地方。那里不定期举办的文学讲座，近10年来一直深受追捧。

人民文学出版社2013年9月开办的"朝内166文学讲座"（2021年前称为"朝内166文学公益讲座"），一开场就形成盛况。第一讲由英美文学专家陆建德主讲"菲茨杰拉德和《了不起的盖茨比》"，现场观众爆满的热烈景象完全出乎主办方的意料。其后，中国作协副主席阎晶明的单场直播观看量接近百万，获得良好的全网宣传效果。讲座自2013年到2024年1月，共举办了158期，一直都是线上线下同时进行，覆盖面很广。这个讲座以业内知名品牌栏目的身份，已经走进了首届全民阅读大会和2022年中国国际服务贸易交易会，受到热爱文学的读者的追捧。

"朝内166文学讲座"158期的内容实在太过丰富，真要一一写来，得用整整一本书的篇幅。可是我又不忍心一笔带过，斟酌再三，权且从158期讲座中选出一些节目来供读者们了解甚至是欣赏——我相信，只要是文学爱好者，看到这样的节目，是顿时会有欣赏之乐的。

文学评论家孙郁教授讲《〈呐喊〉的诞生与传播》

作家周大新讲《人性立方体：〈曲终人在〉里的复杂人生》

文学评论家白烨讲《陈忠实和他的〈白鹿原〉》

作家邱华栋讲《走近君特·格拉斯》

汪曾祺之子汪朗讲《随遇而安——谈汪曾祺在北京的几个住处》

文学评论家张莉教授讲《萧红和她的黄金时代》

翻译家刘文飞教授讲《不朽的托尔斯泰：解读〈战争与和平〉〈安娜·卡列尼娜〉〈复活〉》

翻译家董强教授讲《萨特：一位哲学家的文学梦》

翻译家李明滨教授讲《永远的肖洛霍夫，静静的美丽顿河》

古典文学名家莫砺锋教授讲《宋代诗歌的沧海明珠》

古典文学名家葛晓音教授讲《我们为什么喜爱唐诗》

红学家张庆善讲《漫谈〈红楼梦〉人物的命运与悲剧》

……

看这些讲座节目，我敢说，这些主讲人都是讲座内容的一时之选，能听到他们的讲座，称得上是当今文学阅读的一时之享。然而，人民文学出版社却要费尽心力请到他们，安排讲座，让读者快乐享用，这就是出版人在"竭诚为读者服务"。

3

商务印书馆——

2022年11月16日，商务印书馆邀请我参加"为中国未来而读——2022阅读行动研讨会暨《温儒敏讲现代文学名篇》出版座谈会"。这一邀请让我略有点诧异，我一直为《温儒敏讲现代文学名篇》出版座谈会上的发言做准备。温儒敏教授是我在北大中文系上学时的授课老师，老师出版新书，作为学生的我是要前往发表感想的。可是收到的请柬却在出版座谈会前赫然标注"为中国未来而读——2022阅读行动研讨会"，我心里略有些纳罕，想自己离开中国出版集团公司总裁岗位十多年了，对商务印书馆的新举措不曾了解也很正常。

研讨会开得很顺利，以线上线下相结合的形式召开，主题是"让校园阅读有趣有效""现代文学传统与当代文学生活"。中国教育学会中学语文教学专业委员会原理事长、北京教育学院教授苏立康，中国现代文学研究会会长、北京师范大学教授刘勇，商务印书馆党委书记、执行董事顾青，《中国教育报》常务副总编辑张圣华分别在开幕式上致辞。北京大学中文系教授、山东大学人文社科一级教授温儒敏在研讨会上分享创作经过。那天出席研讨会的人有很多，有朱永新、吴义勤、孙绍振、陈平原、陈晓明、李洱、王本朝、陈国恩、吴晓东、倪文尖、张洁宇、姜涛、马兵、王本华、何杰、季剑青、陈艳、路杨等，以线上线下形式参会并发言交流。据说历年参与阅读行动研讨会的代表等近百人参加了会议。近 10 万人次的网友通过商务印书馆和《中国教育报》的相关平台观看了会议直播。

直到研讨会结束，我才有机会从商务印书馆顾青那儿询问到"为中国未来而读——阅读行动研讨会"的来龙去脉。

原来，"为中国未来而读——阅读行动研讨会"已经举办了 10 年。自 2013 年开始，商务印书馆和中国教育学会中学语文教学专业委员会阅读推广中心每年暑期选取一个省，聚焦一个主题，形式为主旨报告、专家讲座、公开课＋课例研究工作坊、分享交流等，线下加线上，会期为 2—3 天。

2013 年 9 月 13—15 日，在安徽宣城中学，"为中国未来而读——阅读行动研讨会"拉开序幕，邀请浙江大学教授蔡天新、北京大学教授章启群等作专家讲座，开设阅读示范课，举办阅读论坛。

此后，研讨会每年举办一次，先后在青海师范大学附属中学、河南省实验中学、四川成都树德中学、陕西西安高新第一中学、宁夏银川、吉林长春、贵州贵阳、北京等地举行。

"为中国未来而读——阅读行动研讨会"受到广大语文老师、教研员的普遍欢迎，逐步实现教育系统内的"破圈"。研讨会不只是在语文教育圈产生很大影响，还吸引了其他学科老师、教研员的积极参与。系列活动线上线下参与人次近百万。教育部官网、人民网等撰文报道，社会影响显著。

自 2022 年参加商务印书馆的那次阅读行动研讨会之后，我开始关注这项受到广大语文老师、教研员普遍欢迎的活动。2023 年 7 月 10—12 日，研讨会在山东东营举行，主题是"青少年阅读内容与策略"。中国教育报刊社全媒体中心、商务印书馆视频直播平台和东营区融媒体中心对研讨会进行全程直播，近 25 万人次在线观看。我还从顾青那儿了解到，研讨会与商务印书馆教育类图书深度绑定，在主旨报告、工作坊、交流等环节，嵌入商务印书馆重点图书，带动了重点图书销售。用出版业的常用说法，研讨会实现了社会效益与经济效益双丰收。

4 甘肃读者出版集团有限公司——

甘肃读者出版集团有限公司建立的"点·线·端＋全民阅读"立体服务网络，以甘肃省新华书店为中心，以市（州）、县（区）新华书店为分支，以"读者小站"和城市社区、校园、机关企事业单位等读者书房、阅读空间、读书角、自动售书机以及读者乡村文化驿站为末梢。这种模式被形象地称为"点·线·端＋全民阅读"建设书香社会的"读者方案"。2022年，在首届全民阅读大会上，中宣部发布"2021年全民阅读优秀项目"，仅有15个项目入选，读者出版集团有限公司建立的"'点·线·端＋全民阅读'建设书香社会的'读者方案'"赫然在列。

甘肃读者出版集团有限公司建立的"'点·线·端＋全民阅读'建设书香社会的'读者方案'"项目中最为引人瞩目的是"读者小站"。一听到"读者小站"，我立刻联想到甘肃的《读者》杂志，就觉得亲切。《读者》杂志是我国改革开放新时期创办的，一直是一份高质量编辑、出版、运营的名刊。这份名刊在数十年里深受广大读者喜爱，经久不衰，以至于甘肃省委决定用"读者"命名甘肃省的出版集团，成立了读者出版集团有限公司。以一份刊物名命名一个省级出版集团，甘肃省是独一份。

2023年8月，我们参观了设在兰州市西固区金城公园内的一家"读者小站"。金城公园是兰州市唯一一个五星级的市民公园，把"读者小站"建在这样的地方，既可以促进旅游，也可以提升城市的文化品位。

读者出版集团有限公司马总说：我们明确提出要让"读者"IP（知识产权）大众化、社区化，要为社区人民的美好生活提供服务，引领生活方式，满足人民群众日益增长的对美好生活的需求。

兰州市西固区政府的一位同志告诉我，自2018年起，兰州市西固区一共建了8个"读者小站"，是由西固区政府跟甘肃读者出版集团有限公司共建的。西固区政府投资很大,这些用房都是政府免费提供,明确只能用于全民阅读和公共文化服务。区政府不仅免费出用房,水费、电费、暖气费也都由政府买单。出版集团运营,负责盈亏,还有一套考核办法。总之,"读者小站"的宗旨是成为街区公共文化空间,形式是文化沙龙,功能包括阅读、文化消费、文化活动、人际交往平台等。5年时间过去,8个"读者小站",一站一特色,各站有不同的活动,已经深入到西固区的人民群众当中。

金城公园里的"读者小站"门前还加挂了一个"西固区书香政协站"的牌子,这是区政协专门挂的。区政协每个月都要在这个"读者小站"里举办一次政协委员读书会。

"读者小站"屋子里既有大量的书架,也有不少桌椅,二楼更是一个阅读交流的空间。年轻的店长向我们介绍,站里的书可以借阅,与区图书馆通借通还。这里还有少量的新书销售,但主要是阅读。读者自己带来的书也可以在这里阅读。

"读者小站"外面是个院子,紧邻一座湖,湖边垂柳依依。店长说,天晴的时候或者烟雨蒙蒙的时候,风景特别好,"读者小站"正对着公园里的音乐喷泉,是一个最佳视角。在天气比较好的情况下,"读者小站"里面大部分读者都喜欢在户外看书。有湖有景,可以看书养心。

马总说:有的城市搞书城之城,也令我们佩服。我们兰州就有一个大书城——西北书城。书城追求的是大而全,城市条件不一样,不能到处搞书城,我们就搞"读者小站","读者小站"讲究的是小而精、小而美、小而有趣味。其实人们在生活里更多是往小处着眼,不会是往大处去追求。城市街区里有各种公共空间,麻将馆是公共空间,棋牌室也是公共空间,那是娱乐空间。而我们的"读者小站",就是公共文化空间、全民阅读空间,它的功能、它的作用、它发散的东西,是不一样的。我们建在社区里面的"读者小站",一定要有温暖感、家园感、舒适感,要有阅读高雅感、阅读怡情感。我们对"读者小站"的员工说,让街道的转角处有一束温暖的灯光照射着,在透着灯光的窗口旁有一个女孩在安静地读书,提示着青年们努力读书吧,这就是一个最好的场景。我们的"读者小站"就要往这个方向去努力,去发挥作用。

我赞叹道:马总的理想境界很感人。有人说,一个女孩最美的形象就是沉静读书的样子。

马总笑了,说:我们"读者小站"当然不是只追求形象,最终还是要为读者提供阅读服务。我们读者出版集团有限公司跟区、县政府合作,然后交给集团所属的省新华书店运营。省新华书店专门成立一个公司来做,按照事业化加企业化的模式来做,这样才可能得到可持续生存和发展。

西固区政府的同志说:新华书店来运营,做得很活。他们特别注意组成信息社群,用社群运营组织活动,做分享,聚集用户,流量变现,其他的商业要用"读者小站"的流量。

马总说:刚才我们去看了西固区图书馆的"金城书房",那是图书馆系统的城市书房。"金城书房"来跟我们读者出版集团有限公司谈如何合作,互相借力,我们说那就一起做,既是"金城书房",也是"读者小站",所以大家看到的这个牌子是"读者小站·金城书房"。有了"读者小站",读者就会注意到这是《读者》杂志乃至读者出版集团有限公司的阅读服务;有了"金城书房",读者就会明白这里是西固区城市书房,可以通借通还。

西固区政府的同志显然对西固区图书馆相当满意,他告诉我们:我们西固区图书馆是全国一类图书馆。

马总说:西固区虽然是传统的工业区,但是在文化建设、全民阅读方面做得特别好。关键在于西固区党委、政府领导思路清晰、目标明确。他们治理老工业区的污染,为"兰州蓝"做出很大贡献,在哥本哈根世界气候大会上咱们兰州去作过经验介绍。今年(2023年)到现在的晴天大部分时候能看到蓝天。有这样的治理能力,我们相信西固区的全民阅读也可以做到最好。

西固区政府的同志说：那也需要读者出版集团有限公司的支持、帮助！他接着说：原来这个地方开餐饮，区委书记说不开了，一年 40 多万元租金政府不要了，拿出来给市民做全民阅读服务。

听他这样说，大家都轻声赞叹起来。

马总说：全民阅读首先是党委、政府要有意愿，这是根本。然后我们出版业要紧跟上来做好服务，虽然挣不到什么钱，可能还要往里面贴些钱，但是长久来看，社会上读书人多了出版业就有生存发展的广阔前景了。

我说：全社会都应该这样来想。往长远看，区委书记的这个思路是立足于经济社会的全面发展，宁可放弃 40 多万元的租金，也要推进书香社会的建设，使得民族精神更加厚重深邃，这才是现代化强国建设的重要思路。

5 广西师范大学出版社集团、新华出版社——

2023 年 6 月 5 日，正值世界环境日，在北京新华网媒体创意工场，我应邀出席由广西师范大学出版社集团创意、广西师范大学出版社集团和新华出版社倡议发起的"山水阅读"活动启动仪式。仪式上两家出版机构聘任我为"山水阅读"推广大使，聘任新华社记者张扬为"新华荐书·山水阅读书单"推广大使，正式宣布启动"山水阅读"品牌 LOGO 征集、漓江驻地创作计划。

两家出版社倡议发起"山水阅读"，令我怦然心动。我们稍微注意浏览古代中国画中的读书绘画，就会发现，我国古代有许多直接命名为"读书图"的画作，它们多见于中国画的大宗——山水画。画面以山水为主，以读书的人物、场景、气氛衬托山水的宁静和空灵，如元代王蒙的《春山读书图》、元代王振鹏的《伯牙鼓琴图》、元代黄公望的《剡溪访戴图》即为其中的代表作，体现了古人对读书环境的高度重视。新时代出版人将生态建设与出版、阅读联系在一起，实在是对出版选题的一个有意义的扩展，是对阅读文化的一个有意义的提升。被邀请担任"山水阅读"推广大使，我不只感觉到这是一份荣誉，更意识到这是一份责任和使命。不断改善、优化国民阅读环境，这是书香社会建设题中应有之义。

"山水阅读"活动启动之后，两家出版机构先后举办了"跨·阅"文化沙龙、"山水清音"——漓江渔火名家朗诵会等多场活动，受到众多读者喜爱，引发热烈反响。新华出版社主办的"新华荐书"发起"山水阅读"线上线下初选，在众多出版社参评的数百部新书中推选出"新华荐书·山水阅读书单"10部好书，并在网上发布了书目。

2023年10月28日晚间，山水音乐诗会暨2023年度"新华荐书·山水阅读书单"发布礼在秀甲天下的桂林城一个宽阔的绿草坪上举行。桂林因山水而扬名，因历史而厚重，因文化而隽永。山水音乐诗会暨2023年度"新华荐书·山水阅读书单"发布礼将阅读、民谣、诗歌、朗诵、音乐等多种元素相融合，吉狄马加、张抗抗、西川、欧阳江河、张清华、刘文飞、高兴等作家、诗人、翻译家和来自全国各地的出版人、编辑、音乐人与闻讯而来的众多读者在草坪上诵诗咏歌，在清风朗月下品读优秀作品，以美好诗文致敬山水美景。观众中大量的文学爱好者，在晚会上从头至尾都是兴致盎然。

作为"山水阅读"推广大使，我被主办方安排登台宣读《山水阅读桂林宣言》。这份宣言是广西师范大学出版社集团、新华社客户端读书频道、中国环境客户端、《人与自然》杂志社、《环球人文地理》杂志社等出版机构联合发出的。文章写得充满激情，作为推广大使的我自然也就读得激情满满。

《山水阅读桂林宣言》全文如下：

山水阅读桂林宣言

书籍是人类智慧的结晶，书籍是人类进步的阶梯。

习近平总书记指出，要提倡多读书，建设书香社会，不断提升人民思想境界、增强人民精神力量，中华民族的精神世界就能更加厚重深邃。

全民阅读活动广泛开展以来，"阅读作为一种生活方式"的理念日益深入人心，阅读已成为人们美好生活的重要内容，全社会"爱读书、读好书、善读书"的氛围愈加浓厚，书香社会、书香中国建设成效显著，为奋进新征程、建功新时代凝聚强大精神力量。

为了让阅读更美好更丰盈，我们以山水为名，以阅读为媒，打造"山水阅读"品牌，倡导"阅读，在山水之间"，聚焦自然与人文主题，通过在线在场结合、学科领域融通、文旅跨界融合的系列文化活动，探索全民阅读活动的新路径新形态，讲好中国人民在实现物质生活富足的同时，努力追求精神富有的新时代中国故事，为中国式现代化增添生动的诠释和注解。

我们倡导，读万卷书、行万里路，俯仰天地间、胸中有丘壑，用脚步和汗水丈量万里河山，以知行合一的姿态探索世界和未来，将青春才智书写在祖国的大地上。

我们希望，阅读融入生活，生活融入自然，体认发扬艺术人文与自然天文交融合一的中华智慧，在人与自然的和谐共生中创造更多的中国特色、中国风格、中国气派，让中华人文之光薪火相传、生生不息。

我们相信，山水能滋养人生，阅读能改变世界，求索能推动发展。

让我们一起阅山、阅水、阅春秋，让我们共同读天、读地、读世界，心游万仞，思接千载，回答好世界之问、人民之问、时代之问，为中华民族伟大复兴和人类命运共同体的构建接续奉献智慧和力量！

广西师范大学出版社集团领导说，他们希望打造一个文旅融合型全民阅读项目，在桂林全力建设世界级旅游城市的背景下，将桂林的文化阅读资源与旅游资源打通，推动文旅跨界联动融合。倡导山水之间的艺术人文阅读，让阅读书籍、阅读城市、阅读山水理念互通，通过讲座、研讨会、书展、评奖、征集等活动形式，把音乐、艺术、电影、图书、旅行、游学、展览、创作等融合在一起，在山水之间上演一场泛阅读的嘉年华，推动阅读的方式、形态、模式的创新，倡导构建一种山水之间的阅读美学、生活美学。

新华出版社的领导说，他们要在卓有影响力的"新华荐书"活动基础上，打造聚焦自然与人文主题的图书榜单，形成一个具有行业风向标意义的图书推荐榜单；还可以考虑年度好书与月榜推荐结合的形式，推选自然与人文好书榜，引领阅读；争取常态化开展在全国有一定影响力的全民阅读活动，倡导跨界整合的阅读生活方式。

说来也巧。在 2024 年开年之初，我接到中华世纪坛艺术馆一个主题画展开幕活动的邀请，展览主题竟然是我国古代读书图。这令我想起前不久刚刚结束的"山水阅读"活动启动仪式。当然，这个主题画展是国家级重大文化工程"中国历代绘画大系"的系列主题展之一。"中国历代绘画大系"是由浙江大学、浙江省文物局编纂出版的规模浩大、纵贯历史、横跨中外的超级出版工程。在中华世纪坛艺术馆举办的是"盛世修典——'中国历代绘画大系'主题展：'久久为功'品读书画中的中华文脉"，展览的主题是我国古代读书图。我应邀出席展览的开幕活动并发表主旨演讲。在演讲结束时，我引用了《山水阅读桂林宣言》的末段："让我们一起阅山、阅水、阅春秋，让我们共同读天、读地、读世界，心游万仞，思接千载，回答好世界之问、人民之问、时代之问，为中华民族伟大复兴和人类命运共同体的构建接续奉献智慧和力量！"获得了现场嘉宾们的热烈掌声。

6 中信出版集团股份有限公司——

在国内乘民航飞机出行，很多旅客会在一些大型机场的候机楼里遇到十分亮丽的中信书店。这是全国出版业唯一的由出版社在机场开办的书店。作为一个老出版人，一个从来自觉不无穷酸基因的老书虫，面对灯光璀璨的中信书店门店，我常常为之感到振奋，有一点自得，有一点傲娇，又有一点担心——在机场开书店成本太高，担心出版社难以为继。

中信出版集团股份有限公司旗下的中信书店，一直在不断闪亮开业，一直在抖擞精神接待读者。新时代以来，中信书店精准细分读者需求，设计开发了机场店、城市商务店、城市主题店、自然书店、定制书店等多种店型，服务不同阅读群体，成为出版业服务全民阅读、优化产业结构的典范。

中信出版集团股份有限公司是出版体制改革中新崛起的明星出版机构。自进入新世纪，中信出版集团股份有限公司年年有现象级的畅销书，最先是《谁动了我的奶酪？》《货币战争》等，后来有《史蒂夫·乔布斯传》创下出版首月全球销售第一的纪录。在2013年到2022年10年间的"中国好书"评选中，中信出版集团股份有限公司共有12种图书入选，列于人民文学出版社之后，与商务印书馆同居全国出版社第二；而在开设书店的出版社中，中信书店当属全国第一。

中信出版集团股份有限公司连续两届参加全民阅读大会，在大会的"全民阅读活动馆"展示和"书香暖神州"图书捐赠活动中表现十分突出。

中信出版集团股份有限公司与上海图书馆达成战略合作，共建全民阅读基地。在上海图书馆建馆70周年之际，双方联合启动"致敬1922：文学奇迹之年"系列文学沙龙。

深圳读书月期间，中信出版集团股份有限公司在线举办20余场"作家进校园"活动，为上万名小学生作精彩阅读分享和指导。

四川天府书展期间，中信出版集团股份有限公司以《太空的一天：空间站生活的一天》为灵感来源，设计中信童书展台，为小读者呈现充满想象力的宇宙空间，带来堪比科幻大片的视觉体验。

2023年，中信出版集团股份有限公司创新策划知识分享活动品牌

"你好，读者"，以多种形式在线上线下同步推出。在北京市核心商圈公交站、地铁站、地标建筑等人流密集区域，"你好，读者"投放主题海报，人流曝光量超500余万。在北京图书订货会期间，"你好，读者"邀请各领域著名专家、学者举办线下图书分享活动，近1500人参与现场活动，直播观看人次超100万。在五一小长假期间，"你好，读者"在上海、南京、西安三大城市开展"世界读书日·五一小长假"阅读分享活动，在330个站点展示阅读海报及作者金句，成为五一小长假期间热门打卡点。中信出版官方微信公众号将"你好，读者"品牌项目打造为常规化运营项目，平均每月策划3场、播出3场，累计超100万人次观看。在第四届全民阅读研究年会上，中信出版集团股份有限公司凭该项目荣获"全民阅读创新服务典范·优秀组织单位"称号。

中信出版集团股份有限公司以丰富的优质内容为依托，借助智能化手段和强大的技术支持，为企业打造线上学习平台，为众多企业提供了数字阅读服务，如平安保险、中信证券、民生银行、中信银行、浦发银行、复旦大学、海通证券、邮政集团、国寿集团等，覆盖650多万用户。

中信出版集团股份有限公司旗下数字内容平台中信书院通过创新数字化服务为阅读活动提供广泛的拓展空间。在2022年世界读书日期间，中信书院推出"春日游园会·人间四月天，阅读好春光"主题活动，通过内容限免等活动方式，将中信书院平台内95%的内容以更优惠的价格呈现给用户，累计10万人次参与活动。

近年来，中信出版集团股份有限公司帮扶贫困地区中小学建设"梦想书屋"近60间，捐赠书架400余个，开办"梦想课堂"34场，捐赠图书超5万册，帮助边远贫困地区小读者丰富阅读内容、改善阅读环境。

2023年第二届全民阅读大会期间，中信出版集团股份有限公司党委书记、董事长代表出版界发言，分享中信出版集团股份有限公司在推进视障人士阅读权益保障方面所作的努力。论坛上，中信出版集团股份有限公司同中国盲文出版社签订了战略合作协议。双方将进一步推动《马拉喀什条约》有效实施，在丰富视障群体无障碍格式版本作品和内容、保障阅读障碍者文化权益方面，发挥业界引领和示范带动作用。

中信出版集团股份有限公司主动推进全民阅读工作进机关、进企业，推出纸质书借阅与电子书阅读融为一体的阅读服务模式，精选优质畅销书、精品电子书、有声书等内容资源，打造24小时自助"智慧阅读"的智能书吧，累计为超过200家大型企事业单位搭建企业书房及职工书屋。

人民出版社、人民文学出版社、商务印书馆、读者出版集团有限公司、广西师范大学出版社集团、新华出版社、中信出版集团股份有限公司等出版机构，显然都是从出版业中"破圈"运营的典范。是为了营销吗？但似乎很难计算投入与产出。是为了践行出版人的公益精神吗？可是也不能否认这些活动后面会有正当的经营收入。实际上，这些经营收入跟他们的投入实在无法匹配，几乎所有参与到全民阅读活动中来的员工无不是以深入开展全民阅读为己任地激情投入。说到底，还是回到本章的标题上来，那就是《竭诚为读者服务：出版业的务本》。我国出版业一直在继承与弘扬"竭诚为读者服务"的韬奋精神，这是出版业的务本之道，也是出版业在社会阅读危机中的自救之路。

四

新华书店：红色品牌的新时代之光

1 1937年4月24日，中共中央在延安成立新华书店。自此，新华书店为中华人民共和国建立做出了重要贡献。在解放战争时期，每一座县级以上城市解放，最先建立的机构中就有新华书店。1949年10月1日，在北京隆重举行中华人民共和国开国大典，3日，全国新华书店出版工作会议在北京召开，毛泽东主席接见全体与会代表。

新华书店堪称我国图书发行业第一品牌。这一品牌经历我国新民主主义革命时期、社会主义革命和建设时期、改革开放新时期直至进入新时代，不断擦亮，不断创新，正按照新时代新征程新使命的要求，朝着高质量发展目标迈进。作为我国图书发行业第一品牌的新华书店，在新时代高质量发展的目标，就是"竭诚为读者服务"，实现社会效益和经济效益相统一，为深入推进全民阅读、建设书香中国做出应有贡献。

2 2023年，中国新华书店协会、新华书店总店有限公司举行首届新华书店品牌强企案例征集活动。征集活动共设置五个方面："主题出版物发行创新案例""党建与业务融合创新案例""创新经营案例""融合发展案例""阅读服务与推广案例"。活动得到了全国新华书店系统的积极响应和广泛参与，共收到来自全国30个省（区、市）新华书店自荐的180个案例。我作为业界专家应邀参加了案例的评选工作。在应征的案例中，我特别注意到，各地新华书店在深化全民阅读、做强实体门店、提升服务能力等方面的案例最为生动而丰富，强烈体现了全体"新华人"

"竭诚为读者服务"的精神，让我心生感动。

由专家组成的评委会对案例进行了细致、严谨、公正的评审，最终遴选出案例55个："主题出版物发行创新案例"5个，"党建与业务融合创新案例"5个，"创新经营案例"15个，"融合发展案例"10个，"阅读服务与推广案例"20个。

2023年10月，在四川天府书展上，中国新华书店协会、新华书店总店有限公司举办的首届新华书店品牌强企研讨会发布了最终遴选出的55个案例。在研讨会上，一批实力雄厚、品牌响亮的新华发行集团公司的领导分别介绍了各自集团在五个方面的经营思路与心得体会。为了本书写作的需要，我主要采撷他们发言中关于创新经营、融合发展和阅读服务与推广方面的内容，摘登于下：

安徽新华发行（集团）控股有限公司金董事长介绍，安徽新华努力打造读者终身记忆的品牌，构建文化商业品牌集群，重点打造了一批以24小时书店为代表、兼具城市人文特色和生活美学空间的文化新地标；努力打造读者终身教育的品牌，构建早教、托育、研学、职教等终身教育生态体系，做终身学习的集成商、服务商，助推教育公平发展和教育生态重塑。

江苏凤凰新华书店集团有限公司金董事长说，凤凰新华通过不断提升文化产品质量、创新阅读服务方式，打造江苏书展与南京春、秋两季馆藏图书展销会两大重点展会品牌，积极参与江苏省全民阅读建设事业，以切实行动不断夯实新华书店主渠道、主阵地地位。凤凰新华不断突破书店的经营边界，以"新项目"构建"新团队"形成"新商业模式"，通过软文化的孵化和打造，唤起读者们对新华书店的记忆和热情，重新抓住读者，在潜移默化中培养读者们走进书店、依赖书店、消费在书店的阅读习惯；通过创新品牌营销活动拓展书店经营"宽度"，提高书店文化经营价值，解决书店业的经营困惑和转型困惑。

山东新华书店集团有限公司安董事长介绍，山东新华大力推动实体书店自主发展，围绕"用户思维、平台思维、流量思维、社交思维、跨界思维"五个转变方向，坚持"理念契合、优势互补、品牌共建、利益一体"的原则，推进书店与出版、印刷、教育培训、研学旅行等方面的"双方""三方""四方"业务融合，聚焦优势，着力淬炼融合"成色"。

广东新华发行集团股份有限公司何副总经理介绍，广东新华始终致力于打造成就美好生活的综合文化服务集团，以擦亮品牌、挺拔主业、多元融合为出发点，以"分层次布局、广范围覆盖、轻资产扩张、兼顾网络发行要求"为原则，积极创新管理模式，深耕线下，拓展线上，做到读者在哪里，阵地就建到哪里，需求在哪里，服务就延伸到哪里。在"书店＋"的基础上不断做加法的同时也适当做减法，形成了广东新华独特的新型融合文化空间。截至目前，广东新华旗下实体网点达367家。广东新华始终坚持社会效益优先，积极参与公共文化建设项目，以"书店＋""文化＋"思路整合多方资源形成文化空间建设拳头产品，成为公共文化体系建设的重要参与者，已累计在全省建成681个新时代文明实践项目。

河南省新华书店发行集团有限公司任副总经理介绍，河南新华持续在实体门店阵地建设、文化活动内容创新、阅读服务品牌打造、融媒矩阵渠道拓展等全民阅读创新工作上深耕细作。在推进门店场景重塑升级方面，一是推动文化场景升级，二是优化空间使用效能，三是建强线上渠道阵地。以"阅读浸润心灵、书香汇聚力量"为总主题，以"最美读书声"为品牌引领，多方位、覆盖式、创新性开展文化阅读活动。在全面扩大新华书店阅读影响方面，将提质融媒矩阵、赋能全媒传播作为工作重点，在开展阅读活动组织、原创内容栏目打造、话题运营等多媒介宣传的同时，拓展多元阅读场景，落实立体化、联动式、破圈性融媒宣传推广，带动提升公众阅读意识和阅读热情。

新华文轩出版传媒股份有限公司邹副总经理介绍，新华文轩以用户为中心，构建新型阅读服务体系，每年持续投入数千万元，对实体书店进行改造和焕新升级，并积极探索实体书店新模式，深入推进品牌建设。新华文轩以线下实体书店、新华文轩云店和文轩网连锁网店共同组成新华文轩图书发行"三网"，"三网"互联互通，建设新时代阅读服务消费场景，形成线上线下融合发展格局；用心推广全民阅读，致力活动品牌打造，每年开展全民阅读相关文化活动逾 7000 场次，服务读者数千万人次，每年举办的天府书展已成为全国性的四大书展之一，是四川文化名片之一。

我对首届新华书店品牌强企案例征集活动的主办方之一的新华书店总店有限公司党委任书记感叹道：在社会科技进步、市场转变、消费需求多元化的今天，新华书店系统也面临自我革新、深化高质量发展的课题和挑战。在深化全民阅读活动中，新华书店正在形成具有影响力的阅读活动品牌、建设中小型特色书店品牌、打造专属的具有地域文化特色的非书品类品牌、创建网络书店品牌等方向下大力气，使得新华书店品牌在新时代又有了更大提升。任书记说：我们新华书店在全民阅读中发挥重要推动力作用，在书香社会建设中成为不可或缺的重要力量。

3 新华文轩出版传媒股份有限公司多次邀请我前往公司业务培训班授课，还多次邀请我参加四川天府书展，让我有机会较多了解新华文轩在全民阅读中所做的努力和贡献。

新华文轩坚持重点打造天府书展活动。自书展开办以来，每年的书展就成为新华文轩的重点活动之一。由于新华文轩在业内广结合作伙伴，使得 2023 年天府书展参展规模超过历届，书展线上线下吸引了近 40 家出版传媒集团、600 余家出版发行单位、100 余家馆配机构和众多文创机构参展，线上线下、主分展场共有 80 万种图书参展，其中主展场图书近 9 万种、2500 万元码洋；主展场线下进入展会人数超 10 万人次，同比增长超过 3.8 倍；实现销售总码洋 1.51 亿元，线上和线下零售、馆配交易会采选、文创产品销售额均创历届之最。展会期间共举办 998 场文化活动，同比增长 1.3 倍。

新华文轩着力构建新型文化消费服务体系。新华文轩阅读服务事业部 2023 年半年总销售规模同比增长 7.2%，同时馆配、高校教材、农家书屋、自营文创、爆品等业务业绩均持续增长，客户拓展、线上云店、营销创新、阅读服务能力明显提升。为推动阅读服务高质量发展，新华文轩在"探索新模式，持续推进实体书店建设""全力做好主题读物发行，政企业务拓展获得突破""创新农村文化阅读服务，推动农家书屋建设提质增效""构建强大的供应链协同服务能力"等方面不断发力，已形成了新华文轩、文轩 BOOKS、文轩 Kids Winshare、轩客会四大实体书店品牌。新华文轩文创集合店"书外商店"也首次在书店亮相，并打造了全国原创图画书线下首发中心，初步构建了"店内店外融合、线上线下结合"的新型文化消费服务体系。

我尤其欣赏新华文轩的熊猫主题书店。这样的主题书店，就是奔着当下年轻人敏感的神经而去的，为的是吸引年轻读者进店进而形成特定消费群体。2023 年 7 月 21 日，位于成都市锦江区锐钯街的新华文轩首家熊猫主题书店正式亮相，创店理念就是"欢迎年轻的旅者和心动的灵魂"，店内外集中呈现丰富的熊猫相关图书、奇趣的熊猫特色文创、年轻时尚的熊猫主题餐饮，以及全方位提供熊猫打卡体验服务、全天候熊猫直播等。在 2023 年天府书展期间，我在展场不止一次听到外地年轻人谈到要去熊猫主题书店。有一回几个大学生模样的女孩说下午要去熊猫主题书店，突然其中就有人发出海豚音，浑身上下缩成一团，显得很激动，煞是有趣。

4 由于近年来我与大象出版社、河南文艺出版社在出版上多有合作，有机会在河南省新华书店发行集团有限公司及其下属市店进行多次读书分享活动，切身体会到河南省新华书店发行集团有限公司在实体门店场景建设上下了很大功夫。

中原图书大厦是河南省新华书店发行集团有限公司旗下最大的连锁经营旗舰店。中原图书大厦围绕本土文化，结合"三类文化、两类人物"，挖掘传统文化元素，植入功能特色，形成门店的鲜明地域特色和品牌辨识度。

河南卫辉市购书中心结合图书业态打造"诗书传经""四宝草堂""贡院街长廊""豫版卫辉"等多类文化场景。围绕读者群体多层次的阅读需求，河南新华还精心策划组织集团各级书店联动开展各类文化体验、荐书诵读、流动售书、惠民书展等富有感染力的系列主题阅读活动，特别开展"新春双节""最美四月天""消夏总动员""橙黄橘绿时"四大专题阅读季，真正将全民阅读活动开展到人民群众中。

河南新华建立了"云书网"和"百姓文化云"两大线上平台，通过融合传播阅读服务读者。"云书网"文化电商平台围绕大阅读、大教育、大文化方向，创建以文化与教育为重点、覆盖全品类的数字消费服务链条；"百姓文化云"平台汇集全省公共文化资源和社会文化资源，为广大群众提供多种文化服务。河南新华还构建起全省区域社群运营体系，通过线下实体门店网络、线上新媒体矩阵互通互融，切实满足人民群众新时代的精神文化需求。

五

民营书店：用"美"重新将读者唤回

1 在写作这部书之初，我就想到，自然要写新华书店，因为它是中国图书发行业的第一品牌。这个第一品牌，既是历史形成的，也是现实存在的。现实对这个品牌的要求是弘扬优良传统，不断创新发展，深入推进全民阅读，人们对新华书店寄予了极大的希望。

紧接着我就想到，一定要好好写写民营实体书店，它们不是历史的，是现实，却在创造历史。它们是为着图书销售而生的，一旦出生就面临着为读者服务，在服务中生存，在服务中盈利，在服务中打造品牌，在服务中实现自我。对此我有许多感触。

2 1996年春天，我在漓江出版社做社长。一天，一位面庞清秀、个头不高、身形单薄的年轻男子找到我的办公室，一开口就听得出来客是我的江苏老乡。他说他叫钱小华，是江苏作家苏童、王干、叶兆言的朋友，是他们介绍他来找我。我请他坐，请他喝茶，听他诉说要在南京办一个书店，说苏童、王干、叶兆言让他来找我支持。我问他准备投多少钱。他说他没有多少钱，可以从漓江出版社进一些滞销的外国文学名著去卖。滞销嘛，肯定要降很多折扣吧？如此等等，说了一大通话，最后我把他介绍给分管发行的副社长和发行部主任，剩下的事情就不再过问，只是晓得漓江出版社发行部跟他建立了业务关系。过了一天，钱小华用旅馆的座机给我打电话，一是表示感谢，二是说他还要去云南，好像是说王干介绍他去那里找云南人民出版社的一个朋友，也是寻求支持。如此这般我们也就在电话里别过。我请他回到南京代我向一众江苏作家问好,他说一定。那时我做社长是真的忙,最怕应酬。他也没有约着再见面,完全就是匆匆而来,匆匆而去,君子之交,清茶一杯,如此而已。

读者诸君有的可能已经猜到,这就是南京先锋书店的创始人钱小华。自桂林象鼻山下、漓江之滨一别,迄今我们没再有缘见面。先锋书店于1996年在南京创立,很快就成了国内知名的民营学术书店,探索出一种以"学术、文化沙龙、咖啡、艺术画廊、电影、音乐、创意、生活、时尚"为主题的文化创意品牌书店经营模式,搭建了一座开放、探讨、分享的公共性平台,成了南京重要的文化地标。先锋书店是南京的著名文化名片,也是江苏最大的人文社科专业书店,被南京市民评为12张文化名片之一,荣获"中国2009年度最美的书店奖"。2013年后,先后有一些欧美媒体专题报道先锋书店,赞称它是"中国最美书店""全球12家最美书店",等等。以地下车库改造而成的先锋书店五台山总店风景独特,其内独辟二手书店区、创意产品展售馆,另有多家分店遍布苏、浙、皖3省。近期听说先锋书店又开到了云南大理农村,还引起不小的响动,在那里成了网红打卡地。

我在出版业从业40余年,无论是做出版机构领导还是做行政管理工作,总觉得需要民营实体书店的合作和支持,还经常觉得民营书业不容易。故而在日常活动中,经常提醒自己对这些老板要尊重,所谓尊重就是平等、友好。只要对人平等、友好,就是尊重,这是最简单的道理。秉持这样的理念和人际交往态度,我跟许多民营书店老板有了比较好的交谊。前不久,在长沙,业界朋友聚餐,就有一位元老级的民营书业老板热情宣称我是他的老朋友。他跟在座朋友们举证我们的友情时,不是说合作做了什么,而是讲2002年福州全国书市,在福州机场他与我偶遇,我一下就叫出了他的名字,而且邀他到北京一定要去人民文学出版社里我的办公室聊聊天。自那以后,我们没再见过面。他说没事不去打扰我，但是友情一直存放在心里。

2023年我参加的最后一项行业活动，就是作为特邀嘉宾去广西南宁参加广西韬智图书有限公司30周年司庆。韬智公司及其3个直营店刚刚获得中国书刊发行业协会、韬奋基金会授予的2023年"百佳阅读推广单位"的嘉奖。

30年前，我还在广西出版业工作，就听说过与韬智书店相关的若干传闻。那时候这家书店还处在成长的飘摇期，"生存还是死亡，这是一个问题"。30年过去了，韬智书店已经发展成为拥有33家直营店和合作伙伴遍布大半个中国的图书销售公司，成为广西书刊发行业协会副会长单位，相继被中国书刊发行业协会等相关机构评为"改革开放40年民营书业四十佳零售企业"、民营书业影响力企业"奋斗之星"、"百佳阅读推广单位"、第二届全民阅读大会年度最美书店等。在司庆大会上，韬智公司用"积蓄三十载""助推全民阅读""打造实体书店""奋进少年智"4个篇章来展示公司30年始终如一的追求。公司创始人、董事长邹才仁诚恳地说："我是一介书生，读书和教书是我年轻时的喜好和对人生的选择。开办实体书店，服务全民阅读，成了我终生的事业。"

韬智公司在30周年司庆活动中，还举行了少年儿童分级阅读体验馆（广西站）落户韬智的仪式。这不仅是广西首个少儿分级阅读馆，也是全国民营书店的首个少儿分级阅读馆，是韬智公司持续推动全民阅读的重要举措。中国书刊发行业协会理事长艾立民出席少儿分级阅读馆的开馆仪式，并致辞祝贺，予以嘉勉。

试想，我们栖居或者远足游玩的城市、乡村，如果没有了那些常常让人们不期而遇的民营实体书店，所谓建设书香社会又将是怎样一副模样？

3 在我国新时期出版发行业改革发展和全民阅读活动热潮中，众多民营书店发挥了各具特色的作用，形成了各自独特品牌。北京库布里克书店、北京幽默书店、上海钟书阁书店、上海大隐书局、南京先锋书店、南京大众书局、杭州晓风书屋、成都言几又书店、贵阳西西弗书店、广西韬智书店等，几乎每个省（区、市）都有表现出色的民营书店，而每一个民营书店的创立发展几乎都可以写成一部厚厚的大书。据说，中国书刊发行业协会正在组织编辑出版一批民营书业创业者自述丛书，那必定是一套具有相当传奇色彩的好看、耐看的好书。

4 我决计要用专题介绍钟书阁书店。

钟书阁书店是 2013 年在上海创立的。2013 年 4 月 23 日世界读书日，钟书阁松江泰晤士小镇店在上海松江区正式对外营业，短短几年，钟书阁就成为申城文化地标之一。钟书阁每一个连锁的实体店开业，其书香浓郁而各具特色、美轮美奂而以大为美的书架陈列，都会引起前来参观的读者一阵惊叹。当然，钟书阁"为读者找好书、为好书找读者"的服务理念不足为奇，但它的"连锁不复制"的设计理念在实践中经常出奇制胜，而它"用'美'重新将读者唤回"的经营策略则让我最为欢喜。钟书阁是认真履行其服务理念、设计理念和经营策略的，这才打造了一家又一家环境美、图书美、体验美的书店。这些连锁书店真的是"连锁不复制"，真的是"用'美'重新将读者唤回"的书店。而今在全国，它已经拥有 45 家连锁门店。钟书阁先后获得"第四届中国出版政府奖先进出版单位""改革开放 40 年民营书业百佳品牌""全国'文明店堂'""民营书业年度魅力书店""最具影响力机构""上海市文明单位"等荣誉，并获得"全国工人先锋号""中国最美书店""世界最美书店"等殊荣。

如果只是因为钟书阁获得的这么多荣誉，我还不一定要专题介绍钟书阁，因为与钟书阁同样荣誉载身甚至获得过更多荣誉的民营实体书店还有很多；如果只是因为我造访过上海钟书阁书店坐落在松江区泰晤士小镇的总店，哪怕还去过上海静安区、徐汇区、闵行区等几家钟书阁书店，去过北京、杭州、深圳、重庆、成都等地的钟书阁书店，也还不能使得我在书中专题介绍它。我之所以要如此这般大兴笔墨介绍钟书阁，乃是因为我在 2024 年 1 月 19 日专程前往山东淄博市参观了那里的钟书阁。我被淄博的钟书阁震撼到了。

5   2023 年，淄博烧烤火爆全国。据说整个暑假期间乃至其后的国庆长假，各地去往淄博的高铁车票严重短缺，自驾游汽车在高速公路的淄博出口形成长时间拥堵，这都是淄博烧烤惹的"祸"。前不久我在网上看到一本名为《淄博烧烤·火的味道》的新书，3 位年轻学者对淄博烧烤从"微火"到"大火"的过程与其中发生的事件、引起的效应进行了全记录。作者们用了几个月的时间，走访了淄博 50 多家烧烤店，访谈了钟书阁、牧羊村烧烤、正味烧烤、淄博一家亲食品公司等知名企业的相关负责人，整理了数十万字，第一本关于淄博烧烤的专著就此诞生。

实话说，我在饮食上并不排斥烧烤食品，却也不是那么喜欢，某些生活卫生常识总让我对烟熏火燎过的食品心存疑虑。因此，无论淄博烧烤如何火爆，都不曾让我提起过兴趣。

淄博让我提起兴趣的是那里的钟书阁。当看到《淄博烧烤·火的味道》一书的作者宣称他们访谈的对象里有钟书阁，我觉得有意思，就给曾经隆重推荐过淄博钟书阁的朱胜龙先生打电话，问他知不知道淄博钟书阁与淄博烧烤的关系。朱先生是上海人，是一位相当活跃的资深出版人，早前听说我在写全民阅读，要采访实体书店，他曾经很急切地建议我写钟书阁。这时听我问起淄博钟书阁，他急匆匆地说：你还没有去吗？我告诉过你的，先是淄博钟书阁火了，后来才有淄博烧烤火起来的呀！

我还能说什么呢？必须前往淄博，去拜访比淄博烧烤还要火得早一些时间的淄博钟书阁。

6

2024年1月19日，这是一个阴冷的星期五，这天下午，我们来到山东淄博市。

钟书阁就在淄博市张店区齐盛湖公园里的海岱楼里。海岱楼位于淄博齐盛湖公园的制高点，采用汉代建筑风格，共10层，地上9层，地下1层，总高度67米，总建筑面积11642平方米。海岱楼建成于2015年，当初是以建设一个城市地标建筑为主要目的，像广州的"小蛮腰"那样的地标。2017年4月海岱楼开馆。除了地标美化作用外，整个楼主要功能是收藏、展示和利用古籍、文物和艺术品等文化资源。后来上海的钟书阁发现了这座楼，淄博市想起了上海的钟书阁，双方就有了淄博海岱楼钟书阁的合作。钟书阁也就有了单体面积最大的连锁店和唯一建于独栋建筑的文化综合体。从此，在淄博，人们习惯称之为海岱楼钟书阁。

淄博海岱楼钟书阁，外形雄伟壮观，2022年10月1日开馆。而这里真正热闹起来还是2023年春节，淄博的市民或多或少听说过钟书阁的好名声，知道这里不仅是一个书店，还是文化服务综合体，春节期间客流量很快就暴涨了，对于一个书店而言，算得上比较火了。

看资料，淄博烧烤则是从2023年3月8日开始火的。3月8日，"大学生组团坐高铁去淄博撸串"登上抖音同城热搜，引起自媒体人、美食博主们纷纷前去打卡，在当地人的圈子里小范围传播。网上还流传着这样一个段子："山东的大学生，一部分在泰安爬泰山，一部分去济南看趵突泉，一部分到青岛蹦迪，还有一大半去淄博吃烧烤。"一到周末，来自山东各地的大学生坐火车去淄博，只为吃上一顿烧烤。

这就是朱胜龙所说的"先是淄博钟书阁火了，后来才有淄博烧烤火起来"。

可是，海岱楼钟书阁的郝店长不是很同意这个先后顺序关系的说法。她说：淄博钟书阁先开业，客流量比较大，可是，后来淄博烧烤火起来了又带动了海岱楼钟书阁更大的客流量。我们市委书记说，这叫双向奔赴，不能说谁靠谁。淄博的烧烤火了，钟书阁给烧烤做了助力，不过，钟书阁也借助了淄博烧烤,名声更大了。

我问:钟书阁火到什么程度?

郝店长说:2023年3月到10月,平均每天2万人以上,有时候入店客人达到3万人,就要请警察来维持治安,把门限流。最高峰一天曾经达到5.2万人。2023年全年进店客人超过了460万人。

我问:淄博烧烤火了,给海岱楼钟书阁也带来了商机吧?

店长说:从去年3月初淄博烧烤火了到现在,各地都有组织来参观考察。我们海岱楼钟书阁光接待全国各地单位组团就有1000多次,还有港、澳、台的商会团。所以说我们这叫双向奔赴,不能说海岱楼钟书阁或者淄博烧烤各自怎么样。我觉得两个品牌是在相互奔赴。没有海岱楼钟书阁,淄博烧烤这一波大流,可能就没有文化的名片打出来,可如果没有淄博烧烤火起来,海岱楼钟书阁也没有机会在各地来的客人心里留下印象。

我说:店长看问题比较客观全面。不过,今天是星期五,现在是下午3点多钟,天气这么阴冷,还有这么多读者来海岱楼钟书阁,说明除了淄博烧烤一波流量带动外,海岱楼钟书阁也有自身的吸引力。

我说的是真实情景,在海岱楼钟书阁门前,这个时候还有很多读者进出。在隆冬时节,在这个阴冷的星期五下午,一座独自耸立在四处枯枝荒草的公园里的书店,还有这么多读者进进出出,我这个出版业资深从业者,是被震撼到了的,同时对于我这个全民阅读推广者,也有很大鼓舞。

我们进入海岱楼钟书阁一层,由于书架占满了空间,特别是钟书阁那特有的华丽高贵的超高书架四面矗立,读者的密度陡增,很是提升店堂里的商业热度。

郝店长介绍道:我们这个店堂装修的风格都是尽量体现当地的人文特色。东西两侧用了淄博齐文化的成语和典故,全店用了1717条,如管鲍之交、一鸣惊人、老马识途、田忌赛马这些经典的成语。这个区域是淄博作家作品区，我们要引进来、走出去，打造一个文化平台。我们这里有一个齐文化研究院，这是研究院出版的图书。我们做的文创还算比较多的，这些书灯、床头灯，它们的设计元素是用了齐文化的稷下学宫，当时齐国的最高学府稷下学宫就在淄博。

海岱楼钟书阁一层都是以书为主的布置。有各种分类图书专区，特别是"作家亲签作品区"，黑底白字中英文对照的标牌相当吸引读者的目光。此外，咖啡区、饮品区也显得松紧适度。我说现在的阅读空间总是书香和咖啡香交织。店长却说淄博的年轻人更喜欢奶茶，所以这里的饮品区更加火爆。我问：海岱楼钟书阁离市区比较远，有没有简餐呢？店长说必须有的，在负一层。

负一层也很大，跟一层同为 3000 平方米。负一层环廊是书架，其余地方都是文化活动区。年轻人喜欢的"壹餐厅"在负一层。"壹餐厅"里线条简洁的黑色桌椅给人以很强的现代感，下午 2 点到 4 点餐厅歇业。店长说"壹餐厅"是比较时尚一点的，符合当地年轻人的消费观念，他们都是来拍照打卡的。有"遇见文创"，店长说几乎所有文创都是海岱楼钟书阁的专门团队设计的。有免费的"儿童乐园"，空间很开阔，周五的下午时分自然要冷清许多，而但凡双休日和假期，这里必定是儿童的乐园。下午时分比较热闹的是"集章区"，不少年轻人等着盖章打卡，很是热闹。仔细去看，各种章用上了很多淄博文化元素：海岱楼、稷下学宫、周村大街、淄博市博物馆、齐文化博物馆、淄博陶瓷琉璃博物馆。店长说，来淄博的年轻人是一定要找地方集章打卡的。有一个占地面积 500 平方米的"艺术空间"主打黄河文化。这个空间是一个展示区，每个月一展，一展一主题，一展一特色，但都围绕黄河文化策展。那天，这里正在展示的是教育主题，有很多淄博中、小学校的展板。紧邻"艺术空间"的就是"海岱大讲堂"，150 多平方米的空间可以闹中取静，安排专题讲座。

我问：政府请你们免费入驻，自然要你们完成相当的公益活动任务。

店长说：文旅部门每个月都要统计。每年都有考核，一个季度考核一次。考核什么？比如说办公益活动，比如说我们请名人，不光是作家，还有各类文化名人，作各种阅读讲座，还要做各种公益。比如说我们要给当地组织公益捐书、开展公益讲座，或者一些配合政府的对外宣传，还有城市间的交流。我前天晚上刚从哈尔滨回来，就是淄博文旅和哈尔滨文旅两个局领导互动，选了我们4家企业作为代表交流商谈业务。我们就带去了90款新创的有地方特色的文创产品。

我有点好奇，问：店长来海岱楼钟书阁前是做什么的？

店长的回答出乎我的意料，她说她做了民营书业20年，是做少儿图书的，是钟书阁的金董事长邀请她加盟的。

我说：我还以为店长是机关事业单位"下海"过来的。因为你对跟政府部门合作还很熟稔。

她笑了，说：政府为了文化发展、全民阅读，才把这么好的一个地标建筑交给我们运营，我们不能不明白政府的需求，要想方设法达到政府的要求。

我问：在经营上，你肯定了解钟书阁其他门店，比较起来，海岱楼钟书阁最主要的特点是什么？

店长说：别的钟书阁门店都只有图书和咖啡，文创比较少一点，我们海岱楼钟书阁却打造成了一个文化综合体，整栋楼除了9层是设备间，其他全用起来了，而且要求一层一特色、一角一文化。

接着店长就如数家珍一般介绍道：

二层是"时光童年·绘本馆"，也叫亲子课堂，每周六、周日我们有4场公益讲课。

三层是城市书房，与淄博市图书馆通借通还，是一些专心读书的人喜欢停下来的地方。

四层是书画院，有琴、棋、书、画各种文化观赏交流活动，也有小型讲座。

五层是酒吧,年轻人喜欢的威士忌吧,因为在书店里,是一个静吧。

六层是稷下学宫,做成了教室,邀了很多文化名人来做课程。

七层是茶文化消费区,既有 4 间茶室,也有环廊茶座,环廊茶座可以观赏风景。

八层是稷下学宫第二教室。

店长介绍到这里,忽然向我道歉。她说接到通知要去政府开个会,时间快到了,下面让她的助手解老师接着给我介绍。

解老师似乎要更年轻一点。我问解老师原来是做什么的,她说自己是从国际学校老师岗位上转过来的。我问她大学学的什么专业,她说在韩国上的图书馆学,在韩国的名称是文献情报学系。

遇到一位跟出版学关系很密切的图书馆学专业出身的书店负责人,引起了我很大兴趣。我问她学这个专业是不是有利于书店的工作。她说是的,特别有利于书店选品。

我说:我看你们把茅盾文学奖新获奖的作品进行集中推介。

她说:那是必须的。前一阵子《繁花》电视剧火了,我们就加速添了 7 次长篇小说《繁花》。

我问:文化消费往往是相关联的,还有什么案例?

她说:《聊斋志异》和《孙子兵法》。

我说:《聊斋志异》应该是你们的"看家书"。淄博市淄川区是蒲松龄的家乡。

她说:对,那个书其实以前卖得也还好,但不是很火。后来那个刀郎唱了一首歌《罗刹海市》,我们这儿《聊斋志异》不仅卖火了,还把蒲松龄纪念馆硬逼着开门接待参观。之前蒲松龄纪念馆是关着的,它不接待一般游客,游客纷纷抗议,要求进馆看展览。

我说:是《罗刹海市》带火了。

她说:对。我们的反应也特别快。钟书阁文创冰箱贴,一批《聊斋志异》主题的冰箱贴,其中有一种打开后是一本《聊斋志异》书的冰箱贴，卖疯了。从设计到上架非常快，三天到货，店长亲自抓。

我问：还有《狂飙》电视剧火的时候也带火了同名小说吧？

她笑道：是的。不过《狂飙》那本书不如《孙子兵法》火。电视剧里的主要人物捧读《孙子兵法》，书店里的《孙子兵法》立刻卖空，我们的《孙子兵法》连续补货。尽管《孙子兵法》版本很多，5个版本吧，读者也不管，只要是《孙子兵法》就买，还有很多人打客服电话预约，就是要买《孙子兵法》。

我问：是不是网购的读者更多呢？

她的回答出乎我的意料，她说：我们网店也在卖，可是不如海岱楼钟书阁这个实体店。很多游客来到现场，海岱楼钟书阁就是一个网红点，读者就是要在这种网红的地方买书打卡。虽然这有点远离我们金董事长的一个初心——他希望老老实实做好实体书店，可是抵挡不住读者的喜欢。现在海岱楼钟书阁的楼梯被网民封为网红楼梯，打卡墙被封为网红打卡墙，任何一处打卡地方它都能冠上一个网红，也没有办法。

我问：买书打卡是什么意思？买个书有个地方拍照？

她说：对，他就是拿一本书，在那摆个造型拍照，我们馆内一楼图书区有很多那种拍照打卡的地方，都在那排队打卡。

我说：这么说来，你们金董事长的初心还是实现了的，一个是实实在在办好实体书店，再一个他说过"用'美'重新将读者唤回"。海岱楼钟书阁就是用当下年轻人喜欢的"网红美"把他们唤回来了。

六

香港：东方之珠飘来清新书香

1　本书副题是《中国全民阅读纪事》，那就不能不写香港特别行政区、澳门特别行政区和台湾省。

自 1988 年海峡两岸开启出版交流以来，两岸出版机构有过形式多样的业务交流，其中相当多的内容集中在出版业如何为读者服务、如何为赓续中华文脉做出贡献。我曾率领出版社代表赴台湾参加书展，赴香港参加香港书展，赴澳门与当地杂志社交流，目睹过许多出版人为贴近读者而举行的各种阅读活动。在香港，我每一次都会跟联合出版集团以及当地其他出版机构讨论服务读者这一主题。在大陆和台湾，"海峡两岸华文出版与文化创意学术论坛"由北京大学现代出版研究所、台湾南华大学管理学院华文出版趋势研究中心和河北大学新闻传播学院发起并主办，在两岸成功举办了十四届，我参加过其中十届。每一届两岸参会的出版业和书业人士都会就读者的需求变化和出版人的图书推广进行深入讨论。在全国书博会期间，香港联合出版集团曾经跟中国出版协会等行业组织联合举办专业论坛，讨论到全民阅读的意义、趋势和出版业的责任。这样的论坛我也参加过多届。2023 年秋天，传来香港开展全民阅读的利好消息。香港联合出版集团携手香港出版业界，经过多方努力，成功争取到香港特区政府将 2024 年 4 月 23 日定为"香港全民阅读日"。这让我们尤其感到振奋。

2 香港联合出版集团旗下有香港三联书店、香港中华书局、香港商务印书馆等多家历史悠久、品牌响亮的出版机构，读者们哪怕只是望文生义，也能明白，这些出版机构与内地的三联书店、中华书局、商务印书馆在历史上紧密相连。三联书店创始于1932年的生活书店，创始人邹韬奋先生提出了"竭诚为读者服务"的店训，90多年过去，这一店训已经成为韬奋精神的核心理念。香港联合出版集团即以此为集团遵循的核心理念。联合出版集团已发展成为香港最具规模和影响力的综合性出版传媒集团，其影响力在多方面有突出体现。

联合出版集团及旗下公司植根香港、服务香港已逾百年，坚持"以文化人，以书立社"，年均出版中英文图书2000余种，显示了很强的内容生产能力。但是，联合出版集团及旗下公司从来就没有止于出书，而是一直尽心尽力去做图书推广。我在香港考察，常常惊叹香港三联书店的图书卖场声势浩大，常常感叹香港商务印书馆在铜锣湾等商业中心地带持续开展书店营销。联合出版集团及旗下公司一直秉承"竭诚为读者服务"的韬奋精神，而且心心念念于此。

在2023年深圳读书月期间，我跟香港联合出版集团董事长傅伟中先生同台演讲。会议间歇闲谈，说起香港出版业服务读者的情况，傅先生告诉我，联合出版集团及旗下公司每年深入中、小学校和大型社区举办800多场书展，配合推展举办超过1000场新书发布会、分享会、研讨会等各类阅读文化活动，推动全民阅读。

我有疑问：香港特区政府有全民阅读的安排吗？

傅先生说：这不正要作出安排嘛！2022年初，我们联合出版集团深感在香港开展全民阅读非常重要，而要开展全民阅读，最好像内地这样，围绕4·23世界读书日开展各项活动。为此，联合出版集团联络业界，与香港出版总会、香港图书文具业商会、香港书刊业商会及文化艺术界知名人士携手，先是主动推展不同类型的阅读推广与文化公益活动，继而建议香港特区政府设立"香港全民阅读日"。经过一年多的努力，香港特区政府文化体育及旅游局局长杨润雄在 2023 年 4 月 23 日世界读书日当日宣布，由 2024 年开始，把世界读书日设立为"香港全民阅读日"，举办不同形式的全港性大型阅读活动，推动全城阅读。

3 我明白，在香港要设立这样一个公益性的文化活动日，并非易事，这要经受得住社会和媒体舆论的讨论。我对傅董事长说：为了设立"香港全民阅读日"，香港出版业界一定作了不少努力。傅董事长深有感慨，说：成功是来自多方努力的结果。

活动结束后，傅董事长让他的助理给我发来一份资料，把他们所作的努力大概介绍了一下。我归纳一下，可以概括为四项举措，件件见真章：

第一项举措是联合出版集团发布年度《香港阅读报告》，影响香港社会和舆论界。

联合出版集团旗下联合新零售（香港）有限公司自 2021 年起推出年度《香港阅读报告》，分析香港人阅读习惯和需求等趋势。报告结合全港最大型的连锁实体书店与香港最具规模的文化电商平台"一本"的销售数据，从图书品种、网上购书习惯、分类畅销书统计、年度最畅销图书等方面，分析港人阅读及购书趋势，为业界和市民读者提供参考。

第二项举措是 SUPer 青年营持续推展"行走的图书馆"公益阅读活动。

联合出版集团旗下 SUPer 青年营自 2021 年初成立以来，持续推展"行走的图书馆"公益阅读活动，深入香港中、小学校和大型社区，举办超过 100 场公益活动，参与的在校师生及社区公众达 10 万人次，得到社会各界广泛关注与一致好评，更获得过南国书香节首届"阅读推广奖"，为香港地区唯一获奖单位。流动图书车将联合出版集团旗下出版社捐赠的近万种优质图书，送至香港港岛、九龙、新界各区中、小学校，同场展示"知书阅听图书馆"丰富多元的音视频节目，为师生提供数字阅读新体验。系列活动得到《人民日报》、新华社、中央电视台、中国新闻社等中央媒体，以及《星岛日报》、《文汇报》、《大公报》、《香港商报》、橙新闻等香港主流媒体重点报道。

第三项举措是举办"悦读越好，悦听越美"大型公益读书活动。

2022年3月至4月，联合出版集团举办"悦读越好，悦听越美"大型公益读书活动。香港首个知识服务平台"知书"面向全港市民派送100万张免费"悦读卡"，香港最具规模的文化电商平台"一本"全场20万种精品图书售价88折优惠及100场艺文节目线上免费观看，粤港澳大湾区实体书店亦同步参与，帮助市民居家防疫时获得新知与成长。香港立法会议员、香港出版总会名誉会长霍启刚，香港立法会议员、民建联主席李慧琼等一些香港政商文化界知名人士，纷纷在社交媒体平台分享活动消息。人民网、新华网、中国新闻网等内地知名媒体以及《星岛日报》《大公报》等香港主流媒体刊出的各类相关报道逾百篇。

第四项举措是全力支持香港出版总会"香港全民阅读日"倡议。

2022年4月23日，以香港出版总会为平台，首度倡议将世界读书日设立为"香港全民阅读日"，向社会公众展示阅读的意义与价值。活动由近300名政商文化界人士担任共同发起人，获得超过80家出版及教育界机构支持。活动当日，"香港全民阅读日"举办线上启动礼，推出超过100场阅读活动，发布"香港全民阅读调查"，发表《香港阅读宣言》，活动合计获得超过130万次曝光。

这一项项举措可谓用心用力，为的就是开展全港性的阅读活动，推动香港书香社会的建设。当香港特区政府宣布从2024年开始，把世界读书日设立为"香港全民阅读日"的时候，傅董事长和联合出版集团的同事们乃至全港持有公益心的业界同人是何等的欣慰！东方之珠将有清新书香飘溢！全港爱书人士应该感谢为这一历史性时刻到来做出重要贡献的香港联合出版集团及旗下的百年老店。

4 香港联合出版集团及旗下联合新零售（香港）有限公司成立"一本读书会"，为全港开展全民阅读作了许多特别的努力。

香港联合出版集团及旗下联合新零售（香港）有限公司于 2020 年创办全港最具规模的文化电商平台"一本"，为超过 150 万会员提供线上加线下的优质文化产品和服务。2023 年 4 月香港联合出版集团及旗下联合新零售（香港）有限公司推出"一本读书会"全民阅读推广计划，致力于"让阅读，成为每一个人的生活习惯"，定期举办文化艺术名家系列讲座和各类读书会，定期推荐主题书单，等等。"一本读书会"在现有"一本"会员权益基础上，叠加十余项会员专享权益，包括全场最高 8 折购书优惠、全年 120 种电子书赠阅、一线文化艺术名家系列讲座、各类读书会及阅读沙龙、本地知名艺术团体购票专属优惠等，为粤港澳大湾区读者提供更为丰富的优质文化产品与艺文体验。

"一本读书会"最具亮点的是艺文名家讲座。

"一本读书会"广邀来自中国内地、港澳台及海外的知名作家、艺术家及文化名人来港，分享阅读及艺文创作心得，致力于让文化艺术走进日常生活。2023 年 6 月 19 日，"一本读书会"邀请到中国内地著名作家刘震云于会展中心举办首场名家讲座，500 名现场读者、逾万名线上读者观看本场活动。活动得到《人民日报》、新华社等中央媒体，以及《星岛日报》、《文汇报》、《大公报》、橙新闻等香港主流媒体重点报道，并于小红书、微信公众号、抖音及海外社交媒体等平台传播。第二场名家讲座已于 2024 年 1 月 9 日在香港故宫文化博物馆举办，由中国文联副主席、著名表演艺术家濮存昕先生主讲。当日，400 余名香港社会各界人士出席讲座。未来，"一本读书会"将继续邀请更多名家来港，助力香港建设中外文化艺术交流中心。

为从多方面满足读者的兴趣爱好，"一本读书会"定期在书店开展多形态读书活动。成立仅半年，"一本读书会"就举办了包括"读金融""读历史""读文学""读心理"等系列读书会 50 余场，邀请到香港历史专家刘智鹏、笔迹分析专家林婉雯等嘉宾学者参加活动。活动同步进行线上直播，每场参与人数逾千人。

"一本读书会"深入学校和社区举办"阅读一小时"大型公益活动，广受欢迎。

"一本读书会"于2023年4月23日世界读书日启动全港首届"阅读一小时"大型公益活动，进入全港近百所中、小学校，利用图书馆、课室、礼堂等不同阅读地点，让学校师生展开共读，并在全港数十间书店门市成功举办，共约有3万名学校师生和市民读者参与，反响热烈。活动获《人民日报》、新华网、《人民政协报》、华夏经纬网等媒体报道。其后，此活动范围更扩张至全港近50家三联书店、中华书局、商务印书馆的实体门店恒常推展，并正逐步增加参与的学校、进入的社区，开拓更多阅读地点，扩散更多阅读群体，让城市浸润书香。

"一本读书会"联系社会各界，打造"一本读书会"阅读推广社群，迅速扩大服务阅读的覆盖面。

"一本读书会"积极联通香港各界，凝聚本土爱国爱港人士及机构团体，希望协同发挥各自优势和资源，通过深入社区、深入学校、深入基层、深入企业和贫困家庭，推展丰富多元的读书活动和阅读项目，推广全民阅读，共建书香社会。香港书展期间，"一本读书会"举行阅读推广发布仪式，邀请40余位来自政界、商界、学术及教育界、文化及艺术界等不同领域具有一定影响力的专家、学者担任阅读推广人，包括香港立法会议员周文港、李浩然，著名出版人陈万雄，知名演艺界人士甘国亮、陈倩扬等；邀请20余家各界热衷公益的机构团体担任阅读推广合作机构，包括香港民建联、香港儿童文学及创意教育学会、香港青年动力协会、香港政协青年联会、香港华菁会等。

"一本读书会"还携手阅读推广人推出"我的阅读主义·阅读推广人荐书"专题，定期发布历史、社科、文学、艺术、金融等类别的高质量阅读书单。目前已陆续发布香港珠海学院校长陈致、香港立法会议员李浩然、香港舞蹈团艺术总监杨云涛、香港饮食文化学者萧欣浩推荐的书单及荐书视频,让读者体验阅读乐趣,汲养人生。

"一本读书会"还精心打造阅读特色空间,努力满足香港不同层次读者需求,殊为难得!

"一本读书会"与不同机构合作打造文化体验场所,创建阅读空间,提供便民文化服务,包括为香港中联办打造"书香营"阅览空间,在三联书店湾仔文化生活荟打造"afterword lounge"全新共享文化与工作空间等。我们都知道香港是寸土寸金之城,"一本读书会"在此倾力打造阅读特色空间,令人感动!

新中国出版业,由于其与生俱来的人民性和公益性,为读者服务、为社会服务一直是其自觉追求。进入改革开放新时期,对出版业的要求是"社会效益第一,社会效益和经济效益相统一",于是社会效益和经济效益渐渐成了出版行业需要正确处理的一对矛盾。出版业市场化改革后,行业竞争加剧,不同程度地导致某些出版企业过度重视经济效益而弱化了应有的公益精神,在全民阅读、服务读者方面较少作为甚至不肯作为。殊不知,服务读者乃出版业的务本之道。读者就是出版业服务的终端,出版人做书最后就是为了服务读者,从而提高国民素质,使知识得以传播、民族文脉得以赓续、民族精神得以弘扬。出版企业通常说"读者是我们的衣食父母",其实,读者不仅是出版企业的衣食父母,在一定意义上他们还影响着出版业的走向和发展。社会阅读的兴衰决定着整个行业的盛衰存亡。一个社会倘若无人读书,出版业也就没有存在下去的理由。如此说来,所谓服务读者是出版业的务本之道,其实也就是出版业的必由之路,在社会阅读面临危机的形势下,更是出版业的自救之路。

为此,我们要向所有"竭诚为读者服务"的出版人致敬。正因为有了本书介绍到的以及来不及介绍的所有现代出版先贤和当代有担当、有作为的出版人遵循务本之道，勇走自救之路，才使得全民阅读在优秀阅读内容的供给上得到持续的保证，而出版业同时也就保持了良好的发展基础和兴旺态势。

在我们即将开启"第七章　书香社会：阅读无处不在"之前，我们深入讨论出版业在全民阅读中的责任和使命，期待有更多满足于方方面面需要的好书呈现在书香社会吧。

第七章 书香社会：阅读无处不在

一 小 引
二 职工书屋：提素平台与精神家园
三 书香军营：我们的队伍向太阳
四 银龄读书：快乐的老年书友们
五 「我是你的眼」：爱心超越身体残障
六 高墙传书声：好书相伴向新生
七 媒体联盟万里行：把书香传遍四面八方

武警黄石支队"军营朗读者"活动（侯智勇/摄）

北京图书大厦·银龄书院举办
图书绘本情景剧汇演
(来源："银龄书院"微信公众号)

一

小　引

我们发现，在我国经济社会各项事业中，大凡事关全民权益的部署，都会提出"七进"的要求。对于全民阅读活动的部署，十多年来，一直要求大力推进全民阅读进农村、进社区、进家庭、进学校、进机关、进企业、进军营的"七进"工作。2020年10月中宣部印发《关于促进全民阅读工作的意见》，在推进全民阅读"七进"工作的基础上，还提出了保障特殊群体基本阅读权益、提高数字化阅读质量和水平、组织引导社会各方力量共同参与和加强全民阅读宣传推广等要求。这就使得全民阅读的全民性进一步加强。

推进全民阅读"七进"乃至进到社会各个层面，对于建设书香中国，既是基础要求，也是很高境界。我们通常提到的书香社会大概是怎样的模样？人们认为，可以用"处处可读、时时可读、人人可读"来描绘。倘若这个描绘基本成立，那么，我们就可以说，全民阅读"七进"只是一个原则和精神要求，要把这幅富有诗意的蓝图变成美好的现实，阅读应该无所不在。

事实上，本书需要采写的内容远超"七进"，我们除了采写全民阅读在城市社区、乡村田野、民族地区、校园课堂、亲子阅读乃至出版发行业的各种大事小情、感人故事；还要走进职工书屋、书香军营、银龄读者群体、残障读者群体中，听取各处的书声和心声；走进监狱高墙，了解高墙里服刑人员的阅读。我们跟随全民阅读媒体联盟，目睹媒体人为加强全民阅读宣传推广所作的种种努力。由于有了媒体联盟的"书香中国万里行"，全民阅读的书香飘向祖国的万里河山。

二

职工书屋：提素平台与精神家园

1 职工书屋是中华全国总工会和各级工会组织 2008 年正式启动建设的。职工书屋由全国总工会统一命名，主要在一线职工特别是进城务工人员工作和居住相对集中的基层企事业单位、城市社区、工业园区、乡（镇）村和重点建设项目工地建立，为广大基层职工提供方便实用的读书场所和学习条件。2015 年 11 月，《全国总工会改革试点方案》将职工书屋与送温暖工程、五一劳动奖、工人先锋号、大国工匠、职工之家一起列为六大工会工作品牌。2019 年 11 月，"阅读经典好书　争当时代工匠"全国工会职工书屋主题阅读交流活动入选全国"全民阅读优秀项目"。2020 年，职工书屋示范点被列入第二批全国创建示范活动保留项目目录，职工书屋也首次被写入中宣部《关于促进全民阅读工作的意见》，职工书屋成为我国全民阅读和公共文化设施的重要组成部分。

截至 2023 年，15 年来，职工书屋从无到有、从小到大，建成全国工会职工书屋示范点 1.5 万家，累计配送图书 1800 余万册，带动各地工会建成职工书屋 15 万余家，覆盖职工 9000 多万人。

从 2019 年开始，针对已经建成的职工书屋示范点，全国总工会对每年选出的 2000 家作用发挥比较好的示范点进行图书补充和更新，每年为 3000 位劳动模范、大国工匠以及优秀职工配劳模书箱，每年在车间、劳模工作室、务工人员服务驿站和职工驿站等位置建立便利型职工阅读站点。

2016 年，全国工会电子职工书屋阅读系统建成开通，包含网站、

App、微信、数字阅读触屏、PC（个人计算机）客户端等产品终端，平台包含 3 万多种电子书、2 万多小时有声书、400 多种主流期刊以及特色视频等资源，目前已普惠职工 2500 余万人。2019 年，全国工会电子职工书屋阅读系统再一次实现全面改版升级，集多种软硬件终端于一体，图书、期刊、有声书等精品特色阅读资源动态更新，真正实现"一人一书屋，无处不阅读"。

从 2017 年起，全国总工会在全国广大职工中开展"阅读经典好书 争当时代工匠"全国工会职工书屋主题阅读交流活动——

2017 年，通过精品读物推荐、原创作品挖掘、读书成果选树等活动，推动在广大职工中形成岗位读书、岗位学习的良好风气。

2018 年的"阅读经典好书 争当时代工匠"全国工会职工书屋主题阅读交流活动，开展学习习近平新时代中国特色社会主义思想职工诵读活动。

2019 年开展 70 年 70 场"与共和国同行"示范性全国职工主题阅读活动，带动各级工会职工书屋广泛开展线上线下相结合的诵读、征文、演讲、讲座、沙龙、文化创作、知识竞赛等形式多样、内容丰富的阅读学习活动。"阅读经典好书 争当时代工匠"在全国广大职工中叫响。

2020 年组织开展了贯穿全年的"中国工人杯"全国职工读书知识竞赛。初赛阶段通过 49 天的线上竞答，吸引了 1230 多万名职工积极参与。

2021 年在全国范围内组织开展 100 场"把一切献给党 劳动创造幸福"全国职工党史学习教育读书活动。该活动历时 8 个多月，共计 6000 多万职工现场或通过网络视频观看参与。

2022 年在全国范围内统一开展 20 场"喜迎二十大 建功新时代"全国职工主题阅读活动，并衍生开展系列学习中国共产党历届代表大会主要内容主题阅读活动，带动各级工会开展形式多样、内容丰富的阅读学习活动。组织开展全国职工学习党的二十大精神知识竞赛。联合全国总工会女职工部举办第二届"玫瑰书香"全国女职工主题阅读活动，邀请蒙曼、梁晓声、萨日娜等知名人士做客直播间进行图书推荐和阅读分享，受到广大女职工欢迎。

2023年在全国范围组织开展20场示范性"中国梦·劳动美——凝心铸魂跟党走 团结奋斗新征程"主题阅读活动。组织开展"我与职工书屋"主题征文活动并结集出版。

基层职工书屋走上了品质提升、转型发展之路。从大型企业到城市社区，从工业园区到项目工地，一批批设计新颖、环境优美、功能齐全、活动丰富的新型职工书屋在全国各地蓬勃兴起。职工书屋还首次出现在港澳地区。澳门职工书屋是中国工人出版社联合中国职工对外交流中心在澳门工会联合总会建设的职工书屋示范点。

职工书屋的影响力辐射至海外，2019年，首次建设了30个"一带一路"重点工程项目基地职工书屋，并在中铁建、中建等机构的海外项目部开展职工书屋建设。

……

职工们走进书屋，或安静阅读，或促膝畅聊，这里已经成为他们喜爱、愿来的文化场所，成为他们的提素平台与精神家园，成为引领他们思想的重要阵地。

2 北京经济技术开发区，简称"北京经开区"，亦称"北京亦庄"，是北京市唯一一个国家级经济技术开发区。北京经开区入驻企业众多，企业职工书屋如雨后春笋般涌现，到2023年12月已经建成178家职工书屋。

北京视源创新科技有限公司（以下简称"视源创新"）的职工之家，2023年年末新添了一张"金色招牌"，金底红字写着"北京经济技术开发区职工书屋"。我们在现场看到，视源创新的职工书屋位于企业一层的企业展厅旁，原来是一间70平方米的职工之家，现在已经改名为职工书屋"源"书屋。屋里木质书架上整齐摆放着一排排书籍，几张桌椅错落摆放，落地窗通透简约，灯光舒适柔和。

据介绍，书屋自有藏书500余册，设置专、兼职书屋管理员2名，设有内部借还制度等规范的书屋管理机制。"源"书屋前期建设阶段在职工内部进行了深入调研，根据职工阅读需求积极协调各类图书资源，筹划职工书屋建成后的各类运营制度，着力打造硬件设施完善、管理制度规范、阅读氛围浓厚的职工服务阵地。职工书屋建成后，公司的工会以职工书屋为载体，丰富图书品类，提升阅读环境，积极开展形式多样的读书活动，大力营造爱读书、读好书、善读书的良好氛围，充分发挥带动作用，引导职工走进书屋，打造职工精神文化家园。

"源"书屋除为职工们提供日常学习空间外，还将职工书屋真正变成广大职工岗位成才的重要园地。来自北京经开区京东物流的快递员栾玉帅在闲暇之余，会在这里阅读自己感兴趣的管理类和运动类书籍。这些内容极大地提升了他的工作效能，他因此被评为2023年全国工会职工书屋"阅读学习成才职工"。栾玉帅还将利用已有的书籍资源进行阅读，实现更全面的自我提升。

近年来，经开区总工会力推职工书屋建设，鼓励基层工会创建职工书屋，职工书屋覆盖面不断扩大，建设模式不断创新，有效打通工会服务职工群众文化生活"最后一公里"。截至目前，经开区有全国职工书屋示范点8家，北京市职工书屋示范点81家，经开区职工书屋示范点71家，便利型职工阅读站点18家。

为了能让更多职工爱上阅读，工会结合职工的职业特点设置读书空间，让职工有机会走进阅读、感受书香。这其中就包括丰台区新发地工会服务站的职工书屋。

走进这间120多平方米的职工书屋，仿佛来到了书的海洋。墙边的灰色书架上，摆满了社会百科、经济、军事、管理、文学、养生、健康等各类书籍，共3000余册。一排宽阔的落地窗，窗外是古色古香的红色长亭、郁郁葱葱的绿树，还有鲜艳的花朵。优雅、舒适的环境，吸引了不少职工来这里看书。

这间不算太大的职工书屋，设有读书区、借阅区、休息区，还配有桌椅、沙发。职工可以站在书架边翻看书籍，也可以坐在沙发上交流读书心得，还可以静静坐在桌子前看书。"职工书屋环境很清幽，我们不忙的时候过来看看书，非常放松。"职工张女士说。

如果说丰台区新发地工会服务站的职工书屋环境清幽，那么，戎威远保安服务股份有限公司职工书屋的特点就可以用"藏书多"来概括。这间书屋藏书7000余册，种类包罗万象。从2014年开始，该公司还在项目部陆续设立了平均拥有图书200余册的职工小家图书室92个，覆盖人数4600余人。充足的图书数量，让职工在驻勤客户单位也有精神食粮，业余时间也能读上好书。该公司以职工书屋为平台，从2013年开始，将每季度第一个月的15日，设立为公司集中读书日。据了解，该公司平均每年参与读书活动的职工达1400余人。

2021年12月，北京公交集团建成了职工图书馆。图书馆内分为4个主要功能区，其中设置的交流区为基层工会开展读书沙龙等活动提供了平台。职工图书馆自建立以来，定期组织职工开展多种形式的读书活动。2022年6月，北京公交集团工会以图书馆为载体，紧密结合"书香公交·全员阅读"主题和全民终身学习活动周，举办了好书悦享会，邀请不同岗位优秀职工分享读书心得体会，营造了良好的读书氛围。

有了职工书屋只是帮助职工开展阅读提供了一个重要条件，接下来还要帮助职工走进阅读。中建三局北京公司慈云寺6号楼项目部的做法是开展"知识小课堂"。利用施工间歇期或晚上的时间，在项目开设的"务工人员夜校"增设培训活动，由项目管理人员带领进城务工人员学习安全教育及专业技术相关书籍。该项目经理丁世靖介绍，根据项目工期安排，通过举办各类精准渗透式的培训，进城务工人员的职业技能得到加强。

3 与职工书屋一样可以称为"提素平台与精神家园"的还有一间为全国职工提供数字阅读服务的"职工驿站"。"'职工驿站'数字阅读服务"是中国职工音像出版社的项目，在首届全民阅读大会上入选了"2021年全民阅读优秀项目"。

"职工驿站"遵循着一个务实而又温情的理念：工作在哪里，学校就在哪里，梦想就在哪里！

不用说，要实现这样一个阅读的数据化、移动化、智能化的目标，在信息化时代，必须通过信息技术。这正是中国职工音像出版社主动应用阅读新技术、新模式所作出的探索，在职工教育培训事业发展中具有典型的示范意义。

"职工驿站"是中国职工音像出版社自觉响应"推进全民阅读，建设书香社会"号召而提出来的创意，利用手机、平板电脑等移动客户端把全国亿万职工直接联系起来，把职工亟需的学习、交流、活动内容植入平台中，让所有职工随时随地利用碎片式的时间学习知识，掌握技能，自主选择参与各项活动，真正实现"工作在哪里，学校就在哪里，梦想就在哪里"的目标。

"职工驿站"源自全民阅读，立意在"工作、学校、梦想"，那就要高度融合优质社会资源，建立拥有海量微视频和数万册电子图书学习资源的数字化中心，为职工教育提供强大的学习资源保障。为此，出版社建立了由一大批院士、科技进步奖获得者、大国工匠、全国劳模、科技带头人、学科带头人，以及高级技师、技术能手等组成的全国职工培训专家智库，为职工教育培训提供强有力的智力保障。"职工驿站"里满足职工阅读服务和教育服务需求、帮助职工提升素质、实现自我价值、拥有更多获得感的"移动式大学""便携图书馆""掌上娘家人"，开创了职工教育培训新天地。

"职工驿站"面向全国职工，不设门槛，向所有职工免费开放。任何一名职工，无论在什么地方工作，无论从事什么职业，都可以免费下载使用"职工驿站"App，实现了学习对象全覆盖。

登录"职工驿站"，我们发现这里拥有海量的微视频等数字化学习资源，每条微视频都是一个知识点，集内容、师资、渠道、受众于一体，通俗易懂，简短易学。职工想要学习的内容，基本能够在"职工驿站"找到相关资料。这里不只有实用性技能培训，还有大量开眼界、提素质的综合素养学习资源；这里有法律法规、心理辅导、国学经典、传统文化和道德教育等相关课程内容，国学经典、传统文化以及当代文学名著讲座点击量很高。"职工驿站"还拥有10万多册电子图书，5万余册有声图书，内容涵盖时政、经济、教育、文化、文学等领域，让全国职工不用买书、不用借书、不用带书，就能拥有一个免费的移动图书馆，随时随地进行学习。职工教育培训专家不仅可以在线为职工解疑释惑，还可以现场面对面提供指导，满足职工学员多层次的需求。

"职工驿站"把教育、活动和服务植入平台中，每个职工不仅可以根据自己的需要自主选择学习内容，还可以通过浏览、下载、评论、分享以及上传功能，随时反映自己的意见、建议和需求，与专家学者、工会干部及其他职工进行线上交流。平台上所有资料职工都可以下载，这是不少青年职工至为满意的服务。

在"职工驿站"里，职工可以根据个人的兴趣和爱好自由参与各类活动，还可以随时展示自己的发明创造、高超技能和个人才艺，依托"职工驿站"平台实现多向互动。

"职工驿站"先后开辟"永远跟党走""阅读空间""技能培训""法律培训""学历教育""健康护航""工匠学院"等20多个板块，共计150多个栏目，拥有海量的微视频和电子图书等学习资源。

广大职工最为重视提高自己的技能水平，"职工驿站"开通的"技能培训"采用标准课程体系，内容涵盖机械制造、家电维修、电子商务、市场营销、平面设计、餐饮制作等方面的知识和技能操作，为广大职工提供多类别、多角度、多形式的短视频学习资源。2021年以来，"技能培训"每周增加 80 多条培训视频,全年增加 4000 多条视频,目前累计视频达 1 万余条。培训视频最受欢迎,没看懂再看,没学会重学,这是线下培训难以做到的好事啊!

"工匠讲坛""工匠故事"是平台上最吸睛的栏目。出版社聚焦各行各业的能工巧匠,聘请大国工匠通过视频传授绝技绝活,集中展现大国工匠和劳动模范的事业轨迹与心路历程,传播工匠文化,弘扬劳动精神、劳模精神和工匠精神。

不要以为我们的职工只会干活,其实我们的职工也非常热爱文学艺术。他们最爱唱歌,歌唱党和祖国,歌唱民族和人民,歌唱美好生活和爱情,为此,"职工驿站"开办了"全国职工原创音乐作品欣赏"栏目。中国工人是涌现作家的重要群体,改革开放新时期"打工仔"成为作家一直是激动人心的故事,新时代又有"快递哥"的新书成为畅销书。"职工驿站"上线"全国职工文学朗诵作品欣赏"栏目,不断地让优秀的文学作品传递正能量,唤起职工们创作的灵感和激情。"职工驿站"举办"全国职工散文大赛颁奖朗诵会"、"向共和国七十华诞献礼"全国职工书画笔会暨艺术展示活动、"中国梦·劳动美"全国职工散文大赛、"古典也流行"跨界音乐会、中国原创音乐作品《你是谁》发布会等活动。"职工驿站"已经成为职工休憩的港湾、精神的家园,职工在这里可以感受一份家的温暖;"职工驿站"已经成为职工素质提升的加油站、事业发展的助推器,职工在这里可以获得一份继续前行的力量;"职工驿站"已经成为职工展望美好未来、实现自我价值的舞台,职工的梦想可以在这里尽情放飞。

"职工驿站"引起了广大媒体的热烈关注。

2021 年 4 月 24 日,中央电视台以《"职工驿站"App"阅读空间"上线》为题对"职工驿站"进行了宣传报道。中国教育电视台同日以《高校教育资源向职工开放 "职工驿站"App 上线"阅读空间"》为题进行播报。央视网、"学习强国"学习平台、《劳动午报》、《工人日报》、中工网、光明网、今日头条等媒体开展了专题宣传，收到了很好的社会效果。

4 自 2013 年起，我在北京、西安等地多次参加全民阅读活动中一项最为热闹、最为温情、最为美丽的阅读活动，那就是"书香三八"读书活动。来自全国各地的女职工代表们在会场内外交流读书心得，展示技能才艺。参加这项活动，每每让我有阅读嘉年华的快乐感觉。

"书香三八"读书活动由红旗出版社、中国妇女报社和人民网联合发起，得到全国总工会女职工委员会支持。活动以"推动女性阅读，建设书香家庭"为宗旨，致力于女性阅读推广服务，提供开放性的学习、互助和服务型阅读交流专属平台。首届活动于 2012 年 12 月 28 日在求是杂志社启动，迄今已连续举办了 12 届。每届活动为期 1 年，紧贴时代脉搏确定活动主题。从 2018 年第七届活动起，组委会同时举办"书香三八·嘉年华"读书成果展示活动，使得整个活动更富有生气和活力。

"书香三八"读书活动的内容总在不断丰富。活动开展过主题征文、一封家书、书画阅读、摄影阅读、表演阅读等作品征集评选表彰；庆祝重要节日，如"世界读书日""国际家庭日""国际幸福日""七一建党节"等，策划专题活动。2018 年 5 月 15 日（国际家庭日）前后，先后在北京、曲阜、西安、长沙等地举办"书香三八·嘉年华"读书成果展示及行走阅读活动；征集"阅读改变命运"主题美文、微视频作品，举办书香企业、书香家庭、最美书坊评选活动。

"书香三八"读书活动的形式总在不断创新。例如，创建"书香三八"读书会、年度精讲精读 12 本书，特邀我和蒙曼、郭曰方、刘悦笛等专家、学者、作家领读，邀请读书会会员参与分享，在共读中获得新知、培养能力、提升素养；创建"书香三八"培训中心，举办阅读与写作、健康朗读、摄影指导等专题讲座，开展阅读推广人培训，发展志愿者、书香天使、书香大使，培养领读人；举办健康科普、亲子教育、生活美学等系列讲座，打造"书香讲堂"品牌。

"书香三八"读书活动的品质总在不断提升。为满足广大会员单位和个人的阅读需求，组委会着力打造会员制阅读文化和家庭消费文化体验服务平台——书香坊，研发出品集看、听、读、写于一体的阅读服务手册《书香坊》，实现365天阅读陪伴与分享。"为好书找读者，为读者找好书"，举办年度"全民阅读 书香三八"100部好书征集、推选活动，围绕爱上阅读、亲子共读、文学艺术、完善自我等8大主题，推选出100部好书、100部入围图书，再推选出12部精读书目、20部家庭阅读书目。通过选书荐书、导读听书、精讲精读、专家讲座等线上线下阅读分享与交流活动，打造文化生活分享社区。

经过十多年的不懈努力，"书香三八"读书活动逐步形成了领导重视、政府支持、工会推动、妇联促进、社会各界阅读组织广泛参与，新华网、求是网、人民网、中工网、中国新闻出版广电网、《中国妇女报》、《工人日报》、《中国新闻出版广电报》、《中国妇女》外文期刊、《新阅读》杂志等各大媒体积极宣传的良好局面，已发展为国内较为知名的职工阅读品牌和女性阅读品牌。

十多年来，全国各地积极组织所属各级工会、妇女组织参与活动，截至目前，全国参与人数8800多万，参与单位21万多家，征集到各类作品70多万件，1200多家企事业单位荣获组织奖，15000多人荣获个人奖。

十多年来，组委会在山东曲阜、广东中山等地，联合南方电网、航天科工等集团单位，建立阅读培训、阅读体验基地，打造以人为中心的阅读空间，实现阅读社交、分享。

十多年来，组委会打造了一支50多人的优秀阅读推广服务团队，在全国各地培育了600多名阅读推广人、讲师、志愿者，在全国各省（区、市）安排专职工作人员，负责开展读书活动的相关工作。

2019年5月24日，以"阅读强素质·奋斗新时代"为主题的全国第二届"书香三八·嘉年华"读书成果展示活动在西安拉开帷幕,献礼中华人民共和国成立70周年。我应邀出席了这次活动,很难忘。

那真是一个好日子!古都西安风和日丽,花团锦簇。那真是读书的好时光!活动为期4天,安排有读书成果展示、作品展示、舞台展演、阅读推广培训和旅行阅读。

我在发言中说,全国"书香三八"读书活动是一项重大的全民阅读活动,参与女性人数已达到数千万人,这对推动我国全民阅读活动的开展,促进家庭文明建设非常有意义。我借《孟子》中的名句"独乐乐不如众乐乐",提出"独读书不如众读书"的理念,相信女性朋友读书能带动身边的人一起读书,特别能带动家庭读书、带动孩子读书,在家庭文明建设中发挥重要作用。我期待"书香三八"读书活动在全国各地工会、妇女组织和全国女性朋友的大力支持和积极参与下,越办越好。

自那之后,我也就成了"书香三八"读书活动的常客。2023年举办第十一届"书香三八"读书活动,我因在外地没有应邀到会,很是遗憾。事后听说有好几位女性作家朋友应邀出席推荐读物,发表了很具女性特点的精彩演讲。毕淑敏讲的是《轻轻走向完美》,徐坤讲的是《闻书香识女人》。看着如此柔软细腻且富有知性的题目,想想就感到没有在现场听讲实在是一大损失。

三

书香军营：我们的队伍向太阳

1 2013年4月20日，第二十三届全国书博会期间，"情系三沙，赠书慰问大行动"暨三沙市新华书店揭牌仪式在三沙市永兴岛海南省图书馆三沙分馆举行。仪式上，驻三沙部队官兵、三沙市人民政府等单位获赠了2万多册各类图书。第二十三届全国书博会组委会委托韬奋基金会组织全国出版业作了捐赠。参加本届书博会的各省（区、市）代表团代表和作者代表及三沙市有关部门代表共200多人参加了图书捐赠活动。

我有幸参加了这次活动。

三沙市位于中国南海，于2012年7月24日举行正式成立大会，为海南省第三个地级市，下辖西沙群岛、南沙群岛、中沙群岛及海域。永兴岛为三沙市人民政府所在地，也是南海诸岛中最大的岛屿。

我们从海口市乘坐民航飞机前往三沙市永兴岛。

三沙市永兴岛就在明媚的阳光下，在密集挺拔的棕榈林中高擎迎风招展的五星红旗，坐落在中国最美的南海中。

三沙远离祖国大陆，军营生活单调、枯燥，市委、市政府想方设法丰富部队文化生活，在永兴岛建起了图书馆。第二十三届全国书博会主办方直接为部队官兵赠书1万多册。这是全民阅读活动首次进入三沙市部队驻地，书香进军营。

在永兴岛，我跟站在身旁的一位年轻军官搭讪，问他部队图书馆能不能发挥作用。他看了我一眼，神情有点诧异，说：官兵们都需要坚持学习、多读书，空闲下来大家都喜欢读书。图书馆的作用太大了！

我离开三沙市永兴岛之后，开始特别关注在那里发生的文化活动。在媒体上，先是看到过那里把"电子阅报栏"安装到部队营区，让官兵能一睹当天的报纸；又看到2013年三沙市与中国文联共同举办"下基层送欢乐到三沙"军民联欢活动的消息；看到2014年、2015年中央芭蕾舞团、中央民族乐团先后赴岛礁慰问演出；还看到2016年北京东城区组织域内工艺美术大师、非物质文化遗产项目传承人以及书画家，赴永兴岛进行文化交流。我特别关注部队常年邀请专家走进西沙水警区哨兵大讲堂，为驻市官兵授课，讲三沙形势，讲军民融合发展，不断加深官兵对地方建设的认识和理解。

看到海南出版社和新华文轩出版传媒股份有限公司，与驻三沙部队共同推进三沙哨兵书屋建设，目前三沙6个哨兵书屋投入使用，累计投入460多万元，捐赠图书2万余册，我是深为感动。后来又看到国家出版基金规划管理办公室、人民出版社、新华文轩出版传媒股份有限公司、海南出版社来到三沙永兴岛，共同举办三沙哨兵书屋揭牌暨赠书仪式，我是尤为振奋。各宣传文化单位精心挑选了国防军事、历史人文、专业技术、文体生活等各类图书13000余册，还为三沙哨兵书屋捐赠了图书阅览架及桌椅等基础设备。设市以来，三沙市始终坚持走军民深度融合发展之路，基础设施建设军地共建、军民共享。三沙哨兵书屋作为三沙市发展公共文化基础设施建设的重要一环，是一处集阅读与休闲为一体的部队官兵多元文化空间。它的建成不仅有助于促进三沙市的全民阅读、提升三沙市的城市品位，还将对增进三沙军政、军民感情，推进三沙军民深度融合发展发挥重要作用。出版文化企业参与三沙哨兵书屋建设，展现了出版行业共建书香社会的社会责任与时代担当。

在三沙市人民政府网上我们读到一则引人注目的新闻：2012年7月29日，三沙设市仪式举行后的第5天，三沙市委、市政府首次慰问部队，就明确提出了奋斗目标——争创全国双拥模范城。时隔4年，2016

年 7 月 29 日，在全国双拥模范城（县）命名暨双拥模范单位和个人表彰大会上，三沙市就获得了一块金灿灿的牌匾——全国双拥模范城。这是海南省三沙市军民共同努力取得的优异成绩，这中间，在很大程度上也有军地共建书香军营做出的贡献。

2 在第二届全民阅读大会上，中宣部发布的"2022—2023 年全民阅读优秀项目"中一个来自军营的项目赫然在列，那就是武警部队政治工作部推荐的"武警部队书香军营建设"。这是两届全民阅读大会前后发布的 30 个全民阅读优秀项目中唯一来自部队的项目，因而格外引人瞩目。

武警部队政治工作部的材料介绍，2019 年以来，为深入落实习近平总书记关于推动全民阅读的重要指示精神，武警部队与文化和旅游部召开金华、嘉峪关现场会，订立了书香军营标准，推广共建共享成果。2021 年，武警部队将书香军营纳入部队党的建设和思想政治建设"十四五"规划，安排本级预算补助基层单位，做好项目定位，提出了总体设想。要求着眼以文化人、以文育人，按照统一规范、体系设计、突出重点、分步实施的思路，整合运用军地文化资源，建设现代化、开放式、实用性的阅读场所。开展丰富多彩、怡心增智、部队欢迎的阅读活动，形成爱读书、读好书、善读书的浓厚氛围，为培育"四有"新时代革命军人、履行新使命新任务提供坚强文化支撑。

武警部队构建现代化阅读场所。对所有总队（院校）、支队图书馆和基层图书室（均为当地市、县图书馆武警分馆）进行更新升级，形成武警部队、总队（院校）、支队、大中队和执勤驻训点 5 级新型阅读场所体系。

武警部队完善共享化阅读资源。为全部队配发《习近平谈治国理政》《习近平论强军兴军》等全套党的创新理论书籍，协调地方图书馆定期为部队更换图书 200 余万册，免费引进"国家公共文化云"资源，为官兵提供超市式、定制化的阅读服务。目前，全部队入库纸质图书近 1500 万册，每个单位数字图书均达 5000 册以上。

武警部队全面改善阅读条件。引进朗读亭、光影阅读机、听书机、VR 电子阅读器等现代阅读设备，开发武警部队智慧图书馆管理系统。

武警部队开展多样化阅读活动。组织阅读接力赛，全部队共举办导读会、军营朗读者、经典汇、"分享＋"、故事林、大讲坛等读书活动 3.7 万余场（次），全面学习宣传贯彻党的二十大精神，学习军事、人文、科技等知识。

武警部队健全体系化阅读机制。制定《新时代武警部队书香军营建设规范》，完善图书馆（室）管理制度，建立统筹抓学、结对帮建、定期检查、共建共享、表彰奖励等阅读服务机制，保证了书香军营建设制度化、长效化。

武警部队和各总队通过报刊、新媒体等平台宣传经验做法 600 余期，定期评选读书标兵、书香中队和书香家庭，展评学习笔记，分享学习心得，营造了浓厚的学习氛围。两年来，全部队累计进出馆 2800 万余人（次）、借阅图书 540 万余册。官兵理想信念更加坚定、能力素质大幅提升，圆满完成维稳维权任务。

武警部队书香军营建设的具体举措，深刻体现了"听党指挥，能打胜仗，作风优良"的强军目标。书香军营建设，既要有坚定的政治方向，也要体现军队的根本职能和军队建设的根本指向，而且具有军人的鲜明特色和政治优势，全面关系到军队的性质、宗旨、本色。

3

武警河南总队队史馆在强军网上线了！战士们欣喜地发现，原来队史还能用数字化的方法阅读。

鹤壁支队大胆创新，借鉴"直播带货"模式，开展了一次别出心裁的"直播带书"活动。官兵上台分享自己喜爱的书籍，带动官兵读书积极性。

郑州支队加强与驻地图书馆联教共育，形成"分馆—阅读站"两级阅读网络，通过分享网上"云阅读"、赠送特色图书等形式，满足官兵多样化的文化需求。

南阳支队将书中故事搬上舞台，在情景剧中探索书中片段，理解人物心境，通过"情景再现"的方式让官兵读懂书中内涵。为了使官兵更好地感悟红色故事背后的时代内涵和精神价值，机动支队发挥基层文艺骨干作用，排演系列情景剧《浴血奋战》，生动阐释了"两不怕"战斗精神。沉浸式的授课方式，让官兵在一个个鲜活的故事和打动人心的场景中，感受强军文化，加深对教育内容的理解。

4 武警湖北总队主动发挥好军地文化共建共享优势，积极主动做好融信息化、融互联网、融高科技的工作。引入数字化阅读、自动化借还、智能化管理等技术和服务平台，探索"菜单式""点单式"模式，打造标准化、数字化、实用化图书室，实现既有传统纸质书刊又有海量电子图书资源。总队为官兵提供全媒体式、交互式、沉浸式阅读空间，让各个阅读场所成为人流量集中、官兵想去爱去的"学习圣地"。

走进黄冈支队红安中队图书室，看书有平板，解渴有茶饮，服务智能化，这是武警湖北总队大力推进书香军营工程建设，全面开展"书香悦读"活动的一个缩影。武汉、鄂州、黄冈、荆州等支队同样借力驻地文旅系统共享数字图书资源，联合开展流动图书进军营，省、市两级共建图书馆武警分馆，在协商交流、互学共进中持续推动读书活动走深走实。

武警湖北总队要求各级部队要结合官兵履职需要和未来发展，区分不同类型单位、不同任务官兵，按照时代倡导什么就主动读什么、部队需要什么就重点读什么、个人缺什么就及时补什么的原则，组织引导官兵选好书、读好书。黄冈支队警勤中队知道有战士准备参加考学，就专门在图书室设置了考试图书区，为战士们的复习提供有效辅助。

黄石支队开展机关基层、警官警士齐上阵的"军营朗读者"活动。支队机动中队上尉中队长尹明凯一场"像爷爷和父亲一样去战斗"的演讲在官兵中反响强烈。这个支队正逐渐形成一整套读书机制。他们以"读好书、提品质、蓄涵养"为主题，采取"解读、领读、精读、朗读"等方式，穿插"读书为什么、履职靠什么"讨论辨析，定期举办"军营朗读者""强军故事会"活动，成效显著。

荆门支队开展"品红色经典、诵红色家谱、谈读书心得"活动，襄阳支队开展"中队长、指导员每月推荐一书"活动……近年来，武警湖北总队各级积极开展"爱读书、读好书、善读书"活动，组建读书、朗诵、演讲小组，深受广大官兵好评。他们还邀请共建单位、学校师生、官兵家属走进书吧，为官兵讲红色故事、讲党史军史、讲历史文化，开展书画摄影展、朗诵会和书评交流会等活动；积极组织各类技能实操培训，邀请地方院校的老师来队辅导战士考生、技术学兵，促进军民深度融合。

5 已经连续打卡图书室98天的武警山东总队某班班长杨文帅，这位以前一有时间就跑去训练场的特战精兵，现在竟然舍得将一半休息时间拿来读书。面对大家的疑惑，他总是笑着说道："3个多月的坚持阅读确实给我很大改变，我觉得读书就好比到各个领域的专家学者家里串门，让我增长了知识，提纯了思想。"

"真没想到咱们的图书室内还藏有这本书，我很久之前偶然看过一次，后来一直寻找未果，没想到'踏破铁鞋无觅处，得来全不费功夫'啊。"武警聊城支队某中队狙击手李旭手捧一本武器介绍类图书开心地说道。在中队图书室整齐排列的数个书柜中，一个贴着"驻地赠书"4个字的书柜格外引人注目，百余套书籍陈列其中，这是驻地图书馆每季度专门为中队免费更新的"精神财富"。

近年来，武警山东总队通过开展文化共建，推动图书共享，让基层图书室这湾"小池塘"动了起来、活了起来。近 20 个支队级单位纷纷与驻地开展文化共建，一个个基层中队与驻地协调挂起了图书分馆的牌子，一批批图书走进基层一线和执勤哨位，也走进了官兵的心间……

武警菏泽支队某部的书香军营刚刚建成，走廊里有名言、书法、绿植，书架上有小说、诗歌、散文等各类书籍。书香军营变成了官兵们争相追捧的"网红打卡地"，大家纷纷走上台，为战友推荐优质书籍，分享读书感悟……

6 2023 年，在第 28 个世界读书日到来之际，我们在中国军网看到了一组多家军事院校开展阅读活动的海报。每一张海报上都有一位意气风发的青年军人。在书页翻飞的背景下，他们有的在读书沉思，有的在眺望远方。所有海报都洋溢着青春的欢乐与感动、启迪与期望，汇聚成催人奋进的力量。海报下方分别标注着国防科技大学、航天工程大学、空军军医大学、火箭军工程大学、陆军工程大学、武警工程大学等。同一天中国军网还发表有一则新闻报道，称：海军军医大学深入开展"四个一"读书活动，引导官兵放下手机、拿起书籍，让善读书、读好书蔚然成风，持续兴起"创建学习型军营、培育知识型军人"读书学习热潮。

新时代军事教育方针要求我国军事院校坚持立德树人、为战育人，大力培养高素质专业化新型军事人才，为国防和军队建设做出新的更大贡献。书香军营的建设，尤其需要军事院校培养更多"爱读书、读好书、善读书"的军营阅读种子。

7 2023 年 7 月末，我们来到海军航空大学青岛校区图书馆，造访该图书馆原馆长周建彩大校，目的是了解一下军事院校学生的阅读情况。

我是在一个偶然的情况下提出造访周建彩大校的请求的。

2023年7月,我和青岛大学文学与新闻传播学院师生在新疆喀什地区疏勒县巴仁乡8村小学支教,张文彦教授跟我说起海军航空大学青岛校区图书馆在组织学生开展阅读活动上有很多作为。引起我特别大兴趣的是,她说图书馆邀请了著名作家张炜、著名翻译家林少华、北京大学教授王一方、上海交通大学教授江晓原等专家学者来给学生作专题讲座。其中好几位是我的朋友和熟人,这就让我产生了好奇心和亲近感。我当时就请张文彦教授替我联系周大校,希望在她方便的时间我前往造访。

于是,在张文彦教授的导引下,我有幸走进了海军航空大学青岛校区美丽、庄严、宽阔的校园,参观了环境幽静、藏书极丰、设备俱全的学校图书馆。最重要的是,有幸跟周建彩大校作了交流。

周大校工作已经发生变动,前不久被安排到一线教学岗位。但是,引导我前来的青岛大学张文彦教授跟她交情不浅,坚持把她请来给我作介绍。

我得承认,在此之前,虽然我间或有过应邀到军事院校作阅读讲座的经历,可是如此深入参观军事院校图书馆,此行乃是第一次。我不揣冒昧,直接请教周大校:咱们军事院校在教学上对学员的阅读行为、阅读目标有什么要求吗?

周大校说:以往对学生的阅读我们并没有作出特别的要求,只是希望大家多读书、读好书。新时代以来,我们全军军事职业教育加强了阅读要求,提出了"两课一书",成为每年必须要完成的任务。"两课一书"就是在校学生每学年自主选两门课,然后要读完一本书,年底考核。前些年因为刚刚开始,没有提出规范的要求,现在我们图书馆牵头做职业阅读和经典阅读。

我问:是不是做职业阅读难度要大些?

周大校说:难度是比较大。可是,我们海军航空大学青岛校区牵头,联合北京大学、国防科技大学、上海大学等院校专家,以集体的智慧编写了"军事职业教育阅读指导"丛书,其中包括《中国军事经典导读》《西方军事经典导读》《中国文化经典导读》,设法解决了读什么书的问题。

我说:在阅读学上,解决了读什么书的问题,马上就要解决怎么读的问题。

周大校说:是的,我们制作了军事经典导读音频课,在军事职业教育平台和军职在线同时推出。不仅受到海军航空大学学生的欢迎,送到一线部队,也受到了部队官兵的一致好评。

我们这个系列音频课包括"中国军事经典导读""西方军事经典导读""中国文化经典导读"。其中,"中国军事经典导读"选取了《孙子兵法》《司马法》《论持久战》等 20 余部中国经典军事论著,分别讲述了其作者、历史背景和主要内容。课程讲解坚持知识性与思想性相结合、学术性与趣味性相结合,具有较强的吸引力和感染力,是官兵学习了解中国军事经典著作和军事文化的入门课程,也是引导官兵阅读经典、增强文化自信的基础课程。"西方军事经典导读"选取了《高卢战记》《内战记》《谋略》等 20 余部西方军事思想史上著名的作品进行讲授,是官兵了解西方军事思想的入门课程。"中国文化经典导读"则着眼官兵应该掌握的中国传统文化知识,按照经史子集的分类,对中国传统文化典籍进行了讲解介绍。

音频课具有丰富、灵活、易获取的特点。学生们和官兵们可以根据自身需求,更好地在自主学习模式下完成各类经典著作的导读。音频课能够帮助大家养成良好阅读习惯,提升阅读兴趣,充实知识储备,丰富知识结构,优化思维方式,提高军事职业素养和岗位任职能力,为提升领导力、战斗力奠定坚实基础。

我问:你们是怎么想到编选"军事职业教育阅读指导"丛书这个选题的呢?

周大校说:提出了"两课一书"的任务后,我们就想到底帮助学生选什么样的书。当时做丛书的背景，一个是"军改"的要求，特别是 2020 年加快"军改"步伐，"两课一书"的工作更要抓紧。时间紧任务重，我们就向北京大学王余光教授请教。王教授点拨我们，说在有限的时间内尽量先选经典，夯实学生的军事人文素养，这样我们就编选了这套丛书。另外，当时我在国防科技大学学习的时候作了一个报道，也是军事阅读项目。这套丛书还提出了阅读推广的方法，强调要营造浓厚的阅读氛围。总之，从内容到方法到推广到落地，从我们院校到其他院校再到部队，是一个体系化的设计过程。从理论到实践，从院校到部队，从纸质书到电子书，从指导课到音频课，按照这样一个体系做了下来的。

我忽然想起要问专家学者进校园的事情。我素来认为，请什么样的专家学者作讲座，一定程度上可以看出图书馆主事者的眼光。我问周大校，学校图书馆大概请过哪些专家来作讲座。周大校一口气说出了好几位，有张炜、徐贵祥、王一方、江晓原、潘知常、吴国盛等。

我赞叹道：都是各个方面的专家呀！我问：是给学员作学术报告吗？

周大校说：不是，是给我们大学的"擎鹰读书会"作阅读和文学讲座。

在推广全民阅读尤其是校园阅读时，我是至为推崇读书会阅读的。可现在是第一次听说军事院校学生也成立读书会了，我表现出很大的好奇。

周大校说：我们图书馆组织学生成立了"擎鹰读书会"。为什么叫"擎鹰"？我们学校的文化是擎鹰文化，"擎"是托举的意思，飞行员驾驶着"战鹰"在天上飞，海军航空大学培养的是托举"战鹰"的人，培养的是地勤技术人员，所以学校的文化称为擎鹰文化。学生的读书会就叫作"擎鹰读书会"。现在，"擎鹰读书会"发展成了"擎鹰读书俱乐部"，已经编入我们学校俱乐部的整体管理体系。学校每年对它是有计划、有经费支撑且有考核的，这就相当于学校的正式组织。

接着，周大校就请陪同她接待的"擎鹰读书俱乐部"负责人范老师给我们介绍"擎鹰读书俱乐部"的情况。

范老师说:"擎鹰读书俱乐部"是 2019 年秋季学期成立的,已经 4 年了。俱乐部主要是以创办读书会、开展读书会为主要抓手,同时我们还会适时地开展一些社会实践活动。比如,去青岛大剧院观看话剧和其他舞台剧,去康有为故居、青岛博物馆参观,参观回来还会进行讨论,配合学生们的阅读。这个很重要,我们是理工类军事院校,同学们很注重自己所学专业,人文图书的阅读相对少一些,是一个欠缺。所以我们通过创办这样的读书俱乐部,采取生动活泼的阅读活动形式,让他们的人文素质得到比较快的提升。

范老师在校园阅读实践方面显得很有研究。她说:我们在组织读书俱乐部的时候主要是以学生的主体意愿为主。他们想读什么类型的书,我们研究后就给他们推荐。一开始我们是开书单,可是推进了一段时间后,发现难度比较大。比如说,我们的书单里有一些中华传统文化的书目,还会有一些西方经典读物,但由于学生们的基础参差不齐,各有兴趣爱好,很难集中讨论。有的学生主要聚焦在专业学习上,读这些书对他来说没有实际效能,阅读起来也相对比较困难,所以开书单的方式收效甚微。后来我们作了改进,每个学期开学时先广泛地征求大家意见,同学们在群里投票。我们推荐出 20 多本书,请同学们投票,一个学期也就选个 10 本。因为是同学们自己选的,读起来责任感也就强很多。晚上他们自己去专修室阅读,读完了星期六白天还会开展讨论和交流。有一次读书讨论会结束后,我非常感慨,因为读书俱乐部的学生在群里发了非常多的感想,让我看到原来读书会结束了,余音还在呀!现在我们海军航空大学不少同学毕业到部队后,就会创办所在部队的读书会,组织官兵们阅读好书。

我是大为惊讶,说:这样一来可不就成了一批又一批的读书种子撒向四面八方了?这可就是撒向祖国大地、万里海疆啊!

周大校充满激情地说道:学校组织"擎鹰读书俱乐部"的想法就是

培养阅读种子——阅读推广的种子，要让我们的学生毕业后像优良的种子那样撒到各个部队去，在部队再成立我们"擎鹰读书会"的分会。

我问：现在已经成立了一些分会了吗？

周大校实实在在地说：目前成立了一些，但还不是很多，可是总在一点一点地实现。有的学员特别感兴趣，而且他们的单位条件也允许，在领导的支持下他们就开始做读书会。有的由于各种原因没有做起来。没关系，按照我们最初的设想，星星之火要燎原，要把我们大学做成一个书香军营、推广阅读的发动站。所以，我们在组织读书会、开展读书会活动时不仅是让同学们读书，还要教他们怎么阅读、怎么组织读书会、怎样主持读书会、怎样交流阅读心得，在整体素质上把我们的同学培养成书香军营的阅读推广人。

8 从中国军事院校走出去的合格青年军人必定是高素质专业化新型军事人才，其中会有更多的"爱读书、读好书、善读书"的军营阅读种子。周大校告诉我们，海军航空大学毕业生里就有人上了我国第一艘航空母舰——辽宁舰，而且在舰上成为"航母诗社"的骨干成员。

说到辽宁舰，大家显然都很有崇敬感和强烈兴趣。我问：辽宁舰上也有读书会吗？周大校说：那儿有诗歌社团，叫作"航母诗社"，前几年就出版了舰员诗歌作品集。

说话间范老师把厚厚一大本诗集送到我手上，是解放军文艺出版社2014年出版的《我的名字叫辽宁：中国第一艘航母辽宁舰舰员诗歌作品选》。装帧十分大气。仔细翻看，诗集共收入76首诗作，36位作者来自辽宁舰上的多个岗位，不仅有副舰长、部门政治委员、助理会计师、助理工程师等，也有普通战士，他们全都是"航母诗社"的社员。

辽宁舰舰长张峥在序言中写道："航母诗社"成员"洋溢着激情和士气，向生活学习，为青春创作，塑造了壮美多姿的航母文化。在我看来，航母舰员的诗歌不仅是对舰员火热生活的高歌吟诵，更是一种对航母光荣使命的真诚礼赞"。

书中，舰员王少辉以一首《蝶恋花·航母诗社成立》表达内心的喜悦："……航母舰员诗社俏，益友良师，漫步花间道。逸兴遄飞难抑躁，快题绝句留君笑。"舰员李博爱写有《庆祝诗社成立于南下长航》，诗曰："南下北上昼夜忙，大舰小艇蹈风浪。首组编队慑南洋，新建诗社绣思想。"

辽宁舰副政治委员、"航母诗社"社长李东友的作品名就是《你的名字叫辽宁》。此诗置于卷首，写得豪迈、深沉而有英武之气。我摘录其中一些精彩诗句与读者们共赏——

....
你是共和国航母的长子
你真正的名字叫辽宁
它不仅仅是一个省份的称号
更深的含义是因你的出现让祖国辽阔的海疆安宁
请记住2012年9月25日是你的生日
那一天整个中国为你沸腾
多少人为你喜极而泣
多少人为你举杯相庆
因为你已不只是一艘战舰
你是压抑在这个民族内心一百年的梦
....
是历史让你铭记
铭记一个民族曾经的屈辱
是时代要你担当
担当中华重回世界之巅的梦想
高耸的舰岛是民族挺直的脊梁

巨大的甲板是祖国宽阔的胸膛
翻滚的航迹荡涤着百年的屈辱
战机的轰鸣奏响了复兴的乐章

这就是你　中国第一艘航空母舰的责任
这就是你　中国第一艘航空母舰的使命
——因为你的名字叫辽宁

四

银龄读书：快乐的老年书友们

1 2023年10月23日，我在"中国农家书屋"微信公众号上读到一篇题为《银发度重阳！农家书屋阅读品书香》的报道。这一天是农历九月初九，中国传统的重阳节。报道写得简洁轻松，读来有过节的感觉——

江　苏

近日，镇江市荣炳园区镇村联动开展"金秋时节阅书香　品读经典庆重阳"主题全民阅读活动。

荣炳园区新时代文明实践所组织园区部分老干部在农家书屋开展了"银发度重阳，阅读品书香"活动，重点向大家推荐《习近平讲党史故事》。高庄村开展了一场别开生面的古诗词诵读会，《九月九日忆山东兄弟》等经典重阳诗词讲述着岁月流淌的故事。曲阳村阅读推广人付慧敏带着老人们诵读散文诗，回忆那些陪伴他们走过人生岁月的书籍。

曙光村开展"我们的节日·重阳节"阅读活动，向老人们介绍多读书、读好书、善读书的意义，并为老人们赠送书籍，向他们致以节日的问候。蒲圩村举办老年人健康知识书籍阅读活动，以《茶经》和《餐桌上的伪科学》向老人介绍健康知识，提高自身健康管理意识。胜利村新时代文明实践站组织开展红色书籍读书分享会，老人们挑选自己喜欢的红色经典书籍，围坐在一起逐篇逐页地认真阅读，感悟红色精神。

浙 江

在今年重阳节来临之际,金华市武义县大溪口乡充分发挥阅读引领作用,结合"百镇共建",开展了以"悦享重阳 共沐书香"为主题的"我在礼堂读好书"全民阅读系列活动。

活动现场,永康石柱镇义工为老人免费理发,医护人员为群众免费义诊、艾灸。一柱艾,一抹香,重阳将至,医护人员为老年群众送去了秋天的温暖。大溪口乡阅读推广队伍在现场朗诵了《采桑子·重阳》《重阳》《相约重阳》等诗歌,村民们认真聆听,与现场工作人员进行互动,分享见解,现场氛围热烈。

下一步,大溪口乡将积极发挥农家书屋文化阵地作用,真正让阅读融入生活、走进群众,引领乡风民风向上向好,持续开展"我在礼堂读好书"全民阅读系列活动,使小书屋发挥大作用,成为乡村文化振兴的"助推器"。

山 东

霜降将至,重阳新临。趁秋高气爽,位于山东省高密市经济开发区胶河东岸冯家庄村的宝德书院内,重阳节专题学习活动开启。农家书屋管理员结合《论语》诵读,传扬中华民族孝老爱亲的传统美德,结合孩子们的学习生活实际,讲解重阳敬老的美德。

安 徽

为大力弘扬中华民族尊老敬老的传统美德,积极培育和践行社会主义核心价值观,10月20日,安徽省滁州市来安县雷官镇文化站联合各村农家书屋共同开展"情暖重阳 书香敬老"主题阅读活动,为老人们送去书香与祝福。

活动在热闹的聊天声中拉开序幕。志愿者与老人们一起探讨重阳节的历史渊源及健康养生类知识,陪伴老人们聊天并送上节日祝福,用实际行动给予老人们关心和温暖。

下一步,雷官镇将持续挖掘传统节日文化内涵,让阅读在传统节日中焕发新生机，引领新风尚，不断提升辖区百姓的文化幸福感。

老年人是社会的重要组成部分，老年人的阅读与实现人民群众过上更加美好生活的目标密切相关。中国已经进入老龄化社会，全国老年人已占总人口的11%，按照近期的人口形势推断，老年人人口数量正以每年超过3%的速度增长。老年人已经成为当今中国最庞大最特殊的弱势群体，善待老年人、尊重老年人、关爱老年人，正在成为全社会共识。上述各地的重阳节阅读活动，正是这一社会共识在书香社会建设中的具体实践。开展好老年人阅读，关系到建设社会主义现代化强国，不仅有益于老年人的身心健康，也有利于弘扬尊老、敬老、爱老的中华民族传统美德，有利于建设知书达礼的书香社会。

2 从党的十六大强调"形成全民学习、终身学习的学习型社会，促进人的全面发展"，到党的二十大报告首次明确提出"推进教育数字化，建设全民终身学习的学习型社会、学习型大国"，再到中央决定将老年教育纳入终身教育体系，依托国家开放大学筹建国家老年大学，搭建全国老年教育资源共享和公共服务平台，一个发展老年教育、开展全民终身学习的热潮正在到来。

第七次全国人口普查数据显示，截至2020年11月1日零时，我国60岁及以上人口已达2.64亿人。预计"十四五"时期这一数字将突破3亿，我国将从轻度老龄化阶段进入中度老龄化阶段。

老年教育向城乡基层延伸。老年教育的重心在基层、效用也在基层。全国各地城乡基层老年教育快速发展，以社区教育网络为重要载体，多层次、多元化的社区老年教育格局正在形成。

北京市走在全国前列。截至2019年年末，已建立2711所社区老年大学（学校）。其中，各类区级社区老年大学45所，街道（乡镇）老年学校235所，社区（村）老年学校2409所。

天津市建立了办学网络，即区老年大学、街道老年学校、社区老年学校，老年教育层层递进至社区。天津市已基本形成覆盖广泛、灵活多样、特色鲜明、规范有序的老年教育新格局。

许多地方成立了专门的老年教育领导机构。福建省厦门市、泉州市和安徽省一些城市成立了老年教育委员会，浙江省则成立了老年教育联盟指导委员会。

老年学校的办学主体在迅速扩大。天津市河北区老年大学设在天津城市职业学院，天津开放大学、天津体育学院、天津师范大学、天津工业大学都开展了老年教育。在上海，复旦大学、上海交通大学、同济大学、华东师范大学等很多一流大学都设立了老年大学。

越来越多的企业、社会力量加入老年教育服务行列。例如，中国银行上海市分行的"中银网上老年大学"以金融课程为特色，百姓网的"花样老年大学"以时尚为特点，上海星光摄影器材城的"星光摄影老年大学"则以摄影为亮点。

3

老年教育必然要问计于老年阅读。

老年阅读也在发力。不仅农家书屋在开展活动，出版业、图书馆业也都在作出新的努力。

但是，出版业对于老年读者还需要更加关注。有记者反映，与一些老年读者闲聊，他们不少人反映，让自己读着舒服的书籍甚是有限。现在市面上的书的封面、包装都很漂亮，但想要看风格更沉稳一点的、字大一点的书，实在不易。鲜有出版社专门针对老年人成体系地出版图书，这也使得一些老年读者感到好书难觅。

从2014年开始，相关部门持续开展"向全国老年人推荐优秀出版物活动"。我应邀参加了有关部门组织的"向全国老年人推荐优秀出版物活动"。活动要求申报的出版物内容可涉及老年人生活的医、食、住、用、行、娱等方面，形式上应便于老年人阅读，鼓励大字号本及配有音视频的图书参与申报。

事实上，恕我直言，我和评选专家们都发现，相关出版社在日常图书出版当中，目前还是较少考虑老年人的阅读需求。在出版形式上，老年读者的需求往往比较单纯，喜欢不花哨的封面、顺眼的排版、合适的字体，大字号、大行距、大开本，如此种种才方便进入阅读。在出版内容上，老年人不只钟情于健康养生类文献，他们对时政新闻、生活娱乐、文学史地等也饶有兴趣。然而，出版社较少对准老年读者的阅读兴趣组织选题。

生活在信息时代，老年人乐享数字阅读是可想而知的。出版社在针对老年人出版纸质书的同时，是否加大了电子书、有声书的制作力度，为老年人提供了更多贴心服务？还有，千万不要错以为大多数老年人有着花不完的钱，其实老年人对于价格通常更为敏感，有关方面应该努力降低出版成本，政府在老年读物出版上要有优惠政策。

为老年人提供阅读服务，不仅要有适宜的好书，还要有舒适的环境。绝大多数书店里没有适合老人阅读的大字版图书展架。有记者发现，不少书店装修得美轮美奂，美中却也有不足：一些楼梯采取镂空设计，老年人踩上去胆战心惊；店内播放的音乐也不够柔美，影响老年人的阅读情绪；图书阅览的桌子很少有圆角的，容易磕碰到老年人。

法国作家司汤达曾言："老来受尊敬，是人类精神最美好的一种特权。"阅读专家薛晓萍曾言："阅读是最长久的陪伴，悦读可以救赎暮年孤单。"上述种种不利条件给许多热爱阅读的老年读者带来不快甚至烦恼，使得他们无法乐享书籍带来的愉悦。

尊老敬老体现在方方面面，关爱老年人阅读需求即为其中之一。出版业和书店业如果能围绕老年人阅读需求去做文章，不仅能体现出在国家文化建设、社会建设上应尽的社会责任，还可能收获行业经营上的另一片蓝海。

4 相比较其他一些行业而言，在公共文化服务领域，公共图书馆系统在少儿阅读和老年阅读服务方面要稍微走在前列。

多年前我应邀去辽宁省图书馆（以下简称"辽图"）作讲座，辽图很早就开设24小时阅览室，而且服务细节安排得相当周到，给我留下深刻印象。近来，辽图在积极探索"一老一小"暖心服务新路径，在打通老年阅读和少儿阅读"最后一公里"方面又有许多创意和举措。

辽图的少儿公益活动始终走在全国前列。这里创建的系列少儿阅读品牌"童阅乌托邦""男孩屋 女孩屋"等在国内外获奖，已经受到很多赞誉。辽图始终将传统文化、先进文化、红色文化与现代科技相结合，由"童书漂流"到"发现图书馆"挑战，由馆员讲、专家说到少儿成果展示、家庭风采分享，走乡村，进社区、学校、幼儿园，为包括困境儿童、农村留守儿童家庭提供专场服务，累计推荐阅读书单366期，开展各类主题阅读、家庭教育指导、大型展演展示活动3034场，服务近千万名小读者。2017年辽图"童阅乌托邦"荣获国际图书馆联盟举办的第14届IFLA（国际图书馆协会联合会）国际营销奖提名，后于2018年5月荣获中国图书馆学会评选的"中国图书馆最美故事"；2019年"阅·历Library"获得全国第二届公共图书馆创新创意征集推广活动二等奖；2022年敏学天地"男孩屋 女孩屋"少儿成长体验阅读空间参加全国第四届公共图书馆创新创意征集推广活动交流；2022年"辽图少儿科普阅读"数字化科普阅读实践参加中国图书馆学会优秀案例交流并在全国科普阅读研讨会上分享示范……因为本专题主要介绍老年读者在全民阅读活动中的情况，辽图的许多其他业务成就在此也就无法一一道来。

辽图针对老年读者的服务启动很早，早在21世纪初，就启动了若干适老服务的项目。不仅打造了"乐龄俱乐部"品牌项目，还开创了"乐龄智享""乐龄慧享"等文化适老服务项目。辽图组织编制了《公共图书馆适老服务规范》，标志着辽宁省公共图书馆标准化建设步入新阶段。

记者报道，2023年12月18日，一位满头银发的老人手捧红色卷轴走进辽图。红色卷轴是一封手写的表扬信,字里行间诉说着多年来老人对辽图"老年学电脑"活动工作人员的感激之情——"在省图里有这样的一个电脑、智能手机学习班,班上学员最小的60多岁、最大的80多岁。在这里,不仅满足了我们老年读者精神文化生活,还感受到省图服务的真挚和热忱。他们对老年人的关爱体现在每一个细节中,如活动结束后都会嘱咐我们出行安全,打电话询问我们是否平安到家了……"信中,老人真诚感谢辽图工作人员和文化志愿者的辛勤付出及周到服务。

辽图阅读推广服务中心的"乐龄慧享·英语沙龙"活动创建于2006年,每周日上午在特殊群体服务中心举行。不仅为老年英语爱好者提供优质的教学服务和锻炼英语口语、互相交流的平台,还定期播放英语原版电影,每年举办一次英语联谊活动。据媒体报道,到2023年已开展服务160次,服务6000余人次。

77岁的王丹老人自2006年退休后就参加这个英语沙龙,现在能说一口流利的英语,还能用英文阅读和写作。"17年啊!我一分钱没花就圆了我学外语的梦,感谢省图给我们老年人这样一个学习的平台,感谢,再感谢!"王丹说。

在700多平方米的辽图阅览室,许多大字号书籍、放大镜,就是专门为老年读者准备的。在这里,老年人不仅可以舒适地阅读,还可以学在其中——免费参加声乐班、书法班、艺术名家班、绘画班、老年电脑班等。2022年,辽图在原有服务品牌的基础上优化升级,开创了"乐龄智享""乐龄慧享"文化适老服务项目,增强数字应用与服务能力,全方位为老年读者提供跨越"数字鸿沟"的服务。

随着智能手机的不断普及,辽图在原有"老年学电脑"活动基础上,自2021年起开展使用智能手机的培训活动,包括智能手机如何进行清理、手机与电脑之间的数据传输等,并详细介绍"微信""高德地图""京东购物"等与实际生活息息相关的常用软件的使用。在此基础上,辽图2023年还开设了"手机摄影技巧班",详细教授手机视频拍摄及后期编辑等课程。"在手机摄影技巧班上,我学会了用手机记录生活中的美好瞬间,这极大地满足了我们老年人的精神需求。"老人百荷说。

辽宁省图书馆杜馆长说:"公共图书馆作为重要的公共文化服务机构,以丰富的文献信息资源、安静舒适的阅读环境等得天独厚的优势,为'一老一小'群体提供个性化、高质量的服务,是我们的责任。辽图一直都在加大对'一老一小'的服务力度,把服务好'一老一小'作为省图志愿服务的精准目标,传递阅读力量,践行孝老爱小,以服务造福人民,用爱心温暖群众。"

说得多么好!辽图明确把服务好"一老一小"作为志愿服务的精准目标,传递阅读力量,践行孝老爱小的中华民族优良文化传统,建成老年人和少年儿童的知识学园、生活乐园和精神家园。

5 2023年12月31日,在北京,有一群老年人,以"老有话说——2023银龄故事会"为名举行跨年演讲。参加跨年演讲的老年朋友们,穿戴得齐齐整整,有说有笑,个个喜气洋洋,会场洋溢着暖融融、乐滋滋的过年气氛。

跨年演讲的主讲人是北京银龄书院的创始人薛晓萍。2006年,因为母亲和大姨、姨夫3位至亲接连去世,薛晓萍曾遭遇生命中的至暗时刻。当时,她毅然决然地关掉了正在经营着的两家事务所,开始出入各大养老院做义工,给老人们读书、送书,继而创办了银龄书院。十几年来,银龄书院坚持不搞会员制,分文不收,完全靠自己的投入和志愿团队的帮助,在薛晓萍带领下在全国各地举办了近千场阅读活动,为十几万老人提供了阅读的慰藉。我作为北京阅读季评委评选北京市"金牌阅读推广人",薛晓萍的事迹令我和许多评委啧啧称赞。其后,我作为深圳读书月有关奖项的评委,在来自全国各地的申报材料中又看到了银龄书院的材料。作为来自北京的评委,我责无旁贷地向来自上海、广州、深圳的评委们认真介绍了这家老年书院和它的创始人。我告诉评委们,薛晓萍也是一位老人,可她总是说,老年朋友给她的爱和赞美太多了,而她所能回报的就是,"帮助老年人重拾阅读力,能温暖一个是一个"。这些年来,线上课程为银龄书院带来了意想不到的收获,线上直播一开机就有9000多人在线,累计观看人数达到250多万人次。

在 2023 年最后一夜的"老有话说——2023 银龄故事会"上,薛晓萍在两个小时的跨年演讲中讲述了一个个老年人的真实故事,回顾了一年来老年生活的点点滴滴,用一个个温暖的生命瞬间诠释变老的意义。薛晓萍列出了阅读的五个"好":阅读陪伴长久可以化解孤独;阅读疗愈内伤可以心静身安;阅读排忧解难可以对症下药;阅读愉悦心情可以转悲为喜;阅读改变生活可以内外兼修。养老院一位 102 岁的老人去世前曾对薛晓萍说:给我读段书吧,我要去天堂读书了……这真是一幅催人泪下却又让人默默释怀的景象——老人伴着阅读慢慢老去,直至生命尽头,如此优雅、从容。

薛老师列出了 2023 年老人们读过的 12 本书,讲述了 12 个阅读抚慰人心的故事。这其中有读着苏东坡诗词度过丧子之痛的老人的故事,有读着海伦·凯勒积极乐观生活的视障老人的故事,有读着史铁生抚平失去老母亲悲痛的老人的故事,有读着保尔·柯察金坚强活着的自称"三无"老人的故事。

薛晓萍还特别说到老年人的阅读可以惠及全家。她自己也是位奶奶,她深知现在的年轻父母对孩子阅读的重视。她说:祖孙俩一起阅读,更会赢得子女们的尊重,家庭关系也会更和谐。

跨年演讲除了由薛晓萍讲述老年人的读书故事外,还穿插了由老人们自己表演的情景剧和绘本剧,老人们还讲述了这些情景剧表演的理由。老人们说:《活了 100 万次的猫》让我们理解了爱过才算活过的道理;《最后一片叶子》让我们懂得了要始终心怀希望;《麦琪的礼物》让我们懂得了付出的珍贵。"每个人都在变老,而阅读让我们面对衰老的时候更加从容。"参与演出的老人说。

每当说到银龄书院，说到老人们演出的情景剧，我就回忆起跟薛晓萍和她的老年朋友们在 2023 年的两次偶遇。

2023 年 4 月 23 日，第二届全民阅读大会在杭州举行。时间离开幕会还早，我和新华社的一位记者约好在会议大厅旁接受采访。我坐在会客沙发上悠闲地等候，忽然发现薛晓萍和一群老年朋友站在我跟前，热情地招呼我。而且，老人们手上都捧着一本书，就是我的《书生行》！彼时我的长篇小说《书生行》刚刚出版，薛老师和她的老年朋友们人人手上都捧着一本，这似乎有点奇怪。我们热情握手。薛老师说从北京带了书到杭州会场，就是因为晓得我肯定在会场，可以请我签名。我知道现今很多读者喜欢要签名本，可是这么多老年朋友都捧着我的新书到离北京千里之外的杭州来找我签名，似乎有点夸张，但还是让我十分高兴。当时我就高高兴兴地为薛老师她们签名。签名时我注意到，这些书已经翻阅过，有的书里还夹着纸条。

我感动地问：你们还真在读啊？薛老师说：大家都在读这部书，写得太好了，让我们回忆起自己的青少年时期，回忆起几十年前的生活，我们要根据《书生行》改编情景剧。我说：你们排演好了我一定去看！

第二次偶遇是 2023 年 6 月中旬。当时我和家人在苏州度假。我接到薛老师的微信，说根据《书生行》改编的《书香情暖四合院》即将上演，问我近期在哪儿。我说在苏州。次日，薛老师来信说 6 月 17 日银龄书院《书香情暖四合院》情景剧将在苏州广播电视台录制视频，恳请我一定要到现场来。这对于我来说当然是一个很有意思的消息，我没法想象那样一部怀旧小说，老年朋友们会怎样改编成情景剧来演出。于是，我和妻子如约来到苏州广播电视台的录播厅，与薛老师和她的老年朋友们有了在苏州的热烈汇合。我激动地观看了老年朋友们的激情表演。

薛晓萍告诉我，银龄书院领读人改编过 100 多部情景剧、广播剧，改编的大多是《刘胡兰》《回延安》《皇帝的新装》等经典书目。这次选择新书《书生行》是由多位爱书人共同决定的。目前，该情景剧已经在江苏苏州、北京顺义区和大兴区演出，并被多家媒体报道。"不谦虚地说，我们对这本书读得非常深入，即便临时需要改编成不同时长的版本也不是难事。在顺义演出时，有观众说，想不到老年人演的情景剧也这么'燃'。我们团队听了，很受鼓舞。"薛晓萍说。

老年书友们的激情表演，让我想起媒体曾经有题为《银龄书院里有一群快乐老人》的报道。老年朋友啊，生活着并且阅读，阅读着并且演绎，你们是快乐的！

五

"我是你的眼"：爱心超越身体残障

1 2023年中国盲文图书馆及其分支馆在全国举行了一场主题为"感受文化脉搏　共赏诗词之美"的视障人士诗词邀请赛。

大赛的筹备从当年年初就开始。6月底、7月初在全国19个省（区、市）举行预赛，共有来自全国各地的千余名视障人士参与初赛。

各地初赛的参赛选手都做了认真准备，选手们在比赛时注意力高度集中，各初赛区的氛围十分紧张。在江苏省金陵图书馆举行的一场初赛受到了现场观众的赞誉。来自江苏省各地的10位视障人士在这次比赛中奋勇争先，凭借精彩表现分别获得赛区的一、二、三等奖。初赛分为必答题与抢答题两个环节，由主持人宣读题目后，选手自行作答。必答题以全员接近满分的成绩结束后，进入了激动人心的抢答题环节。抢答题环节中，众位选手手持抢答器，专注地听完主持人读题后开始抢答。古诗词文学常识、诗词接句等题型各有特色，选手们你来我往、竞争激烈，赛出了自己的最佳实力，也为观众贡献了一场精彩纷呈的诗词对决。比赛中穿插着评委老师对于各种难题的重点解析与历史故事的讲解，让观众在欣赏选手精彩表现的同时，进一步加深了对中国传统诗词文化的理解。

10月14日至15日，第40个国际盲人节期间，以"感受文化脉搏　共赏诗词之美"为主题的2023年中国盲文图书馆诗词邀请赛复赛、决赛在湖北武汉举办。本届邀请赛由中国盲文图书馆、中国盲文出版社、中国盲人协会、湖北省残疾人联合会、湖北省文化和旅游厅主办，湖北省图书馆承办。有关部门领导和读者代表近 300 人现场观看了比赛。比赛邀请中国社会科学院大学杨子彦教授、湖北科学技术出版社章雪峰社长及著名作家沈嘉柯进行现场点评。决赛现场邀请《马拉喀什条约》落地实施与视障文化服务研讨会的参会代表进行现场观摩，并通过中国盲文图书馆和湖北省图书馆多媒体平台进行了现场直播，线上观看人数超过 12 万人次。

本次邀请赛得到中国盲文图书馆各分支馆的积极响应与大力支持。经过两个多月的选拔，最后，湖北省图书馆比赛现场迎来 19 个赛区的 36 名优秀选手同台竞技。36 名优秀选手经过复赛环节，最后从他们当中产生 18 位佼佼者进入决赛。

"昔人已乘黄鹤去，此地空余黄鹤楼。" 10 月 15 日上午，在湖北省图书馆长江厅，一首首古诗词的吟诵，让人仿佛走进了央视《中国诗词大会》的现场。在中国盲文图书馆诗词邀请赛决赛上，18 位视障选手在武汉上演了一场特殊的"诗词大会"。

除了现场要求"静音"，防止选手受到来自观众席的噪声干扰影响听题外，这场邀请赛与《中国诗词大会》并没有太大区别。激动人心的决赛，分为"大浪淘沙""飞花令""巅峰对决" 3 个环节，进入决赛的 18 名选手依次进行选择题作答、两两对决、抢答对决。选手通过"大浪淘沙"的共同答题，以及"飞花令"的"一对一 PK"，展开了激烈而友好的角逐。比赛环环相扣，现场气氛不断升温，比分你追我赶，选手们冷静果断、机智应答，整体表现出深厚的知识功底、扎实的学习成效，为现场的观众们带来了一场精彩的古诗词文化盛宴。

决赛现场最为激动人心的是连续十多轮的"飞花令"，现场观众和评委为选手们丰富的古诗词积累而鼓掌。江苏省金陵图书馆推荐的赵天瑞选手与广东省立中山图书馆推荐的曲亮选手围绕"风"字主题进行诗句接力，两人你来我往，对决持续 7 分钟，引得在场所有人连连惊叹。最终，赵天瑞胜出。经过激烈角逐，张婉仪、伍育岭、卜雨景、张振晔、赵天瑞等 18 名选手凭借充分的赛前准备、稳定的发挥及出色的临场表现获特、一、二、三等奖。

江苏省金陵图书馆推荐的赵天瑞、封雯慧两位小朋友分获二、三等奖。封雯慧，南京市盲人学校七年级学生，是决赛环节年龄最小的选手之一，才 13 岁。虽然她没有获得更高的荣誉，可是她稚嫩的脸庞上闪耀着自信的光芒，显露着对知识的向往。她仰着可爱的面庞说："每次读诗词就像在挖宝藏。我最喜欢苏轼，他乐观豪迈，总能激励我不要放弃、自强不息。"

2 在中国盲文图书馆诗词邀请赛上，现场观众和评委为选手们丰富的古诗词积累而叹服，为他们的激烈竞争而鼓掌，确实是在"感受文化脉搏　共赏诗词之美"。人们激动之时，完全忘记了选手们是视障人士。

是谁帮助他们读到了光明，读到了古今文化的精粹？是谁给了他们"眼睛"，让他们看到古今文化的斑斓色彩？不用说，是他们所处的家庭、社会，是正在推广的全民阅读，是全民阅读中服务视障群体读者的"我是你的眼"活动。还有，人们一定不会忘记，这一切离不开为全社会视障人士提供优秀出版物和阅读服务的中国盲文出版社和中国盲文图书馆。

2024 年新年之初，我来到坐落在北京市西城区的中国盲文出版社和中国盲文图书馆。

中国盲文出版社和中国盲文图书馆是"两块牌子、一套人马"，也可以说是"一个单位、两大职能"，即出版社负责组织盲文书稿并制作发行盲文读物，图书馆负责盲文阅读服务和推广。如此这般，从出书到读书，我以为这就真正构成了比较完整的出版业务全流程。

所谓盲文读物，是在书页上用隆起的圆点供盲人摸读。世界各国多采用法国人布莱尔设计的盲字。中国于 1952 年起采用黄乃在"布莱尔盲字"基础上提出的《新盲字方案》的汉语盲字。中国盲文出版社成立于

1953年12月3日,是中国唯一一家为国内当前1700多万视力残疾人士服务的公益性文化出版机构,是中国盲人文化资源中心,是体现政府人文关怀和社会文明程度的重要窗口。1994年中国盲文出版社建立了中国盲文图书馆。30年过去,现在来看,出版社建立图书馆这件事,也算得上是知识服务拓展的一个务本之举(例如早在20世纪初,商务印书馆成立不久即建立东方图书馆服务社会大众),而建立针对特殊服务对象的图书馆,则称得上是一个在战略上和战术上都很英明的决策,是业务链集约性拓展和运营的一大正确举措。

经过十六大后的文化体制改革,我国除了几家公益性出版社(如人民出版社、中国盲文出版社、民族出版社和几家少数民族语言出版社)保留事业单位性质外,其余绝大多数出版机构都转成了企业。中国盲文出版社现为中国残疾人联合会的直属单位,这是中央相关部门一项战略性英明决策,使得出版社的知识生产和知识服务找到了源头和归属。现在,该社作为公益二类事业单位,政府保持一定的预算拨款,此外,国家彩票公益金予以专项资金支持。正因为长期得到国家彩票公益金的支持,该社及中国盲文图书馆才能在全民阅读中不断做出特殊贡献。进入新时代,中国盲文出版社稳步发展,扎实推进,每年出版盲文书900个品种,此外,每年出版服务视障读者的大字图书120个品种,每年生产500个小时的多媒体课程、1200个小时的有声书,还搭建了融合出版平台,提供数字阅读服务。

传统盲文书籍的出版存在制作成本高、印制工艺和校对过程烦琐、耗时长等难题。以长篇小说《红楼梦》为例,32开全套纸质书印刷出来一般是4本,但制作成盲文书就有25本,摞起来有半人高,携带非常不便。如何缩小盲人与信息时代的阅读鸿沟,是全世界面临的共同难题。2017年,中国盲文出版社在国家专项资金的支持下,启动了一项"盲人数字阅读推广工程",用20万台智能听书机覆盖400家图书馆,解决盲人阅读的"最后一公里"问题,让更多盲人共享"阅读之美"。

尽管有了"盲人数字阅读推广工程"的成功实施，盲人阅读如今还是离不开纸质盲文读物。在中国盲文图书馆三层的盲文阅览区，盲文藏书因为体量大，品种也不少，每一间阅览室都书架林立，棕黄色的盲文读物密集排列，显得肃穆而有气势。

盲文图书馆里医学阅览室使用率很高。盲校的在校学生很多在学习医学，社会上盲文医学书最主要的读者是盲人按摩师。盲人按摩医院常常有高手，其把脉的准确率惊人，把脉诊断之后病人再通过现代医疗设备检查，居然分毫不差。我国盲医中的"金氏脉学"流派已经得到国家中医药管理局的认可。此外，盲人按摩师是一个很重要的盲人群体，这个群体需要继续教育、继续阅读。我们的盲文医学读物要保障供给。

盲文图书馆为保障盲人读者的借阅需求，一般都是采用邮寄，只要盲人读者用身份证在图书馆注册，图书馆所有的资源，无论是盲文、大字本，还是有声书，图书馆都免费邮寄。中国邮政支持这项业务，用盲人读物专递包免费寄送和寄回。邮包后面有图书馆发出的信息卡，盲人只要把信息卡翻一个面，就可以寄回到图书馆。这项服务是覆盖全国的。无论盲人读者家住何处，图书馆都能做到送书上门。

盲文图书馆的综合阅览室当然规模更大。为此要划分若干主题，如政治、社科、文艺、教育、科技等。综合阅览室目前是图书馆最大的一个阅览室，有7万多册盲文读物，其中文学读物有3000多种。从借阅率、借阅目录来看，盲人主要借阅的读物除了医学类之外，还有就是文学类。医学和文学，既是人学，也是心学，盲人一样不可或缺。

盲文图书馆里的文学读物虽然只有3000多种，可是基本涵盖中外现当代文学经典作品。由于盲文读物出版成本高，费工费时，出版社在确定选题时会精挑细选，这使得盲文读物的选题质量得到更好的保障。盲文出版社的出版原则是要出就出能流传得下来的经典。盲文出版社盲文编译部基本上就是从经典品种、权威专家、权威出版社这几个角度来找选题，大都是成系列成套地设计。在文学书方面人民文学出版社是中国盲文出版社首先要关注的。目前,人民文学出版社出版图书的盲文版本基本出齐。

盲文图书馆的大字本和普通书阅览室立刻使得来参观的普通读者有回到一般公共图书馆的感觉。色彩缤纷是普通书封面设计的常态,服务于视力障碍人士的大字本书的封面虽然偏于素洁清雅,却也有其装帧上的讲究。这里有《习近平讲故事》《习近平的七年知青岁月》等书的大字本,有中国残联原主席张海迪的各种作品的大字本,还有毕淑敏、林清玄等作家作品的大字本。我问为什么还有很多著名作家没有出版他们的代表作的大字本,回答却是"许多出版社不愿意转让作品大字本的出版发行权",原因是担心冲击该社原版书的经营。作为权宜之计,中国盲文出版社只好绕过这些出版社直接跟作家本人合作。当然,这也是符合国际《马拉喀什条约》精神的。

在大字本阅览室里,有关中国古代文化的大字本古籍相当丰富。想必是中华优秀传统文化正在形成传播热,视障人士也不甘落于人后。同时,这样的选题不存在著作权问题,出版社朝着选题结构齐备的要求去组织选题和书稿。

盲童阅览室则是盲文图书馆里利用率最高的阅读空间,这与文明社会重视儿童教育的理念和做法基本一致。盲童阅览室工作人员说,一到周末很多盲童都会到这里来参加各种各样的阅读活动。盲童的家长并不因为孩子失明而放弃对孩子的培养,而是急切地希望孩子学得更多。

盲童阅览室里有明、盲对照和为盲童制作的可以触摸的图形,盲童通过触摸感受图形,建立直观的立体感受。盲童阅览室里有一批乐高盲文积木颗粒学习玩具,这是盲文出版社跟丹麦的乐高公司合作的公益项目,可以帮助盲童通过摸读来学习盲文、记忆盲文,还可以通过乐高积木摸点来学习英语。

阅览室里的英语角就开得很是火热。参加英语角学习的大部分都是零基础的盲童,不过也有一直来参加学习的盲童,学生的年龄跨度非常大，从三四岁到十四五岁都有。活动是线上线下同步进行，照顾了来不了图书馆而又需要学习的盲童。每到周六、周日，许多盲童接踵而至。他们在盲文图书馆学英语，玩乐高积木学盲文，还有学音乐、学弹琴等，参加各种活动。目前阅览室又增加了学习操作机器人的项目，盲童们几乎是纷至沓来。北京师范大学的一个学生公益团队，每周六下午来这里教盲童学习操作机器人。十多位大学生，都很耐心地讲解，教孩子们操作，受到了盲童和他们的家长的欢迎。我问阅览室工作人员：是不是机器人最可能成为盲童乃至盲人们的最好伙伴和助手？回答是一定的。

助盲阅读、助盲事业是多么期待人工智能事业的发展啊！

现代科技一直在点点滴滴地服务着助盲阅读、助盲事业，但重要的在于掌握现代科技的人们要投入更多的热情和精力。

在有声阅览室里，我们能享受到中国盲文出版社制作的各种有声读物，除了各种内容都有人声诵读外，还有无障碍影视。盲人虽然看不了影视，却能在无障碍影院里听影视中的对白，当影视播放到只有空镜时，影院就有生动活泼的讲解加入，使听众单凭听讲解也能想象得到画面上是什么样的情景、什么样的节奏和情绪。该社隶属于中国残疾人联合会，故而他们在制作读物时会综合考虑残疾人的各种需求。他们制作无障碍影视作品，不仅加入了供盲人听的技术，同时还想到了供聋人看的技术，在镜头上加上手语的角标，帮助聋人看懂意思。一部无障碍影视作品，盲人在"听"，聋人在"看"，功能愈加丰富，爱意很浓。

在有声阅览室里，我可以看到"盲人数字阅读推广工程"为全国400家配有视障阅览室的公共图书馆配置的20万台智能听书机的样机。工作人员告诉我们，盲人凭身份证就可以免费领取一台长期使用，这虽然还是借阅、借用，但实际上盲人可以用这个听书机无限浏览出版社后台所有的电子资源。中国盲文出版社领导告诉我，久而久之，盲人会在他的听书机中留下他的阅读习惯或阅读重点，中国盲文出版社后台就会给他作出相关的友好安排和积极推送。比如说一个盲人读者总是关注有声小说，中国盲文出版社后台就会给他推送新近出版的小说，供他选择。

实施"盲人数字阅读推广工程"以来，中国盲文出版社的后台能监测到实时使用的数据，这是令人鼓舞的，目前监测到的最高日活率在 9000 以上，用户一天使用时长最长 8 个小时。这些数据使得中国盲文出版社的编辑们对自己的服务对象有了更真切的感受。

3 中国盲文出版社同人就是助盲阅读"我是你的眼"活动中的一个核心团队。

中国盲文图书馆里的所有内容，都与中国盲文出版社的编辑、出版、多元化创意、融媒体开发密切相关，这已经让人们很是震撼。可是，如果在参观盲文图书馆之后，你再去参观盲文出版社的工作场所，看望那些在岗位上为助盲、为帮助所有视障人士阅读而兢兢业业、勤勤恳恳伏案工作的出版业同人，我们会感动、激动乃至自己也会有所行动。这里有从名牌大学毕业后投身于盲文出版的资深编辑，也有一些新近入职就爱上这个岗位，并且很快就自学掌握一门新的文字——盲文的大学毕业生。出版社有 16 位盲人编辑，一般都安排明人编辑跟他们配对工作。我进到一个校对工作间，恰好一位盲人校对在跟一位明人校对做书稿校对，盲人校对把盲文校样念出来，明人校对立刻在汉文原稿上记录谬误，其认真程度令人肃然起敬。这就是盲文出版中特有的"明盲对校"。

盲文出版与通常的汉文出版程序一样，都有"三审三校一通读"内容质量管控制度，随时接受国家新闻出版署出版产品质量监督检测中心的质量检查。

我看那位明人校对在汉文原稿上画上不少校对记号，就问：这些盲文校样是咱们盲文翻译者对着书翻译的吗？回答说是的。我问：现在有没有汉文电子版直接转译成盲文的软件呢？回答道：早就有了，倘若用汉文电子文件直接转换成盲文，差错率就很低，可是很多出版社不愿意把汉文电子文件交给盲文出版社，据说是担心书稿电子版离开原出版社保管不严，造成流失甚至盗版。

听此一说，我一时无语，不晓得这中间的矛盾如何解决才好。可是，看到一盲一明两位校对一点点地在那里校对，心下很是不忍。多年来都在说盲文出版费时费力，如果有现成的汉文电子版直接转译成盲文，那当中的速度会成倍数提高，而转译的差错率几乎为零，盲文出版的效率、效益岂不是会有很大提高！可是，想到所有出版社都高度重视自己的版权安全，社领导们不放心自己的电子文件离开自己的保护，其主张当然也无可厚非。进退亦忧，我只能无语。

我们都知道，《马拉喀什条约》从2022年5月5日起对中国生效，这对盲文出版来说应该是很重要的一次推动。现在看来，事情不只在于执行条约，还在于如何更好地执行。

《马拉喀什条约》是世界上迄今为止唯一一部版权领域的人权条约。该条约的批准生效有利于更好地保障我国广大阅读障碍者的文化权益，使其能够平等地欣赏作品、接受教育，推动文化成果普惠于民。同时，也为我国向海外阅读障碍者提供无障碍格式版作品创造了条件，对推动我国优秀作品的海外传播具有重要作用。

事实上，盲文出版社不仅在享用授权出版社电子文件方面遇到一些障碍，在听书出版方面也还不太容易。目前普通出版社的听书服务大多数是商业行为，而盲文听书服务中所有的资源都是免费的，盲文出版社给盲人提供听书服务也是免费的，这似乎就造成市场经营和公益性事业服务的矛盾。其实，只要双方有信任，事情是可以解决的。盲人听书是有后台认证的，盲人读者要听书，除了有身份证外，还有一个残疾人身份信息认证，必须输入号码才能使用听书服务，听书的盲人完全可以统计。

在为盲人读者出版更多优秀盲文读物这件事情上，中国盲文出版社总是义无反顾地作着各种努力。

在编辑部，我遇到3位看起来还都比较年轻的盲人女编辑，她们在操作盲文电脑。我向她们问好。陪同的社领导介绍了我的名字，她们站起来向我问好。社领导告诉我，去年（2023年）她们一起去参加中青年编辑继续教育的面授培训，听过我的讲座。顿时，我有点惶恐，我一点都不晓得台下几百位同行里居然有3位盲文编辑，她们只能靠"听"来上课做记录，倘若事先晓得这个情况，我会尽量讲得慢一点，讲得再清楚一点，因为她们毕竟看不到大屏幕上的幻灯投影内容。此刻我只能向她们表示歉意，问她们：我讲课是不是讲得太快了？你们听得清楚吗？3位女编辑不置可否地微笑，不作回答，清秀的面庞上是许多盲人常见的温婉微笑。

临告别时，3位盲人编辑中的一位忽然开腔，她轻声说道：老师，其实我们那天带了录音笔去做讲座录音，回来还可以温习，你们讲得都特别好！

我从这位编辑同行的一番表白里稍稍感觉到她是在回应我的问题。反躬自问，我的问题是不是有一点讨要人家夸赞的意思呢？或许有那么一些些？即便有也是人之常情吧。可是，这位敏感的盲人编辑同行可能感觉到了，但她不阿谀，而是先消除了我的担心，然后夸奖了包括我在内的所有授课老师。她的回答太完美了！她让我感受到了一位素昧平生的盲人女性传递过来的温暖和真诚。

4 我们从在江城武汉举行的中国盲文图书馆诗词邀请赛的热烈赛场，来到了承担全国视障人士阅读产品生产和服务的中国盲文出版社和中国盲文图书馆，继而从盲文出版社、盲文图书馆来到冰城哈尔滨"'我是你的眼'公益助盲行动"的现场，为的是努力深入到助盲阅读活动中，仔细了解种种不为普通人所知晓的助盲阅读活动，感受活动中点点滴滴的感人故事。

黑龙江省面对特殊群体落实文化助残的一项公益项目——"'我是你的眼'公益助盲行动"，入选中宣部"2021年全民阅读优秀项目"，引起了全国各方面的关注。

"我是你的眼"公益助盲行动已经在 2015 年、2019 年、2020 年、2021 年坚持做了 4 届。这项行动以"关注视障儿童书橱、关注视障儿童内心成长状态"为总体目标，致力于推动改善视障儿童阅读状态、增加视障儿童阅读数量、提高视障儿童阅读品质，打造人人平等的书香社会，让视障儿童通过阅读丰盈内心世界，形成认知正能量。

2015 年以来，在这项行动实施过程中，项目执行团队与参与公益活动的志愿者、爱心企业及社会爱心人士，以板块活动形式为主体；同时，结合被服务人群的需求，开展了多种多样的、创新性的助盲活动。数以千计的志愿者参与到活动中来，服务视障儿童 200 人次，让更多的人了解到有这样一个特殊的群体需要人们奉献爱心、付出行动，需要帮助他们参与到全民阅读中来，从而使越来越多的志愿者参与到活动中。

这项行动的每一项活动都给人们留下难忘的记忆——

"以书会友，为爱发声"线下朗诵专场是公益助盲行动最重要的活动方式。活动规模大、场次密集、参与人员多，可以把助盲献声活动做大做实。活动通过诗歌朗诵会、阅读分享会、社会捐赠助读等形式，向视障群体推广传播中华优秀传统文化和经典文学作品、励志作品。同时也为喜欢阅读、喜欢朗诵的广大市民搭建展示平台，在展示参与者朗诵才能的同时，也为助盲活动做了实打实的宣传。活动还能为视障儿童创造一个以书会友的社交平台。4 届公益助盲行动，举办了 30 余场线下朗诵会及特色专场演出。

2019 年 5 月 12 日，一场以"母亲节"为主题的助盲朗诵专场，在哈尔滨市图书馆举行。温暖是本场活动最大的特色——妈妈带着孩子一起参与活动，母子在舞台上互诉衷肠。来自特殊教育学校的王亚楠和她的妈妈李云霞一起登台朗诵了原创诗歌《丁香花》，收获了全场观众的阵阵掌声。表演结束，王亚楠为自己的妈妈和班主任李凤杰老师献上鲜花，表达自己对妈妈和老师的感恩之情。

2019年9月18日，中华人民共和国成立70周年前夕，助盲朗诵以"致敬祖国·为爱朗读"为主题，让"爱国"与"爱心"同台。这次活动在哈尔滨幼儿师范高等专科学校举办，容纳700人的礼堂座无虚席。全国语文朗读大赛获奖选手、全国知名朗诵家和爱心朗诵者同台，朗诵会表演水平高、作品质量高、观众热情高。活动得到学校师生的大力支持，师生们不仅贡献了高水准的朗诵表演，还为视障儿童捐献了千余部有效声音作品。哈尔滨市特殊教育学校的学生们朗诵了《我深爱的祖国》，那一番深爱祖国的倾诉，激起了阵阵掌声。活动现场，700名观众成为志愿者代表，大家共同起立宣誓，为公益事业贡献出自己的一份力量，成为当天活动最感人的一幕。

从2020年开始，"'我是你的眼'公益助盲行动"的线下朗诵会都会配备专业直播设备同步直播。2021年7月11日，黑龙江省图书馆报告厅举办的"为爱朗读"线下大型朗诵会，引起了轰动。

从"'我是你的眼'公益助盲行动"推出开始，这个项目就吸引了一批又一批爱心人士和爱心组织参与，通过线上线下等多种活动形式，引领更多的社会爱心人士关注特殊群体的阅读，帮助视障儿童会读书、读好书，促进全面建设书香社会。这些志愿者来自社会的各行各业，从最初的几个人到现在的近百人。2021年7月，"我是你的眼"志愿者服务队正式组建，形成了以中小学生、教育工作者、出租车司机、社会工作者为主要力量的公益助盲队伍，成为黑龙江省志愿服务平台的一个志愿团体。

在志愿者服务队授旗仪式之后，服务队立即为视障儿童捐献了5000余元的盲文书籍。

"我是你的眼"志愿者服务队的组建还要从2019年说起。

那一年"'我是你的眼'公益助盲行动"的启动仪式在黑龙江省图书馆召开，哈尔滨市特殊教育学校有70名师生参与活动。对于视障人士来说，出行确实是一个大困难。这个困难被黑龙江省龙运爱心出租车队的司机们知道了，他们主动请缨：我们去接孩子们。

2019年4月16日上午8点，哈尔滨市特殊教育学校的校园里出现了一幕十分壮观的景象：20台出租车一字排开，整齐地停在操场上。的哥的姐们耐心地等待着行动缓慢的视障儿童从教学楼缓缓走出，穿过操场，他们将70名师生妥妥地安排坐入20台出租车内。上午9点，70名师生安全抵达黑龙江省图书馆，准备参与即将举办的"'我是你的眼'公益助盲行动"的启动仪式。

这次活动之后，龙运爱心出租车队的的哥的姐们成了孩子们的专职司机，哪里有助盲阅读活动，哪里就有他们的身影。"在读书方面，我们可能帮不上啥忙，但是，我们可以接送孩子们去读书。"龙运爱心车队的队长说起这话，脸上除了自豪就是爱意。

2020年11月，黑龙江省青少年志愿者总队的志愿者们参与到"'我是你的眼'公益助盲行动"中来，他们希望能为视障儿童们做些力所能及的事情。11月21日，一场针对视障儿童的线下阅读活动如期举行。志愿者们热情高涨，线下朗诵会调用直播设备，联合全国地市级电视台帮忙预热。这场活动当天有15.85万人次观看了直播，成为历届助盲活动中直播收视率最高的一场。

11月下旬的哈尔滨已经是名副其实的冰城，冰雪覆盖着松花江，覆盖着满是历史传说的中央大街。可是，冰城的助盲行动正在无边的冰天雪地里进行着，愈发让人们感到无限的爱心和温暖。

六

高墙传书声：好书相伴向新生

2020年10月，中宣部印发《关于促进全民阅读工作的意见》，其中第九条提出："保障特殊群体基本阅读权益……监狱、戒毒场所和社区矫正机构等应当为服刑人员、戒毒人员和社区矫正对象提供必要的阅读条件，开展有针对性的阅读活动。"

1 每年8月，是全国出版业和读书人十分关注的上海书展举办的时间。2018年8月23日，上海书展刚刚闭幕，书香依然萦绕在黄浦江两岸，一个读书节又接踵而至，这就是位于上海市西郊闵行区境内的北新泾监狱第四届读书节。

读书节是上海市北新泾监狱传统三大节之一。北新泾监狱第四届读书节的主题是"改造之路，好书相伴"。监狱为读书节作了精心准备，组织安排了规模不小的图书展览，各类书籍琳琅满目、丰富多彩，其中中外小说、职业技能、励志故事等书籍，是很受服刑人员欢迎的品种。这些书籍有的是监狱图书室藏书，而更多是为筹备读书节添置的新书。通过展示，吸引服刑人员到监狱图书室多读书、读好书。监狱平时安排专门的学习时间让服刑人员在书海里徜徉，到书本里认识大千世界，感悟人生哲理，悔过自新，踏实改造。

北新泾监狱读书节还安排了知识竞赛，有宪法知识竞赛、经典名著知识竞赛、朗诵比赛……每项活动，服刑人员都踊跃参与，各个监区掀起了参赛热潮。竞赛活动既培养了服刑人员的集体荣誉感，又调动了他们读书学习的积极性，引导他们以积极的态度投入改造。

读书节期间，北新泾监狱会邀请专家来举办讲座。专家以"化刑期为学期，知书达理做新人"为主题，从做人为什么要读书、做人要读什么样的书、做人该怎样读书等几个问题出发，以社会主义核心价值观为指引，对服刑人员进行了生动的阅读教育。全体服刑人员认真聆听，深受启发。

2 2017年5月6日，从浙江省望春监狱里传出琅琅读书声，这是330名望春监狱服刑人员正在读书节开幕式上齐声诵读国学名篇《曾国藩家书·致诸弟·读书必须有恒心》选段。

望春监狱位于浙江省宁波市海曙区境内，监狱当时举办的是第二届服刑人员读书节。监狱希望全体服刑人员通过学反省、学规矩、学国学、学科学，不断修习忏悔之心、敬畏之心、诚孝之心、匠人之心，切实加强"心灵改造"，努力将自己改造成为人格健康、适应社会、自食其力的守法公民。

望春监狱为了开展好服刑人员读书节，特别与宁波新华书店、宁波图书馆签署了"文化品牌进监狱"合作协议，开启监地合作新模式。之后，新华书店与监狱联手推出"你点书，我供书"特色定制阅读服务，让服刑人员在交换中、挑选中、点书中体验到读书的乐趣，这同时也能保证服刑人员能读到自己心仪的新书。在第二届读书节上，监狱与合作单位开办了"修身立德　心灵远航"主题书展，根据服刑人员需求展出各类图书 4000 本，供服刑人员购买或借阅。宁波图书馆以后将以流动图书馆的方式为服刑人员送书上门，并加强与监狱在讲座、展览方面的合作。

望春监狱以第二届读书节为契机，开展"讲忏悔故事"主题演讲比赛，端正服刑人员悔改之行；升设"望春学堂"，邀请名家授课，端正服刑人员改造之行；举办"心至诚行至孝"家书朗读比赛，端正服刑人员不孝之行；举办以"心狭为祸之根　心旷为福之门"为主题的第二届心理剧比赛，端正服刑人员缺信之行。

3　2019年初夏的一个上午，暖风吹进河北省沧州市盐山县看守所。看守所监区里传出琅琅读书声："父母责，须顺承……"这是盐山县看守所里的160多名在押人员在进行国学早读。

2016年11月，盐山县看守所来了一个新所长。新所长上任不久，就在看守所里开展"学国学"活动。所长亲自给在押人员上国学课，有不少听课的人听得泪流满面。

一说到学国学，有些人就会想到许多国学经典，不知在看守所里学国学从何学起！所长根据看守所的特点，自编了一些适合在押人员的国学资料，组织在押人员一起学习。所长还设置了"诵、感、悟"学习法，不仅让在押人员能熟练背诵，还能深刻理解，促使他们从内心认识到自己犯的错误。

一位30岁的在押人员，由于盗窃被收监。他家庭条件优越，自己也聪明好学，考上了一所名牌大学。毕业后，他找到了一份不错的工作。可是，因为他生活奢靡，欲壑难填，所挣的钱不能满足他膨胀的欲望，最终犯下盗窃罪。听了所长的国学讲座，他痛悔不已，并流着泪写下了学国学的感悟。

很多在押人员和他一样，学了国学后，有了感悟，并将这些感悟写成文字。几年来，盐山县看守所已收到这些在押人员的数千篇感悟。

所长和管教干部们一起，用国学教育感化在押人员，以德养正。有一位受过高等教育的在押人员，听了国学教育课后，洋洋洒洒地写了一大篇学习心得："……听了所长感恩教育，我的心被打动了。我希望今后有机会回归社会，过一过平常人的生活……"

随即，他和所在监室的在押人员达成一致，向监区的管教人员写下了保证书："……所长和管教人员给我们创造了这么好的学习和生活条件,在押期间,我们一定遵守看守所的规定,认真学习法律、文化,接受教育,从灵魂深处改变自己的世界观……"

自从开展"学国学"活动后,几年下来,盐山县看守所的在押人员有了明显变化,心态渐渐平和,言谈举止渐渐文明。他们感恩管教干部们的辛勤付出,写下了许多感悟和心得。至今,已有500人次主动写信服法。

看守所在押人员被释放时,他们往往都不说"再见",认为"再见"很不吉利。可是,不少盐山县看守所的在押人员被释放后却主动来跟所长"再见",送来锦旗和感谢信,表达自己对所长和管教干部们的感激之情。

盐山县看守所监区的走廊上,悬挂着一些带有励志意义的字画,这些字画是原在押人员被释放后,亲自书写并专程送来的。所长决定把这些字画挂在走廊上,一方面用来激励在押人员悔过自新,另一方面鞭策看守所全体干警,一定要将国学教育进行到底。

4 2023年5月初,我们专程来到位于武汉市硚口区的湖北省武汉女子监狱。

对武汉女子监狱我们是久闻其名。这座监狱始建于1917年北洋政府时期。监狱深藏于汉口闹市,变迁更名过多次,记录着横跨中国新旧历史的沧桑变迁,一如监狱高墙墙皮脱落、色彩斑驳的墙体,目前是全国为数不多的有着百年历史且还在运营的监狱。

作为一座专门关押改造女性服刑人员的监狱,武汉女子监狱是武汉市设施最优越的关押场所,设有17个科室和16个基层单位。多年来,该监狱连续多次被评为湖北省级文明单位。

自1956年起,武汉女子监狱被公安部指定为对外开放型监狱,成功接待了来自美国、英国、法国、日本、德国等国的100多位国际友人。女子监狱在改造服刑人员、文明管理和人文关爱方面取得的成就赢得了国际友人的高度赞誉。这座古老而庄重的监狱名声远扬海外，成为我国监狱对外文化交流的重要窗口。

武汉女子监狱连续 16 年实现"五无"（监狱系统"五无"目标：无罪犯脱逃、无重大狱内案件、无重大安全生产事故、无重大疫情、无罪犯非正常死亡）。继获全国司法行政系统先进集体、全国文明单位之后，2019 年，武汉女子监狱再添部级新荣誉——全国监狱工作先进集体。

武汉女子监狱的监狱长领着监狱各相关部门、监区的负责人热情接待我们。

监狱长高身材，宽肩膀，方脸膛，腰板挺直，说话干练。他给我们介绍：武汉女子监狱目前有服刑人员 3900 多人。2020 年监狱遭受严重挫折，但很快就恢复重建监狱整体工作。他说：监狱在服刑人员读书这件事情上一点都不放松，没有条件开展别的活动，但读书一直在进行。当时整个监狱度过了很寂寞、很焦虑、很紧张的一段时间。服刑人员怎么办？读书！读书，既可以让大家安静下来，也能提供娱乐，还能增长知识，增加她们的兴趣，进一步提高改造水平。实践证明监狱读书就是好。我们的读书活动得到上级领导和社会各界的关心和帮助。省委宣传部特别给我们捐赠了图书。武汉新华书店既有公益捐赠也有优惠销售。我们跟新华书店签署了战略合作协议，书店还承诺以后帮助我们安排专家走进监狱指导阅读。我们自己也购买了一部分图书。目前监狱图书室的书籍还是以捐赠获得为主。

监狱长向我们介绍湖北省监狱系统统一部署开展"书香文化进监狱"的活动。他说：这项活动是要通过读书增强服刑人员改造的信心，提高她们的道德修养，也增强她们的法纪观念，建设文明监狱。我们在"书香文化进监狱"活动中重在帮助服刑人员树立正确的人生观、是非观，帮助服刑人员刑满出去后减少再犯罪。我们要对服刑人员负责，也要对社会负责。监狱开展阅读可以提升服刑人员的文化素质、思想境界，让她们以后走向社会，能做一个守法的公民，一个有知识、有文化的守法公民。

说到读书，监狱长的介绍显得很有趣味。他说：做监狱管理工作的都知道，女性服刑人员比较爱读书、爱学习，对读书可能兴趣更浓一点。我们比较注意阅读书籍的选择。干部、民警很注意阅读把关，主要是帮助她们多读正能量的书，避免服刑人员读了某些含有飞檐走壁内容的小说后走火入魔、想入非非。她们对情感类的书比较感兴趣，我们也要尊重她们的兴趣，但要在人生观、价值观、是非观上注意把关。

我说：监狱长快成阅读学专家了。

监狱长赶紧把两位英姿飒爽的女干警介绍给我们，说：她们才是这方面的专家。两位女干警分别是一监区的党支部书记和三监区的监区长，监狱长让她们给我们作具体介绍。

一监区党支部书记给我们介绍——

今天就一监区"书香文化进监狱"的活动开展情况作个汇报。

前不久，我们监区组织了"明天你好"的"三八"主题演讲活动。根据全省监狱教育改造工作会议精神和工作部署，为进一步贯彻落实党的二十大精神，庆祝第113个"三八"国际妇女节，我们监狱组织了以"明天你好"为主题的系列教育活动。民警认真组织服刑人员参赛，认真地筛选演讲稿，最终有12名服刑人员在监区进行了初赛，她们的演讲比较贴近实际，而且情感充沛，展现了监区服刑人员良好的精神面貌。演讲者对人生的思考，对改造的信心，对未来的憧憬，明显感染、鼓舞着其他服刑人员。

今年以来，我们监区抓紧配齐阅读设施。虽然说我们的环境比较简陋，但我们还是尽可能配齐一些软硬件设施。我们对书进行了整理上架，打造了一个特色突出的场所，制作了"阅读改变视角，阅读沉淀知识"这样的宣传标语，鼓励大家阅读，鼓励加大阅读量，鼓励认真读书。

监狱目前正在开展"共读一本好书"活动。以监区为单位开展这项活动，每个监区都选取一本多数人感兴趣的图书开展领读共读活动，然后以监区为单位制作分享本，每个服刑人员都可以在自己阅读的书里摘抄比较好的句子和自己感触比较深的、比较喜欢的一些段落。监区每周举办一次说故事的分享会，让服刑人员感受到书籍的力量，将文字的美好传递给大家。

我们监区还开展了一个"空中课堂"活动。我们民警经常看到一些新华社、《人民日报》刊发的好文章，还有央视的读书节目，每天都会在"空中课堂"上推送一篇文章。民警们很多也是爱读书、善读书的才女，她们会精心筛选、热情推送。同时还有音频节目推送，民警把音频资源通过监区的闭路电视系统播放，希望能起到以文化人、以文育人和以文塑人的作用。

还有一点，那就是民警构建起服刑人员和其家属深度情感交流的桥梁。我们收集服刑人员家属的来信，要求服刑人员在给自己家属寄信或者寄件的过程中，可以讨论看了什么新书，有什么心得，帮助服刑人员和自己的家人有一个更深刻的交流。

家属探望服刑人员时可以问问读书情况，这是活生生的对话，而不是呆板的读书。事实上，家属也觉得亲属在这里服刑是一个改造、阅读、学习的机会，让服刑人员对阅读有更好的心理准备，让她知道自己需要接受教育。我们民警也会跟服刑人员交代，可以跟家属说自己读了什么书，在活动中得到了什么奖励，还可以问问外面有些什么好书，让家里面安心。

在读书活动中，我们监区还在开展一个猜书名的活动。服刑人员以卡通绘画形式制作一张手工明信片，然后把明信片连同写的信寄给家属，让家属来猜一猜自己最近读的这本书叫什么名字。这样可以营造一种同在一个天空下面读同一本书的和谐意境，我们希望能起到更好的亲情帮教的效果。

一监区党支部书记最后说了一个服刑人员读书的实例。她说监区有一个服刑人员邢某，在跟民警谈话的过程中就很感慨，说她最近看了一本《中国共产党简史》，了解到了中国共产党为了让老百姓过上好日子，作出了巨大努力，了解到了我们国家是怎么一步一步发展壮大的。她说她已经60岁了，过去和现在她的家乡变化很大，她要努力地改造，争取回去以后过上好日子。

一监区党支部书记说：看到服刑人员通过阅读有这样的变化，也坚定了我们监区组织服刑人员阅读的信心。

接着，三监区监区长给我们介绍情况——

2023年省监狱管理局开展的"书香文化进监狱"活动，要求进监区、进监号、进个人。2023年4月，我们监区开展了一次读书分享活动。在监狱教育科的指导下，在我们包片领导全程的观摩和参与下，我们开展了从研学和分享两个方面进行的读书分享活动。

三监区安排了一次研学之旅——由专家给服刑人员介绍一本书是如何制作的。专家带领服刑人员了解从古代造纸术、印刷术到现代印刷工艺的发展过程，让服刑人员认识我国古代四大发明中的造纸术和印刷术，提高文化自信，由此，服刑人员对造纸工艺和印刷技术的飞速发展有了全面了解。结合女性服刑人员心灵手巧的特点，监区的民警鼓励服刑人员当一回作者，写一本书，并制作一本书。现在，我们在监区的图书角开辟了一个手工书的展示专区，很多服刑人员都有作品在那里展示，平时大家得闲还很喜欢去那里浏览观赏。

三监区还安排几位民警分享日常读书感悟。我们监区的教导员就跟服刑人员分享长篇小说《人世间》，正好早先电视台播放了《人世间》电视剧，服刑人员观看后有了不少感性认识，再听了教导员的分享，对作品的思想内涵和艺术性都有了进一步的认识。我们监区的民警还和服刑人员分享了外国小说《月亮与六便士》和余华的小说《活着》。

民警分享之后，我们也让服刑人员对自己最近读的书进行分享。有一个服刑人员分享了她最近读的两本书，一本是《致女儿书》，一本是《穆斯林的葬礼》。她说：读书能够愉悦灵魂，让我们的心胸开阔起来。

有一位"学霸"级的服刑人员,她分享了《习近平的七年知青岁月》。她说她从中感受到了当代伟人和人民同甘共苦的情怀。在读书分享时,她很动情,说到后来都哽咽了。她说,她没有想到习主席曾经的知青岁月是那么艰苦,他是那么朴实,最重要的是他一直保持着奋斗精神。读了这本书,她觉得有一股很大的力量推动自己好好改造,明白自己以后应该怎么样去做了。

监区的女性服刑人员喜欢分享《红楼梦》,她们都比较喜欢言情类的古代小说。为了便于她们分享《红楼梦》,我们民警带去了一篇关于《红楼梦》的美文给大家朗诵。大家听了很激动,进一步增加了她们读书的热情。

结合学习《弟子规》,我们监区的服刑人员还自创了一个小品并演出,诠释《弟子规》的一些内容,提高了学习的效果,激发了学习的兴趣。

在这次研学和分享之后,我们要求每名服刑人员在活动中给自己的4月份定一个阅读目标,阅读目标要明确读几本书。民警也正好借助这个契机,让她们学习了云南华坪女子高中的誓词:"我生来就是高山而非溪流,我欲于群峰之巅俯视平庸的沟壑。我生来就是人杰而非草芥,我站在伟人之肩藐视卑微的懦夫。"民警从电影《我本是高山》中截取了一段精彩感人的视频来进行播放,很多服刑人员观看时当场流泪,因为这个故事的感情冲突是很激烈的。

我们三监区结合"书香文化进监狱",还连续办了几期板报,许多服刑人员把自己的感受写成文章发表出来。我们在板报旁边还放上一些便笺纸,让服刑人员读板报时用便笺纸写自己的读后感,然后贴到自己有感而发的某一篇作品下面。这对于服刑人员来说,也是一个相互交流、相互促进的机会。总之,我们的感想是:"书香文化进监狱"活动,无论是研学还是分享,都是民警和服刑人员之间、服刑人员和服刑人员之间思想感情交流最多的时候。

三监区监区长汇报完情况后，我对监狱长发表感想。我说：监狱长啊，我最赞成您的这个观点，"书香文化进监狱"，在监狱里开展全民阅读，是人和人思想感情交流最多的时候。

监狱长点头称是。

我接着说：一监区、三监区开展的阅读活动生动活泼，最主要是有了思想感情的交流，人和书、人和人之间有了交流。我们监狱里的服刑人员绝大多数是要回归社会的，这就需要在监狱里让她们保持着对社会的亲近感。特别是女子监狱的服刑人员，亲社会的欲求更强，我们更要帮助她们以比较健康的思想感情回归社会，确实要大力开展"书香文化进监狱"。全民阅读可以使得人们亲近社会，理解社会，融入社会。

监狱长深深地感叹道：当前思想文化、科学技术发展变化很快，我们就是要想着这些服刑人员不能太落后了，一定要跟着时代学习进步，这样的话在她们刑满释放以后，才可以尽快融入社会和正常的生活中去。如果我们不做这方面的考虑，就是对她们不负责任，对社会不负责任，也不是我们社会主义核心价值观所提倡的。建设文明监狱，就要求服刑人员劳动之余要读书，要接受各种教育培训。现在看来，文明监狱和书香监狱是连在一起的。文明监狱就应该是书香监狱，书香监狱也是书香社会的一部分。

我赞同道：书香监狱，太好了！国家提出要建设书香社会，那么，什么是书香社会？有专家说，书香社会就是"时时有好书，处处能读书，人人爱读书"。监狱也是我们社会的一部分，尽管是相对封闭的一部分，可毕竟并没有完全脱离社会，甚至与社会各方面联系得很紧密。我们当然希望监狱也能成为"时时有好书，处处能读书，人人爱读书"的书香社会。武汉女子监狱正是在朝着这个方向作努力。你们可不只是"书香文化进监狱"，而是在认认真真地建设书香监狱啊！

七

媒体联盟万里行：把书香传遍四面八方

1 本章的题目是《书香社会：阅读无处不在》，社会如此之大，要真正做到阅读无处不在，除了全民阅读工作已经开展的各种专项工作，最能做到把书香传遍四面八方的，就是无所不在的各类媒体了。

2013年4月，由全国78家媒体发起，200家媒体共同参与的中国全民阅读媒体联盟（以下简称"媒体联盟"）在武汉宣告成立。媒体联盟秘书处设在中国新闻出版传媒集团有限公司。媒体联盟宗旨是"聚合媒体力量，倡导全民阅读，打造书香中国，建设和谐社会"。

媒体联盟宣告成立，是对党的十八大发出的"开展全民阅读活动"号召的积极响应，对全国各地正在形成的全民阅读热潮作出了有力推动。

媒体联盟的成立，不仅是媒体人的文化自觉和业务追求，更多的是媒体对中央决策的贯彻落实。媒体联盟的成立是200家媒体的一次集体宣示，宣示他们将担负唤起大众阅读热情和引导社会阅读取向的社会责任，成为传播读书文化、推进全民阅读、建设书香社会的一支重要力量。

媒体联盟甫一成立，立刻就有系列活动启动。媒体联盟先后与中国新闻出版传媒集团一同创立、承办了全民阅读"红沙发"系列访谈活动、"书香中国万里行"巡回采访活动、"大众喜爱的阅读新媒体号"推荐活动、"微笑彩虹·书香温暖童年"公益活动，并成立了"全民阅读与融媒体智库"。

2   "书香中国万里行"巡回采访活动创办于 2014 年 4 月，是全国范围内知名度最高、影响力最大的传媒业"书香文化传播第一品牌"。

"大众喜爱的阅读新媒体号"推荐活动发轫于 2016 年的"大众喜爱的 50 个阅读微信公众号"推荐活动，推荐对象由单一的微信公众号，到后来融合了覆盖面更广的音频号和视频号推荐。

"微笑彩虹·书香温暖童年"公益活动起源于 2017 年，旨在通过阅读搭建健康儿童和特殊儿童沟通的桥梁，呼吁社会关注特殊儿童群体。到 2024 年，"微笑彩虹·书香温暖童年"公益活动在北京、苏州、绵阳、济南等多地累计举行了线下活动 13 场，捐赠了近 10 万册、码洋约百万元的图书，还建立了"微笑彩虹"公益书屋、公益书架。2021 年起，该公益活动还策划制订过"微笑彩虹"公益书单第一季、第二季，两年累计优选 400 余种童书。通过"微笑彩虹·书香温暖童年"公益活动，媒体联盟的公益属性得以凸显，社会效益和品牌影响力也得到进一步提升。

2016 年，媒体联盟及其品牌活动"书香中国万里行""大众喜爱的 50 本图书"被写入《全民阅读"十三五"时期发展规划》。

2019 年，媒体联盟与中国新闻出版传媒集团联合建立"全民阅读与融媒体智库"，开启了新技术应用与行业智慧深度融合的创新性探索。

十多年间，媒体联盟走遍祖国大江南北，将书香播撒向神州大地，在深入推进全民阅读的过程中形成了一些经验、呈现出了诸多亮点。

3   "红沙发"访谈自 2012 年 6 月创办，十多年来，已经成为媒体联盟的品牌活动，成了全民阅读活动中媒体联盟在场的重要标志。有意思的是，号称"世界书业奥运会"的法兰克福国际图书博览会，那里有一个颇具标志性价值的"蓝沙发"访谈，只安排重要参展机构的重要作者在那里接受访谈。中国的"红沙发"访谈是否在命名上受到"蓝沙发"的启示，我们不得而知。可是，能够坐到"红沙发"上来的，并不仅仅是重要作者,还有管书的人、出书的人、荐书的人,更有读书的人。这里有高官,也有百姓;有著名作家,也有初出道的作者;有出版社的社长,也有书店的店员;有青少年学生,也有银发老人。用一句话来表达:这里是全民阅读交流的重要场所。

"红沙发"系列访谈定期邀请管书人、出书人、写书人、荐书人、读书人来做客,围绕热点话题进行分享。作家王蒙、高洪波、张炜、刘慈欣,知名文化学者余秋雨、阎崇年、单霁翔,著名主持人倪萍,儿童文学作家金波、曹文轩、沈石溪、白冰,知名出版人李岩、潘凯雄,知名读书媒体人李潘、贺超、吴玮等各界名流做客"红沙发"畅谈读书、写书、出书心得,我当年也多有参与。

全民阅读的主角是"全民",是人民群众,是普通百姓。除了大咖名流,"红沙发"也邀请那些真正通过阅读改变命运的普通人。有好书,还要找到好的读者,而"草根"里的"读书明星",才最容易成为民众阅读的榜样,这样的榜样,有无穷的力量。向"草根明星"学习,人人都可以阅读,人人都可以成为好读者,人人都可以通过阅读改变自己的命运。为此,"红沙发"在普通百姓中寻找到了一个个读书人物和一桩桩读书故事,把这些身边人、身边事,原汁原味、朴实生动地讲述给读者朋友们。

2013年,曾经在北京大学当保安的甘相伟在"红沙发"节目现场,讲述了自己一边在北大站岗,一边通过自学考上北大的读书故事。上海市民邱平卫,因病到山清水秀的广西巴马瑶族自治县疗养,发现那里的孩子没有书看,他经过捐书、募书等种种艰苦的努力,终于为山里的孩子建起了好几座图书馆。这两位普通读书人被选为2013年全国书博会"十大读书人物"。

2014年,在湖北襄阳市的"红沙发"系列访谈现场,襄州区龙王镇农民周春兰讲述了自己的故事:她曾经从卖废品的老人手里得到一本《骆驼祥子》,是阅读让她从艰难穷苦的生活中挣扎出来,成为一名远近闻名的农民作家,出版了长篇小说,成为湖北省作协文学院签约作家。

双目失明的青年薛雷，通过学习盲文，阅读张海迪翻译的盲文读物《少年维特之烦恼》，重新找回自信和继续活下去的勇气。村里第一个考上大学的农村青年李晓波，17年来坚持资助像他当年一样面临辍学和无书可读的孩子们。李晓波说："通过读书改变自己的命运，要把这个观点传达给更多的人，让他们的命运有更多积极的变化。"

普通百姓当中的读书人物来到"红沙发"，与官员学者、名家大师围拢在一起，畅谈全民阅读，"红沙发"主办者努力构建的是一个平等和谐、阳光温馨、向上向善的精神文化共享的环境。而且，我们还是要强调，阅读的主体是人，全民阅读的主角是百姓。所以，这部分内容又恰恰构成了"红沙发"系列访谈的"骨骼与躯干"。

"红沙发"系列访谈不断采用数字网络技术提高传播能力，从最初的现场LED大屏同步播出，网站、微博文字直播，拓展提升为通过微信视频号、抖音等多渠道进行线上视频直播。2020年，"红沙发"系列访谈创新开展线上分享会，围绕业内关注的热点和痛点，邀请业内外专家进行主题分享。

截至2024年3月，全民阅读"红沙发"系列访谈已经累计举办线下活动43期247场，举办线上活动9场。2012年，"红沙发"系列访谈活动入选新闻出版总署"全民阅读报刊行"优秀活动；2013年，"红沙发"系列访谈被全国书博会组委会列为重点大型活动；2016年被中国（武汉）期刊交易博览会评为"创意设计优秀奖"；2012—2019年连续8年获得全国书博会"最佳活动奖"；2015—2019年连续5年入选北京图书订货会"十佳文化活动"；2020年被评为北京图书订货会"最佳活动"，多场访谈被评为"优秀活动"；2023年被评为全国书博会"优秀活动"。

4 "书香中国万里行"活动自北京启动第一站以来，足迹遍布近30个省（区、市），涉及北京、天津、石家庄、青岛、苏州、郑州、太原、大同、广州、深圳等 50 余个城市和地区，累计行程近 30 万公里，组织记者 400 余人次，开展采访"七进"，媒体记者深入基层，发表各类报道近千篇，将全民阅读的理念播撒给亿万受众。媒体联盟还采用线上巡回报道的形式开展活动，通过线上连线的形式，采访和报道上海、重庆、江苏、湖北、安徽等多地的全民阅读活动。

2021 年，庆祝建党百年之际，"书香中国万里行"选择了具有里程碑意义的井冈山、遵义等地开展红色阅读主题巡回采访。

2022 年 4 月 23 日，媒体联盟在首届全民阅读大会上举办了"书香中国万里行——媒体眼中的全民阅读"活动、第六届"大众喜爱的阅读新媒体号"推荐结果发布活动。"全民阅读与融媒体智库"也在会上进行了建设经验分享。

2023 年，为贯彻落实党的二十大精神，媒体联盟将品牌活动向纵深推进，由省、市层面向基层地区、偏远地区作进一步延伸。"书香中国万里行"先后走进了青岛城阳与浙江温岭。

在"书香中国万里行"巡回采访活动中，媒体联盟的记者们发掘和报道了许多鲜活的阅读人物、阅读故事。在湖北襄阳，记者采访了农民作家周春兰；在河南三门峡，记者采访了农民作家石淑芳；在山东青岛，记者采访了"全国劳动模范"许振超，初中学历的他一直从书本中汲取力量，一路从二级工成长为高级技师，成为举国闻名的劳动模范……这一切构成了真实的书香中国。

5 为了顺应信息时代潮流，媒体联盟和中国新闻出版传媒集团在广泛开展"书香中国万里行"采访活动的同时，敏锐地关注到新媒体在全民阅读中的作用，2016 年，双方联合开展"大众喜爱的 50 个阅读微信公众号"推荐活动。2020 年，推荐活动在前四届成功举办的基础上增加了音频号和视频号的推荐，更名为"大众喜爱的阅读新媒体号"推荐活动，并根据数字阅读的新变化，调整推荐平台和账号的结构。活动还引入了"全民阅读与融媒体智库"大数据监测、评价机制参与推荐，进一步加强推荐的科学性和权威性。

"大众喜爱的阅读新媒体号"推荐活动连续七届为社会推荐了 483 个（次）优秀阅读新媒体号。为政府和行业协会、出版社、出版物发行单位、媒体、图书馆、阅读推广机构等单位参与全民阅读活动搭建起了一个非常优质的展示和交流平台。

2019 年，媒体联盟和中国新闻出版传媒集团联合建立"全民阅读与融媒体智库"。"全民阅读与融媒体智库"运用大数据、人工智能等前沿技术，初步建成并上线了"文化大数据 1.0 平台"。以此为基础，运用行业智慧与多重算法相融合的分析模型，形成面向纸质与数字出版、版权 IP 的影视化、动漫业、融媒体传播、全民阅读、城市人文、知识服务等领域的一系列大数据分析与研究报告，引起了新闻出版、广播影视及文化投资各界人士的广泛关注。

2020 年 3 月，"全民阅读与融媒体智库"的"全民阅读与融媒体中台"项目入选工业和信息化部年度大数据产业发展"民生大数据创新应用领域"试点示范项目，是全国新闻出版行业唯一入选项目。

2021 年，"全民阅读与融媒体智库"入选中宣部"2021 年全民阅读优秀项目"，在首届全民阅读大会、第二届全民阅读大会上都参与展览展示。

6 2023 年，媒体联盟成立 10 周年。10 年来，200 家成员单位一直认真践行媒体联盟"聚合媒体力量，倡导全民阅读，打造书香中国，建设和谐社会"的宗旨，担负起了唤起大众阅读热情和引导社会阅读取向的社会责任，成为传播读书文化、推进全民阅读、建设书香社会的一支重要力量。

在媒体联盟成立 10 周年之际，许多媒体人聚集在井冈山回顾既往，展望前程，感慨良多——

中国新闻文化促进会副会长、《光明日报》原副总编辑陆先高说：阅读是我一直非常关注的领域。在《光明日报》工作期间，我一直主张为全民阅读注入媒体力量，通过精选与推荐，影响和塑造全民阅读生态。今天看到阅读在意义层面，社会共识已经如此稳固；在推广实践层面，体系链条也如此完善。面对新的技术浪潮，今天我们齐聚一处再次探讨全民阅读话题，很有必要。我的观点是，回归到对阅读深沉价值的关注，无论技术走多远，进步有多快，无论书香是浸润纸墨，还是传播网络，阅读的这部分价值，当不会动摇改变。

《中国新闻出版广电报》记者郝天韵回忆道：记得第一次跟着"书香中国万里行"去的是山东牟平。从山东牟平，到江西井冈山、贵州遵义，再到浙江温岭。几年来，我随"书香中国万里行"走访了十多个城市，采访了多位书香人物，采写了数篇生动报道。一路走下来，我真切感受到全民阅读的三点变化：人们对于阅读看法的变化，大家日益认识到阅读的重要性；阅读给人们带来的变化，采访中我看到了太多因阅读改变命运的人；全民阅读推广工作越来越专业化。正如"星星之火，可以燎原"，在这些城市与地区，阅读微光正在慢慢汇成人生炬火。

媒体联盟办公室主任、《中国新闻出版广电报》记者姚贞是媒体联盟成立后的主要工作人员。10年间她克服了身体的病痛，一直坚守在媒体联盟的工作岗位上，行走在"书香中国万里行"巡回采访的路途上。她很欣慰也很朴实地发表感想：从事新闻工作近30年，我从一个普通编辑到后来的出版部主任，10年前调任媒体联盟办公室主任。10年了，看到媒体联盟的足迹遍布祖国各地，听到"红沙发"的声音响彻大江南北，看到"微笑彩虹"活动中孩子们的笑脸，看到越来越多读书人、阅读推广人出现，我感到非常骄傲和自豪，同时也很欣慰，觉得自己的生命在这些书香事业中闪光。

有一种观点认为人类社会已经进入媒介时代，媒介与社会发展发生着非常紧密的联系，媒介甚至可以改变事物的性质和社会活动的走向。

在全民阅读活动中，媒介确实能够让我们比较全面地掌握当前活动的实际情况。媒介确实能发挥非常关键的引导作用、推动作用甚至是指导作用，能让更多优秀的活动经验和榜样得以传播，能为全民阅读辨析未来趋势，营造更加浓厚的书香氛围，激发书香社会的情感共鸣和向上向善的力量。书香社会是一个需要全社会共同建设的美好目标。进入新时代，众多媒体为着书香社会的建设，正在发挥着"集中成规模的、流动且保持持续性的走访机制，连点成线、排线成面"的集约效应，把更多有书香的地方、有书香的人和故事介绍给更广大的人群，让书香氤氲神州大地。这是我们热切期待的。

读者诸君，在本章即将结束时，我忽然发现，本章在全书各章里居然字数最多，可我依然有言不尽意、意犹未尽的感觉。为什么呢？我想，这感觉一定缘于本章题材框架的设计。"阅读无处不在"，一些专题讲述岂能覆盖书香社会的方方面面，至多不过是书香社会这首交响乐中的一个小小乐章，至多表达了一种开放的态势。作为写作者，在这种开放态势下，很有可能越写思路越开阔而难以收笔。诚如本章起首说到的，全民阅读要从"七进"做起，但远不会止于"七进"。假以时日，通过努力，全民阅读还会走进我们社会生活的方方面面。而随着全民阅读不断地走向四面八方，我们还将撰写更多"有书香的地方"。

展 望

全民阅读在深化

全国妇联在亿万家庭中广泛开展"书香飘万家"全国家庭亲子阅读活动（杨睿/摄）

中国国家图书馆新阅读空间借助新技术给读者带来沉浸式阅读新体验（来源：《北京日报》）

展　望　全民阅读在深化

行笔至此，全书正文已经完成。时序已是农历甲辰年正月初八。明天一早，上班的人们将迎来开春上班的第一缕阳光和春风。许多为全民阅读奔忙的朋友，将以更大的激情，继续开展年前已经准备好的各种阅读活动。

年年岁岁花相似，岁岁年年都读书。2024年的春天，我国全民阅读将迎来本年度规模最大的一个全国性活动，那就是第三届全民阅读大会。

2022年4月23日首届全民阅读大会在北京开幕。习近平总书记为大会开幕发来贺信，大会期间各项活动标志着全民阅读形成新的更大格局。一年一度的全民阅读大会已成为书香中国的盛大节日！2023年4月23日第二届全民阅读大会在杭州举行。人们相聚在诗画江南、西子湖畔，共同畅谈阅读盛事。各项活动标志着全民阅读走深走实。2024年4月23日，第三届全民阅读大会将于春城昆明开幕。春城无处不飞花，翠湖处处闻书声，阅读热潮将又一次传遍神州大地。

全民阅读大会，多么好！全民阅读从此有了一个盛大的节日。

第三届全民阅读大会的举行，将进一步深化全民阅读。据悉，在开幕式和主论坛之后，大会将围绕青少年阅读、家庭亲子阅读、科普阅读、阅读与城市发展、阅读与乡村振兴、数字阅读、阅读与民族团结、主题阅读推广、图书馆全民阅读、阅读与生态文明、银龄阅读、阅读与媒体、全民阅读研究、阅读权益保障、阅读与出版等大量专题举行分论坛。大会还将举行年度最美书店发布、年度十大著作权人发布、"大众喜爱的阅读新媒体号"推荐活动和全民阅读主题征文活动、"书香暖神州"图书捐赠活动等。在此期间，春城昆明还将有许多未能纳入大会内容的阅读活动。

相比较于十多年前，我们的全民阅读内容变得如此之丰富！

读者诸君，虽然你们中不少人热爱阅读甚至是饱读之士，可因为种种缘由，未必有机会全面了解全民阅读和这项活动的种种内容。那么，请看第三届全民阅读大会中的主要专题，相信大家会有惊奇的发现——原来全民阅读拥有如此丰富多彩的内容。而《有书香的地方：中国全民阅读纪事》这本书，只不过是我在全民阅读十多年里一些经历的记载和近期采写到的若干典型事例，相比较于正在不断深化的全民阅读，不过是沧海之一粟、三千弱水之一瓢！我们相信：随着全民阅读的深化，还会有不少新的任务被提出，不少新的故事产生，不少新的人物让我们感动。

时代在发展，全民阅读必将继续深化。既然是全民的阅读，这项活动就应当尽一切努力遍及城乡，覆盖到每一个有需要的家庭和个人，服务社会生活中各种各样的阅读。全民阅读，应该有大众喜好的阅读，有国民教育的阅读、专业人士的阅读，还有纯属于个人偏好的阅读；应该有各种机关单位和企业组织的阅读，有城乡社区的阅读，还应该包括家庭亲子以及各种特殊群体的阅读。这些阅读的目的，是读以致知、读以致用、读以修为、读以致乐。有为了个人学习成长、专业精进的阅读，有为了欣赏优秀作品、普及科学文化、提高国民素质和社会文明程度的阅读，更有"为中华之崛起而读书"，"中华民族的精神世界就能更加厚重深邃起来"的阅读。各级党委、政府和许多社会团体开展全民阅读工作，就是为了使得所有这些正当的阅读目的都能得到保障，得到实现，为全面建设社会主义现代化强国提供不可或缺的国民阅读基础。

深化全民阅读，就要调动广大人民群众参与全民阅读的积极性。要广泛动员社会力量参与全民阅读，鼓励和支持群众团体和社会组织各展所长，组织开展群众感兴趣的各种专业阅读活动。要特别重视发挥社会各界知名人士在全民阅读中的示范、辅导、引领作用，多方邀约社会各界知名人士走进图书馆、实体书店、社区书屋、农家书屋、职工书屋等公益阅读场所和党政机关、企事业单位，进行各种分众阅读的导读，着力帮助提高全民阅读的质量。要以图书馆、出版社、实体书店等单位的工作人员为基础，多方吸纳城乡全民阅读志愿者参与，加快全民阅读领读者队伍建设。要加强全民阅读领读者的业务培训，尽快实行资格认证制度，提高领读者队伍整体素质。

深化全民阅读，必须坚持以人民为中心的发展思想，要坚信人民是创造历史的动力，要坚持一切为了人民、一切依靠人民。全民阅读要以人民群众的需要为需要、以人民群众的满意为满意，充分尊重人民群众的创造性和主动性，从实际出发，开展好形式多样、层次丰富的阅读活动，推动全社会形成爱读书、读好书、善读书的浓厚氛围，建设更多有书香的地方。

时代在发展，全民阅读在深化。中华民族作为诗书礼仪之邦，自古提倡阅读，阅读的历史源远流长。可是，提出全民阅读的倡议，还只是近 20 年来的事情，而将全民阅读上升为一项国家发展战略，国家为此作出全面部署，则是从中国特色社会主义进入新时代开始的。因此，全民阅读任重而道远，还需要做出不懈的努力！然而，坚冰已经打破，道路已经开辟，成效不断显现，氛围愈加浓厚，认识进一步统一，信心进一步提升，只要坚持一张蓝图绘到底，持之以恒，我们完全可以展望：在实现中华民族伟大复兴的历史征程上，全民阅读将不断走深走实，神州大地将涌现更多有书香的地方！

后 记

　　《有书香的地方：中国全民阅读纪事》的写作，我是在犹豫不决中开始的。一年前，我都已经开始出发采访了，可却还有犹疑：能写完这本书吗？而此刻，全书几经打磨，出版社举行了定稿会，30万字的书稿即将进入最后的出版程序。看着厚厚一摞打样纸稿，不由得感慨良多。

　　2022年初冬，安徽教育出版社费世平社长、何客副总编辑和文乾主任来看望我，提出了纪实文学选题《中国全民阅读纪事》的设想，原总编辑姚莉也一再电话"游说"。这可是一个令我既怦然心动却又望而生畏的设想。全民阅读已经开展十多年，是该出版一部全景式的纪实文学作品了，以全面反映这项国家发展战略的实际进程。对于长期投身于全民阅读倡导、推广和研究的我来说，这怎能不让我怦然心动！可是，全景式的纪实文学写作，其采访和写作的难度可想而知，我哪里敢一口应承下来！为此，我有过长时间的犹豫，有过数次推托。可出版社认准这是一个值得追求的重点选题，他们穷追不舍地联系我，采取各种办法劝说我，先是描述选题的重要性从而让我心动不已，后来就设法激发我作为一个全民阅读倡导者和推广人的使命感和责任感，让我欲罢不能——我一方面觉得压力很大，一方面又觉得意义不小，一方面还觉得遇到了执着而优秀的出版业的同人。

　　一直到2023年开年，《中国全民阅读纪事》这个选题被列为安徽出版集团重点选题，本人的名字赫然列在重点选题表上。我明白，无论如何我已经登上了这个重点选题的"战车"，除非我示弱认怂，已经没有了退路。生性不服输的我只能迎接挑战！"这里必须根绝一切犹豫，这里任何怯懦都无济于事。"（马克思语）2023年早春二月，我断然下了决心，放下手中长篇小说的写作，迎接此生文学写作历程中最大的一个挑战，我将独力承担起一部全景式的纪实文学作品《有书香的地方：中国全民阅读纪事》的采访和写作——好在，自从2007年3月，在第十届全国政协第五次会议上我作为第一提案人和30位全国政协委员联署提出《关于开展全国全民阅读活动的建议》提案后，十多年来，自己一直投身于全民阅读的倡导、推广和研究，到过全国所有省（区、市），包括香港特别行政区和澳门特别行政区，考察了很多地方，搜集过大量相关材料，写作过数百篇阅读方面的论文和随笔，出版过《阅读力》《阅读的艺术》《阅读力决定学习力》《舍不得读完的书》《爱上阅读》《改变，从阅读开始》等全民阅读方面的专著，算是有了一定程度的"厚积"，否则怎么可能有现在这样的"薄发"。

一个负责任的写作应该是"厚积薄发"的过程，当"厚积"在前，方可"薄发"于后。事实上，一年多来的深入采访，越是深入实际，接触到的全民阅读的人和事越多，我越发感到，自己所谓的"厚积"，跟不断深化的全民阅读相比，这里所写的都还不足十之一二，还有许多事实是我的眼力、脚力未能到达的地方。而我的写作，自己的脑力、笔力还是显得比较笨拙，哪里敢说"厚积薄发"呢？

可无论如何，30万字终于写就。如果说这部书的写作是在犹豫不决中开始的，那么，现在可以说，自己倒是越采访越有收获与感动，写作是在越写越有信心中完成的。

感谢安徽出版集团党委委员、时代出版传媒股份有限公司总经理郑可先生，安徽出版集团党委委员、副总经理、总编辑朱寒冬先生，时代出版传媒股份有限公司副总经理、副总编辑张堃女士，以及安徽教育出版社诸位同人，没有他们的选题设计和坚定的追求，尤其是，没有他们热情而有力的推动，我不可能写作并且写成这样一部全景式的纪实文学作品。感谢责任编辑何换生、姚莉、文乾、黄晓宇、赵佩娟，感谢特约审读张国功教授，感谢他们对书稿的认真审读和编辑打磨。

感谢韬奋基金会张帅奇、周玥等同人和志愿者焦思雨、张晓倩，感谢她们配合我做过多次深入而艰苦的采访和材料整理工作。

尤其要感谢我的所有采访对象，没有他们创造性的工作和感人事迹，我的写作很可能成为无米之炊。更重要的是，如果没有他们和所有全民阅读推广者、志愿者的不辞辛劳且具有奉献精神的工作，全民阅读将无从开展和深入推进，我要写作这样一本小书也就成了无本之木。进而我要感谢我们国家全民阅读生动而丰富的实践，感谢全民阅读在新时代成为国家发展战略而且得到深入推进，使得广大群众中"不爱读书的人读起书来，爱读书的人读得多起来"，使得有书香的地方变得越来越多，形成"爱读书、读好书、善读书"的浓厚氛围。

衷心感谢新时代！

聂震宁
2024 年 3 月于安徽合肥翡翠湖畔